创新与超越

——城市街区自助图书馆网建设与实践

甘　琳　等著

國家圖書館出版社

图书在版编目（CIP）数据

创新与超越——城市街区自助图书馆网建设与实践／甘琳等著．—北京：国家图书馆出版社，2013.6

ISBN 978－7－5013－5064－3

Ⅰ．①创… Ⅱ．①甘… Ⅲ．①街道图书馆—图书馆网—研究—深圳市 Ⅳ．①G259.252.4

中国版本图书馆 CIP 数据核字（2013）第 097604 号

责任编辑：金丽萍

书名 创新与超越——城市街区自助图书馆网建设与实践

著者 甘 琳 等著

出版 国家图书馆出版社（100034 北京市西城区文津街 7 号）

（原北京图书馆出版社）

发行 010－66114536 66126153 66151313 66175620

66121706（传真） 66126156（门市部）

E－mail btsfxb@nlc.gov.cn（邮购）

Website www.nlcpress.com→投稿中心

经销 新华书店

印刷 北京科信印刷有限公司

开本 787×1092（毫米） 1/16

印张 21

字数 400 千字

版次 2013 年 6 月第 1 版 2013 年 6 月第 1 次印刷

书号 ISBN 978－7－5013－5064－3

定价 80.00 元

谨以此书

献给为本项目的立项、研发、实施、推进出谋划策、

辛劳付出的领导、专家、同行、项目组全体成员及同事们……

本书写作组

目　　录

建设篇

保障篇

效益篇

集成创新驱动文化转型发展

于平(文化部文化科技司司长)

2009年3月,当我从文化部艺术司转岗任职于文化科技司之后,深圳图书馆的服务创新业绩就不断在耳旁轰鸣。我任职后的第一次出差,就是纪念它们研发的图书馆自动化集成系统应用、推广20周年。也就是这一次出行,让我看到了深圳文化建设中"文化+科技"的魅力,让我看到了新兴城市文化建设中的科技自觉。文化建设中的科技自觉,体现为文化与科技融合对于文化发展的驱动作用。这种作用的显著成就体现在许多方面,但最为突出的一是新兴文化业态的崛起,二是传统文化服务业的提升。就后者而言,不能不提及"城市街区24小时自助图书馆系统"。这个系统是由文化部立项的一个重点科研项目,是深圳图书馆自主研发的一款新型文化产品,当然它更是一项科技含量很大的文化惠民工程。

自助图书馆系统是图书馆领域一款集成了各种高新技术的高科技文化产品。从自助服务技术、图书分拣技术、呼叫中心技术、设备与资源监控技术到设备安全技术、自动报警技术,从自助图书馆服务机到智能化的自助图书馆网监控中心,从计算机设备、软件系统的整合到针对设备维护、物流运营、服务组织构建强大的统计分析系统,都是文化与科技融合并运用集成创新理念的结果。也正是这种科技创新与人文理念的深度融合体,伴随着自助图书馆系统在北京、上海、广州、沈阳、鄂尔多斯、西安、郑州、杭州、贵阳、厦门、福州、昆明、台州、三亚等各城市图书馆乃至港澳台地区图书馆以及英国、法国、韩国等国家图书馆的广泛应用,并由此不断得到复制、传播与强化。

在"自助图书馆"功成名就之时,深圳图书馆的同仁们又开始了一段新的跋涉。他们殚精竭虑、开拓创新,花费巨大心血总结归纳了自助图书馆系统5年来艰辛的建设历程,并以此为蓝本成就了《创新与超越——城市街区自助图书馆网建设与实践》一书。这部书涵盖了自助图书馆的理念诞生、技术研发、布点建设、配套保障和效益评估等方方面面。这部书内容充实,数据翔实,案例真实,理论与实践并举,创新与求索共进,似能代表目前我国公共图书馆自助图书馆系统建设领域高端、前沿的研究水平,为公共图书馆服务高起点、高规划、高标准、高效率地建设"自助图书馆"提供了宝贵的经验。该书的付梓出版,将完成从隐性知识到显性知识一次质的飞跃,我由衷地祝贺研究者们!

在文化发展繁荣和科技迅猛发展的当下,文化与科技的融合创新与融合发展正成为文化发展的潮流与趋势,现代科技已经渗透到文化产品和文艺作品创作、生产、传播、消费的各个层面和各个环节，正在成为文化事业与文化产业发展的重要支撑和引擎。为应对科技发展对当今世界的深刻影响和迅速改变，文化建设最好的办法就是努力提高文化产品和文化服务的科技含量，就是通过文化与科技的融合不断拓展并衍生出时代新兴的价值观念、行为方式、活动领域和产业业态，以科技创新支撑文化创意，以文化创意引导科技创新。自助图书馆系统毫无疑问地印证并演绎了文化创意与科技创新之间的辩证关系。作为以用户为中心、需求为驱动、社会实践为舞台的创新 2.0 模式的一次科学实践，它是信息时代、数字时代图书馆行业实现自我突破的一种高度的文化自觉。在图书馆领域里，自助图书馆既可说是传统图书馆的现代转型，也可谓是现代图书馆的业态创新，它将我国的图书馆事业乃至公共文化服务事业带至了一个全新的高度。

在此，我还想就"自助图书馆"集成创新的方法谈一点思考。在科技进步强调的自主创新中，主要包含原始创新、集成创新和消化吸收再创新 3 种创新模式。所谓"集成创新"是指利用各种信息技术、管理技术和设备工具，对各个创新要素和创新内容进行选择、集成和优化，形成优势互补、有机整体的动态创新过程。在这里，"集成创新"是格外遵从创新主体意愿的创新，其目的是有效集成各种要素，在主动寻求最佳匹配要素的优化组合中产生更有针对性、更有影响力的集成效应。"自助图书馆"的集成创新让我认识到：集成创新作为当代文化建设的一种有效方法，一是要有自主意识，创新要素与内容的选择服从创新主体解决文化发展问题的需要；二是要有跨界意识，要开放创新要素与内容的选择空间，以实现主体选择的最优化；三是要有协同意识，要通过创新团队的有机整合实现创新主题的系统升级；四是要有前瞻意识，不仅要以"改革创新"满足群众的现实文化需求，而且要以"开拓创新"开发群众的潜在文化需求。"自助图书馆"作为文化与科技融合实现的文化创新，其方法论将给我们以更深刻的启示和更强劲的动力。

2012 年 10 月于北京

前　言

本书是城市街区自助图书馆网建设的理论概括与实践总结，它凝聚着项目组所有人员的智慧，记载了从项目研发到工程实施的点点滴滴，更书写了创作激情过后的冷静思考，而这庞大的文化民生工程与浩繁的几十万方块汉字还只不过是“国家文化创新工程”及“国家文化科技提升计划”中的逗号，我们任重道远，文化科技、文化创新正方兴未艾。

本书由我创意、题名、谋篇，程亚男老师鼎力开篇，王林设计章节并对其中某些章节起着提纲挈领的作用，而正文则由参与研发、负责实施的年轻才俊们撰写。他们既是探索者，也是行路人，更是善于领略一路风情的勇士。字里行间饱含着他们攻克难关的智慧，概括总结里渗透出他们艰辛成长的喜悦，他们的成熟才是本项目最大的成果。

主要撰写责任者如下：

理念篇——程亚男

技术篇——蔡晖、刘磊

建设篇——张璇

保障篇——李星光

效益篇——肖永钐

甘琳

2012 年 10 月于深圳

理念篇

第一章　图书馆:挑战与机遇

互联网正在冲击并改变着社会的方方面面,图书馆也不能幸免。图书馆必须在挑战中发挥自己特有的优势,同时要充分利用互联网,与互联网合作,开辟服务的新领域,改变并创新服务。

第一节　图书馆与互联网之博弈

互联网的飞速发展,直击图书馆的生存。但图书馆也具有互联网不具备的优势,其宏富的文献资源,始终是互联网信息的主要来源之一,图书馆是人们生活不可缺少的第三文化空间,在服务上亦各有优劣。

一、互联网对图书馆的挑战

1. 互联网:改变并改造图书馆

自美国克林顿政府于1993年年初提出建设"信息高速公路"的计划以来的近20年里,互联网已全面席卷人类生产和生活的各个领域,并对人类生产和生活产生了巨大的影响,图书馆也不例外。毫无疑义,互联网的发展,已成为图书馆发展的一个重要的里程碑。如果说,一个多世纪前的社会近代化开启了中国图书馆从封闭走向开放的第一步,奠定了图书馆走向现代化的基础,那么,今天网络化已从根本上推进并改变着图书馆现代化的进程。

(1)图书馆的"无边界"。网上图书馆的出现实现了图书馆馆舍无边界,图书馆从一座建筑实体扩大到整个网络,不再局限于馆舍墙壁的范围之内;图书馆可以通过网络获取非馆藏文献,实现全球范围内文献资源的共享;任何人、任何地方、任何时间,人们都可以通过网络利用任何一个国家、任何一所图书馆的所有文献信息,且不受图书馆开放时间的限制,实现了图书馆服务的无边界。

(2)图书馆工作的网络化。互联网已渗透到文献采集、流通和参考服务等图书馆业务工作和读者服务的全过程,不仅改变了业务工作的方式、业务流程、管理模式和服务方式,而且将图书馆推向继联机和集成化以后的又一个新阶段,即全方位网络化阶段,已将出版、发行、图书馆、用户以及整个社会紧密联系起来,形成了一个信息生产、传递和消费的新秩序。

(3)图书馆形态的改变。由于网络的出现,图书馆经历了从传统图书馆到虚拟图书馆、数字图书馆、复合图书馆的转变。“复合图书馆的本质体现了传统形态图书馆与数字资源、现代技术的有机融合,是图书馆在印刷型文献和数字文献的双重环境下利用传统方法和现代技术,将系统和服务结合起来的一种新形态。这一形态在一个机构的框架内,将物理形态与数字形态、虚拟形态,本地场所服务与远程在线服务相结合,不依赖于文献的存放地点、载体的形式和管理范畴,以集成的和因地制宜的方式提供对电子信息的服务和利用”。① 当然,复合图书馆可能不是图书馆发展的最终形态,也会随着新技术的不断发展而变化。

2. 网络环境下图书馆生存的危机

如果地球上最后的空间都被网络所覆盖,图书馆还会存在吗?

早在1978年,美国学者兰卡斯特在《情报检索系统》第二版的结论中指出,“我们正在迅速地不可避免地走向无纸社会”,“图书馆主要是处理机读文献资源,读者几乎没有必要再去图书馆,地方图书馆已无足轻重,甚至消失”,并预言“再过20年,现在的图书馆可以消失”。② 互联网出现后的1995年8月20日,美国《洛杉矶时报》题为《昔日的职业和未来的职业》一文认为:公共图书馆员将逐步消失,“电脑已取代它们心爱的卡片目录,而且不久可能取代我们所知道的图书馆。我们将把传统的图书馆忘掉,而是干脆通知图书馆管理员通过互联网络把书送过来”。③

网络对图书馆的冲击主要表现在如下几个方面:

(1)大存储量及承载内容的丰富。一个期刊网就可以将全国乃至全球的期刊收纳其中,且可以容纳各种新介质出版物。根据克莱德法则(Kryder's Law),由于网络技术的飞速提高,每13个月存储容量就会翻一番,10年其存储功能可以增长1000倍。全球最大的网络公司Google目前在全世界已能提供将近120种搜索语言,建立了近160个网域。④

(2)网民数量和网络阅读量与日俱增。据CNNIC发布的第26次《中国互联网络发展状况统计报告》显示,截至2010年6月,中国网民规模达到4.2亿,较2009年年底增加3600万人;互联网普及率攀升至31.8%,较2009年年底提高2.9个百分点。宽带网民规模为36 381万,使用电脑上网的群体中宽带普及率已经达到98.1%。农村网民规模达到11 508万,占整体网民的27.4%,半年增长7.7%,⑤远远高于全国公共图书馆读者的数量。又据“第八次全国国民阅读调查”,各种阅读媒介的阅读率均创新高,其中数字化阅读方式的接触率为32.8%,比2009年的24.6%增加了8.2个百分点,增幅为33.3%。相

---

① 张耀东,我国图书馆形态的历史沿革与未来[J],新华文摘,2011(5)

② 论图书馆管理的未来. http://zhidao. baidu. com/question/208378263. html

③ 昔日的职业和未来的职业[J]. 洛杉矶时报,1995-08-20

④ 谷歌:帮出版商在世界范围内找读者. 出版商务周报. 2008-05-04

⑤ 《第26次中国互联网络发展状况统计报告》发布 我国网民4.2亿手机网民2.77亿. 青年时报,2010-07-16

比较而言,数字化阅读方式的接触率增长幅度最大。

(3)信息传播的即时性。由于技术的发展,CPU 的速度提高了 3500 倍,只要一点鼠标,当天所有发生的事情都可以尽收眼底,而这也就不过是几秒钟的时间。任何一位登录 Google 的人都会发现,在 Google 的图标下边有一个文字链接——“资讯”,点击打开不仅可以支持用户搜索浏览来自 1000 多个资讯源的最新消息,还能结合分类和分析技术将来自不同信息源的新闻汇总到一起,通过易于使用的界面,用户就可以方便地浏览包括焦点、国际/港台、内地、财经、科技、体育、娱乐和社会等类别的分类新闻标题和图片,还可以直接通过 http://news. google. com 或 www. google. com 与简体中文界面的新闻链接访问。

(4)使用方便。无论是 Google,还是雅虎,接入相应的服务网站后,只需往电脑中输入要求,网络会立即把符合要求的资料显示出来。如果不满意,重新再来。而大多数的图书馆网站,尽管“学科导航”可提供的数据库、电子期刊、学位论文和电子图书可谓是品种繁多,然而读者却往往不得其门而入。费时,费力,让人望而生畏。正如国家科学图书馆馆长张晓林教授所言:“图书馆的主页点进去,东西一大堆,Google 就一个框,你说用户会选择谁?”①

(5)费用低廉。网络的资费越来越低,花上买几本普通书的钱,就可以在一个月内无限时地浏览所有网上的东西,还能免费阅读一些全文资料。且未来的互联网将会是一个费用更低廉的全球性网络。

互联网的威胁已经无法避免。正如王世伟教授所指出的那样,“图书馆的文献检索优势正在丧失;用户的读书习惯正在发生变化;到访图书馆的读者正在减少;文献信息查阅的多元化格局已经形成”,“如果对这些社会竞争的难题不用我们全部的智慧来加以应对,对这些新的挑战不具有忧患的意识并采取积极的应对措施,那么图书馆已经出现的边缘化趋势将日益明显,将威胁到图书馆的未来生存”。②

二、图书馆:面对互联网冲击的生存突围

1. 图书馆的优势

网络是不是图书馆的杀手?是与狼共舞,还是被狼吞食,是图书馆面对因特网的挑战必须作出的抉择。

相对于互联网,图书馆也有自己的优势:

(1)信息的可靠性。OCLC 调查显示,认为图书馆比搜索引擎差的占 9%,更具可靠

① 高博. 互联网来了,图书馆要去何方?. 科技日报,2007-09-27

② 王世伟. 当代全球图书馆事业面临的难题与挑战[J]. 中国图书馆学报,2008(1)

性的占21%，可靠性没有区别的占70%。[1] 尽管大多数人将Google与雅虎作为获取信息的起点，但面对"混沌"的信息时代的海量信息，都会感到茫然无措。正如戴维·申克在1997年出版的《信息烟尘——在信息爆炸中求生存》中所言："我们在信息中繁荣，但我们也可能溺死于信息之中。"互联网的海量信息，对于一般用户而言，在搜索引擎无法理解自然语言询问时，类似谷歌这样的服务模式，必然会导致很多无效的搜索结果。

（2）保存的长久与稳定性。由于数字化资源对阅读设备和软件环境的依赖性、保存年限的限制以及数字化资源的脆弱性（例如，一个命令就可以在几秒钟内删除全部数据和软件系统），其长期保存与获取的问题也日益突出。如果人类数千年传承的知识毁于一旦，那么人类文明的再建将是十分困难的事。正是基于人类文化的积淀与阅读的需求，2007年9月在上海举办的"文化讲坛"，埃及亚历山大图书馆、俄罗斯国立图书馆、澳大利亚国家图书馆和上海图书馆四家图书馆馆长在一个名为"文化积淀与现代阅读"的讲座上，共同表达了图书馆的地位不会被互联网撼动的信心。澳大利亚国家图书馆馆长简·符乐顿表示："现在的信息面越来越大了，但我不认为阅读的地位受到任何挑战，而且我认为人们会继续读书本上的知识，这一点是无疑的。"[2]

（3）文献收藏的宏富。从世界第一座图书馆的出现，图书馆的历史已长达数千年，这种历史的积淀不可超越。目前全世界只有不足15%的信息实现了数字化，在线的信息就更少，所以大部分信息包括图书信息还没有在线，也没数字化。即使是最有实力的Google，尽管在全世界范围内的搜索市场覆盖率高达65%，但正如搜索领域的专家所言，人类关于搜索的问题才有5%得到了解决。[3]

（4）服务的平等与平民化。图书馆向所有人免费、无条件开放，充分实现了服务的平等与平民化。而互联网的平等开放是有条件的，首先得拥有上网的设备与条件，其次网上有些资源的获取需要付费，这就必然使不具备上网条件和无力支付费用的平民望"网"兴叹。

（5）图书馆是人们生活不可缺少的第三空间。作为一个公共空间，图书馆适宜聚集各种人。美国总统来了，选择上海图书馆发表演说；图书馆举办的各种讲座，以知识的名义，把人们聚集在一起；不同的人可以来此讲学，或坐而论道；图书馆也可以组织各种读书俱乐部，让不同的人聚集、结交，成为志趣相投的好友。美国加州州立大学在新建蒙特利湾分校时，当时很多人都相信，物理形态的图书馆马上就要消亡了，有人建议不要再建传统意义的图书馆了，因此蒙特利湾分校开设了一个没有藏书的虚拟图书馆。但十多年后的2008年，他们又建成了一座一万多平方米的新图书馆，网页上还出现了一条富有含

---

① 王世伟. 当代全球图书馆事业面临的难题与挑战[J]. 中国图书馆学报，2008(1)

② 向阅读致敬 无论什么时代——第十二届文化讲坛暨全球图书馆高峰论坛侧记. 解放日报，2007－09－13

③ 谷歌. 帮出版商在世界范围内找读者. 出版商务周报，2008－05－04

义的标语——“作为场所的图书馆”。这一切正说明图书馆作为一个文化场所是不可缺少的。[①]

(6)图书馆是网络获得图书信息的重要来源之一。Google 不仅有“出版商计划”,也有“图书馆计划”,并已与全球 27 家图书馆成为合作伙伴。他们推出这一计划的目的很明白,因为如果他们只与出版商合作,出版商拥有的多是最新的图书信息,时间跨度不够,且很多有价值的图书只有图书馆才有。同时,由于版权法的种种限制,仍然会有大部分图书在网上无法看到。

2. 数字化生存

当传统图书馆触碰互联网,会碰撞出怎样的火花?

澳大利亚国家图书馆馆长简·符乐顿认为,互联网已经给现代人的阅读提供了更加丰富和先进的手段,也会让图书馆获得“第二次生命”。[②]

(1)文献资源数字化。我国的各级图书馆都拥有数量不等的文献资源。中华民族悠久的历史、浩瀚的典籍,都是宝贵的信息资源,开发这些信息资源,组织馆藏信息上网,使中华民族的文化传统能在互联网上广泛传播也是图书馆发展的重要途径。现在的问题就是如何组织本馆的特色信息资源上网,并赢得用户。

有两百多年历史的美国国会图书馆正奋力跟上因特网时代,计划花上数十年时间,全面推进将馆内 1.3 亿册书籍、手稿和照片数字化的工程。尽管每年只有两百万人访问国会图书馆,但每天浏览国会图书馆网页、查阅数据的人数达两百万人次。[③]

(2)网络资源的整合与鉴别。网络信息资源最大的特点是无限、无序。美国著名学者约瑟夫在《美国霸权的困惑》一书中曾指出:“当我们被面临的大量信息所淹没时,就很难知道该关注什么。注意力而不是信息就成了稀缺的东西,那些能够把有价值的信息与虚假信息区分开来的人就取得了优势。”图书馆员就是这样一些具有优势的人。也正因为图书馆员的专业优势,“图书管理员将起到筛选者的作用,从浩如烟海的现有信息中筛选出少数人所需要的东西。”[④]

(3)与互联网合作

美国著名的未来学家尼古拉·尼葛洛庞帝在其《数学化生存》一书中早就指出,面对即将来临的数字化时代,生存的前途百分之百要看产品或服务能不能转化为数字形式。

面对人们获取信息方式的巨大变化,图书馆也应该拓展自己的“互联网”思维,围绕互联网不断进行创新,在吸引更多的读者到图书馆的同时,能尽快地将图书馆融合到网

---

① 孙晓菲. 传统公共图书馆身处“革命风暴”物理形态将永不消亡. 东方网,2010-10-18

② 互联网让图书馆获“第二次生命”四国知名图书馆馆长上海发布《当代阅读宣言》. 中国新闻出版报,2007-09-14

③ 国会图书馆数字化需数十年. 中国日报,2007-05-10

④ 昔日的职业和未来的职业. 洛杉矶时报,1995-08-20

络中去，将我们所拥有的资源和更多的服务放到网上，为读者提供方便、快捷的服务。

当然，未来还会有更多的不确定性，图书馆与互联网的博弈与较量也会越来越激烈，但我们不能让未知的可能阻碍前进的方向。保持一种迎接变革的心态，是我们最需要做的准备。

第二节　图书馆服务的变革

新中国公共图书馆事业已经走过了60年的历程。60年来，尤其是改革开放以来，图书馆服务无论在观念上，还是在服务方式上都发生了巨大的变化。

一、服务思想的嬗变

服务思想嬗变的实质就是对读者认识的不断深化，主要包括为谁服务和读者权益两个方面。围绕着"以书为本"、"以人为本"的理性的探索，引发了一系列观念的裂变。

1. 为谁服务

为谁服务的问题是贯穿于图书馆服务思想的主线，也主导着图书馆的核心价值观。

粉碎"四人帮"之后，遵循中央关于"文艺为工农兵，为社会主义服务"的方针，1978年试行、1982年12月正式颁发的《省、市、自治区图书馆工作条例》第二条明确规定："省馆应坚持为人民服务、为社会主义服务的方向，贯彻百花齐放、百家争鸣，古为今用、外为中用的方针，结合本省实际，利用书刊资料，为社会主义的物质文明和精神文明建设服务。""二为"方针的提出，明确了社会主义时期图书馆工作发展的正确方向，概括了图书馆的历史使命和整体功能。

但是对"人民"究竟指哪些人，是大多数还是所有人，始终没有一个确切的、能够为大众所掌握的标准，且习惯于对这一集合概念进行因时制宜、捉摸不定的解释。正是由于概念上的模糊，在相当长的一段时期，我们在这个问题上或徘徊、或回避，主要表现是图书馆服务的权利错位，在轻视服务的同时，把服务看成一种职业权力。图书馆原本应有的人文价值不断萎缩。

1994年，学界前辈陈誉先生将平等原则视为现代图书馆的标志之一，提出"利用馆藏人人平等"的服务精神；[①]1998年，吴建中《21世纪图书馆新论》的出版，颠覆了长期以来占主导地位的"书本位"思想，提出了以人为本、以服务为中心等"新论"，[②]并将联合国教科文组织制订的《公共图书馆宣言》作为该书的附录刊印，使《公共图书馆宣言》在更大范围内得以传播。

---

① 陈誉. 继续更新观念 提高读者工作服务水平. 图书馆杂志，1994(2)

② 吴建中. 21世纪图书馆新论. 上海科学技术出版社，1998

2006 年 9 月,《国家"十一五"时期文化发展规划纲要》指出"要从现阶段经济社会发展水平出发,以实现和保障公民基本文化权益、满足广大人民群众基本文化需求为目标",并强调指出,文化发展要坚持的方针原则之一就是"坚持以人为本,保障和实现人民群众的基本文化权益,使广大人民群众共享文化发展成果",同时对公共文化服务作了具体的规定,如免费或者优惠开放制度等。

以中共中央有关文件为指导,中国图书馆学会于 2008 年 10 月发布了《图书馆服务宣言》,提出了"普遍开放、平等服务、以人为本"的基本原则和 7 项具体目标。服务宣言的制订既是中国图书馆事业 60 年发展的必然结果,也是 60 年来正反两个方面的经验教训积淀的成果,亦是中国图书馆人服务精神的凝聚,表达了让所有公民都能自由平等享受图书馆服务的愿望和方向。服务对象的不断扩大与深化,是图书馆服务普及性的最大体现,其基本原则就是促进服务的平等。

2. 读者权益

新中国成立后的 60 年来,读者权益的实现是一个逐步扩大的过程。读者权益逐渐开始被图书馆人所重视始于 2001 年。当时,随着《经济社会和文化权利国际公约》的签署,公民文化权利被置于国际平台。2002 年 11 月 15 日,中国图书馆学会六届四次理事会通过《中国图书馆员职业道德准则(试行)》,将"维护读者权益"、"保守读者秘密"作为图书馆员必须遵守的职业准则,这是中国图书馆界第一次公开地、用法的形式提出读者权益的问题。

2005 年 11 月 7 日,中共中央办公厅、国务院办公厅发布的《关于进一步加强农村文化建设的意见》在"农村文化建设的指导思想和目标任务"中正式提出"实现和保障农民群众的基本文化权益"。

读者权益的提出,从根本上奠定了图书馆服务的基本理念。

60 年来图书馆服务思想与价值取向的嬗变说明,图书馆服务思想的每一次嬗变都是社会变革的必然。同时,社会与读者的需要决定着图书馆服务发展的方向,而社会与读者的需求又总是在不断地变化与发展,这就需要不断地制定和调整我们的服务策略。事实也证明,服务的困惑,首先是观念的困惑,而观念的转变,是根本的转变。图书馆服务不仅需要方式方法的变革和创新,更需要先进的理念和一种职业精神。

二、服务方式的变革

随着社会与科学技术的发展,图书馆服务经历了从阅览到外借,从闭架到开架,从在馆到在线的发展过程,服务内容从"提供给读者馆藏文献"变为"帮助读者获取馆内外信息";服务方式由面对面变为远程(通过电话和网络),并呈现出一种多种服务并存、其手段与方式不断更新与拓展的前景。

1. 从阅读到外借

在西方，图书馆服务可以追溯到公元前6—公元前5世纪。在雅典出土的古希腊一个图书馆墙壁上刻有“不得将图书携出馆外”的阅览规则。可见阅览是图书馆最早的一种服务方式。尔后，逐步由阅览扩展到外借。

15世纪，英国著名藏书家里查德·伯里在其专著《热爱图书》中明确指出，我们收集大量图书是为了学者的共同利益而非个人享受，并编制了藏书目录，拟定了借书办法。尽管借书办法有多种限制，如办理外借时不得少于三人、抄录图书内容时不得带出本馆围墙、无复本的书不得外借等，但服务的思想则十分明确：“我们的目的是使这些书不时借与该大学城区的学生和教师，不论僧俗，均可用以学习和进修。”

17世纪，法国近代图书馆学理论的创始人之一诺德在其《关于图书馆建设的意见》中对创办图书馆的目的作了十分精当的说明：“图书馆是供人研究而不仅仅只供看一眼”，“如果不打算将书提供给公众使用，那么一切执行本建议前述方法的努力，一切巨大的购书开支，全属徒劳。因此，即使对最卑微的能多少获益的人也不要限制，要让人借阅”。服务时间也应相应延长，即使是“偶尔要去图书馆的人也应有机会见到管理员，不受阻挠，毫无耽误地得到进馆的许可”。“知名人士应允许借出一些普通书籍，携回住所”。

2. 从闭架到开架

15—16世纪保存图书的方法是把书拴在书架上，19世纪后期美国有人建议将开架制作为一种主要的借阅制度。1879年美国一些图书馆开始实行开架制。20世纪初欧洲一些国家相继采用，苏联也于20世纪30年代普遍采用。二战后，开架制在更多的国家普及，英、美、日等国还将开架制列入本国的图书馆法。

我国北京大学图书馆也曾于20世纪20年代实行过开架制。20世纪50年代起专门图书馆广泛采用开架制，80年代全国大多数图书馆已程度不同地实行开架制。目前，开架服务已成为图书馆普遍的服务方式。开架服务的最大好处就是可以让读者直接与书接触，自由浏览与自由选取。

3. 从在馆到在线

20世纪90年代网络的出现影响并改变了且不断改变着用户利用图书馆的方式和查找文献信息的方式，同时，从根本上改变了图书馆服务的方式和形态。过去文献利用的“场所束缚”、图书馆利用的“时间限制”、文献与利用者的“地理间隔”等问题均已不复存在。利用网络开展在线服务已成为与在馆服务相互补充、不可或缺的服务方式。目前，图书馆开展的在线服务主要有网上阅览、网上外借、网上参考咨询、网上书目查询和数据库检索等。随着数字图书馆建设的不断深入，通过与互联网服务、移动服务、电视的整合，以电脑、手机、电视等多种终端为对象的，以交互、点播、共享、分发等为手段的图书馆综合服务模式方兴未艾，如基于互联网的新媒体数字服务、基于数字电视的图书馆和文化信息点播服务、基于手机等移动终端的掌上国图等3G服务，以及基于IPTV的综合信息服务等。

第二章　走进自助服务的新时代

自助服务是图书馆服务变革的方向。由深圳图书馆研发的城市街区 24 小时自助图书馆颠覆了传统图书馆服务的模式与方式，实现了科技与人结合，创造了新的价值，进一步推进了全民阅读与城市文明的建设。

第一节　自助服务：图书馆服务变革的方向

自助服务是当今不少行业变革的方向。美国《时代周刊》“改变世界的十大想法” 一文曾指出“不仅仅是金钱，不仅仅是政治”，正是那些“绝妙的想法” 推动人类社会的不断前进，风靡全球的自助服务作为最具影响力的革命性思想被排在第 2 位。自助服务目前已成功应用于金融、零售、通信、航空和医疗等行业中。

1992 年，美国加利福尼亚大学伯克利分校图书馆情报学院（现改为信息管理与系统系）教授伯克兰德亦在《图书馆服务的再设计：宣言》一书中提出了“未来一百年将是图书馆员必须重新构筑图书馆服务架构的时代”这一宏大宣言。他认为，图书馆服务的变化主要表现为服务的便利性、服务的自助利用与馆外利用等。①

由深圳图书馆研发的城市街区 24 小时自助图书馆，不仅验证了伯克兰德的预言，而且充分体现了图书馆服务的便利、自助与馆外利用的特点，使图书馆服务走出了馆舍，走进了社区，进入了人们的生活。

一、图书馆自助服务

自助服务是由获得服务资格的客户在一定的服务设施条件下，按照一定的服务规则自己独立进行操作，自己生产服务的同时自己消费服务的一种形式，并且这种形式跟客户接受由相应工作人员提供的服务具有相同的效果。② 目前常见的有自助银行、自助餐厅、自助售货等。

图书馆自助式服务最初的形式主要是开架借书、开架阅览等，后来，有了自助借还书机和自助复印机。随着现代信息技术在图书馆的应用，自助服务的项目越来越多，比如自助办理借书证，自助进行书目、信息、资料查询，自助借阅电子书刊，自助打印、复印、扫描、上机等。

---

① 黄纯元. 变与不变之间——读伯克兰德的《图书馆服务的再设计》[J]. 图书馆杂志，1999(1)

② 邓家昭. 自助服务对服务业影响的研究[J]. 科技情报开发与经济，2004(1)

图书馆自助服务改变了由图书馆员包揽一应服务的传统,将部分服务项目和任务转由读者自主完成,给了读者利用图书馆极大的方便和自由,尤其是网上自助服务的开展,突破了读者利用图书馆的时空局限。

二、深圳图书馆自助图书馆研发、应用与推广

由深圳图书馆自主研发的“城市街区 24 小时自助图书馆”(以下简称“自助图书馆”)以 RFID 技术为基础,集成各种高新技术,将一座可存放约 500 本图书的小型图书馆设置在城市的各个角落,与以前图书馆开展的自助服务最大的不同就在于它集办证、查目录、借还书于一体,实现了办理借书证、借还图书、预约借书、书目查询的全面自助以及无人值守。过去必须到图书馆去办的事情,在馆外任一自助图书馆都可以实现,而且全天候开放。不仅可以免除读者往返图书馆车马劳顿之累,还不受时间限制。这种利用图书馆的充分自由,包括空间自由、时间自由和操作自由,创造的就是一种图书馆服务的无限开放——空间的无限、时间的全开放和读者利用图书馆的自主与自由。

1. 研发的背景与缘起

2006 年 7 月,深圳图书馆新馆开放,响亮地提出了“开放、平等、免费”的办馆理念,并率先在馆内外配备了自助借书机。读者对自助服务的欢迎与认可超出了图书馆的预料,不少读者宁愿排队等候,也不愿移步服务台接受人工服务,自助借还量很快上升至全馆书刊借还总量的 95% 以上。安装在馆外的自助还书机也很繁忙,尤其是在图书馆闭馆的时间,等候还书的读者排起了长龙。

读者的需求既是自助图书馆研制的出发点,也是研制的基础。

深圳图书馆首先就自助图书馆研制的可行性、功能、布点和文献需求进行了广泛的调研。因为在深圳这座城市中,不只有公务员、金领、白领,更多的是外来人员,图书馆更应该关心他们的处境与需求。来自各个方面的 2446 位市民参与了调查。调查结果显示,在 2446 名市民中,68.51% 的人经常到图书馆,31.49% 的人很少或从来没有来过图书馆。影响市民利用图书馆的因素依次为:图书馆离住处太远,不方便(71.51%);工作太忙,没时间(36.67%);到图书馆借还书太麻烦(34.19%);找不到需要的图书(25.19%)。95.54% 的民众认为有必要设立 24 小时自助借还图书系统。①

同时,深圳于 2003 年启动的“图书馆之城”建设为自助图书馆的研发提供了一个良好的发展环境。图书馆之城的建设就是立足于建设一个市民可以方便利用图书馆的知识空间,实现市民平等享受文化的权利。几年来,一个以市图书馆为中心、区图书馆为骨干、基层图书馆为节点的公共图书馆服务体系已初具规模,但是由于开放时间有限、选址不当、书刊太旧等种种原因,读者利用图书馆仍然感到不方便。自助图书馆服务布局与时间的高度开

① 城市街区 24 小时自助图书馆系统项目组. 读者调查分析报告,2009-05

放,既能及时弥补图书馆服务的不足,也是对建设与发展基层图书馆有益的尝试。

2. 应用与推广

2008 年 4 月 23 日,首台自助图书馆服务机投入试运行。城市街区自助图书馆于 2008 年 5 月和 10 月分别参加了在深圳市举办的第四届文博会和第十届高交会。2009 年 4 月 23 日,40 台自助图书馆服务机在全市开放服务。截至 2011 年年底,160 台自助图书馆服务机遍布深圳街道、社区、大型工业区、驻深部队、海关、机场、地铁站,并与市、区的 147 家公共图书馆实行统一服务,实现了市、区图书馆文献资源的共享和互借、互还。[①]《经济日报》《南方都市报》《北京青年报》《深圳商报》《深圳特区报》等多家纸质媒体报道了城市街区自助图书馆的发展状况,中央电视台朝闻天下、深圳卫视第一现场等节目对城市街区自助图书馆进行了深入报道,深圳图书馆也在布点的社区开展了大量的宣传工作。

2009 年 11 月,“公共图书馆国际高峰论坛”在深圳召开,海内外的专家学者对自助图书馆的建设和服务成果赞叹不已。2009 年 12 月 6 日,文化部在深圳召开了“城市街区 24 小时自助图书馆系统”现场会,向全国有条件的地方推广使用“第三代图书馆”的新型图书馆服务系统。

目前,自助图书馆在全国范围内的推广和应用已经逐步铺开,许多城市在构建公共文化服务体系时有意引进自助图书馆项目。据不完全统计,截至 2012 年 8 月,北京、上海、广州、郑州、天津、合肥、武汉、三亚、鄂尔多斯、宁夏、陕西、新疆等多个省市已经设立或计划设立“城市街区 24 小时自助图书馆”,已投入正式运行和服务的自助图书馆服务机已达到 60 余台;同时,自助图书馆的经验及模式得到了国际专业人士的认可及相关国家的借鉴,“城市街区 24 小时自助图书馆系统”与美国、韩国等图书馆的合作已经展开。

三、自助图书馆网的特点

自助图书馆的研发,其实质就是一个对传统图书馆服务的颠覆。其一,率先推出的馆外“一站式”服务,颠覆了传统图书馆固守阵地的服务习惯。其二,颠覆了人们心目中自助服务机冷冰冰的形象。这种让读者自主利用图书馆的理念,创造的是一种服务的新境界。自助图书馆既是高科技产品,更代表着一种先进的理念:自助的,也是人文的。其三,自助图书馆提供的是一种网络化的服务,读者的任一需求都可以从单机传达到网络,并通过网络实现服务的无限。

1. 从被服务到自主服务

在传统的图书馆服务中,读者是被动的,他必须向馆员陈述个人的需求后才能得到相应的服务,而且常常因为馆员的水平、态度等原因,个人的需求往往得不到全面满足;现代化图书馆虽然推行开架服务,但借阅手续还需要人工办理,其间不可避免地会发生

---

① 马璇. 图书馆成深圳永不关闭的免费书房. 深圳特区报, 2012-02-28:A6

一些人为的纠纷，享受服务的快乐无形中被打了折扣。而自助图书馆提供的则是一种全新的选择，通过简单的人机对话，就可以自主完成种种服务。

2. 从馆舍延伸到全城

深圳图书馆自建馆以来，阵地服务工作一直十分出色，也曾在全国图书馆读者人数递减、事业萎缩的大环境中创造了读者爆棚、读者量居全国前列的成绩。但是由于阵地服务的种种局限，制约了服务的辐射能力，对于工作和生活在远离图书馆的民众，还是很不方便，他们来一趟市图书馆借还一次书，至少需在半天的时间。遍布全市的160台自助图书馆服务机，扩大了深圳图书馆的辐射能力。同时，每一台自助图书馆服务机并不是一个孤立的机器，而是自助图书馆网的服务终端。作为自助图书馆网络的终端，其一，它的所有操作都是在自助图书馆网整体框架下进行的，所有功能联机实现；其二，它可以方便地访问网络中心的数字资源；其三，发生在服务机上的所有事件均会反馈到网络中心，以便网络中心及时进行汇总处理。正是因为有自助图书馆网络的支撑，自助图书馆才能依托设在馆内的管理中心技术、资源和服务，提供24小时不间断服务，并随时发现服务中的问题并及时解决，增强了单机的服务能力。

3. 从有距离服务到就近服务

按照国际图联和联合国教科文组织的标准，公共图书馆的服务半径应设置在15分钟车程之内。《英国公共图书馆布局标准》亦规定，内伦敦地区，100%的家庭距最近的固定图书馆不超过1英里；外伦敦地区，99%的家庭不超过1英里；城区（Metropolitan Districts），95%的家庭不超过1英里（或100%的家庭不超过2英里）。我国于2008年发布的《公共图书馆建设用地指标》规定的服务半径：大型馆≤9.0（km），中型馆≤6.5（km），小型馆≤2.5（km）或15分钟车程之内。

深圳自2003年以来以建设图书馆之城为目标，基层图书馆的建设取得了较大的成绩，但是公共图书馆的布点疏密不均问题还是比较严重，2008年的一次调查显示，六成的受访者到最近的图书馆步行所花的时间在半小时左右或以上。[①]

自助图书馆充分体现了公共图书馆服务的均衡性，在深入调查、精心规划的基础上，按照“片”、“线”、“点”的原则，在人口密集区以及远离市中心、外来人口较多的工业区和居民区设点，并与已建基层图书馆错位互补，填补了图书馆服务的空白，实现了服务的“零距离”。

4. 从限时服务到24小时服务

独立的实体图书馆由于人员有限，开馆时间一般从白天延续到夜间九、十点钟。网上图书馆的设立，实现了服务时间的全开放，但对于大多数非网民及弱势群体来说，这种图书馆的数字化服务仍然十分陌生与遥远。自助图书馆的24小时开放，使图书馆的服务时间不再有所限制，实现了服务的全天候，也为非网民及弱势群体提供了方便。

---

① 深圳市文化局课题组. 深圳市建设“图书馆之城”（2003—2008）调查报告

5. 从单项自助服务到多项自助服务

图书馆最初的自助服务机主要有自助借书机、自助借还书机，以及后来开发的计算机自助办理借书证系统。

自助图书馆与以往的自助服务机最大的不同就在于它不是一台单一功能的图书借还机器，而是一座微型的图书馆，具有图书馆相应的基本功能，诸如办理读者证、借书、还书、查询、预约借书、电子资源服务等。其中图书预借功能可根据读者的个别请求将他要借阅的图书配送到离他最近的自助图书馆。

世界现代图书馆运动中形成的核心理念之一是：创办图书馆，创办市民身边的图书馆，创办在市民生活中发挥作用的图书馆。自助图书馆充分体现了这一核心理念。

第二节　实现科技与人文的结合

自助图书馆以无线射频（RFID）技术为基础，集成了各种高新技术，实现了图书的快速传输、自动分拣和图书馆服务的无人值守，并能实时与深圳图书馆网络连接，在跨网络环境下开展全天候的各种服务。[①] 也就是说，自助图书馆以高科技为支撑，同时又极具人本思想，因为它能给最普通的人创造一种更方便、快捷，超越了时间、空间的图书馆服务方式。正如媒体所言，“由深圳人打造的城市街区自助图书馆，是一次‘文化’与‘科技’的深情相拥”。

一、以民众的需求为驱动

1. 从民意出发

自助图书馆研制的启动源于对市民需求的深入了解，如何最大限度地方便读者始终是设计与研制的核心。读者，始终是自助图书馆研发中关注的第一目标。为此，深圳图书馆总是一边站在读者的角度提出各种问题，一边以不懈的努力攻克一个又一个的技术难关，包括自助服务机的研制、软件开发、物流配送、运营与服务管理等各个方面。

研发之初，深圳图书馆就自助图书馆研制的可行性、功能、布点和文献需求进行了广泛的调研。

2008 年 4 月 23 日，首台自助图书馆服务机投入试运行后，为进一步了解读者的需求，了解自助图书馆服务存在的不足，倾听广大读者的建议和意见，畅通图书馆与读者的沟通渠道，深圳图书馆又于 2009 年采取网络调查与实地调查相结合的方式组织开展了为期两个月的自助图书馆使用调查。1809 位读者参与了此次调查，1058 位读者对自助图书馆的布

---

① 城市街区 24 小时自助图书馆系统项目组. 城市街区 24 小时自助图书馆系统研制报告，2009 - 05

点、资源配置等问题提出了意见与建议。① 尽管有些读者的意见只是根据个人体验而提出的小问题，但图书馆也未轻易放过，始终坚持以民意为取向，改进与完善自助图书馆的设计。

同时，为体现公共图书馆服务的均衡，深圳图书馆还在自助图书馆每一次布点前都对申请布点的社区进行深入调查，按照"片"、"线"、"点"的原则精心规划，重点在人口密集区以及远离市中心、外来人口较多的工业区和居民区设点，并与已建的基层图书馆错位互补。

深圳图书馆就是这样始终坚持把读者的需求与意见放在第一位，始终以最大限度消除公众阅读障碍和方便读者利用为宗旨，并成功地将这一理念转化为产品，即自助图书馆要实现的不仅仅是服务，更重要的是满足读者随时的服务诉求和不断为读者创造价值。这种以读者需求和体验为核心的驱动力，改变了传统图书馆运行的旧模式，重塑了图书馆的服务理念和价值。

2. 因读者而"变"

(1)尽量满足读者的阅读需求

相对于读者多样化的需求，自助图书馆提供的图书品种十分有限，为较好解决供需矛盾，深圳图书馆在自助图书馆研发启动之初，就对读者的阅读需求进行了充分的调研，运行中又不停地通过统计数据，了解读者的需求，文献配置始终坚持按需配书，根据各服务点人群结构、阅读倾向，采取不同的配书策略，满足不同类型人群的阅读需求。自助图书馆服务机的查询机和 LED 动态显示屏会定期进行图书馆资源的推介、新书推荐，不断提高图书更新频率。而对于少数读者的特殊需求则通过预借来满足，同时，考虑到社区儿童阅读的需求，增加了少儿图书的配置。

(2)增加电子资源服务功能

深圳图书馆的布点需求调研结果表明，67.17% 的读者希望自助图书馆还应提供电子文献服务，所以自助图书馆在原来书目查询基础上，以深圳图书馆强大的电子资源为支撑，实现了深圳图书馆电子数据库的访问和电子图书的借阅。

(3)布点均衡，关注弱势

深圳图书馆的布点需求调研结果显示，福田区、罗湖区、南山区的读者对于自助图书馆布点的需求较大，宝安区和龙岗区布点需求偏低。考虑读者的布点建议，深圳图书馆对需求反差进行了认真的研究，认为需求偏低的两个区，并不是民众不需要自助图书馆，而是他们对自助图书馆不了解，一方面说明宣传要扩大范围，另一方面说明那些对自助图书馆不了解的地方恰恰需要自助图书馆，为此，在 2011 年自助图书馆的布点工作中，重点关注了偏远地区。

(4)从细节入手，不断完善设备与服务

为了能展示不同开本大小的图书，改进了书架的尺寸；为了方便小朋友使用自助图

---

① 城市街区 24 小时自助图书馆系统项目组. 读者调查分析报告，2009－05

书馆，图书的出入口越来越人性化。为及时解决使用过程中出现的机器故障，自助图书馆的服务人员会在接到投诉电话或管理中心自动报警时第一时间赶到现场。据不完全统计，从研制到投入运行短短的5年中，自助图书馆的机型已经更新换代至第五代，系统的稳定性、可靠性、安全性、易用性等都发生了巨大的改变和创新，技术及系统在细节上的改进、完善多达百项。

二、精神超越技术

1. 民生科技

自助图书馆是一个全自助模式的智能型服务产品，其功能简单、直观、易操作，系统可靠、耐用、能容错，管理配套、及时、可控制。这种智能化的设计一方面体现在读者操作的自动响应、多系统联动，另一方面也体现在运行管理的实时监控、自动报警。而基于智能化统计分析，适时更换资源，调整配送策略，优化预借响应等，则是更高层面的智能化管理——充分体现了技术的人文精神。

当前，随着互联网的迅速发展与普及，图书馆的确面临着威胁与挑战。为了化解生存的危机，不少图书馆纷纷积极引进现代化技术，以求用先进的技术手段来保障图书馆的生存与发展。但是，没有人文的科技是残缺的。当技术沦为一种技能或项目，那就只是操作员为达到目标行事的一种方法，而自助图书馆既是技术，也是理念。其研发与运行的过程，不仅仅只是对技术的研发，同时是对人文精神追求的过程。

胡锦涛总书记亲自主持会议研究加强公共文化服务体系，充分显示了我们国家对文化的重视，建设与发展图书馆已成为关系国计民生的大事。

2008年9月20日，《晶报》以“书香留人”为题，报道了一位因求职未成而欲告别这座城市的外来妹，在尝试着用自己的身份证办了一张借书证并借到了一本渴望已久的新书后，竟毅然决定继续留在这座让她感到巨大压力的城市的事。用这位外来妹自己的话说：深圳很好，这里有其他地方没有的东西。

应该说，每一座城市都有其独特的表达方式。每一个人都会用不同的方式来阅读自己生活过的城市。如果说，前几十年人们更多的是从鳞次栉比的高楼来认识深圳的话，这位外来妹对自助图书馆的感受则从另一个侧面告诉我们，平民的、低门槛的现代化服务能让城市更亲切。

这一事实同时证实，自助图书馆就是一项实实在在的“民生科技”，是与人民最关心、最直接、最现实的利益问题相关的科学技术。对用户的关怀比技术更重要。有技术而没有精神、没有爱心，技术不过是一种工具。为什么我们的一些现代化程度较高的图书馆越来越被民众所疏远？就是这个道理。

2. 人文服务

自助图书馆体现了“自助的，才是人文的”这一种全新的服务理念。

(1)操作界面简单、友好

无论是办理借书证还是借还书,都可以一键完成。过去因种种原因未曾办证和借书的市民,也因自助图书馆使用的方便与自由,主动办证和借书。调查显示,94.38%的读者觉得自助图书馆服务机界面操作方便、简单易懂。① 在自助图书馆运行的最初阶段,深圳图书馆还派专人进行具体指导。在试运行的短短6个月内,40台自助图书馆累计办理读者证达15 417张,远远高于深圳各区图书馆年均办证的数量。

(2)方便、免费的预约借书

如果自助图书馆没有要借的书,可以在深圳图书馆的网站上预订,48小时内预约的书就会送到离用户家最近的自助图书馆。"最棒的是打开图书馆的网站,可以在深圳图书馆的网站上预订想要借的书籍,预订成功之后,过几天工作人员就会把你想要看的书籍都送到机器里,你可以直接去取,这太人性化了。"②

为避免读者因忘记还书的时间而产生延误费,还有短信催促服务,而且无论是预约借书,还是短信服务都是免费。

(3)以人为本的管理中心。在自助图书馆的管理中心,透过两台52寸的液晶电视机可实时了解所有自助图书馆的使用与运行情况,包括每台自助图书馆服务量的各种统计,如图书利用情况、借书证的发放量、押金金额以及还书箱的存量等。如果运行不正常,或需要补充图书、借书证、打印纸等,系统都会有提示,以便工作人员及时进行处理。同时设置了24小时读者热线电话,随时解决服务与运行中的问题。它就像一张"数字地图",将所有自助图书馆的运行状态以数字的形式呈现在人们面前,具体、精确。这种后台与前端的无缝链接,不仅能精确进行业务统计,积累第一手资料,直接检验前端服务质量的优劣,还能建立起一种服务的回馈机制,从本质上提高了端到端的服务能力,为自助图书馆的每一步工作提供了详尽的数据,从而透过数据发现问题、解决问题。从一定意义上说,可使前端服务形成理论到实践再到理论的良性循环,而且在端到端的链条上,任一环节的服务实践都可验证,以提高另一环节的服务能力,最终实现整体服务能力和水平的不断提高。

(4)充分信任与尊重读者。自助图书馆无人值守,这种对读者的信赖,也是对图书馆服务的一种挑战。尽管无人值守,但极少发生设备损坏,书、证、押金丢失的现象。

自助图书馆设计中的另一个重要理念是"自主与自由"。正是这种让读者自主利用图书馆的理念,使自助图书馆的研制能冲破一切陈规,创造一个服务的新境界。当然,"自由意味着责任,所以多数人都害怕自由"。深圳图书馆主动承担起这份责任,并通过夜以继日的辛苦工作,实现了对读者的承诺。同时,也让读者在自主利用图书馆的同时建立了良好的秩序。

---

① 深圳图书馆自助图书馆工作部.城市街区24小时自助图书馆读者调查分析,2009-06-08

② 图书馆之城的三级跳.http://www.cnszol.com/news/guangdong/200911/2711120.html

(5)成本的节约。自助图书馆设立在市民的家门口。过去一位读者如果每1个月用半天时间往返深圳图书馆借书,一次借5本计,其利用一次图书馆的时间成本约为半天工资与往返交通费之和。① 工资越高和距离图书馆路程越远的读者利用一次图书馆的时间成本就越高。以深圳一般蓝领工资日均100元、往返公交费用10元计,每利用一次图书馆的成本约为60元;如果一次借5本,借一本图书的成本为12元。如今在家门口就可以享受到一站式的图书馆服务,以上所说的那些费用都可以省下来,同时也降低了读者的时间成本。以较低的成本获得自己所需,对读者来说是一种解放,对于图书馆来说则降低了服务成本。

第三节 创造新价值

自助图书馆的研发,以中共中央关于构建"覆盖全社会的公共文化服务体系"指示精神为指导,较好地体现了公共图书馆服务的均等、便利与平民化,同时,为深圳建设"图书馆之城"注入了新的活力。

一、创造"机会"

1. 免费只是第一步

(1)免费服务的普世价值

公共图书馆的本义就是免费的。这一基本理念由英国图书馆学家爱德华兹确立,而后,以卡内基对美国图书馆的无私捐赠为契机,使公共图书馆进一步成为社区的实际存在,并使美国形成了以地方立法为基础的政府对公共图书馆事业的支持体系。

我国从清末知识分子引进西方图书馆先进的管理方法,到以刘国钧先生为代表的平民化服务思想,以及今日的全面免费,虽然历经曲折与艰难,但是这种努力是值得的。收费与免费虽然只是一字之差,虽然它外在的表现只是一种被世人视为极为普通的服务方式,但它却在根本上影响着图书馆职业整体的思想观念与价值取向。

免费服务既是图书馆公共责任的价值导向,也是民众对图书馆责任的价值诉求,体现的是图书馆人对职业应尽的一份担当与社会责任。

免费,体现的是一种以人为本的价值理念。

胡锦涛总书记所提出的科学发展观,充分彰显了"发展为了人民、发展依靠人民、发展成果由人民共享"的以人为本的价值理念。建立完善的公共图书馆服务体系,就是要让所有的人都能积极参与文化成果创造的同时充分享用社会文化发展的成果。

深圳有大量的外来务工读者,年关时会有不少人到图书馆要求退还借书证押金,100

① 深圳自助图书馆3年内达300台 多城市欲引进.深圳新闻网,2009-11-29

元的押金或许就是他们回家的路费。当然,费用只是问题的一个方面,更为严重的是在人为地制造普通大众利用图书馆的障碍,自觉或不自觉地将读者分为两部分:能够支付各项费用的人和不能支付各项费用的人。付不起费用的人自然被排斥在外而被剥夺了享受文化成果的权利。公众不能自由进入,何言公共图书馆?

以人为本中的人是指人之全体,即每一个人,不是大多数人,更不是一部分人。

免费服务广泛的社会关照性——关照社会的每一个人,从根本上体现了"避免剥夺享受成果权利"这一社会公平的原则。

免费,代表的是一种职业精神。

职业价值观是对职业的看法,是指导职业行为和态度的感情准则。价值观主要表现在对事业的发展方向与管理方式的选择。如何对待读者,既是一种管理方式,更代表着服务的方向。在公益性文化事业正在成为保障人们基本文化权益的主要途径的今天,公共图书馆的服务内容和服务方式代表着国家的意志和社会主流意识形态,体现着国家的文化形象,也代表着图书馆的职业形象,所以说,今天图书馆"免费服务",不仅仅只是用"免费"替代"收费"——一种管理方式的改变,而是具有导向性意义的一次重大变革,是图书馆职业价值观的一次升华。

中国图书馆的免费服务之所以在历经百年追寻后尘埃落定,正是我们在图书馆职业精神理论和实践上正确与失误交替转化的反映,也从另一个方面说明观念转变之艰辛。我们之所以较长时间在免费的问题上徘徊与犹豫不决,其根本原因就在于忽视了方法背后的价值观,太注重实用,而忽视了精神。而职业一旦专注于实用,且过度商业化,就容易把根本的精神遗忘掉,且会图一时之利而伤害永久之利,走入迷途,尤其是在以现代技术为驱动力的大环境中。为此,联合国教科文组织《公共图书馆宣言》(1994 年版)特别强调指出:馆藏及服务要抗拒商业行为的压力。且图书馆要实现现代化,要与世界接轨,仅有模仿是远远不够的,有一个文化嫁接的问题,也有一个认同与学习的过程。

倡导免费服务,就是要进一步培育职业精神,形成职业的共同理想、信念和职业道德规范,以矫正我们职业行为的偏差。

(2)免费之后面临的新挑战

于 2006 年建成开放的深圳图书馆新馆,以"开放、平等、免费"的办馆理念,引发了新一轮的读书热,接待读者和外借图书的数量再创新高。

但是,免费以后,图书馆依然面临着严峻的挑战。一方面,网络从根本上改变了人们获取知识、信息的渠道与方式,图书馆作为知识中心的地位已经被极大削弱了;另一方面,免费只是第一步。从目前的情况来看,免费极大地提升了图书馆"人气",但随之而来是对图书馆的管理、文献提供、服务质量更为严峻的考验。如果不调整服务内容,改进服务方式,增强吸引力,即便免费开放,也很可能遭遇乏人问津的尴尬。这不是毫无根据的臆测,而是正在发生的事实。在深圳的社区图书馆,一直以来都是免费开放,但不少社区图书馆仍然读者较少，与热闹的市、区图书馆形成强烈的对比。这一事实就说明，阻碍民众走进图书馆的根本原因是过时的、低质的服务。试想，如果一个图书馆的馆藏建设不能满足读者需求，使用起来不方便，服务态度恶劣，借书如大海捞针，再怎么免费也是无用的。这就要求图书馆能够在免费以后，有针对性地改进服务，并通过各种服务和足够的文献吸引群众主动走进来。经营文化事业好比开饭店，优惠、便宜固然吸引人，但最重要的始终是食物。对图书馆而言，提高服务质量与水平，加强文献资源的建设、调配以及共建共享更为重要。

应该说，免费开放是一件大好事，但图书馆不能一免了之，要有扎扎实实的应对举措。自助图书馆的研发就是直面这一新挑战最好的答卷。什么是图书馆颠覆性的变革、什么是服务的便利，自助图书馆作了最好的答复。

2. 机会无处不在

机会均等是实现公共文化服务的均等的基本点。免费服务提供了一个阅读机会的均等环境。但是，调查显示，深圳尽管拥有数百座社区图书馆，仍有不少的市民徘徊在图书馆的大门之外。一位读者对社区图书馆“看起来很近，实际上很远”的评价说明，多建图书馆只是实现公共图书馆布局均衡的一个方面。

美国纽黑文市公共图书馆馆长诺曼·欧德认为“公共图书馆是城市最重要的免费公众空间”。在他看来“免费”在英文(Free)里包含“免费”和“自由”两层意思。

自助图书馆以最大限度消除公众阅读的障碍和提高公共图书馆的利用率、方便读者为目的，给予读者的是充分的自由：利用时间的自由，不用受图书馆开放时间的限制；借还书的完全自主，不需要借助任何人，避免了人与人打交道可能发生的不快与尴尬。这种自主、自由、全开放的服务环境消弭了多年来图书馆作为“知识殿堂”与民众的“心理距离”，真正充分实现了图书馆服务的平民化：不用登“殿”入室，不用说明“身份”，上下班与回家的路上，随时都可以去借一本书。“机会均等”已从一个抽象的概念变得可感知。

二、创造与培育读者

1. 让更多的民众成为读者

深圳图书馆新馆开放两年内，累计办理新证15万多张，是过去14年办证总量的一倍多。随着办证量的提高，图书借阅量也相应提高，两年的总借书量相当于过去14年的总数，图书流通量达到一个新的高峰。[①] 截至2011年年底，持证读者累计达71万，其中自助图书馆在运行的短短3年多的时间内，累计办理新证6.6万；2011年深圳图书馆馆内新增持证读者92 231位，自助图书馆办证量为25 777个，全馆办新证总计为118 008个，自

---

① 袁晞. 公共图书馆是城市文明程度的基本标杆. 人民日报，2011－12－06

助图书馆的办证量占全馆总量的22% 。[①]

自助图书馆也同时培育了不少新读者。调查显示，17.73%的读者一周两次以上使用自助图书馆，31.14%的读者一周一次使用自助图书馆，40.03%的读者一月一次使用自助图书馆，48.87%的读者高频率地使用自助图书馆。88.57%的读者在不同方面受到自助图书馆服务的影响而改变了获取书籍的方式和习惯。[②]

2. 阅读：提升个体与城市的文化品质

“文化深圳，从阅读开始”。阅读与文化密不可分。文化有衍生和升华的天性，并用它固有的远见为社会提供新的视角和发展方向。深圳自2003年实施建设图书馆之城以来，以遍布全城的基层图书馆，包括各种形式的分馆、社区图书馆和自助图书馆，使阅读不再是受过良好教育、经济状况好的人群的专利。可以说，今天的深圳，已到处被文化所覆盖着，不仅涵养了城市文明，也提高了市民的素养。

深圳是一座以外来人口为主的城市。入夜，在深圳的街头巷尾，经常可以看到一些外来打工青年层层围住小店铺的电视，不管什么节目都看得津津有味；酷暑时，他们则四处乘凉，据报道，仅在2007年7月连续20天的高温日子里，深圳50米长的人行道上睡了近百人。这一现象至少说明了这样两个问题：一是外来人员强烈的文化饥渴，二是外来人员对文化服务的渴求。也就是说，即使在经济高速发展的深圳，低成本的文化需求还相当普遍。当一个城市不能为低收入人群提供低成本的文化享受时，社会的稳定也是极大的一个问题。如今，自助图书馆在地处偏远的工业区布点，从一定程度上缓解了外来务工者对文化的饥渴。一位深圳的打工者曾无限感叹地说：“下班后是最空虚最难过的时候，我想找个地方看看书，可这么大的一个工业区里连个图书馆也没有。如今，有了自助图书馆，看书太方便了。”可见，低成本文化服务不仅能使看似高额的投入低成本化，且它所体现出来的对公共文化的普及的推动，以及它所具有的民主潜质，在更广泛的基础上为实现公民的文化权利提供了可能。

调查显示，97.93%的读者认为自助图书馆设在社区对他们利用图书馆有帮助，48.87%的读者每周使用自助图书馆，[③]说明自助图书馆布设在社区给读者带来了阅读的便利，激发了市民的阅读兴趣，提高了市民的读书频率。一位读者在座谈中深情地说：以前我1个月跑一次图书馆，每次至少要花上半天时间，现在家门口有了自助图书馆，很方便。不仅自己书越读越多了，邻居们也都说想不读书都不可能了。

读者杨森说，家门口有了24小时自助图书馆之后，她借书的频率与数量成倍增长，她和丈夫各办了一张借书卡，基本上每个星期借一次，每张卡每次借5本书，每月借书量

---

① 深圳图书馆2011年度报告

②③ 自助图书馆工作部. 城市街区24小时自助图书馆读者调查分析，2009－06－08

40 本左右。“我非常感谢家门口的图书馆,给我带来了内心的宁静”。①

2011 年全市 160 台自助图书馆外借图书册次1 122 811,是馆本部外借册次3 926 976 的 29%。②

我们有理由相信,自助图书馆催生的这种“阅读自觉”会越来越广泛和深入,并潜移默化地提升城市的品质。成长你的读者与城市,就是图书馆事业最大的成功。

三、创新“图书馆之城”

1. 图书馆之城:一座城市的文化愿景

美国著名城市学家伊里尔·沙里宁曾这样说过:“让我看看你的城市,我就能说出这个城市的人们在文化上追求什么。”图书馆之城近 10 年建设与发展,已经成为我们这个城市的文化代表之一。

“‘图书馆之城’是一个形象的说法,即把深圳建成为一个没有边界的大图书馆网,就是以全市已有、在建和将建的图书馆网点和数字网络为基础,联合各图书情报系统,建立覆盖全城、服务全民的文献信息资源共享网络,实现图书馆网点星罗棋布、互通互联、资源共享,为市民提供功能完善、方便快捷的图书馆服务,达到提供丰富资讯、支持终身学习、丰富文化生活的目的。”③

“图书馆之城”,顾名思义,就是要用图书馆构建一个由书组成的文化空间,一座城市理想的精神家园。以书为容、以书会友,人诗意地栖居于此。

城以盛民,书以载城。在城市文明的进程中,经济与文化是不可或缺的两大要素,但最终决定一个城市品质和地位的是文化。正如法国诗人塞南所言,“人并不绝对需要一座城市”,人类还需要另一种生存环境,这就是人类共享的文明空间。而图书馆就是城市文明的窗口和标志之一,是城市记忆的宝库。一位学者曾十分形象地指出:“文化的外延是环境。一个优美、祥和的环境能代表一种文化;文化的内涵是人的素质,一个高素质的人群,是文化的另一种表现。”这也是深圳图书馆之城建设与发展的主要着眼点。

如果说“深圳建市之初,城市建筑及内核多以商业性为目的,文化内涵相对薄弱”,那么,图书馆之城的提出,则“显现出现代城市经营理念的进步与发展。它从文化战略出发,对城市发展进行有自身特色的设计和构想,开拓了城市经营的视野,丰富了城市经营的理念”,同时体现了“图书馆普遍服务、平等服务、开放便利 、共建共享四大基本原则。其建设的基本理念是: 维护公民的文化权利,大兴勤奋读书之风”。其内在指标主要包括:奠定城市的文化底蕴,体现以人为本的发展宗旨,建立遍布全市的图书馆服务网络,

---

① 马骥远. 24 小时自助图书馆读者遍布全市,成为市民近在咫尺的阅读助手. 晶报,2011-10-13

② 深圳图书馆 2011 年度报告

③ 程亚男 ,王晓东. 深圳市建设“图书馆之城”(2003—2005)三年实施方案解读. 文化立市与国际化城市建设: 2004 年深圳文化发展蓝皮书. 中国社会科学出版社,2004

实现最基本的阅读保障,文明市民和提升城市精神 。

“ 图书馆之城”同时是一个“虚拟 + 实体”的图书馆服务网,既要实现图书馆的星罗棋布,又要充分利用因特网,实现图书馆利用的超时空与超地域,旨在解决图书馆服务的均衡与便捷,在价值目标上着眼于图书馆的“公共性”。从本质上来说,就是实现图书馆服务对一座城市的“全覆盖”。“目标重点有四:合理布局图书馆网点,实现图书馆服务的近距离;建立全市跨系统的文献信息资源体系,建设全市的网上图书馆;确保网上图书馆有丰富的、高质量的、有特色的数字资源;实现图书馆服务的开放、便利与快捷,实现全民阅读,特别是弱势群体的阅读参与。”①

图书馆之城所追求的不仅是深圳人的文化追求,也表达了一座城市的文化梦想以及战略选择。

2. 自助图书馆:一道亮丽的文化风景

2008 年深圳图书馆在国内率先提出“城市街区 24 小时自助图书馆”创意并研发成功。自助图书馆以布点灵活、服务便捷与基层图书馆形成互补,实现了图书馆服务的无处不在,为深圳“图书馆之城”建设提供了全新的理念和模式,为完善公共文化服务体系建设进行了有益的探索,不仅为深圳市图书馆之城的建设注入了新的形式与活力,而且弥补了基层图书馆服务的不足,极大地提升了城市的公共文化服务的整体水平。

截至 2011 年 8 月,全市 160 台自助图书馆服务机也已全面开通投入使用。深圳图书馆还举办了“自助图书馆宣传周”活动,面向市民,特别是新生代青工群体推广一种全新的阅读方式与阅读习惯,让阅读关爱延续到深圳的街道、工厂、社区的每一个角落,成为城市街头的一道文化新风景。

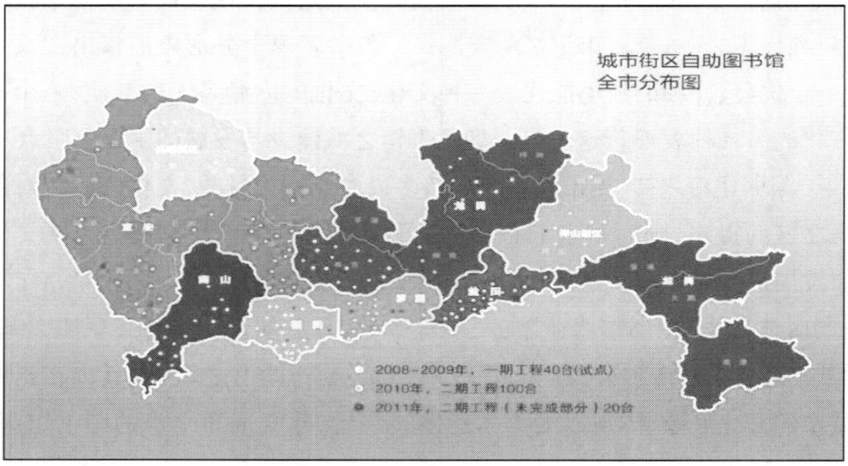

深圳自助图书馆分布示意图(截至 2011 年年底)

---

① 程亚男 ,王晓东. 深圳市建设“图书馆之城”(2003—2005)三年实施方案解读//文化立市与国际化城市建设:2004 年深圳文化发展蓝皮书. 中国社会科学出版社,2004

技术篇

技术是自助图书馆存在和发展的基础，自助图书馆依赖技术创新产生，更依赖技术发展而发展。选择正确、适合的技术路线，围绕服务机的服务构建自助图书馆网是自助图书馆建设的重点，也是实现自助图书馆服务目标的保障。本篇从阐述自助图书馆网及其技术路线入手，重点阐述自助图书馆网络与数据中心、自助图书馆服务机、自助图书馆网应用软件系统三大组成部分的技术原理和相关技术问题，为自助图书馆建设和运行管理提供技术支撑。

第一章　自助图书馆网

自助图书馆网，并非传统图书馆的简单再现和联合，她不仅是传统图书馆的服务在时间、空间、深度上的延伸，是图书馆服务理念上的升华，也是技术上的全面创新和变革。传统图书馆主要立足于在固定地点、固定时间给读者提供图书、期刊、电子资源、咨询等服务，而自助图书馆网则不仅涵盖传统图书馆的基本服务，也囊括了图书馆的各类自助服务，更是促进了预借送书、资源配送、短信服务等服务技术，以及动态监控、自动报警、GPS定位等管理技术的全面应用和发展。

第一节　自助图书馆网的构成

自助图书馆网是一个由多种技术联合支撑的，有机、紧密结合的服务体。从表面上看，自助图书馆服务机几乎可以完成自助图书馆网的所有功能，但其后的支撑体系却包括庞大的网络中心、资源组织与服务保障、物流配送与维护保障系统。

一、自助图书馆服务机

自助图书馆服务机是自助图书馆网的核心设备，是实现自助图书馆服务理念和服务目标的手段和载体，是构成自助图书馆网的节点。服务机集成了传统图书馆的基本功能，以全自助、网络化的模式为读者就近提供图书馆的服务。除了能在服务机上办证、借书、还书、续借等外，还能查阅电子资源、查看图书馆公告、观赏视频资源等。每一台服务机是一个图书馆网点，图书馆的资源在整个网络中流动，图书馆的服务被延伸到城市各个街区。

自助图书馆服务机既要输送包括图书在内的各类资源，又要采取全自助的服务方式，要解决的技术难题很多，如设备对图书书型的适应性、服务机全天候运行的可靠性、系统整体容错能力等。自助图书馆网的技术体系是由自助图书馆服务机与网络中心共同构成的，更注重于服务机与网络中心之间的协同、响应，这也是自助图书馆网的技术难点之一。借助网络，自助图书馆形成一个整体，使资源流动起来；借助网络，自助图书馆能够实现资源配送和设备维护的快速响应，保障服务不间断。

二、自助图书馆网络中心

自助图书馆网络中心是自助图书馆网的硬件与软件系统的技术中心和数据中心，也是整个自助图书馆网的运行管理中心。自助图书馆网络中心既要与自助图书馆服务机一起构成自身的运行网络，搭建用于实现其业务功能和实施动态管理的技术体系，又要与图书馆核心业务系统有效对接，成为整个城市图书馆网络的节点。

自助图书馆网不仅要引进与自助图书馆总量相适应的服务器、路由器等硬件设备，而且要针对不断扩大的网点规模和不断增长的服务量，组建起可用性强、管理便捷的网络与设备体系，使自助图书馆网内各类应用的逻辑关系清晰明了，将某个分系统出现故障的影响范围缩至最小，处理时间减到最短。

三、资源组织与服务保障系统

资源组织与服务是自助图书馆网的核心业务，也是自助图书馆网的生命。自助图书馆网的资源组织与服务保障系统与传统图书馆相比最大的特点是自动化程度要求高，资源组织要更科学，保障系统需更完善。高度自动化的服务与管理不仅能大幅度减少人力资源消耗，也使业务更加规范和一致，对读者更具亲和力。同时，图书馆员从直接的文献服务逐渐转变为精于文献资源组织与服务保障的工程师和管理者。

自助图书馆服务机容量有限，无人值守，给图书馆传统的资源组织和服务保障体系提出了新的课题。如何组织文献，如何提供更多更好的服务，不仅需要人的不断思考，更需要一个具有技术含量、与业务紧密配合的保障系统。

四、物流配送与维护保障系统

物流配送与维护保障是自助图书馆网有效运行的基础。除了网络，自助图书馆还需要人工进行实体资源如图书、证卡等的配送，而设备的维护对于自助图书馆服务机这种技术含量较高的大型设备更是不可缺少。

物流配送不是盲目的，而是依赖于读者提交的个性化请求和针对每一类服务点特制的配送原则。这就要求构建一系列的系统与平台，使读者提交个性化请求，使物流能汇总配送任务和读者请求，按单下架，分区配送。

物流到达服务机的一系列操作，如上架、补卡、取书、下架等工作也需要系统的支持，并与监控系统联动。为加快文献周转，减少中间环节，往往需要建立物流调配书库，书库的管理则需要利用应用系统实施出入库管理、清点、整理、转运等工作。

维护保障似乎对系统依赖较少，实际上，对自助图书馆服务机这种不间断服务的设备而言，智能化、规范化的维护管理显得更加重要。如设备运行监控系统自动触发维护报警，维护人员通过规定方式回应，并在抵达时向中心通报抵达，维护工作完成则可利用服务机发出恢复服务的信息，整个工作流程被纳入维护监控与评估体系。

第二节　自助图书馆网的功能

自助图书馆网的功能遵循“1 + 1 > 2”的原则，如果有100个自助图书馆，在功能上绝不会仅仅相当于100个相似的社区/街道图书馆，而是远远大于100个社区/街道图书馆。自助图书馆网在服务时间(24小时不间断服务)、服务质量(无差别对待)等方面的优势是社区/街道图书馆无法具备的。

一、具备图书馆的基本服务功能

自助图书馆网不仅具有传统图书馆的基本功能，如办证、借还书、续借、挂失、缴费、查阅电子资源、参考咨询等，同时也可提供预借服务、网站服务、电子信息服务等。

从技术层面上讲，除其空间的有限性，图书馆的诸多功能都可在服务机上以更现代、更便捷的方式实现。

二、延伸到城市街区的服务终端

自助图书馆服务机是自助图书馆网的服务终端，借助网络中心的技术、资源和服务的支撑，服务机能展现极强的服务能力。之所以称之为终端，其一是指它的所有操作都是在自助图书馆网的整体框架下进行的，所有功能联机实现；其二是指它可以方便地访问网络中心的数字资源；其三是指发生在服务机上的所有事件均会反馈到网络中心，以便网络中心及时进行汇总处理。

三、可灵活部署的图书馆专用设备

服务机属于图书馆专用设备，是针对图书馆业务实施定制，集成了多种新技术的应用。这种专用设备部署灵活，建设速度快，迁移简便。

专用，就同时意味着服务机的生产不可能以一个模式形成批量，而更多地会呈现出针对需求不断改进的特点。如在北方地区，温度高低悬殊，对设备的防高温、防霜冻问题要求会高得多；再如对居民相对稳定的城市，读者识别完全可以采用居住证、身份证等。

从目前技术发展上看，自助图书馆服务机本身采取了模块化设计，软件系统也遵循标准协议，可拆分、组合，使自助图书馆设备及应用系统的部署更为灵活。

四、全自助模式的智能型服务产品

全自助模式是自助图书馆的显著特点，很多技术均围绕着这个核心。自助，功能就要简单、直观、易操作；自助，系统就要可靠、耐用、能容错；自助，管理就要配套、及时、可控制。

智能化一方面体现在读者操作的自动响应、多系统联动，另一方面也体现在运行管理的实时监控、自动报警。而基于智能化统计分析，适时更换资源，调整配送策略，优化预借响应等，则是更高层面的智能化管理。

五、提供不间断服务的图书馆网络

自助图书馆能够提供 24 小时不间断服务，无疑是对传统图书馆服务时间的延伸。要实现服务不间断，高度自动化、智能化的核心业务与运行管理技术支撑是不可缺少的。从实际运行统计数据来看，确实有部分读者在非常规时间操作自助图书馆，而在非常规时间采取节能运行模式可在保证服务不间断的前提下降低运行成本。

第二章　自助图书馆网技术基础及技术路线

自助图书馆网的建立和运行是建立在读者与书刊识别技术、自助服务技术、机械传输与控制技术等基础之上，以网络化服务为目标，以研制功能齐全的自助图书馆服务机为手段，通过各类技术的整合，推进图书馆全自助的读者服务、智能化的运行管理、动态化的资源配送等，全面提升图书馆网的技术应用总体水平和服务能力。

第一节　自助图书馆网技术基础

RFID技术的出现极大地提升了图书的流通效率，与传统条形码技术相比，具备革命性的优势，但RFID技术在图书馆行业的应用时间较短，应用模式尚无定论，这也意味着这项技术的应用具备很多可能性。自助服务的普及使图书馆自动化服务更加人性化，在方便读者，减少馆员机械工作强度的同时，更加保护读者的隐私也是这项技术的好处之一。自动分拣系统使得文献流转可以无人干预，集成计算机技术、电气控制技术于一体，体现了当代自动化技术的出色工艺。自助图书馆的出现应该说具备了充分的理论与技术基础。

一、RFID识别技术

1. 从条形码到RFID识别技术

(1) 条形码

条形码(barcode)是将宽度不等的多个黑条和空白，按照一定的编码规则排列，用以表达一组信息的图形标识符。常见的条形码是由反射率相差很大的黑条(简称条)和白条(简称空)排成的平行线图案。条形码可以标出物品的生产国、制造厂家、商品名称、生产日期、图书分类号、邮件起止地点、类别、日期等许多信息，因而在商品流通、图书管理、邮政管理、银行系统等许多领域都得到了广泛的应用。

条形码技术是随着计算机与信息技术的发展和应用而诞生的，它是集编码、印刷、识别、数据采集和处理于一身的新型技术。利用自动化系统与条形码对馆藏图书进行统一的管理，同时利用磁条对书籍进行防盗，在图书馆应用已久，针对不同形式的馆藏均有成熟的解决方案。

(2) RFID(无线射频识别技术)

射频识别即RFID(Radio Frequency Identification)技术，又称电子标签、无线射频识

别,是一种通信技术,可通过无线电讯号识别特定目标并读写相关数据,而无需识别系统与特定目标之间建立机械或光学接触。

RFID 具有非接触读写、较易穿透障碍物识别的特性,可以取代磁条作为图书馆门禁和图书安全检查的应用技术。RFID 寿命长,标签本身基本不受外界环境影响,而磁条容易被外界磁场改变性质,影响使用寿命。但是,需要注意的是,RFID 较容易受到金属障碍物的影响。

(3)条形码与 RFID 技术对比

	磁条	条形码	RFID
信息载体	磁	纸	闪存
信息量	小	小	大
读写方式	读/写	只读	读/写
保密性	差	差	好
智能化	一般	差	好
环境适应	一般	差	好
寿命	一般	较短	长
ISO 标准	有	有	有,不全
成本	低	很低	较高

RFID 技术相较条形码技术,主要有以下优点:①RFID 阅读标签内容时,不需要像条形码一样注意方向和角度。同时,RFID 的抗干扰性远远优于条形码,有障碍物或者标签内嵌入图书中时,都不会影响其读写标签。而条形码识别则不可穿越障碍物。②RFID 可以同时读写多个标签,大大提高了图书流通管理的速度。而条形码在读取标签时,虽然速度快,但需要人工干预,而且只能单条读取。对于多本图书一次流通的情况,必须一本一本串行读取,大大增加了劳动力成本,降低了工作效率。③条形码技术中,标签容易受到磨损或玷污,使其光学特性改变,严重影响识别效果,缩短标签寿命。RFID 技术中,标签内部天线和芯片受其外部包装材料保护,不易损坏,寿命很长。④条形码技术中,标签储存数据量很少,一般仅存几个字节的标识符信息,而且内容不可更改。RFID 技术中,标签具有内置存储部分,一般都能达到数十 KB 容量,甚至有 MB 级,并且随着芯片制造技术和存储技术的提高,容量还有很大提升空间。此外,RFID 标签既可为只读标签,也可为读写标签。这就方便了在图书上存储更多有用的信息,方便流通管理。

从上述对比可以看出,RFID 技术可以提高图书馆管理效率。虽然目前 RFID 标签成本还比较高,但随着制造技术的发展和大批量工业化生产,标签成本将会大幅度下降,这一制约 RFID 技术应用的重要因素将会迎刃而解。

（4）其他识别技术与 RFID 对比

常用的自动识别技术的性能比较

系统参数	条码	光学字符	话音识别	生物识别	磁卡	IC 卡	RFID
信息载体	纸、塑料薄膜、金属表面	物质表面	无	无	磁性物质	EEPROM	EEPROM
典型的数据量(Byte)	1—100	1—100			1—100	16—64K	16—64K
读写性能	只读	只读	只读	只读	读/写	读/写	读/写
数据密度	低	低	高	高	低	很高	很高
机器可读性	好	好	昂贵	昂贵	好	好	好
人可读性	有限	简单	简单	简单	不可	不可	不可
污染和潮湿的影响	很高	很高			很高	可能	不影响
遮盖的影响	完全失效	完全失效					不影响
方向和位置的影响	低	低	低	高	高	高	不影响
退化和磨损	有限	有限			有限	不影响	不影响
购买成本	很低	中	很高	很高	低	低	中
运行成本	低	低	无	无	中	中	无
安全	无	无	好	好	一般	好	好
识别速度	低	低	较低	较低	中	很快	很快
识别距离	近	很近	近	直接接触	接触	接触	很远
使用寿命	一次性	较短			短	长	很长
智能化	无	无			无	有	有
识别数量	1	1	1	1	1	1	多

与其他种自动识别技术相比，RFID 技术具有以下优势：①具有非接触性，因此完成识别工作无需人工干预，能够实现自动化。②数据量大，根据需要可传输除识别信息以外的身份信息、运行状态等。③信息处理速度快，在某些应用场合可以达到几十微秒。④保密性高，未经允许几乎不能复制与修改数据。⑤识别距离远，数据载体与阅读器之间的最远距离可以达到数十米。⑥具有很强的环境适应性，抗干扰能力强，可在全天候的环境下使用，几乎不受污染与潮湿的影响，同时还避免了机械磨损。⑦一种系统可以

满足多用途的要求，可以实现多目标识别、运动目标识别。⑧系统可靠性高，操作方便快捷。

2. RFID 技术在图书馆的应用

（1）RFID 技术在国外图书馆的应用概况

21 世纪之交，以新加坡图书馆为代表的公共图书馆和以内华达大学图书馆为代表的高校图书馆率先在图书馆界引入 RFID 技术，期望利用 RFID 无线射频等特性以突破条码在上述领域的桎梏，现今看来，他们不仅仅是在行业内引进了 RFID 技术，更是引进了一种全新的图书馆管理模式与服务模式，自此图书馆开启了智能化图书馆时代的大门。

美国是国外图书馆 RFID 应用最为积极和最为广泛的国家之一。2004 年美国的公共图书馆和大学图书馆应用 RFID 就已达到 300 多家。

美国国家信息标准组织 NISO 根据国内图书馆 RFID 应用现状于 2008 年及时推出指导性应用文件《RFID in US Library》。2011 年 NISO 针对 ISO 发布 RFID 在图书馆的国际标准 ISO28560，与时俱进对《RFID in US Library》进行修订。该版本确保了 RFID 在美国图书馆之间能实现互操作性。遵循 NISO 建议，图书馆能够确保一个图书馆 RFID 标签能够与另外一个图书馆 RFID 无缝链接，即使另一个图书馆是不同的 RFID 标签供应商、RFID 软硬件供应商等。

如今 RFID 在美国图书馆界应用已经相当成熟，他们不只是停留在用 RFID 取代条码进行简单的借借还还，其应用深度和广度都相当广泛，不仅仅只限于文献自助借还、典藏清点、流通上架、证卡管理等领域，还拓展到文献分拣、安全防盗等其他领域，同时 RFID 应用广度也不只限于本馆使用，也可以应用于分馆、馆际互借等其他领域，一个遍及全国图书馆界的 RFID 应用网络正在逐步形成。

其实不光在美国图书馆界，全球其他国家和地区的图书馆都在积极推广应用 RFID。新加坡国立图书馆管理局下的所有公共图书馆于 1998 年后期开始陆续应用 RFID，成为目前世界上最大的 RFID 图书馆应用项目；欧洲最大的 RFID 图书馆项目慕尼黑图书馆、英国 Colchester 图书馆、法国巴黎 Sainte - barbe 大学图书馆、丹麦国家图书馆、荷兰阿姆斯特丹图书馆、澳大利亚瑞福利纳地区图书馆、加拿大 Whitby 公立图书馆、比利时 Leuven 大学图书馆、新西兰 Botany Downs 图书馆、以色列 Naharia 图书馆、印度 Pune 图书馆、日本九州大学图书馆筑紫分馆、韩国仁川大学图书馆、延世大学图书馆、马来西亚槟榔屿公共图书馆等，均是 RFID 在本国图书馆应用的典型。从各国图书馆 RFID 应用情况来看，RFID 应用均是在不断尝试、探索创新中进行。虽然 RFID 在图书馆应用不存在问题，但如何使 RFID 更好地适合于本国图书馆、乃至于本城阅读需求和本馆馆情，是各图书馆首先要考虑的问题。正因为此，不同图书馆采取不同的 RFID 实施策略，如 2009 年之前大部分图书馆采用高频 RFID，而马来西亚槟榔屿公共图书馆于 2009 年则尝试使用 EPC 全球 Gen2 标准 RFID 系统，也正因为全球图书馆勇于创新，RFID 在图书馆应用之路才会越走越宽。

（2）RFID 技术在国内图书馆的应用概况

与国外相比，国内图书馆 RFID 起步较晚，但应用迅速。国内图书馆 RFID 应用最早可追溯到 2006 年 2 月，厦门集美大学诚毅学院与上海阿法迪智能标签系统技术有限公司合作在该院图书馆综合书库图书安装 RFID 标签，构建“RFID 智能馆藏管理系统”并投入试运行。同年 7 月，深圳图书馆借新馆开馆之机与法国 Tagsys 合作对全馆 200 多万册馆藏图书全面部署 RFID 技术，成为国内首家同时也是国内最大的 RFID 全面应用项目，开创了国内公共图书馆 RFID 应用之先河。

深圳图书馆 RFID 大规模成功应用的示范效应打消了国内图书馆应用 RFID 的疑虑，国家图书馆 2008 年 150 万册文献贴上 RFID 标签更有力地印证了 RFID 在国内图书馆规模应用的可行性与优越性，也更有力地推动了国内业界 RFID 应用进程，应用 RFID 图书馆数量呈直线上升趋势。根据公开资料统计，2006 年全国有 3 家图书馆应用 RFID，2007 年 2 家，2008 年 14 家，2009 年 20 家，2010 年 28 家。从已应用 RFID 图书馆的类型和规模来看，上至首都图书馆、湖北省图书馆、陕西省图书馆、浙江省图书馆等省级图书馆，中有杭州市图书馆、杭州市少年儿童图书馆、厦门市图书馆、武汉市图书馆、贵阳市图书馆、宜昌市图书馆等市级图书馆，下至深圳龙岗区图书馆、宝安区图书馆、东莞莞城区图书馆、长宁区图书馆、上海陆家嘴图书馆乃至深圳桃源居图书馆等区及区以下图书馆均已应用 RFID 技术。其实不只是公共图书馆，高校图书馆在 RFID 应用上也不甘示弱，汕头大学图书馆、北京农学院图书馆、北京石油化工大学图书馆、华南师范大学南海校区图书馆、北京理工大学图书馆等 15 家图书馆应用了 RFID，一场 RFID 应用热在图书馆界迅速蔓延开来。

二、自助服务技术

1. 自助服务——图书馆服务的方向

图书馆自助服务是指读者借助相应的服务设施，在相应的服务流程指引下，根据自身的兴趣爱好、研究重点等独立完成诸如书目查询、借阅信息、文献检索等以往需由图书馆员操作才能完成的工作，从而实现自主服务的一种读者服务方式。

自助服务方便快捷，简化了传统图书馆借还书、办证等业务手续，缩短了等待时间，提升了读者满意度；自助服务可以提高工作效率，将图书馆员从以往单一重复的工作中解脱出来，把精力放在更能体现图书馆员自身价值的咨询服务中，提升了工作质量；自助服务更加人性化，读者的自我意识越来越强，对隐私保护的要求也越来越高，更容易被读者认可。现在最普及的一种图书馆自助服务形式是开架借阅，它通过开放书架，让读者自由、自主地选择图书，从而节省了人力资源，降低了拒借率。

图书馆提供的自助服务形式主要包括馆内自助服务、馆外自助服务、网络自助服务、电话自助服务、移动终端自助服务等多种形式。其中，馆内自助服务是指读者可以借助图书馆内提供的自助服务设备完成传统图书馆流通环节涉及的各种业务，如自助办证、查询、借还、上机、打(复)印等；馆外自助服务是指利用先进技术如 VPN 网络技术、RFID 技术、物流技术、监控技术等，为读者提供 24 小时不间断的图书馆服务，自助图书馆正是基于这种理念而来；网络自助服务是指读者利用图书馆网站完成查询、续借、预约、数字资源下载等服务；电话自助服务是指读者可以利用电话语音提示完成如图书续借、挂失等功能，也可利用短信收到如还书提醒、新书通报等服务；移动终端自助服务是指读者可以方便地使用自己的移动终端使用图书馆的数字资源服务，包括图书馆为移动设备专门设立的网站等。通过图书馆自助服务，读者可以最大限度地利用图书馆的各种资源，包括纸质文献资源、电子数据库资源、人力及设备资源等，达到获取和利用文献资料并最终解决问题的目的。

2. 图书馆自助服务的主要领域

随着近年来图书馆界在 RFID 技术应用的摸索与实践，越来越多的应用领域被打开，如在文献采编、文献管理领域。自助服务虽只是 RFID 技术应用于读者服务领域的一部分，但因为其快捷便利的特性与自助服务理念的优势整合，极大地简化了图书馆传统流通过程的各种手续，提高了读者服务体验，减少了图书馆员的重复劳动，成为 RFID 技术应用效果最为显著的部分。常见的 RFID 自助服务系统如下：

(1) 自助办证系统

通常具备简单便捷的人机交互界面(通过触摸屏或按键)，可通过读取第二代身份证内的相关信息，与图书馆自动化系统联动，快速办理读者证。该系统通常由触摸屏、管理电脑、摄像头、身份证阅读器、发卡设备、热敏打印机、后台管理软件组成。

(2) 自助借还系统

该系统可以对有 RFID 标签的图书资料进行扫描、识别和借还处理，具备触摸显示屏或按键模块，提供简单易操作的人机交互图形界面，读者可通过该系统进行自助图书借还操作，快速准确地完成借还业务。该系统通常由触摸屏、管理电脑、摄像头、密码输入按键、RFID 阅读器、热敏打印机、后台管理软件组成。值得注意的是，该系统的还书功能需在每台设备旁配备还书箱。当然也可通过软件设置为只允许借，不少图书馆在具备了馆外 24 小时还书条件与自动分拣系统后，馆内仅提供自助借阅功能。

(3) 馆外 24 小时自助还书机

设立在馆外提供 24 小时文献还回服务，方便读者在任何时间归还图书。该设备可对具备 RFID 标签的流通资料进行读取、识别和归还处理。为了方便图书馆工作人员对归还图书进行处理，在该设备后端一般会直连自动分拣系统。该系统通常由触摸屏、管理电脑、摄像头、RFID 阅读器、书籍传送装置、发卡设备、热敏打印机、后台管理软件组成。

（4）自助打印、复印、扫描系统

原为3种分立系统，但近年来市场上打印、复印、扫描一体机的普及，使得这3种功能得以整合；该系统通过后台程序对读者在一体机（配有RFID读卡器）上的行为进行统一管理，读者可通过刷RFID读者证在图书馆内任意一体机处进行自助操作，系统会在自动缴费后，完成资料的打印、复印、通过USB拷贝或发送至读者邮箱等功能，全程无人值守管理。该系统一般设立在服务台附近，方便读者使用时的咨询，以及图书馆员及时发现系统问题与更换耗材。

（5）自助上机系统

通常部署在电子阅览室入口处，读者通过刷RFID读者证，由系统自动分配空闲电脑供读者使用。该系统对图书馆的读者用机进行统一管理，对上机读者进行统一认证、登记、分配电脑、机时管理等。通常由管理电脑、RFID阅读器、热敏打印机、摄像头、电子阅览室管理软件构成。

（6）自助存包系统

图书馆内所有的智能存包柜与因特网互联，通过后台软件系统对其进行统一管理，认证功能与图书馆自动化系统联动，以确认读者信息。读者可通过刷RFID读者证的方式快捷地分配存包柜，无需输入密码，快捷方便，也解决了密码泄露的问题。

（7）自助图书馆系统

自助图书馆是集传统图书馆、数字化图书馆和智能化图书馆于一身的“第三代图书馆”，该系统借助现代化的网络技术、RFID技术和智能控制系统，通过系统终端设备直接为市民提供办证、查询、图书借还、预借、续借、存入预付款与欠费扣缴等服务功能，新的自助图书馆还可提供数字资源服务，如电子报刊阅览功能。该系统的最大特点是突破传统图书馆地域和时间限制，可以将图书馆的功能延伸到社区、商务中心、学校、工业区等任何有需求的地方，节约了读者的时间，使图书馆的服务更贴近读者。值得注意的是，该系统在馆外需通过VPN网络与图书馆内网互联，为实现以上功能，还需一整套管理系统提供支持，如远程管理系统、物流管理系统、监控防盗系统等，以及相应的管理与维护人员相配合，方能达到最好的服务效果。

图书馆在引入自助服务系统时除了要了解其设备及软件的各项主要指标外，还需关注系统所提供的人机交互界面是否友好、是否包含动画与语音操作提示、是否具备多语种支持等，这些细节对读者的正确使用至关重要。

三、图书分拣技术

1.图书分拣的概念与技术构成

图书自动分拣系统可以准确、快速地对读者归还的流通资料按照图书馆的分类需求进行分拣，有效提高流通资料在归还后到重新上架之间的工作效率，进一步降低馆员的重复劳动强度。该系统集计算机技术、RFID 技术、PLC 及电气控制技术于一体，主要特点是能连续、大批量地分拣图书，分拣误差率低，基本实现无人化。

图书自动分拣系统一般由控制装置、分类装置、输送装置及分拣口四部分组成，各部分的功能如下：①控制装置的作用是识别、接收和处理分拣信号，根据分拣信号的要求指示分类，按图书类型、地点等系统预设类别进行自动分类。这些分拣需求主要通过阅读器读取图书中的 RFID 标签，输入到分拣控制系统中去，根据对这些分拣信号判断，来决定某一种图书该进入某个分拣口。②分类装置的作用是根据控制装置发出的分拣指示，当具有相同分拣信号的图书经过该装置时，该装置动作，使图书改变在输送装置上的运行方向进入其他输送机或进入分拣口。分类装置的种类很多，一般有推出式、浮出式、倾斜式和分支式几种，不同的装置对分拣图书的表面材质、重量、平滑程度等有不完全相同的要求。③输送装置的主要组成部分是传送带或输送机，其主要作用是使待分拣图书通过控制装置、分类装置。输送装置的两侧，一般要连接若干分拣口，使分好类的图书滑下主输送带（或主传送机），进入书籍回收车内。④分拣口是已分拣图书脱离主输送带（或主传送机）进入书籍回收车的通道，一般由钢带、皮带、滚筒等组成滑道，使图书从主输送装置滑向集货站台，在那里由工作人员将该道口的所有商品集中后或是入库储存，或是组配装车并进行配送作业。

以上四部分装置通过计算机网络联结在一起，配合人工控制及相应的人工处理环节构成一个完整的图书自动分拣系统。

2. 图书分拣的技术难点与重点

RFID 图书分拣系统是图书馆 RFID 应用的一个重要组成部分，图书馆应用时从技术角度需要重点考虑以下问题：①流通资料的大小、重量、形状、形式各不相同，既有图书、期刊，又有光盘，还有一些特型书，如艺术类的书籍，自动分拣系统需要具备相当的适应能力，这体现在整个系统的方方面面，如图书还回处、分拣线的各个位置、书籍回收箱等。②RFID 标签故障问题。RFID 标签在流通过程中难免遇到一定的损坏，当标签出现物理损坏，或者因为种种原因在还回时系统未予识别，成为自动分拣线上“隐形”的存在，会大大增加系统运行时的风险，设计时应在图书分拣线的尾端设立专门的问题书籍回收箱，从而使得这一类型图书不影响整条分拣线路的正常运行，同时方便图书馆员对其进行统一的手工处理。③异常情况处理问题。如何防止图书夹书、折书、书本滑落等异常情况，这一点既关系到对图书资产的保护，又关系到自动分拣系统的整体稳定性。④安全问题。这包含监控报警系统与工作人员的使用安全，这对无人值守的自动化设备尤其重要。视频监控可以监控系统日常运行情况，也可以及时防止人为恶意破坏；由于是机械装置，安全保护的各方面设计都要考虑，工作人员在使用时也要加强安全意识。⑤软件识别问题。无线射频识别技术的使用不仅让事件输入变得非常迅速，还大大增加了信息量，用户进而提出了更为复杂的业务要求来处理大量信息。软件系统承受着大规模事件输入和快速响应两方面的巨大压力。

从图书馆整体角度来看,图书自动分拣系统在引入时还应考虑如空间、工作流程、分拣效率、预算情况等,每个图书馆的情况各有不同,在设计阶段就应将分拣需求与图书馆的实际情况相结合,使整套分拣系统与图书馆有机结合。

第二节 自助图书馆网技术路线

自助图书馆是多种技术相结合的产物,一些重要技术在自助图书馆的实现与运营过程中起到了至关重要的作用。自助图书馆网就是要依赖 RFID 识别技术、软件与网络技术、自动控制技术、各种安全技术等,研制出高度集成化、全自助服务的自助图书馆服务机,构建自助图书馆网络中心和智能化的监控平台,加上有效的运营组织与管理,构成了整个自助图书馆网的技术路线。

一、依赖 RFID 识别技术

RFID 技术是自助图书馆的基础技术。自助图书馆能够充分利用 RFID 技术的特点,结合光电感应和其他装置,使服务更高效、更安全、更便捷,也更有拓展空间。

二、研制集成化的服务机

集成各类自助服务技术,配合图书的传输、存取、分拣技术,研制出一体化的自助图书馆服务机是自助图书馆网的技术关键。服务机不仅需要集成多种技术和设备,解决图书这种有向、不规则、易形变物体的传输、存取、分拣等技术难题,并且针对自助图书馆摆放在公共场所、无人值守、365 天 24 小时服务的情况,利用各种技术手段保证各类设备的正常使用,防止损坏、被盗。

三、实现网络化的图书馆服务

自助图书馆为网络环境下全天候运作而设计,对整体网络架构的安全性、数据交互的实时性要求比较高。同时,自助图书馆作为图书馆服务延伸,需要自助图书馆服务机具备比较稳定、安全、快速、自成一体的网络环境,在实现传统服务的同时,不断拓展数字资源等服务。

自助图书馆网提供的是网络化的图书馆服务:依赖单一的服务机,但追求的是一个整体;不仅包括自助图书馆,而且以各类型图书馆的一体化为目标。自助图书馆网和中心图书馆不仅在数据传输、业务流程、服务规则上实现统一,而且在资源组织、物流配送上也可以相互融合。

四、构建智能化的监控平台

有了设备，形成了网络，提供了网络化的运行机制，更需要构建智能化的监控平台，及时获取自助图书馆网上各个服务终端的运行状态和资源状况，对资源缺乏、设备故障等及时作出响应。因为智能化监控系统的建立，一个工作人员可以监管、操控多台自助图书馆服务机，可以自动向物流、设备维护商发出指令，并监督其是否响应，服务机是否恢复正常。

五、探索高效化的运营模式

应用各类技术构建一整套运营管理系统，选择合理化的运营管理模式，实施科学管理是自助图书馆发挥效益的关键。很明显，自助图书馆的资源组织很重要，但如何进行资源组织需要借助严格的架位管理、详细的统计分析、现代化的监控手段，以保持自助图书馆资源具备较高的可用性。自助图书馆具有特色的预借服务更需要一整套的技术平台支撑，包括预借登记、受理找书、物流配送、通知取书等。

第三章 自助图书馆网络与数据中心

自助图书馆以网络化模式运行，不仅自身组成网络，而且可与其他图书馆系统连接在一起。网络化是实现图书馆服务一体化、便捷化，促进资源流动的有效手段。网络与数据中心是自助图书馆网的运行枢纽和管理中心。通过中心，自助图书馆形成一个有机整体；通过中心，自助图书馆与其他图书馆系统互联；通过中心，自助图书馆的运行和维护被有效管理起来；通过中心，图书馆的资源和服务源源不断地被输送到各个自助图书馆……

第一节 自助图书馆计算机网络架构

自助图书馆以 VPN 技术为依托，实现了遍布全城的自助图书馆服务机与数据中心之间的数据稳定转发，使得读者在操作自助图书馆服务机时就像在使用图书馆内部设备一样快捷高效，也使在自助图书馆上提供各种资源服务成为现实（如电子报纸、电子数据库等）。随着运营商服务质量和服务能力的提升，自助图书馆拓展服务的可能性将会继续增加。

一、计算机网络需求与 VPN

1. 自助图书馆组网需求

根据自助图书馆服务的特性，其组网需求归纳如下：

（1）可靠性

一台自助图书馆终端可以看做是图书馆的分支，集成了图书馆的大部分功能，而且可以弥补传统图书馆无法 24 小时不间断服务的不足。组网时必须考虑较高的可靠性，保证各类数据传输的高效、稳定。网络的可靠性对自助图书馆使用效益会产生直接影响。

（2）实时性

自助图书馆服务机应随时响应读者的服务要求，并联机向网络中心发出请求，这不仅是网络系统的基本要求，更直接影响到读者的体验效果，组网时必须考虑构建实时网络。首先，自助图书馆上的服务需要实时与网络中心交互；其次，VPN 技术可使图书馆的电子阅览室服务扩展到自助图书馆上，实时连接是实现数字资源服务的前提；第三，实时监控是自助图书馆网络管理的有效手段，必须实时将服务机的各类数据传输到网络中心，同时网络中心远程管理服务机也需要实时的网络环境。

（3）多功能

自助图书馆需要提供多种的服务功能如办证、借还、电子报刊阅读、各种数据库查阅等，以及服务体验，这种特性决定了自助图书馆组网必须是能满足多种应用需求，具有业务的适应性和融合性。不管图书馆开展了什么服务，以什么方式服务，自助图书馆的组网都要尽量适应、实现这些服务，毕竟这不是在图书馆建筑之内，需要技术的支撑。如自助借还服务需要通过 NCIP 等协议与图书馆实时通讯，图书馆的数据库与电子报刊涉及版权问题限于内网使用。

2. 自助图书馆 VPN 组网

（1）VPN 专线

VPN（Virtual Private Network）虚拟专用网络技术可利用公用网络构建专用网络，在整个 VPN 网络中的任意两个节点之间并不存在传统的端到端的物理链路，用户信息在公网上的逻辑链路中传输，主要应用了隧道技术、加解密技术等。

自助图书馆数量多，地点分散，且都需接入图书馆内部网络，VPN 是很好的选择，因为 VPN 具有线路布设简单、施工周期短、较为经济的特点。从实践结果来看，VPN 的性能已可充分满足图书馆的应用需要。传输内容中涉及读者信息、借还记录等个人隐私，对传输安全有一定的要求，VPN 的加密特性也很好地解决了这一问题。

（2）VPN 自建还是租用

在组建自助图书馆网之初，即实施少量服务机（5 台以下）组网，可以原有的网络交换设备与服务器为基础，简单搭建网络中心，先试运行。而当自助图书馆发展到一定阶段，形成一定规模，且分布广泛时，组网则面临着自建与租用 VPN 的两种选择。如图书馆自建 VPN 网络，则需要在网络中心及每个自助图书馆服务机上添加相应的 VPN 设备，并负责这些设备的维护工作，这对于普通图书馆而言无疑是巨大的压力；选择租用，虽然费用可能高些，但管理与维护压力减小，并可对运营商提出具体要求，服务质量相对有保障。

自建 VPN 一般采用 IPSEC VPN 方式，其管理工作须由图书馆承担，需要专门的软硬件完成 IPSEC 加解密工作，对于多协议的服务质量无法做到 QoS 保证。租用 VPN 一般采用 MPLS VPN 方式，其管理工作由运营商承担，图书馆无需提供专门的软硬件设施，并可保证多协议环境下的 QoS。

（3）MPLS VPN 技术

MPLS VPN 技术是指采用 MPLS 技术在骨干 IP 网络上构建企业专网，可以实现跨地域、安全、高速、可靠的数据、语音、图像等多业务通信，并结合差别服务、流量工程等相关技术，将公众网可靠的性能、良好的扩展性、丰富的功能与专用网的安全、灵活、高效结合在一起，为用户提供高质量的服务。

MPLS VPN 将 VPN 技术与 MPLS 技术相结合,既保证了安全链接又实现了多协议高效传输,是运营商近年来主推的服务,同时 MPLS VPN 的特性非常适合自助图书馆应用。

(4) 组网方式对比

广域网组网方式包括公用电话网(PSTN)、综合业务数字网(ISDN)、数字数据网(DDN)、同步数字体系(SDH)、帧中继(Frame Relay)、异步传输模式(ATM)、多协议标签交换(MPLS VPN)等。

各组网方式技术对比如下:

	MPLS VPN	FR	ATM	DDN	PSTN
吞吐量	较高	较高	高	较高	低
时延	较小	较小	小	最小	小
用户接入速率	256K—100Mbps	9.6K—2Mbps	512K—622Mbps	9.6K—2Mbps	300bps—56Kbps
提供业务	语音、数据、视频	数据	语音、数据、视频	数据、图像、实时信息	语音、低速数据
传输介质	灵活多样接入方式	数字微波、光缆	光缆	数字微波、光缆	模拟
运营商对 QoS 的支持	多级 QoS 保证	可实现部分 QoS	无	无	无
安全性	具有与 ATM、FR 相同的安全性	安全			不安全
组网灵活性	灵活、扩展性强	不灵活、需要大量的配置和线路管理工作、扩展性差			灵活、扩展性差

从表中可以看出,与传统广域网组网方式对比,MPLS VPN 优势突出。

二、计算机网络中心架构

1. 中心网络架构

(1) 网络架构需求分析

自助图书馆在外部依托于运营商的 MPLS VPN 网络,但其规划和布局与图书馆内部网络是密切相关、不可分割的。自助图书馆在方便读者的同时,也给图书馆网络带来了非常大的负荷,如检索与自助服务对网络的实时性要求、电子阅报与音视频点播的带宽要求、数据传输对网络安全的要求等。为同时满足现代数字图书馆与自助图书馆的特性,我们需要构建一个具备 24 小时不间断服务能力、性能卓越、扩展性优秀、安全可靠的融合网络。

针对数字图书馆对网络的新要求以及自助图书馆的服务特点，图书馆核心网络系统应采用三层网络架构，即整个网络由核心层、汇聚层、接入层构成，每个网络层次配备相应的网络设备。

（2）网络三层架构基础

①核心层的概念与功能

网络主干部分称为核心层，核心层的主要目的在于通过高速转发通信，提供快速、可靠的骨干传输结构，因此核心层交换机应拥有更高的可靠性、性能和吞吐量。

核心层的功能主要是实现骨干网络之间的优化传输，骨干层设计任务的重点通常是冗余能力、可靠性和高速的传输。网络的控制功能最好尽量少在骨干层上实施。核心层一直被认为是所有流量的最终承受者和汇聚者，所以对核心层的设计以及网络设备的要求十分严格。核心层设备将占投资的主要部分。

②接入层及其功能

通常将网络中直接面向用户连接或访问网络的部分称为接入层，接入层的目的是允许终端用户连接到网络，因此接入层交换机具有低成本和高端口密度特性。

在接入层设计上应使用性能价格比高的设备。接入层是最终用户（教师、学生）与网络的接口，它应该提供即插即用的特性，同时应该非常易于使用和维护。当然也应该考虑端口密度的问题。

接入层为用户提供了在本地网段访问应用系统的能力，主要解决相邻用户之间的互访需求，并且为这些访问提供足够的带宽。接入层还应适当负责一些用户管理功能（如地址认证、用户认证、计费管理等），以及用户信息收集工作（如用户的 IP 地址、MAC 地址、访问日志等）。

③汇聚层及其功能

将位于接入层和核心层之间的部分称为分布层或汇聚层，汇聚层、交换层是多台接入层交换机的汇聚点，它必须能够处理来自接入层设备的所有通信量，并提供到核心层的上行链路，因此汇聚层交换机与接入层交换机比较，需要更高的性能、更少的接口和更高的交换速率。

其实，很多地方并没有用到汇聚层。如果距离较短，可以忽略汇聚层；如果核心层有足够多的接入，可以直接连接接入层。有些时候，省去了汇聚层，可以省去部分费用，而且还可以减轻维护负担，更容易监控网络状况。

（3）网络架构拓扑分析

核心层网络经过负责整个图书馆内部数据包的高速转发，利用业界高性能交换机强大处理能力与存储转发能力，构建一条可容纳各种图书馆业务的高速通路。

汇聚层可将整个图书馆大网络划分为一个个的功能与业务子模块，一般可粗分为服务器汇聚、接入层汇聚，网络管理汇聚等，图书馆规模较大的还可包括建筑物汇聚。

接入层主要是为读者和办公人员提供网络接入,同时也为无线网 AP 提供网络接入。完整的三层网络如下图所示。

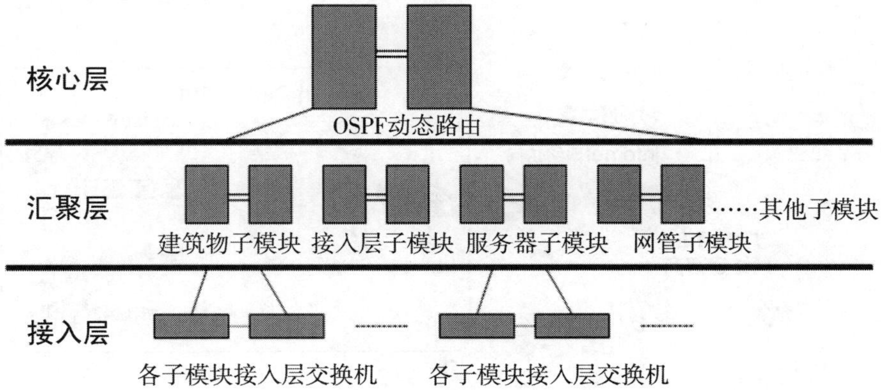

核心层与汇聚层融合,部署一台高性能模块化三层交换机,负责核心网络设备及服务器的接入及与汇聚/接入层的网络系统的路由交换。

从网络设备选型的角度来说,核心层交换机对整机的交换容量、背板容量、转发率以及插槽数有较高的要求,需要图书馆 IT 部门进行充分的需求分析、市场调研、方案设计等前期准备工作。

简易的三层网络如下图所示。

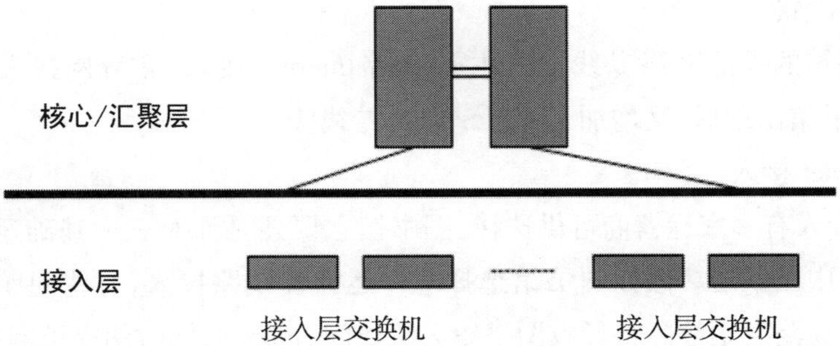

从设备的物理部署位置来说,核心层与汇聚层位于网络机房,接入层交换机位于各楼层弱电井内。接入层交换机应配备六类智能布线系统,可实现百兆带宽到桌面,充分满足图书馆提供读者服务的各种应用需求,同时为图书馆的工作人员提供高效的网络办公环境。考虑到未来的扩展性,所有的网络设备必须支持 IPV6 标准,未来可以无缝升级。所有网络设备所配备的网络机柜、防雷接地、配线架及工程费用等应包含在综合布线以及计算机房建设中。

(4) 自助图书馆网络规划

自助图书馆网络外部依托于运营商 MPLS VPN 网络实现任意点之间以及服务机与

数据中心之间的通讯;内部依托于图书馆数据中心内部网络,与各服务系统、监控系统、管理系统通讯。同时,在网络安全方面,增加了 MPLS VPN 接入,图书馆需要配备相应的防火墙端口或独立的防火墙设备以保护内部网络安全,VPN 毕竟是外部网络。

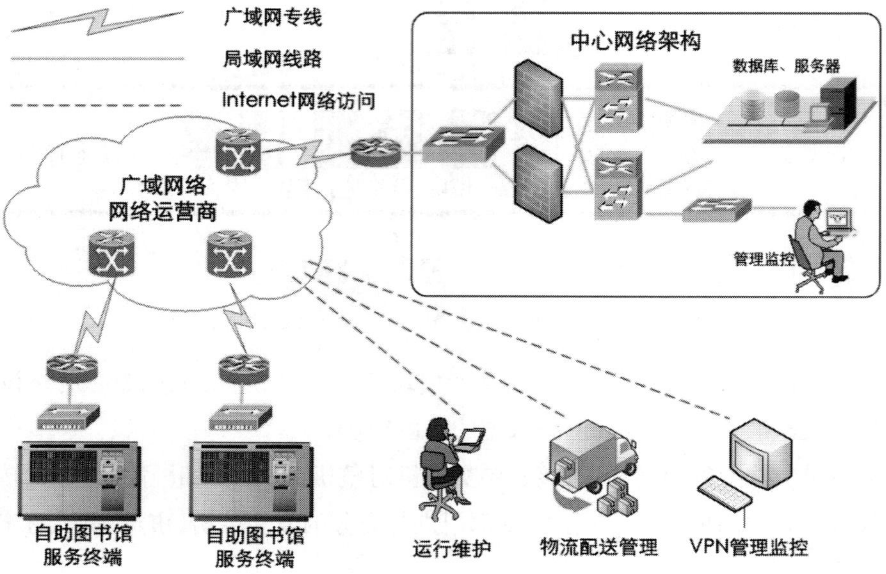

深圳自助图书馆网络架构示意图

2. 中心专线接入

现代图书馆的外部网络专线接入主要包括 Internet 接入、教育网接入、政务网接入等,在自助图书馆出现后,又增加了 MPLS VPN 专线接入。

(1) Internet 接入

Internet 接入有多家运营商可供选择,图书馆主要还是面对三大基础运营商:中国电信、中国移动、中国联通。假如图书馆选择唯一运营商线路接入,有些问题必须考虑,比如唯一运营商线路发生故障将导致图书馆无法访问 Internet,同时图书馆网站也无法继续提供服务;又比如服务质量问题,读者如通过其他运营商接入 Internet,在访问图书馆在线资源时会存在访问效率低下的问题。因此,图书馆可根据自身实际情况,特别是服务对象的情况综合考量。即便是选择唯一的运营商,也应将工作人员与读者使用的线路从物理上区分开,接入同一运营商的多条链路。

(2) 教育网接入

教育网(中国教育和科研计算机网,简称 CERNET)是由国家投资建设,教育部负责管理,清华大学等高等学校承担建设和管理运行的全国性学术计算机互联网络。它主要面向教育和科研单位,是全国最大的公益性互联网络,于 1996 年被国务院确认为全国四大骨干网之一。公共图书馆如与高校以及科研机构有密切合作可选择接入。

(3) 政务网接入

政务网由政务内网与政务外网构成。政务内网是党政机关办公业务网络,与国际互联网物理隔离,主要满足各级政务部门内部办公、管理、协调、监督和决策需要。政务外网是党政机关公共业务网络,与国际互联网逻辑隔离,主要满足各级政务部门进行社会管理、公共服务等面向社会服务的需要。公共图书馆如果有长期为政府提供决策支持、专题制作等服务,可考虑接入。

(4) 自助图书馆 MPLS VPN 接入

MPLS VPN 用于将分支机构与总部进行加密链接,接入时主要考虑带宽的部署,中心节点与分支节点的带宽需根据在 VPN 上运行的业务进行估算。在选择运营商时可根据服务质量与性价比选择一家运营商构建,多家运营商多条线路的成本太高,且并不能实现线路冗余与自动切换,实施意义不大。

(5) 其他

租用的线路一般通过接入设备(通常为路由器或防火墙设备)与图书馆网络连接,因此图书馆需注意接入设备的性能与端口数要与线路情况相匹配。

如果选择多家运营商对外提供网站服务,图书馆需要具备相应的链路负载均衡设备,自动选择相应的链路提供优质服务,并可在链路故障时,起到链路冗余的作用。

3. 中心 IP 地址规划

自助图书馆网络物理架构构建完毕后,最核心的问题就是网络逻辑架构的规划,即 IP 地址的规划。这与中心以及自助图书馆网络使用时的路由、数据交换、网络管理、网络与服务扩展、性能优化等息息相关。

(1) 规划涉及的概念

在 IP 地址规划时通常使用 IPv4(Internet Protocol Version 4)。有 4 段数字,每一段最大不超过 255。其地址通常用以圆点分隔号的 4 个十进制数字表示,每一个数字对应于 8 个二进制的比特串。

(2) 规划的重要性

IP 地址规划是网络规划中最重要的一环,图书馆网络需要对 IP 地址进行统一的规划,自助图书馆使图书馆内网扩展到了城市的各个街区,IP 地址规划的好坏,将直接影响网络性能(如路由协议算法的效率等),影响网络的扩展,影响网络的管理,影响应用的发展。

(3) 规划的原则

通常内部网络都会划分成若干子网,如对外公共服务器群组、内部服务器群组和内网客户端区域,以便于网络管理和提高网络效率。

(4) 规划中的重要问题

①NAT 网络地址转换

网络地址转换(Network Address Translation,简称 NAT)属接入广域网技术,是一种将私有(保留)地址转化为合法 IP 地址的转换技术,它被广泛应用于各种类型 Internet 接入方式和各种类型的网络中。NAT 不仅完美地解决了 IP 地址不足的问题,而且还能够有效地避免来自网络外部的攻击,隐藏并保护网络内部的计算机。

图书馆内的对外服务器,如网站、OA 等服务器,本身配置私有 IP 地址,经过防火墙的 NAT 转换,变为合法的公网 IP 地址供互联网用户访问。一般对互联网用户提供服务的服务器会单独规划网络区域,如有的机构会将其划在防火墙的 DMZ 区域,也有的机构还是将其划分在内网,但在这些服务器前增加一些安全设备,如应用层网关,以保护其安全。

②动态 IP 地址与静态 IP 地址

动态 IP 地址与静态 IP 地址是指 IP 地址的分配方式,在图书馆内部一般会采用动态 IP 地址与静态 IP 地址相结合的方式。如果要实现动态 IP 地址分配,需要搭建 DHCP 服务器,并且一般会准备主辅两台作为冗余。静态 IP 地址通常作为一些网段的服务地址,如服务器地址、网络打印机、文件服务器地址等。自助图书馆的服务器必然要使用静态 IP 地址,自助图书馆服务机也最好采用静态 IP 地址,因为自助图书馆物理地点分散,且涉及大量读者事务与财经事务,为了便于管理与日志追查还是静态地址较为合适。

(5) 自助图书馆 IP 地址

自助图书馆使用 MPLS VPN 网络,该网络必须单独编址,与图书馆内部网络逻辑区分开,方便内部路由规划。

随着公网 IP 地址日趋紧张,中小企业往往只能得到一个或几个真实的 C 类 IP 地址。因此,在企业内部网络中,只能使用专用(私有)IP 地址段。在选择专用(私有)IP 地址时,应当注意以下几点:①为每个网段都分配一个 C 类 IP 地址段,建议使用 192.168.2.0—192.168.254.0 段 IP 地址。由于某些网络设备(如宽带路由器或无线路由器)或应用程序(如 ICS)拥有自动分配 IP 地址功能,而且默认的 IP 地址池往往位于 192.168.0.0 和 192.168.1.0 段,因此,在采用该 IP 地址段时,往往容易导致 IP 地址冲突或其他故障。所以,除非必要,应当尽量避免使用上述两个 C 类地址段。②可采用 C 类地址的子网掩码,如果有必要,可以采用变长子网掩码。通常情况下,不要采用过大的子网掩码,每个网段的计算机数量都不要超过 250 台计算机。同一网段的计算机数量越多,广播包的数量越大,有效带宽就损失得越多,网络传输效率也越低。③即使选用 10.0.0.1—10.255.255.254 或 172.16.0.1—172.31.255.254 段 IP 地址,也建议采用 255.255.255.0 作为子网掩码,以获取更多的 IP 网段,并使每个子网中所容纳的计算机数量都较少。当然,如果必要,可以采用变长子网掩码,适当增加可容纳的计算机数量。④为网络设备管理 WLAN 分配一个独立的 IP 地址段,以避免发生与网络设备管理 IP 的地址冲突,从而影响远程管理的实现。基于同样的原因,也要将所有的服务器划分至一个独立的网段。需要注意的是，不要以为同一网络的计算机分配不同的 IP 地址就可以提高网络传输效率，事实上，同一网络内的计算机仍然处于同一广播域，广播包的数量不会由于 IP 地址的不同而减少，所以，仅仅为计算机指定不同网段，并不能实现划分广播域的目的。若想减少广播域，最根本的解决办法就是划分 VLAN，然后为每个 VLAN 分别指定不同的 IP 网段。

三、计算机网络管理与网络安全

1. 自助图书馆网络管理

图书馆计算机网络环境架设完成后，面对来自应用系统、网络、存储、服务器、客户端日益增长的维护压力，应借助专业的网络管理工具，将这些软硬件的运行情况统一捕捉并进行有效管理，从而保证图书馆业务系统与自助图书馆系统的长期稳定运行。

自助图书馆网络管理分为两部分，一部分是对于自助图书馆所租用的运营商网络进行管理，以及对自助图书馆服务机进行统一管理，另一部分是对于中心图书馆的核心网络管理。前者由图书馆提出需求，运营商及供货商负责完成，而后者则必须由图书馆自身完成。两者对于自助图书馆的稳定运行同样重要。值得注意的是，由于自助图书馆的核心业务数据与核心服务都属于中心图书馆内部网络范畴，因此对于中心图书馆内部的网络管理要求更高。

（1）网络管理概念与作用

狭义上的网络管理，是指网络管理员通过网络管理系统对网络上的资源进行集中化管理的操作，包括配置管理、性能管理、问题管理、操作管理和变化管理等。

广义上，网络管理包括对硬件、软件和人力的使用、综合与协调，以便对网络资源进行监视、测试、配置、分析、评价和控制，满足网络的一切需求，如实时运行性能、服务质量等。根据国际标准化组织定义网络管理有五大功能：故障管理、配置管理、性能管理、安全管理、计费管理。

现在，图书馆网络一刻也离不开网络管理。网络管理的目的是最大限度地增加网络的可用性，提高网络性能和有效利用率，改进服务质量和网络安全，简化各厂商设备在网络环境下的互联、互通管理，控制网络运行成本。

（2）基础设施管理与机房环境监控

①基础设施管理

数据中心基础设施包括配电系统、空调系统、消防安全系统等，这些系统构成数据中心的基石，是运维管理中首要解决的问题。当然，基础设施很大程度上是规划与管理并重，因为一旦要涉及基础设施的改动，都是异常艰巨的任务，所以我们在建设与运维的时候都要考虑全面，参照科学先进的标准慎重行事。

配电系统是数据中心的心脏，一旦配电系统中某些电参数超出设备运行的允许范围,就可能引起局部故障,甚至造成大面积瘫痪。配电系统主要包含 UPS 系统、智能配电系统、防雷接地系统等。

精密空调系统可以有效保持机房内相对稳定的温度和湿度,使机房内的各类设备保持良好的运行环境,确保系统可靠、稳定运行。B 级机房空调系统要求全年温度 18℃—25℃,相对湿度 35%—65%,温度变化率 <10℃/h 并不得结露。

②机房环境监控

机房环境监控系统是一个综合利用计算机网络技术、数据库技术、通信技术、自动控制技术、新型传感技术等构成的计算机网络,提供一种以计算机技术为基础,基于集中管理监控模式的自动化、智能化和高效率的技术手段,系统监控对象主要是机房动力和环境设备等。如配电系统采集配电系统的三相相电压、相电流、线电压、线电流、有功、无功、频率、功率因数等参数和配电开关的状态进行监视,当一些重要参数超过危险界限后进行报警。通过由 UPS 厂家提供的通讯协议及智能通讯接口对 UPS 内部整流器、逆变器、电池、旁路、负载等各部件的运行状态进行实时监视,一旦有部件发生故障,机房动力环境监控系统将自动报警。通过实时监控,能够全面诊断空调运行状况,监控空调各部件(如压缩机、风机、加热器、加湿器、去湿器、滤网等)的运行状态与参数,并能够通过机房动力环境监控系统管理功能远程修改空调设置参数(温度、湿度、温度上下限、湿度上下限等)。

在机房的各个重要位置,需要装设温湿度检测模块,记录温、湿度曲线供管理人员查询。一旦温湿度超出范围,即刻启动报警,提醒管理人员及时调整空调的工作设置值或调整机房内的设备分布情况。视频监控实时监控中心机房情况,支持多画面监控,提供录像回放功能。

(3) 图书馆网络管理

图书馆网络架构范围包括图书馆的各层交换机、网络边界设备、网络安全设备。对网络架构管理依赖网络管理软件,一般网管软件都提供了包括操作员管理、资源管理、拓扑管理、性能管理、告警管理、配置管理、Syslog 管理及操作日志管理等网络管理功能,以及资产管理、VLAN 管理、ACL 管理、报表管理等基础业务功能。

现代图书馆除了传统的有线网络之外,一般还会搭建无线网络供读者使用。为了实现对这部分读者的有效管理,还必须实施如无线网络控制器、认证系统、代理服务器等相关设施,因此网络架构管理也必须考虑把这部分需求纳入。

自助图书馆采用 MPLS VPN,其网络架构管理一般由运营商负责维护,但图书馆仍需密切监控 MPLS VPN 出口设备状态,并有专人与运营商对接,监控其服务质量。

2. 自助图书馆网络安全

(1) 网络安全的概念

网络的安全是指通过采用各种技术和管理措施,使网络系统正常运行,从而确保网络数据的可用性、完整性和保密性。从用户个人的角度来说，他们希望涉及个人隐私的信息得到有效的保护，而从企业的角度则希望涉及商业利益的信息在网络上传输时受到机密性、完整性和真实性的保护。

对现代图书馆而言，构建网络安全系统即保障图书馆的内部服务系统，包括图书馆自动化系统、OA 系统、财务系统、人事系统等的持续运行与数据安全，保护图书馆的利益。

（2）自助图书馆网络安全

自助图书馆的网络安全同样包含两部分，一部分是自助图书馆 VPN 网络的安全性，另一部分是中心图书馆网络的安全性。自助图书馆 VPN 可以看做是中心图书馆内部网络在广域网的延伸，但毕竟是外部网络与内部网络的关系，存在一定的安全风险，同时中心图书馆内部网络的安全又可能反过来影响到自助图书馆的整体运行效率与安全性，因此这两者是缺一不可的。

（3）网络安全标准

针对图书馆网络安全，可以参照 GB 17895—1999《计算机信息系统安全保护等级划分准则》。该标准于 2001 年 1 月 1 日起实施。

这套标准将信息系统安全分为 5 个等级，分别是自主保护级、系统审计保护级、安全标记保护级、结构化保护级和访问验证保护级。主要的安全考核指标有身份认证、自主访问控制、数据完整性、审计、隐蔽信道分析、客体重用、强制访问控制、安全标记、可信路径和可信恢复等，这些指标涵盖了不同级别的安全要求。实际应用中，安全指标应结合网络现状和规划具体分析。

虽然这套标准并非针对图书馆 IT 系统，但仍具备相当的参考价值，图书馆可依据自身信息系统的规模、网络应用的情况，参照标准建设网络安全体系，一般情况下，达到标准的系统审计保护级就能满足需要。

（4）网络安全技术与设备

①边界安全

任一网络最大的安全风险来自于网络边界的威胁。对图书馆而言外网为互联网，在部署了自助图书馆后，自助图书馆子网通过 MPLS VPN 链路接入图书馆内部网络，但毕竟还是通过公网线路进行传输，在网络安全角度而言，也可视作外网，互联网与 MPLS VPN 的出口处即可视为图书馆网络边界。网络边界处存在着内部或外部人员的非授权访问、有意无意的扫描、探测，甚至恶意的攻击等安全威胁。必须在此处部署高性能防火墙，以形成网络边界处的基本安全防护。

②内网入侵主动防御

在网络边界处利用防火墙技术，能够在内外网之间提供安全的网络保护，降低网络安全风险。但仅使用防火墙，网络安全还远远不够，特别近年来能绕过防火墙的新型入侵攻击行为层出不穷，所以，还要通过对网络入侵行为主动防护来加强网络安全性。网络安全体系中须建立一个智能化的实时攻击识别和响应系统，来管理和降低网络安全风险，保证网络安全防护能力能够不断增强。在流量主通路上配置IPS系统，辨别并且阻断各种基于应用的网络攻击和危险应用，同时实现基于应用的网络管理，达到网络安全、健壮和流畅运行的最终目的。

③桌面管理系统

桌面终端是网络安全问题的多发地带，部署严格的、统一的桌面管理系统是免受网络安全问题威胁的重要措施。

终端用户不及时升级系统补丁、升级病毒库的现象普遍存在，随意接入网络、私自访问涉密信息等行为也比比皆是。

因此，桌面管理系统要从准入控制入手，整合网络接入设备与桌面安全产品，通过安全客户端、安全策略服务器、网络设备以及防病毒软件产品、软件补丁管理产品的联动，对接入网络的终端强制实施安全策略，加强终端的主动防御能力，从而提升网络安全性。

④病毒防护

计算机病毒时刻威胁着图书馆网络系统的安全，一旦网络上出现病毒，轻则影响到某台电脑终端或某个子网的电脑业务与数据使用，重则造成整个局域网络瘫痪，重要数据丢失等恶性影响。在部署自助图书馆后，图书馆服务深入到各个街区，并提供全天候的服务，计算机病毒的影响面也同样从馆舍范围扩大到城市街区。而且图书馆系统内存放着大量读者个人资料，以及读者的阅读记录，事关读者的隐私，必须考虑整体的防病毒软件。

现代图书馆应构建全方位立体式的防病毒系统，以充分保障网络安全与数据安全。全方位立体式防病毒是指在整个图书馆网络部署完整的病毒防线，使病毒无所遁形。这包括在网络出口处部署病毒防火墙，在邮件服务器前端部署邮件网关，在服务器和终端处部署网络版防病毒软件进行病毒防护，降低病毒侵入网络的安全风险。

⑤网络行为管理

大量事实表明，内网用户不规范的上网行为是造成网络安全事故的主要诱因，特别是近年来大量流行的P2P类应用软件，对有限的网络资源大肆吞噬，严重影响到业务系统的正常运转。另外，对内容不当网站的访问、涉密信息的泄露等都会带来严重的不良影响。有必要对内网所有Internet访问进行审核和过滤，对每个用户的网络流量进行智能分配和管理，达到有序上网，带宽合理分配的目的。

⑥UTM安全网关

随着网络安全行业对用户需求的不断细分，市场上的网络安全产品层出不穷，如防火墙、带宽管理、病毒过滤、入侵防护、上网行为管理、URL过滤等。对于用户而言，部署大量的、分离的网络安全产品，会将自身的网络环境变得复杂凌乱，也增加了相当多的故障点,同时也降低了网络效率,而承担这些安全产品的后期维护工作也是一件十分复杂而艰巨的任务。网络安全的复杂性使得用户无所适从,UTM 应运而生。

UTM(Unified Threat Management)是指由硬件、软件和网络技术组成的具有专门用途的设备,它主要提供一项或多项安全功能,将多种安全特性集成于一个硬件设备里,构成一个标准的统一管理平台。

对图书馆而言,部署 UTM 系统可以带来的好处显而易见,具体优势包括整合所带来的成本降低、降低信息安全工作强度、降低技术复杂度。当然 UTM 也存在不少缺点,如处理性能的问题、功能过度集成带来的风险等,但瑕不掩瑜,UTM 安全网关的确是代表了网络安全技术的一种趋势。

(5) 安全机制保证

数字图书馆时代,网络安全工作的重要性不言而喻,我们必须清醒地认识到网络安全绝不只是一个技术问题,它更是一个管理问题。如果存在管理机制的不足与安全意识的匮乏,那么即使拥有最好的技术手段与人员,网络安全工作也不可能做好。

因此在引入网络安全设备与人员之后,在图书馆内部应有一套细致且行之有效的安全机制作为员工的行为准则严格贯彻实施。良好的安全机制可以大大增强系统安全性,可以及时发现系统安全漏洞,不断审查和完善系统安全体系,切实保证系统的安全目标和安全策略的实现。

对图书馆而言,实现安全管理可以从以下几点入手:①明确界定图书馆 IT 部门在网络安全管理上的权利和义务,并细化分工,责任落实到人;②要将安全管理制度化、程序化,制定一系列的网络安全管理规定,明确职责;③制定快捷有效的应急响应机制,在发生应急事件时,及时启动应急预案,快速组织协调处理,责任到人;④做好数据备份工作,将重要系统和重要数据的备份作为专项工作并作出详细规定,包括备份方式、备份周期、备份保存和恢复等。

第二节　自助图书馆数据中心技术构成

自助图书馆数据中心是整个自助图书馆网的“心脏”,首先,自助图书馆网的服务 7×24 小时无休止运转对数据中心的可靠性要求是极其严格的;其次,自助图书馆网中传输的业务数据流、数字资源数据流、监控数据流都将通过后台数据中心进行统一的处理与响应,这又对数据中心的性能提出了较高的要求;再者,自助图书馆网的所有业务数据均存放在数据中心,其数据安全性不言而喻;最后,在自助图书馆网达到一定规模时,整个数据中心运行状况的实时监控与及时报障响应事关重大,数据中心的可管理性就提上了日程,精确定位自助图书馆网对数据中心的需求,方能使其与计算机网络业界的相关技术进行匹配,从而确保数据中心的运行效果。

一、服务器系统

1. 服务器构成

服务器是网络环境中的高性能计算机,它侦听网络上的其他计算机(客户机)提交的服务请求,并提供相应的服务。服务器的构成与微机基本相似,有处理器、硬盘、内存、系统总线等,服务器与微机在处理能力、稳定性、可靠性、安全性、可扩展性、可管理性等方面存在差异很大,它的优势主要体现在高速的运算能力、长时间的可靠运行、强大的外部数据吞吐能力、硬件的冗余与热插拔特性等方面。

与自助图书馆相关的服务器主要由数据库服务器、应用服务器、管理服务器三类构成。

(1) 数据库服务器

运行在局域网中的一台或多台计算机和数据库管理系统软件共同构成了数据库服务器,数据库服务器为客户应用提供服务,这些服务是查询、更新、事务管理、索引、高速缓存、查询优化、安全及多用户存取控制等。

数据库服务器是自助图书馆的核心服务器,图书馆的各种业务信息均存放在其上,无论应用系统的软件架构是 C/S 还是 B/S 模式,数据库都是最为重要的角色。图书馆应考虑使用性能最优、可靠性高的服务器作为数据库服务器硬件平台,若是新购,则应考虑运算能力出色、缓存容量大、I/O 性能高、硬件可靠性设计好的服务器。在经费条件允许的情况下,小型机是最佳选择,使用封闭系统的小型机在性能、可靠性、并行处理能力方面有它独到的优势,十分适合担任数据库服务器的角色。高性能 PC 服务器也是不错的选择,随着硬件性能的提升,PC 服务器在价格与易维护性上的优势也越来越受到用户的青睐。

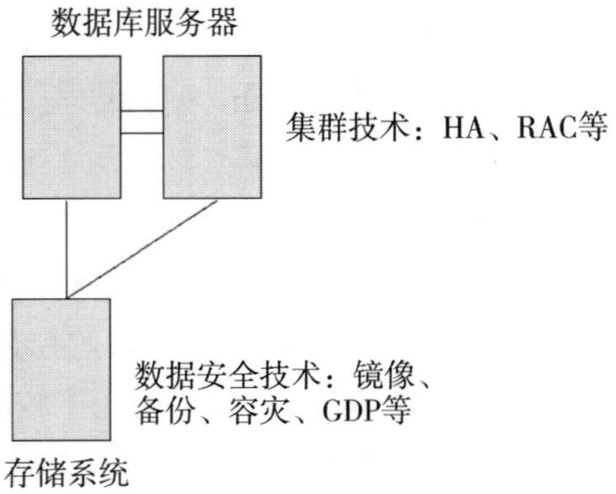

服务器集群技术可以将很多服务器集中起来一起进行同一种服务,在客户端看来似乎只有一个服务器。集群可以利用多个计算机并行计算从而获得很高的计算速度,也可以用多个计算机做备份,在任何一个机器坏了的情况下整个系统还能正常运行。集群可以有效地提升数据库服务的可靠性。首先,集群系统可解决所有的服务器硬件故障;其次,集群系统可解决软件系统问题;再次,集群系统可以解决人为失误造成的应用系统停止工作的情况。比如服务器使用两台 IBM 小型机,数据库软件使用 ORACLE,通过实施 HACMP(高可用集群)与 RAC(ORACLE 的实时应用集群)即可实现数据库服务器的双机并行处理，提高数据库的性能与可用性。

数据安全是数据库考虑的重点，数据库的表空间最好建立在外部存储阵列上，这样可以大大降低硬盘损坏带来的数据丢失风险，同时也可以简化集群系统的搭建。针对数据库的备份也必不可少，有条件的图书馆可以部署 CDP 系统（持续数据保护）对数据库进行备份，可以达到一有错误、立刻还原的目的。定期的磁带备份也必不可少，磁带介质可以放到远离机房的地方，组成简易的异地容灾系统。

（2）应用服务器

应用服务器可以通过各种协议把服务提供给读者，即图书馆的功能服务器。与自助图书馆相关的应用系统如下：①图书馆自动化系统。使图书馆的文献采购、编目、流通等业务工作及其他管理工作实现自动化的 IT 系统，是图书馆最为重要的应用服务器。②VOD 视频点播系统。该服务将面向读者，提供一系列最新的音视频资源，如讲座、报告、学习资料、音乐、影视等。③自助服务系统。该应用将控制并管理馆内所有自助借还机、自助办证机、自助打印机等自助设备，并为读者提供自助借还及查询服务。④电子报纸阅读机。该应用将提供电子报纸阅读服务，以供读者在客户机上阅览电子报纸。⑤电子数据库系统。图书馆采购的电子数据库资源主要指本地镜像资源。⑥网站服务器。提供网上读者服务，如图书馆介绍、图书检索、在线咨询等功能。⑦自助图书馆系统。提供自助图书馆查询、办证、借还等功能。⑧其他。如 OA 系统、邮件系统等。

应用服务器应根据应用的需要进行搭建，并在日常使用过程中进行监控与优化，如自动化系统的网络性能直接影响服务效率，而视频点播系统对存储性能与网络带宽有较高的要求，电子数据库系统对存储的空间有较高要求，网站服务器依赖网络安全，自助服务与自助图书馆系统对网络的可用性有较高要求（不能发生丢包现象）等。

有的应用访问量大，单台服务器的处理性能无法达到要求，如网站服务器、视频点播服务器、自助图书馆服务器等。这时可以考虑使用网络负载均衡技术，网络负载均衡即可使用专门的网络硬件实现，也可以在服务器端实现，但专门的设备效率较高。网络负载平衡可以让客户端用一个逻辑 Internet 名称和虚拟 IP 地址（又称群集 IP 地址）访问群集，同时保留每台计算机各自的名称。

应用服务器数量较大，为降低能耗、简化管理，可将利用率不高的物理服务器如电子数据库服务器等使用虚拟化技术进行整合。

（3）网管服务器

网管服务器主要是负责维护图书馆网络基础架构所应用的一系列功能服务器的统称。如在图书馆内部署 AD 活动目录，这涉及一系列的服务器，包括 DC（域控服务器）、DHCP（动态 IP 地址分配服务器）、DNS（域名解析服务器）、WINS（名字服务器）、CA（授权认证服务器）、ISA（代理服务器）等；而 IT 部门日常的网管工作涉及一系列的网络管理工具，需要网管服务器作为平台，这包括核心设备网管服务器、桌面管理服务器、备份管理服务器、文件服务器等。网管平台的搭建可以有效维护整个网络的稳定高效运行、增加网络安全性,提高故障响应速度。

根据大部分企业应用的实际情况,网管服务器功能相对单一,对服务器的性能要求不高,但对可靠性及网络性能有较高的要求。网络环境简单的中小型图书馆使用工作级服务器即可满足需要,而网络环境复杂的大型图书馆可考虑采用刀片式服务器或虚拟机以达到快速部署、简化管理、降低能耗的目的。

2. 服务器技术发展

(1) 刀片服务器

刀片式服务器是指在标准高度的机架式机箱内插装多个卡式的服务器单元,实现高可用和高密度。这种服务器低功耗、空间小、单机售价低,同时通过热插拔与冗余技术,具备相当的可靠性,通过负载均衡技术,可有效提高网络服务性能。

刀片服务器的兴起源自边缘计算的发展。所谓边缘计算,是指随着互联网应用的日益丰富,与互联网基础服务密切关联的网络应用也越来越多,如 Web 服务、检索系统、统一认证、邮件系统、网上参考咨询、移动设备 Web 服务等,以及更多基础网络运用功能,如 AD(活动目录基础架构)、DNS(域名解析)、WINS、DHCP(IP 地址动态分配)、VPN(虚拟私有网络)、QoS(服务质量控制)、Load Balance(负载平衡)、SSL 加速等。

刀片服务器的兴起自由软件功不可没,如 Proxy/CacheServer 使用 Squid, Mail Server 使用 Sendmail, Firewall 使用 ipChain/ipTable, FileShare 使用 Samba, Domain Name Server (DNS)使用 BIND,以及 DirectoryServer 使用 OpenLDAP 等。这些应用的出现,使得机房内除了 DBServer(数据库服务器)、APServer(应用服务器)外,又多了一层 EdgeServer(边缘服务器)。边缘计算应用系统拥有普遍的特点,那就是执行的工作相当简单、娇小且例行,许多甚至在简单的 32MB—256MB 的快闪内存(Flash Memory)内就可以完整存储执行程序,连光盘、硬盘都不需要。另一个特点是即便工作负荷增加,也可以直接加添新服务器来分担负荷,各机几乎完全独立作业,没有数据库服务器的信息集中化、一致化的问题,是多量且各自无关连的小服务工作运算。

图书馆可以使用刀片服务器来构建自己的网络基础架构如 AD、各种网管系统,以及各种各样的网站服务。需要注意的是,刀片服务器由于密度高,对于散热的要求比较严格,机柜内部通常需要配备强力风扇。

(2) 虚拟化技术

服务器虚拟化是指将服务器物理资源抽象成逻辑资源,让一台服务器变成几台甚至上百台相互隔离的虚拟服务器,使之不再受限于物理上的界限,而是让 CPU、内存、磁盘、I/O 等硬件变成可以动态管理的"资源池",从而提高资源的利用率,简化系统管理,实现服务器整合,让 IT 对业务的变化更具适应力。

虚拟化技术可以有效避免服务器的浪费。一般来说一台服务器安装一个应用,其平均使用率在10%左右,如果多台低效服务器能整合在一台服务器上,能耗会大大消减。常见的服务器虚拟化工具有VMware(占据最大市场份额)、Hyper-V(微软公司出品)、Citrix XenServer等,其工作方式均为在物理服务器底层运行虚拟化平台,在其上可以运行多个平台的操作系统。虚拟化的另一个好处是可以大大降低服务器的管理成本,简化应用系统部署、运维、迁移的工作流程,提高工作效率。

在虚拟化硬件方面,需要确认是否装载了支持虚拟化功能的64位CPU,内存需要考虑运行应用的实际情况,如5台服务器进行虚拟化,原来的每台应用系统需要1GB内存,5台就需要至少5GB的内存(要考虑底层虚拟化平台的开销);在网络方面,由于虚拟机之间是共享网络的,如果有的应用需要频繁的网络访问,那么就应考虑配备多网卡;在存储方面,最好还是使用外部存储如SAN、NAS、ISCSI,在使用时会比较方便。

虚拟化技术同样可以解决边缘计算的问题。中小型图书馆技术人员缺乏,机房条件相对落后,但应用系统一样不少,假如在前期科学规划,两到三台高性能服务器配合虚拟化技术可以满足绝大部分需要。

二、存储与数据安全

1. 存储系统

存储系统是图书馆数据中心最核心的部分,它围绕着图书馆业务系统的运转以及数字资源加工建设、服务与数字信息的整个生命周期。

随着近年来各地数字图书馆的建设与实践,图书馆数据中心数据环境日益呈现复杂多样的特点:一是应用类型的多样性,包括图书馆自动化系统中的核心业务数据、电子数据库、Web、E-mail等;二是数据类型的多样性,包括数据库业务数据,多种格式的数字资源,文本、图形、表格等各种文件格式;三是系统平台多样性,包括UNIX、Linux、Windows等多种操作系统平台;四是存储结构的多样性,因为数据中心自身发展历程和时间的延续,在不同时期的不尽相同的应用导致了多种存储方式并存的现象,同时具有DAS、NAS、SAN多种存储结构。

存储设备是数字图书馆的重要设备,图书馆所有的核心业务数据、数字资源等都存储在其上,要求具备大容量、高可靠、高性能、易管理、易维护的特点,充分保证数据安全。

2. 存储架构

近年来,数字图书馆的存储系统架构主要有:DAS(直接附加存储,Direct Attached Storage)、NAS(网络附加存储,Network Attached Storage)、SAN(存储区域网,Storage Area Network)3种。它们都是以RAID技术为基础,并且绝大多数产品都支持RAID 0、1、5、6等级别。

在数字图书馆建立的初期,当时的应用系统特点是以服务器为中心,对数据存储的需求并不大,数据存储的主要形式就是DAS模式,磁盘阵列直接挂接需要存储空间的服务器，这种架构不易扩展与共享，容易形成信息孤岛。随着网络应用的发展，数据存储需求越来越大，各种应用逐步转化为以数据为中心，于是就诞生了基于网络的存储，包括NAS与SAN，这两种架构的存储系统通过集中化的虚拟存储池方式所提供的存储资源分配与管理，节省了传统的直连式存储设备多路并行管理成本，共享了昂贵的存储资源，提高了存储设备的利用率。

NAS是以网络为中心，磁盘阵列通过NAS网关接入用户以太网络，采用TCP/IP协议，可以方便地将存储空间共享给不同类型的主机，该架构侧重于通用性和数据共享；SAN架构在用户环境中以光纤交换机为核心，采用专门的FC+SCSI数据存储访问协议，组建一个独立的存储网络，指FCSAN（光纤通道存储区域网），这种架构的优势在于存取性能优异且不占用网络带宽。

随着ISCSI协议的出现，IPSAN存储架构逐渐进入了人们的视野。ISCSI是通过IP网络，将SCSI区块数据转换成网络封包的一种传输标准，它和NAS一样通过IP网络来传输数据，但在数据存取方式上采用与FCSAN相同的Block Protocol协议。ISCSI继承了两大最传统技术：SCSI和TCP/IP协议，这为ISCSI的发展奠定了坚实的基础。IPSAN基于成熟的IP网络，以传统以太网交换设备为基础组建存储网络，实现等同于光纤存储网络的功能，大大降低了用户构建存储网络的门槛，特别是在10Gb以太网络传输标准出现后，IPSAN的性能又提升了一个台阶。

存储系统在数字图书馆的实际应用过程中，用户往往希望SAN的优异性能与NAS的灵活性可以兼得，这在存储架构上就要考虑将SAN与NAS进行融合。融合的方式有两种：一是通过SAN的存储设备+ NAS头来实现。如果需要SAN，直接在存储阵列上划分LUN给应用主机，如果需要NAS，则划分LUN给NAS头进行共享。二是通过存储的虚拟化产品，用一个同时支持SAN与NAS功能的存储虚拟化设备挂接用户端同构或异构的存储系统，LUN的划分及文件系统的共享都在这个存储虚拟化设备上来完成。

存储界关于IPSAN与FCSAN的争论一直在继续，争论的焦点在于性能、安全性、兼容性等。标准之争往往是推动技术进步的良性竞争，对用户来说主要还是从实际业务需求出发选择性价比高、易于维护的产品。实际上，存储厂商的产品往往具有非常棒的灵活性，现在的存储控制器往往具备多种接口，包括光纤通道、ISCSI、NAS等，是功能强大的融合产品，这在一定程度上也保护了用户的投资。

3. 存储技术发展

（1）虚拟化技术

存储虚拟化是在主机和物理存储之间创建一个抽象层，实现对所有存储资源的集中管理、统一调度，从而屏蔽物理设备的复杂性，并提供自动精简配置、自动数据迁移等扩展功能。典型的存储虚拟化技术按照实现层面不同，分为基于主机、基于存储网络、基于存储设备3种方式。

虚拟化技术优劣分析表

实现方法	主要厂家及产品	优势	劣势
基于主机的虚拟化	Veritas Storage Foundation	1. 安装简便,无需硬件设备,直接安装至主机即可; 2. 高扩展性,性能和容量几乎不受限制; 3. 因为不需要任何附加硬件,对物理网络无需任何调整	1. 每台主机都要安装软件,购买软件 license 的费用高; 2. 存储管理占用主机资源; 3. 管理复杂,每台主机都需要安装管理软件; 4. 原有数据须经过格式转换,有一定工作量
基于存储网络的虚拟化	IBM SVC, HP SVSP	1. 独立性,位于中间层,不占用主机和存储资源; 2. 方便管理,屏蔽存储设备的复杂性,使不同存储设备的数据管理功能统一,同时又不影响主机层的灵活性; 3. 扩展性较好,投入相对较低; 4. 原有数据导入无需格式转换	1. 需增加虚拟化管理服务器(X86 架构)等设备; 2. 在数据路径上增加一跳,可能存在单点故障及性能瓶颈
基于存储设备的虚拟化	HP EVA	1. 无需安装,控制器自带虚拟化功能; 2. 不占用主机资源	1. 按照存储的数量和磁盘容量来购买软件,需要购买"机头"; 2. 扩展能力一般,兼容性有待验证; 3. 作为"机头"的陈列可能成为性能瓶颈

存储虚拟化技术将零散的存储资源虚拟整合成一个"资源池",用户对逻辑的"资源池"进行管理,而不用操心后端是异构的存储系统,以最高的效率、最低的成本来满足各类不同应用在性能和容量等方面的需求。如今,数字资源呈爆炸性增长态势,图书馆数据的增长速度非常之快,而数据管理能力总是落在后面。通过虚拟化,许多既消耗时间又多次重复的工作,如存储资源划分、数据迁移与归档等,可以通过自动化的方式来进行,大大减少了人工作业。

其他的存储虚拟化产品也给我们提供了极大的便利,如虚拟磁带库,用磁盘阵列模拟传统磁带库,大大缩减了用户备份、恢复和归档操作的时间,也是很不错的选择。

(2) SSD 技术

SSD(solid state disk,固态硬盘)摒弃了传统的磁介质,采用电子存储介质进行数据存储和读取。它的出现突破了传统机械硬盘的性能瓶颈,拥有极高的存储性能,被认为是存储技术发展的未来新星。

当前,几乎所有主流的存储厂商都已经推出了支持SSD的固态存储解决方案。一些应用软件厂商也开始支持SSD,比如Oracle/Sun ZFS文件系统就可以很好地支持SSD。已经存在以SSD为核心组成部分的分级存储的概念。SSD最突出的优势是性能,但目前对于SSD在写入性能与读写寿命方面的顾虑还是相当多,且目前价格仍然相对较高,在关键业务的应用上还是应慎重考虑。

(3) 自动分级存储技术

自动分级存储管理(HSM)技术就是系统根据数据的重要性、访问频次等指标分别存储在不同性能的存储设备上,采取不同的存储方式,实时监控数据的使用频率,并且自动把长期闲置的数据块迁移到低性能的磁盘上,把活跃的数据块放在高性能的磁盘上。图书馆各种不同的应用环境对存储性能的要求不同,数据迁移是必要工作,但存在较大的风险。当数据量越来越大、存储系统越建越多时,数据迁移的需求将变成IT部门的噩梦,自动分级存储能很好地完成这项高风险的任务。

(4) 自动精简配置技术

在实际中,由于对应用系统规模的估计不准确,往往会造成容量分配的浪费,比如为一个应用系统预分配了5TB的空间,但该应用却只需要1TB的容量,这就造成了4TB的容量浪费,而且这4TB容量被分配了之后,还很难再被别的应用系统使用。采用自动精简配置技术的数据卷分配给用户的是一个逻辑的虚拟容量,而不是一个固定的物理空间,只有当用户向该逻辑资源真正写数据时,才按照预先设定好的策略从物理空间分配实际容量。自动精简配置是一种将逻辑空间和物理空间分离的虚拟化容量分配技术,它不仅解决了单个应用的初始空间分配和扩容的难题,还大大提高了整个存储系统的资源利用率。此外,由于容量扩展过程是由存储阵列完成,应用完全感知不到,因此能够实现真正的不停机容量扩容。自动精简配置的核心原理是"欺骗"操作系统,让操作系统认为存储设备中有很大的存储空间,而实际上各逻辑资源是为未来考虑的使用容量。针对前面的例子,可以预先为应用系统分配5TB的逻辑空间,但实际占用的物理空间可能只有1TB,只有当应用的实际容量接近或超过1TB时,才会按照预先设定好的策略再为应用系统分配一部分新的物理空间,比如再分配500GB,使得该应用的实际的物理空间达到1.5TB。

存储技术日新月异,以上几种常见的存储技术,目前各大主要存储系统厂商的中端存储都已具备,图书馆IT部门可结合自身需要与现有架构集成。需要注意的是,面对数字图书馆海量数据冲击,存储系统是核心、基础,在架构上与技术选择上必须谨慎,多做调研、多方论证,从而真正达到满足应用需求与简化管理的目的。

4. 数据安全

(1) 数据安全需求分析

我们正处于以数据为中心的时代。对数字图书馆而言,不论是图书馆自动化系统的核心业务数据，还是保存的各种外购数字资源与自建数据库，都是我们为读者提供服务的基础，数据安全性事关读者个人信息、图书资产信息、数字资源保障体系等核心问题。同时，在自助图书馆业务以及日益丰富的网络业务的推动下，图书馆已经成为 24 小时服务形态，这都对图书馆的数据安全提出了更高的要求。

存储系统本身在设计时，已经具备了一定的安全性保障，如硬件的全冗余设计，使得关键部件故障不会导致存储系统瘫痪从而丢失数据。磁盘阵列技术可以在一定程度上保证某些磁盘的故障不会导致数据丢失，但仅仅这样还是不够，毕竟数据丢失造成的影响是图书馆无法接受的。

数据安全的风险来自方方面面，包括不可预知的严重的灾难如火灾、水灾、地震等，也包括人为的误操作。统计显示造成数据丢失的原因中人为逻辑错误的比例远大于物理灾难。保证数据安全最主要的手段是建立“灾备系统”。

图书馆数据量庞大，实施备份与容灾的成本较高，故而不可能照顾到方方面面，应抓住重点制订方案。数字资源中有相当一部分是通过数据商购买，这部分资源在数据商处仍有保留，图书馆可以暂不考虑，重点是图书馆自动化系统中的核心业务数据、网站后台系统、OA 系统、人事与财务系统等，以及长期积累的自建资源。

一般图书馆对数据恢复实时性的要求并不高，且也不具备异地分馆，上本地灾备系统就可以了；而那些属于图书馆联盟中心、自助图书馆中心的核心图书馆在必要的情况下可以考虑建立远程容灾系统，这样可以最大限度保护数据安全。

实际上灾备的概念并不仅限于技术手段，其内容实际包括数据备份和系统备份，业务连续性规划、人员架构、通信保障、危机公关，灾难恢复规划、灾难恢复预案、业务恢复预案、紧急事件响应、合作机构等。对此，图书馆管理层应该有明确的认识并给予相当的重视，从而制定科学合理的灾备目标。

灾备系统在方案设计时有两个重要的指标：一个是 RTO，另一个是 RPO。RTO（Recovery Time Objective）是指灾难发生后，从 IT 系统当机导致业务停顿之时开始，到 IT 系统恢复至可以支持各部门运作、恢复运营之时，此两点之间的时间段称为 RTO。RPO（Recovery Point Objective）是指从系统和应用数据而言，要实现能够恢复至可以支持各部门业务运作，系统及生产数据应恢复到怎样的更新程度，这种更新程度可以是上一周的备份数据，也可以是上一次交易的实时数据。从图书馆角度来说，希望 RTO 越短越好，RPO 是基本不掉数据。

（2）灾备系统分级

根据国家标准，灾备系统分为以下 6 个级别：

等级一：基本支持。要求数据备份系统能够保证每周至少进行一次数据备份，备份介质能够提供场外存放。对于备用数据处理系统和备用网络系统，没有具体要求。

等级二：备用场地支持。在满足等级一的条件基础上，配备灾难恢复所需的部分数据处理设备，或灾难发生后能在预定时间内调配所需的数据处理设备到备用场地；要求配备部分通信线路和相应的网络设备，或灾难发生后能在预定时间内调配所需的通信线路和网络设备到备用场地。

等级三：电子传输和设备支持。要求每天至少进行一次完全数据备份，备份介质场外存放，同时每天多次利用通信网络将关键数据定时批量传送至备用场地。配备灾难恢复所需的部分数据处理设备、通信线路和相应的网络设备。

等级四：电子传输及完整设备支持。在等级三的基础上，要求配置灾难恢复所需的所有数据处理设备、通行线路和相应的网络设备，并且处于就绪或运行状态。

等级五：实时数据传输及完整设备支持。除要求每天至少进行一次完全数据备份，备份介质场外存放外，还要求采用远程数据复制技术，利用通信网络将关键数据实时复制到备用场地。

等级六：数据零丢失和远程集群支持。要求实现远程实时备份，数据零丢失；备用数据处理系统具备与生产数据处理系统一致的处理能力，应用软件是"集群的"，可实时无缝切换。

重要的图书馆系统可参照等级五来建设灾备系统。

（3）数据备份

数据备份是容灾的基础，是指为防止系统出现操作失误或系统故障导致数据丢失，而将全部或部分数据集合从应用主机的硬盘或阵列复制到其他的存储介质的过程。数据备份一般通过统一的备份管理软件自动完成，通过购买相应的功能，与用户的生产环境相集成。

备份系统根据备份的数据对象不同，通常分为三级，即文件级、操作系统级、数据库级，操作系统级要求备份系统可以将主机的生产环境还原在本地或者其他主机上，数据库级要求备份系统可以在备份时保持数据库的一致性，还原后可以正常打开。

主要的数据备份方式包括 LAN 备份、LAN Free 备份和 Server Free 备份 3 种。LAN 备份针对所有存储类型都可以使用，LAN Free 备份和 Server-Free 备份只能针对 SAN 架构的存储。基于 LAN 备份，传统备份需要在每台主机上安装磁带机备份本机系统，采用 LAN 备份策略，在数据量不是很大的时候，可采用集中备份。一台中央备份服务器将会安装在 LAN 中，然后将应用服务器和工作站配置为备份服务器的客户端。中央备份服务器接受运行在客户机上的备份代理程序的请求，将数据通过 LAN 传递到它所管理的、与其连接的本地磁带机资源上。这一方式提供了一种集中的、易于管理的备份方案，并通过在网络中共享磁带机资源提高了效率。LAN - Free 备份由于数据通过 LAN 传播，当需要备份的数据量较大，备份时间窗口紧张时，网络容易发生堵塞。在 SAN 环境下，可采用存储网络的 LAN - Free 备份，需要备份的服务器通过 SAN 连接到磁带机上，在 LAN - Free 备份客户端软件的触发下，读取需要备份的数据，通过 SAN 备份到共享的磁带机。

这种独立网络不仅可以使 LAN 流量得以转移,而且它运转所需的 CPU 资源低于 LAN 方式,这是因为光纤通道连接不需要经过服务器的 TCP/IP 栈,而且某些层的错误检查可以由光纤通道内部的硬件完成。在许多解决方案中需要一台主机来管理共享的存储设备以及用于查找和恢复数据的备份数据库。Server - Free 备份、LAN Free 备份需要占用备份主机的 CPU 资源,如果备份过程能够在 SAN 内部完成,而大量数据流无需流过服务器,则可以极大降低备份操作对生产系统的影响,SAN Server - Free 备份可以做到这点。

数据备份的策略包括完全备份、增量备份、差异备份。其中增量备份是指每周进行一次完全备份,然后在接下来的 6 天里只对当天新的或被修改过的数据进行备份。而差异备份是指每周进行一次系统完全备份,然后在接下来的几天里,管理员再将当天所有与全备份不同的数据备份到磁带上。在实际应用中,备份策略通常是以上 3 种的结合。例如每周日进行全备份,周一至周六每天进行增量备份或差异备份。

在选择产品的时候考虑以下几个因素:本系统应用数据的类型、数据量、备份策略(全备份、增量备份等)及关键数据的保留时间决定了磁带库的总容量;备份时间窗口和备份数据量的峰值数据量决定了磁带机的最低数量;应用系统的种类和数据类型决定备份时采用哪些技术。如用 NAS 设备备份,尽量选择 NDMP 备份;SAN 架构备份尽量选用磁带机动态共享;磁盘阵列提供了镜像或者 SNAP 功能,可以使用 Snapshot 备份技术。磁带机技术的选择方面,建议选择较为通用的设备,对于该磁带机来说,操作系统及备份软件对其兼容的程度较好。由于磁带机属于机械设备,故障率较磁盘、光盘等设备要高,因此配置磁带机时尽量保持冗余。

目前 SATA 磁盘技术有了突飞猛进的发展,磁盘备份技术已经成为发展方向,虚拟磁带库是很好的选择。硬件设备考虑备件的提供情况及提供商的服务水平,而对于备份软件来说,提供专业服务及技术支持也是需要考虑的重要因素。备份软件应该具有较广泛的兼容性。

(4) 本地 CDP 持续数据保护与远程灾备系统

SNIA(Storage Networking Industry Association,全球网络存储工业协会) 对 CDP 的定义是:CDP 是一套方法,它可以捕获或跟踪数据的变化,并将其在生产数据之外独立存放,以确保数据可以恢复到过去的任意时间点。CDP 是在不影响主要数据运行的前提下,可以实现持续捕捉或跟踪目标数据所发生的任何改变,并且能够恢复到此前任意时间点的方法。CDP 系统能够提供块级、文件级和应用级的备份,以及恢复目标的无限的任意可变的恢复点。从 CDP 持续数据保护的实现和目标来看,CDP 技术已经在传统的数据备份的基础上产生了质的飞跃。

持续数据保护技术是对传统数据保护技术的一个重大突破,与传统的指定时间点的数据保护解决方案相比,CDP 技术不仅强调灾难恢复,更多的是业务连续性要求。CDP 通过无缝恢复技术实现在故障瞬间完成对任何时间点数据的快速恢复,保证业务的连续性,从根本上解决传统备份中恢复能力低和非精确时间策略(如按照天的备份)的不足,可以为恢复对象提供足够细的恢复粒度,实现几乎无限多的恢复时间点。

CDP 技术的核心在于持续,而实现的关键技术是对数据变化的记录和保存。从保护数据的层次来分,CDP 技术的实现模式有基于应用、基于文件和基于数据块,以基于文件与数据块的解决方案较多,基于应用的实现方式需要与应用深度集成,故而应用于特定领域。有些存储设备中集成了 CDP 功能,有的 CDP 通过第三方的解决方案实现。

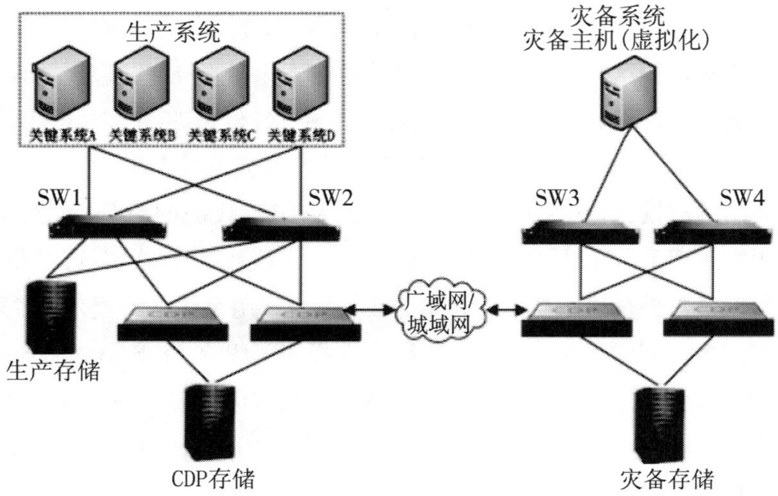

本地 CDP 与远程 CDP 实现完整数据保护

由上图可以看出,在本地,CDP 设备以旁路方式接入用户生产环境,通过操作系统的 LVM 实现本地数据同步镜像与持续保护,在本地 CDP 设备与远程 CDP 设备之间通过公网实现远程数据复制与容灾。复制过程中,CDP 采用精简复制和压缩传输技术,实现数据压缩,对带宽占用小,提高了传输效率。

可供参照的灾备系统目标:①RTO(系统恢复时间目标)小于 1 小时;RPO(系统恢复点目标)小于 5 分钟;容灾建设等级为国家标准 5 级。②生产存储故障不会影响数据库系统和业务系统的正常运行。③不论是逻辑错误还是物理错误要求数据丢失后能够在 15 分钟之内检查到可用的历史数据以提供恢复。④能够恢复到数据库瘫痪前最后 1 分钟的状态。⑤故障发生后用户拥有恢复地点(生产中心或灾备中心)的决策权。⑥生产中心修复后,灾备中心具备提供快速的回切能力。

三、设备监控与管理

1. 服务器监控与管理

对于中小型图书馆,服务器数量较少,仅涉及 Linux 与 Windows 服务器操作系统,日常管理时应做到及时安装补丁程序、加强账号与密码保护、关闭不需要的服务和端口、定期进行系统日志监测和审计、定期对系统进行备份。同时在安全方面应做到安装软件防火墙、安装网络杀毒软件、安装漏洞扫描系统、安装或统一部署入侵检测系统。这样就可以满足日常运维管理的需要。

对于大型图书馆,如省级图书馆,服务器数量、品牌较多,平台有 Unix、Windows、Linux 多种,希望服务器管理软件能够自动保证服务器的正常运转、性能管理以及日常维护,通过单一的控制台实现对系统资源(操作系统、应用软件、BIOS、硬件资源)等全方位的监控、管理和控制,能够自动构建、安装、打补丁和升级服务器,同时并不影响服务器的正常运转,并能满足用户对安全、详细日志以及报警、报告等功能的多方面需求,以降低运维压力和管理成本。这时就要考虑使用第三方管理软件进行统一的服务器管理。常见的服务器管理软件有 Dell OpenManage、IBM Tivoli、HP Openview 等,这类软件通常使用 SNMP(简单网管协议)作为基础,对服务器的运行情况进行标准化的轮询采集,通过统一的管理界面呈现给用户,实现对服务器资源、性能、进程等关键信息的监控与告警。

根据服务器的应用情况,一般可区分为数据库服务器、应用服务器、网站服务器、网管服务器几类。数据库服务器最为核心,图书馆的业务数据几乎都保存在其上,对数据库服务器而言首先要考虑可用性,其次是性能,所以在日常维护时要特别对集群状态与各项性能指标进行监控,时常进行主动性维护如优化服务器与数据库参数等动作,做好备份和应急预案,确保核心数据安全。

应用服务器根据应用的特点部署与运维。视频点播服务器注意优化网络性能;图书馆自动化系统是图书馆的核心系统,需做好进程监控;自助图书馆系统面向全市甚至全省,负荷较大,应做好负载均衡。网站服务器在运维中尤其要注意安全问题,必须严防黑客攻击,网站的漏洞可能导致核心数据库产生不可逆转的逻辑数据错误,必要时可以考虑为主要网站增加网页防篡改系统与应用安全网关系统。网管服务器运维是整个图书馆的网络基础架构,同时也是权限最大的机器,应设定专门的子网并配合严格的访问控制策略,防止来自内网的威胁。

2. 存储监控与管理

存储系统在经历过内置式存储、直连式存储、网络连接存储、存储区域网络(FCSAN 与 IPSAN)的演变后,对图书馆用户而言技术的革新简化了存储结构,提高了存储的使用效率,方便了数据共享。但新的问题随之而来,异构平台的统一管理问题,重复数据造成空间浪费问题,海量数据迁移问题等,这对存储管理提出了更高的要求。

对于中小型图书馆,存储系统相对简单,存储管理主要是对磁盘阵列的运行状态进行监控,对故障磁盘、cache、电池等关键部件及时替换,对存储链路(如存储控制器、存储交换机、主机 HBA 卡或网卡)进行监控,对服务器所需存储进行合理分配,监控关键服务器(如数据库服务器)I/O 性能,监控应用服务器存储空间使用率等。

对于大型图书馆,存在大型存储系统及异构存储系统,数据量庞大,除了对每台设备进行上述工作外,为了简化管理,提升整体性能,必须考虑异构平台的统一管理,重复数据会造成空间浪费、数据迁移等问题。对于异构平台的统一管理,可以用存储虚拟化技术来解决。存储虚拟化可分为基于主机、基于存储网络、基于存储设备 3 种虚拟化方式,各有优劣,但对用户而言均可以达到统一管理的目的,对应用系统而言,其存储空间可以跨越异构存储平台简化管理。对于重复数据问题,重复数据删除技术可以有效减少存储介质数量,减少数据传输带宽,降低成本,提升备份和恢复性能,目前很多产品中集成了该技术,典型的如 EMC 的存储系统。对于海量数据的迁移问题,可以通过数据归档技术,实现信息的生命周期管理,这需要一整套的解决方案,包括专用的存储平台、存储管理软件、信息管理软件等,在对用户已有的信息系统进行分析后,对存储进行网络化与整合,进而实现数据管理与自动控制。

存储管理的高级议题是分级存储,要实现分级存储需要我们对图书馆的数据、存储系统、业务系统有深刻的认识方可实施。分级存储是指根据信息的重要程度、访问频度等指标而分别存储在性能不同的存储设备上。分级存储有 3 种存储方式:在线存储、近线存储和离线存储。图书馆的在线存储设备一般采用成本高、速度快的磁盘阵列,提供非常高的 I/O 性能,用来存储核心数据库、检索系统、镜像数据库、视频点播等读者访问量大的数字资源;图书馆的近线存储设备一般采用光盘塔、低端的磁盘阵列、高端的磁带设备等,用来存储那些利用率不高、访问量不大的信息;图书馆的离线存储设备一般采用成本较低、访问速度最慢的磁带机、磁带库等,用来存储在线存储的数据备份,如图书馆自动化系统的备份等。一些专业的存储管理软件可以实现自动分级存储管理功能,如 IBM TSM 存储管理套件。

第四章　自助图书馆服务机

自助图书馆服务机集成了各种相关技术，目的是在全自助环境下实现图书馆的各类服务，了解和分析自助图书馆服务机的技术和原理，有助于自助图书馆的建设、管理，更有助于技术可持续发展。

第一节　服务机概述

自助图书馆是近几年兴起的一种新型图书馆公共文化服务系统设施。目前，自助图书馆的名称及表述有多种形式，如无人服务图书馆、图书自助服务站、微型自助图书馆系统、图书馆ATM、城市街区24小时自助图书馆等，国外则描述为Library Vending Machine、Library Express、Lending Library、GoLibrary等。类似的发展及应用主要有以下几种形式。

一、自助售货（书）机

类似于设置在地铁及商业区的自动贩卖机，可存放一定规模的纸质图书或光盘文献，供持证读者进行借阅；一般不提供还书功能，配备额外的还书箱或book drop设备提供文献的离线归还。这种设施在国外应用较为普遍，更多的是书商或出版社用于图书、CD光盘等的销售。

二、“提取柜”式预约取书机

类似于自助存包柜，单格柜内可存放一定的纸质图书或光盘文献，供读者预约提取。配备额外的还书箱或book drop设备供文献的离线归还。如Washington County Library设置的1台Library Express，在收到读者预借请求后，发送邮件予以确认，并开放有40个取书盒供读者提取预约文献。

三、"柜式"自助借还机

具备一定的封闭式存放及展示柜,用于存放和定位文献并供读者实时在线借阅,借书的实现方式可以是机械手装置进行图书的定位抓取,或开启部分柜门进行手动自取图书;提供图书的在线还回功能,还书可以通过机械手装置进行自动归位,或是收纳进入封闭式存放空间后人工上架。如东莞图书馆在毗邻馆舍区域开放服务的图书馆 ATM 机、高雄市立图书馆在高雄捷运中央公园站开放服务的微型自助图书馆设备。

四、立体多功能自助图书馆

该类设施集成了众多计算机系统设备、机电控制设备、机械控制设备，具备图书馆的各项基本服务功能，如办证、查询、借还、预约与 OPAC 检索、电子文献服务等，提供多种媒介的文献阅览和检索服务，服务功能全面，是一个真正意义上的微型自助图书馆系统设施。如 2008 年 4 月深圳图书馆在图书馆入口处试点投入运行服务的“城市街区 24 小时自助图书馆”，提供自助办证、自助借还、滞纳金扣缴、预约送书、OPAC 检索、电子文献服务等功能，同时具备多媒体信息浏览与宣传展示功能；2010 年上海图书馆在世博中心和世博村内安置的 2 台“自助微型图书馆”——世博自助漂流亭，提供自助式图书、光盘借阅和数字资源阅读等便利服务。

第二节　服务机主体结构

自助图书馆服务机从主体结构上来说主要包含书刊陈列结构、传送结构、读者操作台三大部分，这涉及内部书刊的展示、处理、读者互操作性三大问题。从服务机整体考虑，这三部分的有机整合、高效协作，才能将自助图书馆服务机的优势最终呈现给读者；从自助图书馆网服务效果考虑，应该从设计自助图书馆服务机内部架构开始，就把全城大流通的理念与实现作为重要目标深入设计。

一、书刊陈列结构

书刊陈列是自助图书馆服务机首先要面临的问题，如一个自助图书馆服务该放多少书？如何放？读者能不能直观地看到？

1. 书刊陈列的开放性

根据书刊陈列的开放性，自助图书馆服务机主要分为以下几种：

(1) 全封闭式

将书刊完全隐藏在机器或墙壁内，读者通过信息系统选书，然后利用机械存取与传输技术将书刊传递到出书口。这种技术对外部空间要求极低，只要一个操作台的位置，但书刊陈列完全不直观，特别是读者独占设备时间过长。

(2) 半封闭式

将一部分图书展示出来。这是由于服务机大多要靠墙摆放，不断增加的功能要在设备正面和两端设计不少操作面板。为提高书刊容量，往往要在隐蔽的区域设计部分书架，这些书只能通过动态处理技术才能展示出来。

(3) 全开放式

全开放其实是一种理想的方式，由于操作面板的存在，在一体化设计的前提下，100%的书刊全开放几乎不可能。全开放对摆放位置要求较高，功能往往比较单一。

2. 书刊陈列的动态性

(1) 环行旋转式

环行旋转结构在书刊适量的前提下是一种比较理想的书刊陈列方式，具有动感，特别是从整体结构上，上端可设计为借书环行结构，下端可设计为还书环行结构，相互呼应，有效增加了还书容量，并可以实现必要的分拣，对容量在千册上下的一体化服务机而言是比较理想的技术。

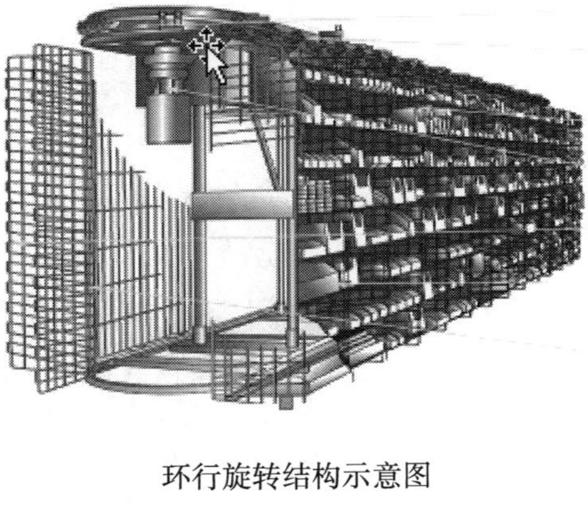

环行旋转结构示意图

如图所示，图书装入相应规格的书盒，固定在环形旋转轨道上，可分层旋转。书刊陈列结构在没有读者操作时可定时旋转，在正面形成动态展示效果。当书刊陈列结构获得借书/下架指令时，指定书所在层将旋转，指定书的书盒移动到“机械手”取书位置。当书刊陈列结构获得补书指令时，指定层将旋转，最近的空书盒被移到补书位置。

（2）自动倒架式

完全采用机械手的服务机，可以在空闲时间将“隐藏”的书刊移到展示效果好的位置，可以称之为自动倒架。自动倒架的指令可以来自智能化的分析，如对正面放置时间较长的书刊主动倒到“隐藏”位置。

3. 书型与书盒设计

无论采取哪种方式，书盒设计是书刊展示和书刊存取的关键技术。书盒的规格要能容纳大部分书刊，设计过大会浪费空间，设计过小会使一些书刊不能上架。经过对2008年深圳图书馆服务文献的统计和测算，书盒内径宽3.4cm能够适应97%以上的书型。

书盒设计还要考虑是用于哪种结构。旋转结构对书盒的单体强度和质量要求较高，且可更换；而固定位置的书盒设计成本较低，维护相对复杂些。

当开通预借服务时，更特殊的书刊也要送达自助图书馆，以便读者就近取书，可在服务机上适当增加若干特型书盒，并采用特殊的开启方式。

二、书刊传输结构

书刊传输机构主要完成借书和还书两个功能，兼顾下架、上书、倒架等功能。在这个最为核心的技术上，目前已经出现的代表性产品主要有两种模式：一种是以机械手为核心的，另一种是利用多种技术共同实现的。需要强调的是，技术是要服务于理念与功能的，必须结合理念与功能去选择技术，而不是先选择技术再去调整功能。

1. 借书传输结构

借书传输结构设计要实现从书盒取出、传输、送出等环节，主要有推书传输结构、机械手结构等。

（1）推书传输结构

推书传输结构设计的核心是使用推书装置将书刊推出书盒，使之进入垂直、水平传输装置，送到出书口。推书方式对于主体采用旋转结构的服务机比较适用，可以通过推杆调整缩小旋转带来的误差。推出的书刊需要承接，一个机械手或类似装置是必需的，以便使书刊平稳抵达出书口。

【案例】

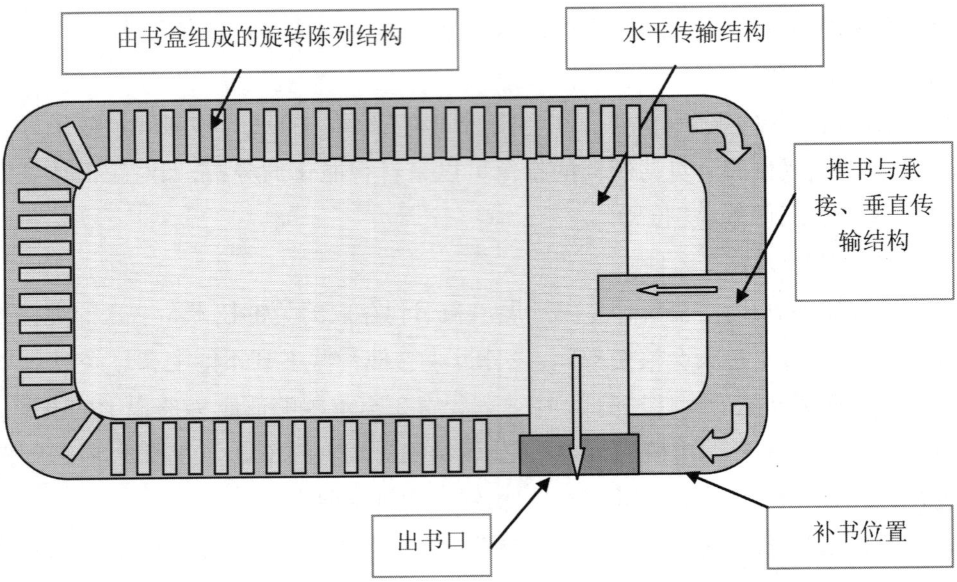

借书传输结构俯视图

推书结构位置固定在一侧，指定书刊旋转到位，按层将书刊推出陈列结构，经承接、垂直输送装置，送至水平输送结构。

推书结构可以推出不足1cm至厚度达书盒内径大小的书刊，当书刊被推出时，读者"预借"了当前书刊。

水平输送结构为双向装置，当书刊被送达水平输送装置时，系统将再次识别书刊标识，如正常则确认正式借出，书刊向出书口送出；如出现故障则反向送至垃圾箱，解除读者"预借"。

采用推书结构的基调是借还分离，不希望自循环，而要推进大流通。需要补书时要采用人工方式。由于书架为旋转结构，空架可自动旋转到当前位置，上架也比较便利。

(2) 机械手结构

机械手结构处理起来比较简单，机械手按指令定位，将书刊从书盒中取出，自行完成垂直+水平输送，完成书刊识别并办理借出手续，将书直接送达出书口。

机械手结构更多依赖机械手本身的性能，如移动速度、对书薄厚的适应能力。

2. 还书传输结构

(1) 环行书箱结构

【案例】

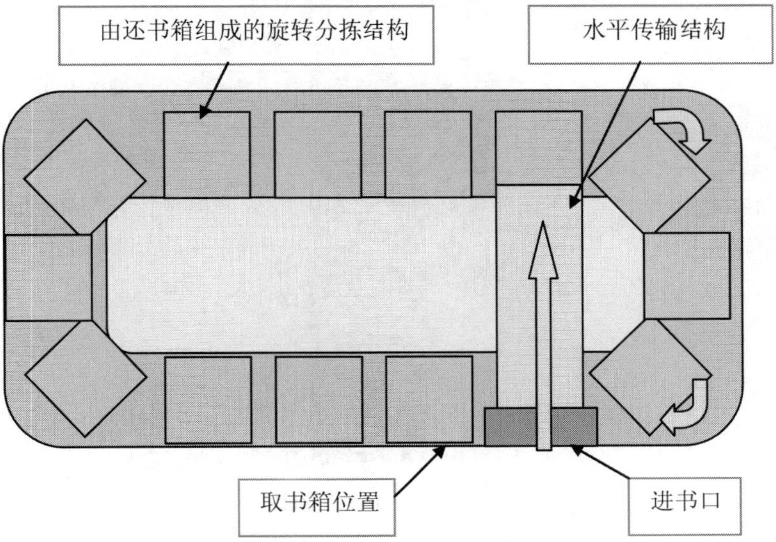

还书传输结构俯视图

进书口与水平输送结构相连，对应一个还书箱，这是一种比较简单、直接、不易出错的技术方案。而且进书口的口径、水平传输装置经过的路径、还书箱口的大小决定了可接受的书刊规格大小，对书刊的适应能力比较强，可接受绝大部分的书刊，而不仅限于本机借出的书刊。

自动换箱的实现提高了整个服务机的还书能力，当装满一个箱后，自动实现换箱。

因为还书箱可旋转，则取书箱操作可在指定的位置进行，且只需要设计一个门的位置，比较便捷，防盗报警设计也简单易行。

(2) 机械手结构

对还书而言，机械手结构不如用传送带直接，但要实现自动上架还只能考虑机械手方案。机械手不仅对书本身的要求比较高，而且读者必须按照要求逐一放置好所还书，如规定书脊的方向，进书口也比较有限。

三、读者操作台

一台服务机至少设计一个主操作台，是读者服务的主要装置，包括各类阅读器、打印装置、发证装置、收钞装置、借还书口等。主操作台是体现人性化设计最集中的地方，往往一个位置的调整，一个标识的增加都会有很明显的效果。

【案例】

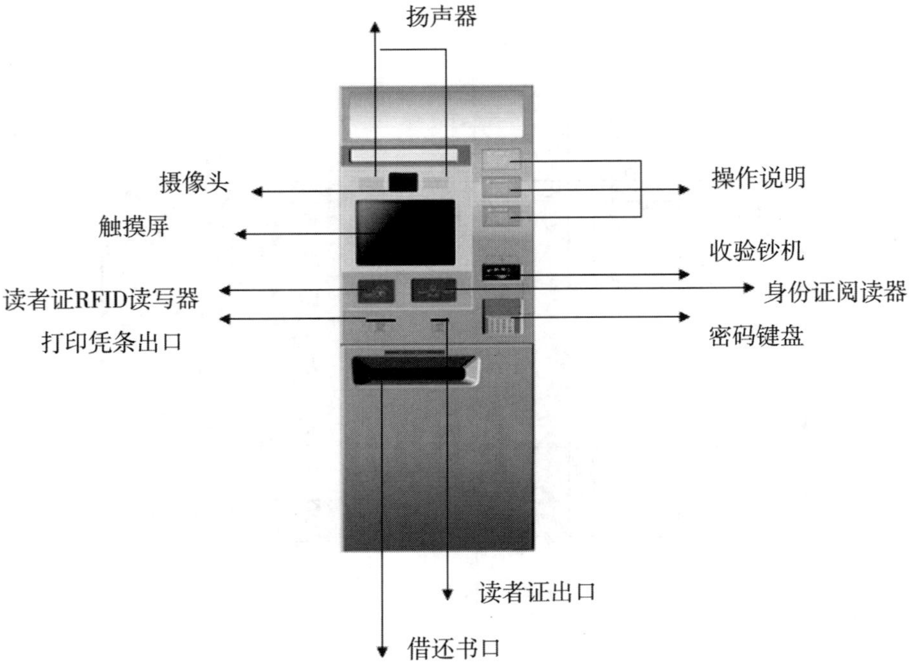

读者操作台图示

(1) 主操作屏

一般采取触摸方式,配合数字键盘,是自助图书馆主要的操作服务窗口。数字键盘主要用于登入系统时输入密码检验,以及在借书时输入架位号,在办证时输入联系电话号码等。

(2) 阅读器

主要包括各类证卡阅读识别装置,用于开启各项功能,包括识别读者证、身份证、居住证、社保卡、手机 RFID - SIM 卡等。

(3) 打印装置

用于在完成各项功能时,由读者选择打印各类凭条。

(4) 发证装置

需要申办读者证的服务机就要配备卡箱和发卡装置。

(5) 收钞装置

以现金方式收取押金或缴纳书刊逾期滞还款,则需要在服务机配备收钞、验钞装置和钱箱。设置收钞装置要特别慎重,容易产生安全隐患。

(6) 借还书口

既是借书的出口,也是还书的入口。为防止故意破坏,一般设有防夹自动控制门。

借书成功，门自动打开出书。

选择还书时门先打开，逐一放置要归还的图书，门自动关闭后再进行还书处理。还书失败门再次自动打开，所还书退出。停止还书或超时，门自动关闭。

四、数字资源服务窗口

（1）OPAC 查询台

设置一个 OPAC 查询台，读者既可查询本机的资源，又可访问图书馆网站，获取图书馆的服务信息和馆藏信息。OPAC 查询机要保证 365 天 24 小时以全自助方式服务，需采用专门的计算机设备，如工控机、金属键盘、球型鼠标等，同时进行操作系统、软件系统安全加固。

（2）多媒体资源展播窗口

采用大液晶屏幕显示，或结合触摸屏技术，可提供电子报刊阅读服务，也可以展播公益广告、共享工程视频资源等。

（3）图书馆展示与宣传

充分利用自助图书馆服务机的面板和配套设施，设置灯箱、LED、宣传板等多种形式的宣传设施，展示与宣传图书馆的资源和服务，特别是自助图书馆的服务。

第三节　读者服务技术

自助图书馆服务机是为读者服务的，其中运用了大量技术，所有技术的引入和运用必须遵循一定的评价指标，换句话说，不是越先进越好，也不是越简单越好。

一、读者服务技术评价指标

自助图书馆服务机与传统图书馆最大的不同之处就是无人值守，读者必须独立完成所有的业务操作，服务机的人性化程度、智能化程度、技术性价比是自助图书馆服务机用于读者服务技术中最重要的评价指标。

（1）人性化程度

人性化程度主要指的是服务机的易用程度。公共图书馆的读者覆盖面很广，各年龄阶段、各职业、各种文化程度的读者都有，而且还包括很多文化水平不高、缺乏自助设备使用经验的读者。对这些读者而言，自助图书馆人性化程度的高低将直接决定他们是否愿意使用自助图书馆的服务。如提示文字必须简洁和明确，切忌将自助图书馆的服务规则长篇累牍地一次性展示给读者。实践及统计数据证明，超过 100 字的介绍性文字，只有不到 20% 的读者会耐心细致地看完。应将这些提示文字贯穿于读者的自助服务操作流程中，分步提示给读者，如借书天数、续借规则等不应在读者进入操作界面时提示，而应在读者完成借书操作后作简要说明。与读者本次操作无关的提示规则不予显示。

(2) 智能化程度

智能化程度主要是自助图书馆服务机对各种错误、非正规操作的智能适应程度,以及根据读者的操作历史智能判断其偏好,并协助读者查找相应图书的能力。智能化程度不能一蹴而就,需要时间进行不断地磨合来提升。自助图书馆服务机软件工程初期的需求分析仅仅能解决70%—80%左右的用户需求,而剩下的需求就需要在实际的生产环境中渐渐磨合达到,而服务机对读者需求的贴合难度也呈阶梯式渐进增长——越贴近读者的需求,再进一步就越难,所需要花费的时间也越长。

(3) 技术性价比

自助图书馆毕竟是公共文化服务设施,主要靠政府投入,服务市民百姓,选择的技术要先进,但更要适用,不能盲目求新,导致高成本。

二、读者身份识别技术

1. 多种身份识别技术

(1) RFID 读者证识别

尽管不少城市都在推进城市"一卡通",但以公安为代表的唯一身份识别体系、以银行为代表的多卡并存大额存取体系和以公交卡为代表的小额消费体系依然没有走到一起。图书馆的读者证,属于身份识别的一种类型,但毕竟没有身份证那么重要。读者来图书馆看书,不一定会带身份证,即使带了,借书时频繁取出也是不安全的。因而,读者证还是需要的,特别是 RFID 读者证具有一定的防伪能力,为非接触式,使用方便。

为防止读者证遗失,RFID 读者证阅读器可设计成斜面式,读者只需要划过上方或简单靠近一下即可收起。

值得一提的是,为了避免 RFID 芯片失效造成的不便,应在读者证的相应位置同时印制条码号。

(2) 条形码读者证识别

条形码识别目前仍然是许多图书馆的读者和图书的主要识别方式,在我国还将在大范围内长时间存在。但就自助图书馆而言,兼容条形码技术从技术上并不难,但必须看到利用条形码识别技术的自助图书馆设计要复杂些,安全程度和使用效率会打折扣,也不够人性化。读者必须将有条码的一面朝上,对准扫描区。

(3) 手机识别

在手机已经非常普及的今天,直接使用手机作为读者身份识别技术十分方便。由运营商将诸如 RFID 芯片的识别卡嵌入手机,具有成本低、易于使用而且不占用任何携带空间的优点,可以说是中长期发展非常具有优势的方式之一。但目前的手机识别技术存在一个问题,即手机关机后,RFID 芯片无法识别,无疑会影响手机识别技术的可用性。

（4）身份证识别

身份证是最具权威性的身份识别凭证，具有成本低、易于使用、不占用任何携带空间的优点，并且任何情况下均可使用。

从读者角度，身份证丢失后补办手续复杂，轻易不愿作为常用证卡使用。

从阅读器角度，身份证识别技术由公安部统一管理，每一批（甚至每一台）身份证阅读设备都有不同的加密方式，安装和维护都存在很多不稳定的因素。如果自助图书馆服务机采用身份证识别技术，就必须建立相应的身份证识别设备批次管理系统，严格管理所有的身份证识别设备和系统，保证其一一匹配。

（5）社保卡识别

社保卡识别也是读者身份 RFID 识别的一种，但其应用程度没有读者证和身份证方式普遍。关键在于社保卡的普及程度如何，读者是否愿意经常带着社保卡。但作为一种辅助识别方式，可以采用社保卡。

（6）指纹、眼纹、声纹识别

生物识别技术对读者而言是最方便的识别技术，完全不用携带任何标签，也没有标签损坏、丢失等带来的烦恼，但成本相对较高和识别效率问题是制约其发展的主要瓶颈。

眼睛纹络可供识别是近 10 年的认识。经计算两个人同一只眼虹膜特征相同的概率是十万分之一，两眼相同的概率是一千亿分之一。目前眼纹识别技术尚处在研究期，并未完全成熟。

声纹识别技术是对人的声音进行特征鉴别，以便分出不同个体的技术。对于人体来说，声纹是长期稳定的特征信号，通过声纹鉴别技术可以区分不同个体。目前，普遍意义上声纹识别的概念是指说话人识别。与眼纹识别类似，声纹识别技术目前依然在研究阶段，并未完全成熟。

指纹识别技术并不直接存储指纹的图像，而是使用不同的数字化算法在指纹图像上找到并比对指纹的特征。每个指纹都有几个独一无二、可测量的特征点，每个特征点都有大约 5—7 个特征，10 个手指产生最少 4900 个独立可测量的特征，因此指纹识别是一个相当可靠的鉴别方式。目前指纹识别技术的成本正逐渐降低，越来越多的社会机构都开始采用指纹识别技术。

对于自助图书馆而言，生物识别技术除存在性价比和识别效率的问题外，一个通常性的问题是，难道读者证只限本人使用吗？

2. 会话过程判定技术

一个读者被识别进入会话过程，什么时候结束会话了呢？正确判断会话过程的结束，使读者识别合理终止也是自助图书馆服务的关键技术之一。

银行普遍采用的是锁定银行卡的方式，并不断提示离开取卡，卡取出则为会话终止。自助图书馆支持的卡并不唯一，而且也不一定专用，锁定不容易。那就会出现一个情况：

即前一个读者操作完成后不退出系统，而后一个读者接管了前一个读者的会话界面，结果可想而知。虽然看起来“错”一两本书没有什么，但后期鉴别、处理起来非常麻烦。

读者通过身份识别，并加上密码校验后，登入服务机进行自助操作。从读者登入到读者操作结束离开这段时间，称为读者的会话期。会话期的起始点比较容易判断，但结束点却没有那么简单。最常见的办法是加入一个“退出”的按钮，由读者点击后会话期结束。为应对读者不主动点击“退出”离开的现象，需采取必要的措施，保证读者会话环境不被盗用，主要包括：

（1）超时判定法

超时判定法就是设定读者在一定时间内没有任何操作即判定其已经离开，并结束会话期。超时判定法是成本最低，也是现在最常用的会话期结束判定方法，在银行 ATM 等自助设备上也大量采用这种方法进行会话结束判断。在使用中，可依据实际情况调整超时的时间长短，并在醒目位置以倒计时方式提醒读者。但基于自助图书馆的使用特点，超时时间不宜设定过长，一般以 45 秒—60 秒为宜。超时判定法几乎能避免 90% 以上的读者会话期延误。

（2）监控识别法

超时判定法虽然能够避免大多数的读者会话期延误，但依然不可防止极少数读者的故意行为。监控识别法是采用摄像头实时采集自助图书馆服务机的排队画面，分析图像的变化，并依据一定算法确定当前操作的读者是否已经离开，从而结束会话期。很显然，监控识别法更加智能，能更加精确地定位读者离开的时间，但使用效果直接受其采用的图像分析算法影响。

监控识别法是一项新兴技术，到应用阶段还有很长的路要走，特别是识别算法，需要在长时间的实际生产环境中慢慢磨合。但值得欣慰的是，数字图像处理技术目前已经取得了长足的发展，相信在不久的将来，这种方法会出现在自助图书馆服务机上。

三、自助办证与发卡技术

自助办证是自助图书馆服务机承担起完整的图书馆功能的必要条件，否则，就只能称之为自助借还机了。总的来说，自助办证技术由办证和发卡两部分组成，目前已经基本趋于完善。自助办证的难点在于收钱的处理，由于市面上大多数验钞机不提供退钱的功能，如何处理读者在交钱方面的问题就成了自助办证技术最大的问题。

1. 办证流程

自助办证操作主要由读者选择办证方式进入、识别身份证、选择证卡类别、缴纳借书押金、发卡等部分组成。在办证流程的设计中，需要注意以下问题：①为避免占用主操作台时间过长，对读者证的用途、类别和办理方法应在周边区域设法就近告知读者，特别是办证只是收取借书押金，所办读者证就是图书馆的通用读者证等。在主操作屏上应尽可能简单提示,不宜过多安排针对读者证类别和服务规则的介绍性文字。②由于办证需要借助身份证阅读设备、收钞设备、发卡设备等,这些设备在布局上应在主操作屏周围,并且动画提示下一步操作的内容和相关设备在面板上的位置。③可将常用证类别和不常用证类别分别对待,以便在一个界面上解决大部分读者的办证问题。如在基本的办证界面上,主要显示中文书刊证类别、借阅规则及押金,同时提示读者是否需要借外文书?若读者需要,则引导他办理外文读者证,再将外文书刊证类别、借阅规则及押金加以提示。④考虑到采取全自助服务方式后与读者联系非常重要,办证时应提示读者输入联系电话。

2. 身份确认

凭身份证办读者证是图书馆常用的方法,但在自助机上如何确认身份证的真实性和有效性呢?当然采集图像并与身份证上的照片比对是一种思路,但似乎过于苛刻,其实就连身份证挂失了图书馆也不容易知晓。比较有效的办法就是收取适度的押金,身份证的主要用途就是采集信息。当读者持证到图书馆来的时候,诸如上机服务就可以发现身份证盗用者。

3. 收钞技术

收钞一方面是为了配合办证,另一方面则是为了逾期滞还费的读者能够在简单交款后借出图书,使自助图书馆的服务完整、高效。一般装备验钞机,限定特定面额钞票的收钞功能。

为降低安全隐患,不宜设置退款、找赎功能,在一段时间以后,收钞装置的钞票存量将会保持在较低水平。考虑到简单、实用,系统必须接纳读者多放的钞票额度,并应提示其到图书馆服务台人工进行处理,包括退还借书押金。收钞提示非常重要,可以参照地铁公交卡充值系统设计。

收钞装置的核心是验钞机,这对自助图书馆服务是有很大影响的,必须选择高质量、高可靠性、好维护的品牌。验钞机"持证"企业有很多家,如何在这些企业中进行选择呢?相对于验钞机的功用,其差距并不大的价格因素不应该成为考虑的重点。应着重考察生产企业在许可证审批过程中各项技术评分是否较高,总分是否排名靠前;应着重考察生产企业是否有着较长的、持续的验钞机研制生产历史,验钞机产销量是否较大;更为重要的是,应着重考察生产企业是否拥有覆盖面广、响应及时、服务到位的售后维护维修体系。

验钞机是机电一体化产品,从技术上来讲性能的稳定性不可能达到民用电子产品的水平,而且我国流通使用的钞票较旧、较脏,对验钞机探测敏感元器件污染较严重。一般来说,在我国现有的使用条件和图书馆员维护水平下,验钞机使用 3 到 6 个月就需要维护维修,使用 1 年左右就需要更换易损件。没有良好的售后服务,验钞机很快就不能正常使用,这将给自助图书馆网的服务带来巨大的影响。

4. 发卡技术

发卡是自助办证的最后一步，也是最关键的一步，如果这一步不成功，前面的所有操作都需要回滚，处理起来就相当麻烦。目前比较常见的为卡槽推卡式发卡，由推卡装置将卡从卡箱中推出，读者从卡槽中取卡。

在实际工作中，有个别读者办了证却没有取卡，系统应对此卡做注销处理，并保留系统相关的操作日志备查。为减少这种情况发生，系统也应在发卡后通过多种方式如屏幕提示、语音提示提醒读者取卡，最好能在屏幕上清晰指示出取卡的位置。

四、自助借书与取书技术

1. 借书流程

自助借书是自助图书馆服务机的基本功能之一，是读者选书、确认，服务机从架位上取书，联机完成借书操作，并由机械装置将图书送出的过程。

（1）借书前首先要选择好图书

读者选择图书主要有两种方式：一种是通过 OPAC 查询或直观找寻获得架位号，在借书操作过程中通过输入架位号来确定所需借阅的图书；另一种是将所有图书展示于触摸屏上，由读者自行点选所需图书。触摸屏找书方式显然便利得多，读者无需记忆或抄写架位，但其缺点是主操作台使用效率过低。通过架位号找书的则可使读者找书时间重叠起来，缩短读者在主操作台上借书的操作时间。

（2）借书的信息确认是必要环节

尽管在自助图书馆的每个架位上放置的图书与系统中的数据已经一一对应，但为保险起见，读者选书后依然要显示对应图书的信息，供读者确认，读者确认后借书流程才真正开始。

（3）借书须考虑异常情况的出现

借书时如采用多个环节的机械处理，应特别注意检测图书所处的阶段。当出现机械异常、网络异常等情况时，应尽可能自动处理，系统可以回滚，图书则可丢入“垃圾箱”。“垃圾箱”主要放置有问题的图书。不论采取什么技术，不设“垃圾箱”图书存在问题时就难以处理了。

（4）借书需要特别提示完成后退出

在所有读者会话中，借书部分需要特别注意，必须强调完成后要退出才离开。

2. 取书技术

目前采用的取书技术主要包括信箱式、机械手式、推书式等。信箱式比较简单，适合预借送书，就像开启家里的信箱一样，使用读者证开启，一般集成化的自助图书馆服务机不会以其为主体技术。机械手式对书的摆放方向，机械手的性能指标要求比较高，一般机械手不仅要抓取，而且要完成传输并准确从借书口将书送出。推书式是旋转结构中采用的一种取书方式，推书杆仅将图书推出书盒，然后转给其他传输装置。

3. 特型书

为解决特型书的取书问题，可在服务机上设计少量特型书盒，采用抽屉式或柜门式均可，但须实现自动控制。当读者来取特型书时，只刷读者证，对应的特型书盒自动打开，读者退出自动关闭。

需要说明的是，由于特型书的范围很大，即使是设计了特型书盒也不能解决所有问题。对于无法处理的特型书，只能通知读者到人工服务点取书。

五、自助还书与分拣技术

1. 还书流程

还书是自助图书馆服务机的基本功能之一，是读者逐本放书，服务机收书，联机完成还书操作，并由机械装置将图书上架或送入还书箱的过程。

(1) 还书是需认证的读者会话过程

一般看来，还书并不需要认证。但在全自助无人值守的环境下，任何设备操作必须在一个已认证的读者会话过程之内。

读者经过认证进入会话过程，选择了还书，此时还书口才打开，一旦读者退出，还书口自动关闭。

(2) 服务机需接纳大部分还回图书

作为网络化运作的自助图书馆应成为城市图书馆大流通的重要服务网点。能够接纳参与大流通的大部分还回图书是对自助图书馆服务机的基本要求，从技术上更是一种考验。这些图书从规格上变数很大，可能存在 RFID 和条形码两种识别方式。从数量上，还书容量设计应大于可借书量。

(3) 逐本还书是设备处理的需要

即使采用 RFID 识别技术，多本同时放入系统也无法分别处理，还书口也难以设计。全自助环境下，比较一致的做法是采取逐本归还方式。读者将书放入还书口后，检测系统发现有书放入则关闭自动门，处理成功则自动门重新打开等待放下一本；不成功则自动门也打开，退出图书。

(4) 利用条形码识别的还书过程

利用条形码识别技术还书相对复杂些：首先，图书的条形码只能贴在书的表面，容易磨损，也只能加贴一层保护膜；其次，读者还书时必须将有条形码的一面朝上，错了就不能处理。

2. 分拣技术

分拣技术发展至今，已经相对比较成熟。从分拣原理大致可以分为三类：

推书式：通过传送带运送图书至不同的推书杆前，并经由检测系统决定由哪个推书杆实施推书动作，分离图书至不同的目的地。

机械手式：由电脑精密操控的机械手对图书进行分拣，送达不同的目的地。

传送带式：由传送带运送图书，通过控制、改变传送带的运行方向来达到分离图书的目的。

在自助图书馆服务机内可实现小型分拣，如分出本机可上架图书、送回物流中心的图书、送回附近图书馆的图书等，以便图书可以就近送还。

在图书馆城市化大方向已经逐步明朗的背景下，分拣技术已经由原来的单馆分拣逐步发展成为真正的大流通式分拣，图书分拣的目的不再是单纯的回库和上架，而是给图书找到一个能够(可能)更加充分被利用(借阅)的目的地，也许是读者预借的送书地点，也可能是此类图书的借阅热点地区。

动态的分拣技术可以使分拣的目的地得到充分利用，即出现实际图书时才将一个新的目的地赋予指定的内涵，而不是预先就规定好。

六、数字资源服务技术

自助图书馆服务机与真正的图书馆是不同的，服务机器一般不具备多个电子资源使用设备，目前绝大多数的自助图书馆服务机都是利用 OPAC 检索终端同时兼有数字资源的访问功能。很明显，这种“兼职”的服务设备就决定了自助图书馆服务机的电子资源访问功能必然是作为辅助功能出现。

1. 统一认证技术

统一认证和单点登录有两种方式。统一认证由一个固定的 WebService 给各个子系统提供认证接口，用户登录一次即可实现所有子系统的登录。但各子系统的认证会话仍然各自独立。一个子系统的登录会话超时了，不会影响到另一个子系统的会话。单点登录方式是各子系统均采用同一个认证接口进行认证，所有子系统的会话也是同步的，一旦超时全部超时。单点登录也就是用一个统一的用户管理系统(包括部分权限控制模块)。

数字资源系统中的认证方式分为 IP 认证和用户认证，由于自助图书馆服务机的服务范围较广，可结合数字资源使用的实际情况针对不同数字资源采取贴合实际情况的认证技术。一般而言，使用频次较高的数字资源使用 IP 认证方式计费较为划算，而使用频次较低的数字资源采用用户认证更为经济。在使用用户认证方式时，为了确保用户数量被充分利用，让读者循环利用所有用户不失为一个好的办法。

2. 访问控制技术

自助图书馆的 OPAC 查询设备必须具备访问控制系统，将读者限制在有限的几个功能范围内进行操作，不可以让读者获取操作系统的使用权限。但是，实际的使用过程中发现，各种不同数字资源的访问往往会给读者提供“越狱”的通道。一个非常典型的例子就是有读者通过播放视频的 Media Player 窗口直接打开了资源管理器，进而直接通过代理访问互联网下载游戏，并成功将 OPAC 终端变为游戏机。数字资源类型多样、关联软件众多、BUG 层出不穷是这个问题难以根本解决的关键。目前，对于数字资源方面的访问控制只能采取“兵来将挡、水来土掩”的办法，监控读者行为也是发现这类问题的有效手段。

3. 流量控制技术

自助图书馆服务机一般是通过 VPN 专线网络连接至自助图书馆云中心，而无论是 10M 或者 25M 带宽的 VPN 网络，都有可能被某些 P2P 的流媒体流量占满，从而影响自助图书馆服务机的正常运作。因此，必须限制数字资源的流量，以避免因数字资源这项辅助功能导致的自助图书馆宕机。一般来说，为了更好地控制数字资源流量，数字资源服务端和客户端都必须安装相应的流量控制软件做“双保险”。

第四节　安全与环保技术

自助图书馆的服务机是无人值守的自助服务机器，不仅要经受风吹日晒，还需要面对各式各样的社会人群。读者中既有循规蹈矩的，也有不安分守己，甚至恶意破坏的。要保证自助图书馆服务机不间断使用，充分发挥其作用，就必须充分考虑其安全问题。同时，为降低运行成本，顺应世界潮流，也应考虑兼顾相应的节能环保问题。

一、机体安全技术

1. 布线安全

机体安全首先需要注意布线安全，毕竟自助图书馆服务机是依靠电力运作的，若发生漏电现象，后果不堪设想。对于布线安全而言，首要考虑的是布线的质量问题，绝缘性、抗弯折性、防水性、防辐射、抗腐蚀能力等都是需要考虑的重要指标。其次，需要保证布线的规范和严谨。布线必须满足横平竖直的要求，梳理整齐，不得横跨机械动作部件之间。强电、弱电布线分离。布线每隔一定距离（如 500mm）位置必须安装一个固定线路用扎带码，扎带码采用固定方式，不可在设备中出现粘接方式的扎带码。

为了保证设备安全正常运转，应经常检查漏电开关的接线有无松动、老化、破损，如有要及时更换。漏电开关应该每 3 个月至少有一次漏电测试。

考察一种服务机设备，其布线设计能够在一定程度上体现其技术水平，科学合理的布线往往建立在长时间运行经验的基础上。

2. 防火措施

防火首先需注意的应当是电气安全，对电气线路中的发热部件都需经过长期的严格测试，并做好散热装置的安装和测试工作，保证长时间不间断运行并不受外界环境温度影响而保持正常温度运行。在自助图书馆服务机的整体设计中，要从全局角度考虑散热的通路，不能留有热量的淤积点。在空间上，应设计相对封闭的空间，这样万一发生起火，也可将灾难限制于密闭的小范围内。其次，在自助图书馆服务机的材料选择上，也尽量选用高燃点、不易起火的材料。

按照消防要求，每台自助图书馆服务机均需配备灭火器，并定期检查、更换。

3. 防盗措施

计算机、证卡箱、钱箱是设备防盗的重点。应在各开关门处配备坚固的机械锁控及电子锁控，方便进行安全维护和管理。同时，配备相应的入侵报警系统，防止人为的非正常开门和有意破坏。

机体材料要考虑故意人为损坏和撬打问题，选择较厚的金属材料和防爆玻璃。

证卡箱、钱箱应特殊处理，专人负责。维护人员与物流人员可接触的资源应有所区别，分清责任。

由不间断电源、硬盘录像机、摄像机等组成的监控录像系统应能摄录并保留 1 个月左右的录像信息。当服务机意外断电后，不间断电源应可提供后备供电，延续时间在 1 小时以上。断电期间，报警器会鸣叫，摄录设备依然工作。由于中心系统可以及时得到断电信息，未知的长时间断电应触发服务机维护人员赶赴现场，也可电话联系当地托管单位派人查看。

4. 防水措施

在防水方面，首先要考虑的是密封性。遇到大雨天气，各种防护措施不足，就可能导致服务机进水。地面积水也会从下侧浸入服务机。

服务机作为一种普通服务设施，做大完全防水成本就比较高，也没有必要，但在有一定防护措施的前提下，服务机本身也要具有一定的防水能力。水不一定来自天上，但不能水一来就出现事故。电气线路的防水性是需要重点考虑的，短路造成的热量聚积是火灾发生的常见原因之一。

二、图书安全技术

图书是图书馆的资产，如何将图书在使用中的耗损程度维持在尽可能低的水平，最大可能地延长图书的使用寿命是自助图书馆使用评估的重要指标之一。

1. 传输安全

无论采取什么方式，都必须保证图书在传输过程中不会被损坏，因而传输装置的工艺必须精准，使图书始终处于安全的传输环境。

2. 防盗措施

服务机的图书防盗应重点加固与图书相连的各个门及锁控系统，增强服务机遭遇破坏时自动报警和监控能力。

3. 图书消毒

在流行病学家眼中，图书和钞票都是比较容易受到各种病菌污染的纸质媒介。一本流通3年以上的普通中文图书上，隐藏的流感、链球菌、大肠杆菌、乙型肝炎病毒、结核杆菌等病菌总数一般在400种以上。这些图书大多沾染有多种灰尘和细菌，由于有多人借阅经常流通，很容易形成交叉感染，危害公共卫生安全。

自助图书馆增加了借还量，因此必须更加重视图书的消毒卫生工作。可将流通在外时间较长的图书强制回馆消毒，也可在服务机设备内增加小型消毒装置。

4. 还书检测

提到还书，不少图书馆员提出希望能够自动检测到读者的恶意行为，如只还标签或将标签放在其他书本内，甚至撕去部分内页后归还。这又回到成本与理念的问题上来了，因为个别人的恶意导致整体成本的上升是不值得的。

事实上，还书先刷卡确认身份已经将上述问题出现的可能性大幅降低，读者是不愿意在自己的会话过程中进行违章操作的，加上录像系统就更保险了。当出现违章时，最先发现的可能是读者或物流，通过追溯可以找出上一个还书操作者，再调取录像即可。

三、使用安全技术

1. 操作提示信息

充分利用自助图书馆服务机的面板、显示屏幕和语音系统对读者操作提供帮助是非常重要的，也是保障读者使用安全的必要措施。对于一些位置特殊的装置或非常见的装置更需要明确提示。

读者操作提示要解决以下问题：

- 先做什么，后做什么；
- 在哪里做，如何做；
- 对可能出现的问题特殊强调。

2. 自动感应措施

自助图书馆的服务机是全机械式运作，在使用过程中，若无相应的预防措施，难以避免其对读者身体造成伤害。

在借还书口须设置相应感应装置，特型书盒边缘须进行软化处理，在感应或检测有异物时可立即停止当前行为，以防止机械伤人事故发生。一旦发生安全事故，设备应以确保使用人的人身安全为前提，停止相关模块运作，同时系统作自动报障处理。另外，应对一切机械部件的运动力量强度进行控制，能完成目的操作即可，不应设定过大的力量。在借还书口开启或关闭的时候，所有机械部件应缓缓运行，不可速度过快，并以语音提示“仓门打开/关闭，请注意！”

3. 现场行为监控

目前的自助图书馆为了确保财产安全以及回溯读者行为来查实纠纷,都安装了监控录像设备。但普遍存在的问题是监控录像的摄像头角度不够,难以覆盖每个角落。解决的办法不外乎增加摄像头和旋转摄像头两种。而目前监控录像的处理工作是由工作人员完成,因此在现场行为监控方面,还无法达到完全自动化。

自助图书馆的发展将渐渐走上人工智能化的道路,即电脑系统将有能力根据读者的语音甚至行为来作出相对应的处理,渐渐与人工处理方式贴近。在电脑的人工智能算法中,一个很重要的模块就是读者行为安全判断,即根据摄像头的录制片段,计算出读者的行为意向,从而判断读者行为是否安全。如未来的系统将自动判断出读者的插队行为、小孩子在自助图书馆边踢球的行为等,并通过语音提示或呼叫相关人员来解决。

四、软件系统安全

1. 服务机系统安全

一般来说,自助系统属于独立开发、不开放源码的封闭式系统,黑客的攻击可能性不大。但在实际工作中发现,操作系统漏洞和预装软件漏洞往往会给黑客制造便利。另外,自助系统的电脑安装不规范也可能造成某些木马、后门程序的驻留,从而给自助系统安全带来隐患。因此,自助系统的安全主要应当从系统环境的安全方面考虑。

(1) 操作系统安装

在操作系统安装方面,应采用正版系统,以完整安装方式完成。切忌采用某些组织机构自行开发的 Ghost 版本进行安装。Ghost 版本的操作系统在实际使用过程中被证明不但是非常不安全的,而且由于仅仅是更换了驱动就在配置环境完全不同的硬件设备上运行,其虚拟设备层(VXD)的配置无法与硬件匹配,在实际使用中将会出现很多难以排查的问题。

若出于安装效率考虑,可以从同一批电脑中选出一台机器来进行完整安装,然后克隆这台电脑的操作系统至其他相同配置的电脑。

(2) 应用软件安装

在应用软件方面,同样应尽量采用正版软件,不要选用带有破解版、汉化版字样的软件。不可简单认为,某破解版、汉化版软件已使用多时未发现问题就是安全的。黑客往往会利用破解版、汉化版软件获得大量电脑的控制权,但并不会马上利用,仅当需要时才加以利用。如当前黑客惯用的手段就是利用大量具有控制权的电脑对某个地址发 DDos 洪水攻击。曾有案例发现,黑客一般获取机器控制权后,会蛰伏数月甚至数年之久,而黑客发动大规模攻击一般也是极有组织性和目的性,常常会形成世界范围内的黑客攻击波。

2. OPAC 系统安全

OPAC 系统安全的主要目的是防止读者通过系统的 BUG 拿到系统的操作界面。在自助图书馆上设置 OPAC 系统的目的是为读者提供自助图书馆的图书信息,提供电子资源查阅及其他网站服务。如果 OPAC 仅仅提供传统的查询服务,系统安全并不难保障,但如果还需提供各类网站服务,则读者从中找出 BUG 的可能性将大大增加。

一般情况下,可采取增加二线安全服务监控的方式来保证 OPAC 系统的安全,即增加一个服务专门用于检测 OPAC 系统是否运行正常,若不正常则重新启动。二线安全服务也可增加读者行为记录和管理的功能,便于对读者行为进行分析,从而找出系统的新问题和漏洞。二线安全服务模块设计必须考虑其对维护人员的影响,具有读者和维护人员的甄别能力。

五、网络安全技术

随着网络安全技术的不断发展,黑客攻克系统的难度也与日俱增,数年前灾难性的溢出漏洞现今已很难见到,取而代之的是大量的注入攻击与 DDos 洪水攻击。对于注入式攻击,可以采用 Web 防火墙将其请求进行过滤加以解决;但对于 DDos 洪水攻击,目前仍无较好的解决方案从根本上解决问题。从某种意义上说,DDos 洪水与正常访问并无二致,而系统设计中又难以将正常用户的访问请求和 DDos 攻击区分开来,这就造成了 DDos 攻击防御的困难重重。

1. 定时更新操作系统和软件补丁

定时定期更新操作系统补丁是自助图书馆服务机必须做的功课,无论是何种操作系统或软件,总会定期爆出各种漏洞,有些甚至会暴露操作系统层接口给黑客。定期升级可确保系统处于安全状态。自助图书馆服务机数量众多,一一升级耗时多,检查和维护也比较麻烦,可以采用软件统一管理进行升级和漏洞补丁的管理。目前市面上这类软件还是较多的,可根据实际情况选择性价比较高的软件融入实际应用。另外,对自助图书馆服务机而言,防火墙是必不可少的,无论是操作系统自带的,还是第三方的防火墙,都可以给系统提供相当的安全保护。

2. 系统资源使用情况监控

DDos 攻击会大量消耗主机的 CPU、内存资源、网络带宽,采用监控软件实时监控服务机的主机各项资源使用情况是检测 DDos 攻击的有效手段。DDos 黑客和普通黑客不同,他们往往会对攻击目标的应用服务协议加以细致分析,从系统架构层面中找出最可能出现的漏洞并加以测试,如发现读者密码构成方式便以穷举方式对 Web 服务器发动攻击。虽然网站的 DDos 防御模块已经检测出其每秒数千次的访问请求为非法并予以拒绝,但仍然长时间消耗了大量的服务器和网络资源。

为防止 DDos 攻击将主机资源耗尽,应尽可能将应用分离,如对于一个四核心 CPU 的主机,可将不同应用服务计算分布于这 4 个 CPU 内核上,避免因某一个应用遭受攻击,资源耗尽,导致其余应用也无法正常工作。也可加入每个系统进程最高使用一定百分比

CPU 的限制。对于 Java 应用程序，则最好启动不同的 JVM（Java 虚拟机），即不同的内存池来运行不同应用服务，避免所有应用挤在一个内存池中，在遭受攻击时全军覆没。

3. 关闭不需要的服务

如果操作系统安装的是 Windows Server 2003 版本，操作系统默认状态是不会打开多余的服务端口的，可以选择需要的服务和端口安装。DDos 黑客在发动 DDos 攻击之前要做大量的准备工作，最关键的步骤就是要取得大量的肉机。DDos 攻击实质上就是在以攻击者的主机资源消耗目标服务器的主机资源，直至将目标服务器的资源消耗殆尽。但是，一般在互联网上提供服务的服务器主机性能都非常强劲，黑客们用自己的主机去发动攻击无异于以卵击石。因此，日常的“肉机”积累量就成为 DDos 黑客们发动攻击的先决条件。所谓“肉机”就是指互联网上那些存在明显漏洞的机器，自助图书馆服务机作为公共服务用机，不但要确保自己不被攻击，也要保证不做“肉机”，成为黑客手中攻击的工具。

六、节能减噪技术

自助图书馆服务机属于高科技自动化产品，在环境意识越来越被人们重视的今天，如何打造低耗、节能、环保的自动化产品也是自助图书馆服务机所面临的重大挑战。

1. 节能技术

自助图书馆服务机不具有高热量的元器件，对电能的利用率上相对还是比较高的。

（1）电机

自助图书馆中的自动控制和机械传输系统比较复杂，会使用各种电机。电机用电量最大，在保证使用的前提下，合理配备不同功率的电机，相关操作并用电机等均可降低能耗。

但是节能必须首先解决功能需求。如采用旋转书架的自助图书馆服务机可以多层书架共用电机，也可以每层书架使用单独的电机。很明显，在一般的应用模式上，并用电机相对更加经济，但也破坏了各层书架的相对独立性。如每层书架使用独立的电机，可以实现分层的并发处理，一层在借书，另一层可以上书。

（2）休眠与分时

自助图书馆服务机内一般都有 1—3 台电脑，分别从事不同的工作，配备显示装置。每台电脑及显示装置功率虽然不大，但由于 24 小时不间断服务，累积起来的能源消耗也非常可观。

为降低消耗，同时延长电脑及显示装置的使用寿命，主要操作台及服务设施在非主要时段应实行休眠策略，即一定时间内无人使用自动进入节能低功耗状态；非主要操作台及服务设施可实行分时工作策略，即在非主要时段完全停止使用。

同理，自助图书馆服务机的其他控制、传动设备也应当适当采用休眠方式进行节能。

随着自助图书馆网点的不断增多,休眠与分时机制可节省的能源也是很可观的。

(3) 灯光控制

自助图书馆服务机的灯光也可设计成分时控制方式,如白天根据安装位置的光线强弱只使用部分灯光,晚上特定时段开启全部灯光,x 点后只保留少量必需的灯光。

使用各类节能灯光可以节省日常运行成本,但会增加一定的建设投入。

2. 减噪技术

自助图书馆服务机一般不会产生过大的噪声,但机械设备运转和进行服务时还是会有声音。为减少对周围的影响,需结合自助图书馆服务机的成本,设法减少不必要的声音,主要方法包括:

(1) 机体隔音处理

采用隔音棉、密封条等方法可在一定程度上减少机械噪声。

(2) 装置减噪设计

通过改进可能发出噪音设备与装置的设计方案、制造工艺,增加必要的辅助装置,如静音装置等,配合以定期维护和保养,可实现设备运转平滑无声。

(3) 语音功能休眠

定时关闭自助图书馆服务机上的语音服务功能,代之以屏幕提示。

第五章　自助图书馆网应用软件系统

自助图书馆网应用软件系统是自助图书馆网顺利运行和有效发挥作用的技术基础。与其他应用软件系统不同，自助图书馆网的应用软件系统从总体要求上要更可靠、更安全，从读者角度要更直观、更便利，从技术方法上要与图书馆的核心应用系统更好地融合，与更多的设备控制系统实施对接。自助图书馆网应用软件系统包括自身独立的软件系统，与核心应用系统对接的平台，具备特色监控管理模块，也囊括了通用的软件工具。

第一节　用户管理系统

自助图书馆网是依赖于人来运作的有机体，不同身份的人在自助图书馆网中分别扮演不同的角色，相应地，自助图书馆网用户管理系统就需要具备相应的角色、权限系统，以及登录控制、会话保持、行为记录等功能，以保证不同的用户有条不紊地进行自己的工作或者取得相应的服务，而不会造成越权和紊乱。

一、用户类别

自助图书馆网应用软件系统的用户，除读者以外，也包括各岗位的工作人员。读者是自助图书馆网应用软件系统的主要服务对象，与传统图书馆相比，自助图书馆网的读者具有流动性高、学习能力强、适应网络交流的特点，他们会在各个不同地点的服务机进行借还书操作，当遇到问题时，不会仅仅局限于传统的电话咨询方式，也会选择使用服务机上的在线咨询系统。当发现问题时，能及时向图书馆工作人员反映、交流，提出自己的意见和建议，对自助图书馆网软件系统的更新和完善起到了明显的促进作用。自助图书馆网的工作人员则主要包括管理人员、物流人员、技术维护人员，需要细致地分工、紧密地合作，因而软件系统必须能为他们提供快速、精确、稳定的工作系统。与读者服务系统更注重人性化程度不同，工作人员使用的系统则更注重操作的准确性和高效性。每位工作人员上岗前都必须参加培训以熟悉软件系统，以具备顺利完成工作的能力。

二、用户管理

用户管理技术的实施目的是降低上层应用需求变化和底层代码变动之间的耦合度，即不会因为某个工作人员的职责、岗位变动，或者读者群体的服务规则变化而导致应用系统的代码变化。基于 MVC(Model-View-Controller)架构，必须设计更贴合应用的良好的抽象化模型和控制器来完成应用和架构的分离工作。

1. 工作人员角色管理

一般采用用户—角色—权限架构进行管理。权限可分为系统维护权限、系统监控权限、预警权限、物流权限、读者服务权限五类,按类形成多个角色,每个角色对应多个操作权限。同一用户可同时拥有多个角色,并拥有这些角色的所有权限。用户—角色—权限架构控制器具有极高的灵活性,可以非常方便地对工作人员的权限进行管理。

【案例】深圳采用权限管理的模式

● 权限管理类别

系统维护权限	操作员管理、权限管理、角色管理、自助图书馆类型参数、自助图书馆服务点参数、物流事务类型参数、物流配送单参数、物流配送单状态参数、物流配送原则参数、自助图书馆机器类型参数
系统监控权限	主服务监控、查询机监控、视频监控、财经事务报告、物流事务报告、联机事务报告、设备故障报告、版本管理、远程命令管理、诊断恢复事务、主服务机实时监控、查询机实时监控、服务车位置监控
预警权限	预借参数设置、预警参数设置
物流权限	出馆登记、转运处理、回馆登记、配送单核销、物流箱合并、自动配书单、主动下架单、配送单查询、仓库架位管理、仓库清点统计、财经对账单
读者服务权限	预借处理、通知管理、流通统计、办证统计、借阅排行榜、到期未取清单、未流通图书清单、财务结算清单、重复架位图书清单、借书不成功清单、自助图书馆故障统计

● 工作人员角色类别

系统管理员	操作员管理、权限管理、角色管理、自助图书馆类型参数、自助图书馆服务点参数、物流事务类型参数、物流配送单参数、物流配送单状态参数、物流配送原则参数、自助图书馆机器类型参数
监控管理员	主服务监控、查询机监控、视频监控、财经事务报告、物流事务报告、联机事务报告、设备故障报告、版本管理、远程命令管理、诊断恢复事务、主服务机实时监控、查询机实时监控、服务车位置监控
事务管理员	
事务报告员	
物流管理员	出馆登记、转运处理、回馆登记、配送单核销、物流箱合并、自动配书单、主动下架单、配送单查询、仓库架位管理、仓库清点统计、财经对账单

续表

图书馆管理员	预借请求、预借处理、通知管理、流通统计、办证统计、借阅排行榜、到期未取清单、未流通图书清单、财务结算清单、重复架位图书清单、借书不成功清单、自助图书馆故障统计
预警管理员	预借参数设置、预警参数设置

2. 读者服务规则管理

自助图书馆网是用来提供服务的,涉及多种服务项目和对应的服务规则。首先可以将读者划分为若干类别,如针对外来务工者可设置50元押金的外借服务,完全由读者选择,不是强制划分;其次将读者服务分成若干类别,并形成多个服务项目;同样,各个类别的服务也有对应的规则。读者证类别—服务项目—服务规则架构控制器具有极高的灵活性,可以非常方便地管理系统中定义的所有读者服务项目,并按规则提供服务。

通过灵活运用,控制器可以衍生出各种各样的服务模式与服务规则,几乎能够完全屏蔽上层应用需求变化和底层代码变动之间的联系。在图书馆城市化的进程中,这种管理机制的优势越发明显,各分馆可以利用规则体系定制和构建完全个性化的服务体系,而无需求助软件维护支持。

【案例】深圳的读者证类别、服务项目、服务规则

- 读者证类别

读者证类别	可开通服务
普通读者证	中文文献外借(5 册),阅览服务
普及读者证	中文文献外借(2 册),阅览服务
教师与学生证	中文文献外借(10 册),阅览服务
集体证	集体外借

- 读者服务项目

服务项目	押金	对应规则
阅览服务	免费	阅览规则
中文文献外借(2 册)	50 元	中文外借规则 1,预借规则,赔偿规则
中文文献外借(5 册)	100 元	中文外借规则 2,预借规则,赔偿规则
外文图书外借	200 元	外文外借规则,赔偿规则
集体外借	1000 元	集体外借规则,赔偿规则
数字资源馆外访问	免费	

● 读者服务规则

服务规则	规则权限
阅览规则	阅览所有书刊、查阅电子资源
中文外借规则 1	可借中文文献 2 册/件 31 天,续借 21 天
中文外借规则 2	可借中文文献 5 册/件 31 天,续借 21 天
外文外借规则	可借外文文献 1 册/件 31 天,续借 21 天
集体外借规则	可借外文原版图书 1 册 31 天,续借 21 天
预借规则	可预借,超期不取(违章)3 次停止服务 180 天
赔偿规则	超期一天罚款 0.3 元,丢失罚金 3—5 倍

3. 数字资源认证管理

自助图书馆网不仅给读者提供纸质图书的服务,也应给读者提供各种数字资源服务。自助图书馆网的数字资源服务主要依赖于图书馆引进的数字资源管理系统,结合中心业务系统的权限认证来实现。在区域合作与发展过程中,图书馆的服务对象也不再仅限于一个图书馆的读者,而数字资源服务却往往由每个图书馆分别购买,服务对象也仅限于本馆读者。因而,在统一数字资源采购之前必须借助软件系统实施数字资源统一认证管理。

在数字资源管理系统和图书馆的中心业务系统之间,有两种方式用来实现各类数字资源的用户管理:统一认证、单点登录。

统一认证方式:由一个固定的 WebService 给各个子系统提供认证接口,用户登录一次即可实现所有子系统的登录。各子系统的认证会话各自独立,一个子系统的登录会话超时了,不会影响到另一个子系统的会话。

单点登录方式:各子系统均采用同一个认证接口进行认证,所有子系统的会话也是同步的,一旦超时全部超时。单点登录也就是使用一个统一的用户管理系统(包括部分权限控制模块)。

自助图书馆网的数字资源认证也可以采用 IP 认证方式,如采用 VPN 则可视作图书馆内网看待。与用户管理方式相比,IP 管理更加简单,效率也更高。

【案例】深圳图书馆与电子资源系统之间的统一认证接口

请求:http://www.xxx.xxx.cn/MyLibrary/readerLogin.jsp?username=证号&password=密码

返回:<?xml version="1.0"?>

<root>

<message>success</message>

```
    <cardno>0440050000XXX</cardno>
    <name>XXXX</name>
    <CardType>5 本馆读者证</CardType>
    <dept>XXXX</dept>
    <Email>XXX@XXX.XXX</Email>
    <Mobile>139XXXXXXXX</Mobile>
</root>
```

第二节　客户端软件系统

客户端软件系统主要是安装在自助图书馆服务机上用来完成某种功能的软件。服务机的客户端软件系统可以用“多”和“杂”2 个字来概括，不仅包括很多不同开发商、不同时期的软件，也包括众多的定制开发软件，若不能协调好各方面的关系，资源冲突和不兼容现象就会经常出现，大大影响服务效果。可以说，如果自助图书馆网的性能出现瓶颈，那么往往都会出现在服务机的客户端软件系统上面。

一、软件构成与主体架构

软件架构是软件设计的灵魂与核心，作为自助图书馆网更是如此。纵观最近 10 年信息产业软件架构的发展，大致经历了 3 个阶段：第一个阶段是 2001 年至 2005 年前后，这个阶段 C/S 模式已完全成熟，B/S 模式正进入高速发展期，中小型信息技术产业蓬勃发展；第二个阶段是 2005 年至 2008 年前后，随着 ARP 等网络病毒的蔓延，局域网网络状况的不断恶化，同时分布式架构热度升温，涌现出大量采用数据库存贮过程的信息化架构，以减少应用服务器和数据库服务器之间的通信次数；第三个阶段开始于 2007 年前后，数据库已经无法为信息系统架构提供更大的并发与效率，同时搜索引擎技术开始逐步走下神坛，相似度算法、多级 Cache、分级 Purge 更新等原先的高端搜索引擎技术已经被越来越多的 IT 人所熟知。可以说，今后的数十年信息化产业一定会向搜索引擎技术发展，会涌现更多的高并发、高效率的信息化系统。而自助图书馆网正是应时代而生，其应用系统架构也必然充分借鉴搜索引擎技术的优点。

1. 软件构成

自助图书馆客户端软件按照功能主要可以分为：

(1) 服务类软件

如自助借还、办证、缴款、查询等。服务类软件一般与图书馆自动化系统紧密结合，几乎可以说完全取决于图书馆自动化系统，一般没有太多选择，而且绝大多数情况下需要重新根据应用进行研发。

(2) 维护类软件

如远程控制、软件自动更新、硬件检测、防杀病毒软件等。相对比较适合自助图书馆使用的远程控制软件主要包括:①TeamViewer。是一个在任何防火墙和NAT代理的后台用于远程控制、桌面共享和文件传输的简单且快速的解决方案。为了连接到另一台计算机,只需要在两台计算机上同时运行TeamViewer即可,不需要进行一个安装的过程。该软件第一次启动在两台计算机上自动生成伙伴ID,只需要输入客户端的ID到TeamViewer,就会立即建立起连接。可以免费使用。②Remote Admin:就本质来说就是一个远程控制软件,不过在功能上可以和最强大的木马程序抗衡。能穿透防火墙,使用简单,有破解版本。

还有许多远程控制软件如Windows远程桌面、PcAnyWhere、QQ远程协助等。但综合考虑自助图书馆网的无人值守、VPN网络等维护特点,仍以上述两款软件综合评分最高。

(3) 监控类软件

如进程监控、录像记录、故障报警软件等。监控类软件主要应用于客户端软件进程运行状态的监控,以及自助图书馆服务机机械故障的监控。录像记录软件能24小时记录自助图书馆服务机的服务情况,录像备查。除录像记录软件外,进程监控、故障报警类软件与图书馆自动化系统紧密联系,一般仍以自行研发或外包定制开发为主。

2. 软件接口

自助图书馆客户端服务类软件需要首先解决的问题是硬件外设接口问题。在规划服务类软件架构时要首先明确自助设备合作厂商已经提供了全部设备的软件接口,并已实施有效管理。自助图书馆的客户端可能需要的硬件外设软件接口包括RFID阅读器接口、身份证阅读器接口、收钞机接口、手机钱包接口、发卡机接口、机械手控制接口、书架轮转控制接口等。在软件架构设计过程中,也同时需要考虑硬件外设接口变化的可能性,为未来的可能接口变化设计灵活的更新机制。

自助图书馆客户端服务类软件更要解决与中心业务系统的通讯问题,使各个服务机协同工作,成为一个网络。

3. 软件主体架构

自助图书馆客户端服务类软件在架构上必须解决3个问题:一是要稳定,二是要效率,三是要易于维护管理。稳定一般有两方面的含义:一是应用程序本身的稳定,即应用程序代码编写规范,对内存、CPU、硬盘等资源使用的情形经过精心细致的设计,也就是通常意义上说的程序的"健壮性"要好。从表象上看,应用程序在一台机器上使用完全正常,但换了另一台机器就出现非法操作,90%以上是代码的不严谨造成的。二是对网络的适应能力。现今的网络病毒广泛蔓延,特别是基于ARP协议的ARP攻击和基于TCP/IP协议三次握手机制漏洞的DDos攻击更是猖獗。应用程序必须有应付网络瞬断、丢包等现象的能力,很显然,只有一秒钟的断网,对于读者而言,仅仅应该只有一秒钟的停顿,却绝不应该等来一个出错提示。效率问题一直都是困扰软件程序员的难题之一。但无数的实践已经证明,一个高端软件产品的效率95%以上取决于软件架构的整体设计和细致程度,而与其使用的编程语言、开发工具等关系甚微。就拿现今主流的编程语言 C++ 和 Java 来说,C++ 和 Java 谁快? 从理论上讲毫无疑问是汇编 > C++ > Java,不要迷信某些个别评测,单纯的回圈测试等。比如 JNode 的官方网站上有 Java 写的 JVM 的性能和 SUN 的 JVM 进行性能比较的结果,JNode 中用 Java 写的 JVM 竟然能比 SUN 公司用 C++ 写的 JVM 还快! 编译器完全可做针对性优化影响测试结果,评测结果不会具备多少实际意义。

自助图书馆的客户端软件是 24 小时为读者提供服务的,特别是软件初次进入生产环境时,频繁的更新和维护更是家常便饭。如果没有一个良好的维护和更新机制,就会对服务效果产生不可忽视的影响。从维护角度考虑,远程网络维护是最方便和最快速的维护方式,但这种维护由于不到现场,往往未经读者允许就关闭了应用程序,导致读者投诉的问题常有发生。好的维护更新机制应具备无缝切换的能力,即仅在不同读者操作的间隔空隙中完成维护,确保不会因维护影响到读者的正常使用。

4. 日志系统

日志是存放于客户端记录读者全部活动过程的记录。当客户端与数据中心的网络出现问题或其他原因导致读者事务缺失的时候,日志是读者服务监控的唯一凭据。一般来说,长时间大范围的网络故障不会经常出现,但是短时间的瞬断或者丢包现象却时有发生。因此,在日常系统运行中,软件系统也经常需要重做(Redo)和回滚(Rollback),而其依赖的正是本地存放的日志系统。在正常情况下,软件系统具有的同步机制会保证日志与读者事务的一致性。

二、数据通讯与协议

自助图书馆网的服务机和应用服务、数据中心之间是通过 VPN 或者公网进行连接,无论是何种方式,都是两个不同的子网,不可避免要穿越防火墙。因此,在服务机与数据中心的通讯协议上,尽量避免采用 ODBC、JDBC 等主要使用长连接的通讯方式,可以采用如 SOAP、SIP2、NCIP 等基于短连接的协议。

目前基于自助借还的数据通讯协议,主要为 NCIP 与 SIP2 两种。相对而言,NCIP 协议更加复杂和全面,能更好地覆盖自助图书馆的业务流程。

【案例】深圳的自助图书馆基于 NCIP 协议的设计流程

动作	客户端	中心业务服务
系统启动	1. 从本地配置中读取登入服务系统的 IP 和端口，与服务建立 socket 连接。	2. 与客户端建立 socket 连接。
	3. 登录到服务系统，发送本机验证请求 AuthenticateUser，内容包括：SSL 登录标识(User Id) + 登录密码(Password)。	4. 返回验证结果 AuthenticateUserResponse。
	5. 分析验证结果，只有验证通过的才能继续后续的各种操作。	
读者身份验证/读者信息查询	1. 从外设获取读者证号和密码。	
	2. 发送查询用户信息请求 LookupUser，内容包括读者证号(Barcode Id) + 密码(Password)。	3. 将读者基本信息、财经信息、当前借阅信息封装到 LookupUserResponse 中，返回查询结果。
	4. 根据 LookupUserResponse 中内容显示读者基本信息及财经信息检查本地财经库，将该读者交付到本机但尚未平账的押金及预付款金额同时显示出来。	
	5. 从返回的结果中提取读者所借阅/预借的所有文献 ID(ItemId)，逐个向 ACS 发送文献信息查询请求 LookupItem，以获得该文献详细信息。	6. 将文献查询结果封装到 LookupItemResponse 中。
	7. 显示文献详细信息。	
借书	1. 获取文献 ID，发送借书请求 CheckOutItem。	2. 将借书处理结果封装到 CheckOutItemResponse 中。
	3. 如果 ACS 成功返回借书处理结果，则启动推送图书装置，如果图书在传送过程中出错，则 SSL 做 Undo checkout 处理，发送 CheckInItem 请求，将未送出图书作还回处理。	4. 将处理结果封装到 CheckInItem Response 中。
	5. 收到 ACS 返回的 Undo checkout(Checkin)处理结果后，将文献送到还书箱，同时发送修改馆藏地点请求 UpdateItem，设定文献的临时馆藏地点 Temporary Location 为对应书箱号 B ** 。	6. 修改文献的临时馆藏地点(ServiceShelfNo)，返回 UpdateItemResponse。

续表

动作	客户端	中心业务服务
还书	1. 发送还书请求 CheckInItem (ItemId)。	2. 将还回处理结果封装到 CheckInItemResponse 中。
	3. 将文献送到还书箱,同时发送修改馆藏地点请求 UpdateItem,设定文献的临时馆藏地点 Temporary Location 为对应书箱号 B * * 。见 UpdateItem. xml。	4. 修改文献的临时馆藏地点,返回 UpdateItemResponse,见 UpdateItemResponse. xml。
续借	1. 发送续借请求 RenewItem (ItemId)l。	2. 将处理结果封装到 RenewItem Response 中。
存预付款	1. 根据读者证号从本地财经库中取该读者未作平账处理的预付款金额,并显示。	
	2. 等待读者存款,每收到一笔,则在本地财经库中增加一条读者存款记录。	
	3. 当得到读者 "存款完成"确认时,发送创建用户财经请求 CreateUserFiscalTransaction,财经类型为 Service Charge,支付方式为 Cash,请求中的处理时间为该财经首次发送时间,如果发送不成功,下次重复发送时,其财经时间不变。	4. 将处理结果(包括财经事务 ID)封装到 CreateUserFiscalTransactionResponse 中。
	5. 从返回的结果中,取服务器的财经事务 ID。 如果服务器收到请求并成功处理,则在本地财经库中增加一条读者划"预付款"到服务器的财经记录。 如果发送请求不成功或未收到服务器的返回结果,则在本地财经库中作记载,记录发送内容、发送时间及财经类型(3),以待在随后的财经平账处理过程中再作处理。	
扣款	1. 发送创建用户财经请求 CreateUserFiscalTransaction ,财经类型为 Fine,支付方式为"Deposit Account"。	2. 将处理结果(包括财经事务 ID)封装到 CreateUserFiscalTransactionResponse 中。

续表

动作	客户端	中心业务服务
办证	1. 读身份证信息，根据身份证号查。	
	2. 发送读者查重请求 LookupUser——身份证号(Institution Id Number)。	3. 系统将读者信息封装到 LookupUserResponse 中。
	4. 分析查重返回结果，将有以下 3 种情况：已办证、未办证、已申请临时证。	
	5. 如果为已办证情况，则拒绝申办。	
	6. 如果为未办证，则先根据身份证号查本地财经，确认是否已存入过押金，等待读者选择办证类型并存入相应押金金额。	
	7. 当押金金额满时，发卡机发出新卡；SSL 读取所发出新卡的卡号(证号)，向服务器发送创建读者记录 CreateUser 请求。	8. 创建新读者，返回处理结果 CreateUserResponse。
	9. 成功增加读者后，向服务器发送创建“读者押金”财经请求 CreateUserFiscalTransaction，财经类型为 Card Replacement Charge，支付方式为 Cash。	10. 新增读者押金，将处理结果(包括财经事务 ID)封装到 CreateUserFiscalTransaction Response 中。
	11. 从返回的结果中，取服务器的财经事务 ID。 如果服务器收到请求并成功处理，则在本地财经库中增加一条读者划“押金”到服务器的财经记录，其记录类型为 2。 如果请求发送不成功或未收到服务器的返回结果，则在本地财经库中作记载，记录发送内容、发送时间及财经类型(3)，以待在随后的财经平账处理过程中再作处理。	
	12. 如果为已办临时证情况，则从返回结果 Lookup UserResponse 中取已付押金，并根据身份证号检查本地财经记录，读取该读者未平账的押金，等待读者选择办证类型并补齐相应押金金额。	
	13. 当押金金额满时，发卡机发出新卡，SSL 读取所发出新卡的卡号(证号)，向服务器发送创建读者记录 CreateUser 请求。	14. 创建新读者，如果系统中已有该读者的临时数据，则以正式数据将其替换。
	15. 成功增加读者后，向服务器发送创建“读者押金”财经请求 CreateUserFiscalTransaction，财经类型为 Card Replacement Charge，支付方式为 Cash。	16. 新增读者押金，将处理结果(包括财经事务 ID)封装到 CreateUserFiscalTransaction Response 中。
	17. 从返回的结果中，取服务器的财经事务 ID，在本地财经库中增加一条读者划“押金”款到服务器的财经记录。	

续表

动作	客户端	中心业务服务
补书	1. 读取待补图书标识，发送 LookupItem 请求，查找图书基本信息及流通状态。	2. 图书信息封装到 LookupItemResponse 中，如果为预借书，将在 LookupItemResponse / ItemTransaction/ CurrentRequester/ Unique UserId 中存放申请预借的读者的读者证号。
	3. 分配架位，将图书信息/预借信息及架位地址存储到本地馆藏库中。	
	4. 向服务器发送修改馆藏地点/服务地点请求 UpdateItem，设定文献的服务地点“Current Location”为当前 SSL 设备标识，临时馆藏地点“Temporary Location”为对应的架位号 S * * * * 。	5. 修改文献馆藏地点/服务地点，返回 UpdateItemResponse。
	6. 当所补书为预借书时，发送 UpdateRequestItem 请求，要求服务器修改请求状态为：Available For Pickup。	7. 服务器修改预借请求状态，根据系统设定取最后取书时间，返回 UpdateRequestItemResponse，同时向读者发送“取书”短信。
	8. 从服务器返回的结果中取“最后取书时间”，修改 SSL 本地馆藏，设置该书的最后取书时间。	
下架	1. 从批下架文件/外设指令中获得待下架图书 ID，将其下架，传送到指定书箱。	
	2. 修改 SSL 本地馆藏库。	
	3. 向服务器发送修改馆藏的请求 UpdateItem，设定文献的临时馆藏地点“Temporary Location”为对应的书箱号 B * * 。见 UpdateItem. xml。	4. 修改文献临时馆藏地点，返回 UpdateItemResponse。
	5. 当所下架书为读者所预借书时，发送 UpdateCirculationStatus 请求，将图书流通状态设：Waiting To Be Reshelved。	6. 修改文献流通状态，当所修改的图书为读者预借书，而且是超时未取时，设置读者违规标志，返回 UpdateCirculationStatusResponse。

续表

动作	客户端	中心业务服务
定时平账(处理未发送成功的财经数据)	1. 扫描本地财经库未成功处理的财经数据,形成财经发送请求,其发送时间为记录中记载的首次发送时间。	
定时平账(处理未发送成功的财经数据)	2. 重复发送财经请求 CreateUserFiscalTransaction。	3. 创建财经记录,将处理结果(包括财经事务 ID)封装到 CreateUserFiscalTransaction Response 中。
定时平账(处理未发送成功的财经数据)	4. 从返回的结果中,取服务器的财经事务 ID。 如果发送成功,则修改该记录的发送状态(2)、服务器财经事务号、最后成功发送时间。 如果发送不成功,则修改该记录的最后发送时间。	
定时平账(押金账)	1. 扫描本地财经库押金记录,根据身份证号分组处理。	
定时平账(押金账)	2. 根据身份证查重(LookupUser)。	3. 返回查询结果 LookupUserResponse。
定时平账(押金账)	4. 如果未办证,先创建临时读者,发送 CreateUser 请求,以特殊证号作标识(证号为0),同时在 CreateUser/UserPrivilege/ UserPrivilegeDescription 中记录其值为"TmpCard"。	5. 创建临时读者,返回 CreateUserResponse。
定时平账(押金账)	6. 发送新增读者押金财经请求 CreateUserFiscal Transaction。	7. 创建当前临时读者的"押金"财经记录,将处理结果(包括财经事务 ID)封装到 CreateUserFiscalTransactionResponse 中。
定时平账(押金账)	8. 从返回的结果中,取服务器的财经事务 ID。 如果服务器收到请求并成功处理,则在本地财经库中增加一条读者划"押金"到服务器的财经记录,其记录类型为2。 如果请求发送不成功或未收到服务器的返回结果,则在本地财经库中作记载,记录发送内容、发送时间及财经类型(3),以待在随后的财经平账处理过程中再作处理。	
定时平账(押金账)	9. 如果为已办证,则从 LookupUserResponse 读取读者证号,重复6、7、8步。	

续表

动作	客户端	中心业务服务
定时平账（预付款账）	1. 扫描本地财经库预付款记录，根据读者证号分组处理。	
	2. 送新增读者预付款财经请求 CreateUserFiscalTransaction。	3. 创建当前临时读者的“押金”财经记录，将处理结果（包括财经事务 ID）封装到 CreateUserFiscalTransactionResponse 中。
	4. 从返回的结果中，取服务器的财经事务 ID。 如果服务器收到请求并成功处理，则在本地财经库中增加一条读者划“预付款”到服务器的财经记录，其记录类型为 2。 如果请求发送不成功或未收到服务器的返回结果，则在本地财经库中作记载，记录发送内容、发送时间及财经类型（3），以待在随后的财经平账处理过程中再作处理。	

【案例】深圳自助图书馆基于 NCIP 协议的借书协议


```
<? xml version = "1.0"? >
<CheckOutItem>
  <InitiationHeader>
    <FromAgencyId>
      <UniqueAgencyId>
        <Scheme>http://www.szlib.gov.cn/ncip/schemes/uniqueagencyid/agencynames.scm</Scheme>
        <Value>SSL001</Value>
      </UniqueAgencyId>
    </FromAgencyId>
    <ToAgencyId>
      <UniqueAgencyId>
      <Scheme>http://www.szlib.gov.cn/ncip/schemes/uniqueagencyid/agencynames.scm</Scheme>
      <Value>044005</Value>
      </UniqueAgencyId>
```

```
      </ToAgencyId>
    </InitiationHeader>
    <MandatedAction>
      <DateEventOccurred>20080101</DateEventOccurred>
    </MandatedAction>
    <UniqueUserId>
      <UniqueAgencyId>
        <Scheme>http://www.szlib.gov.cn/ncip/schemes/uniqueagencyid/agencynames.scm</Scheme>
        <Value>044005</Value>
      </UniqueAgencyId>
      <UserIdentifierValue>044005000****</UserIdentifierValue>
      </UniqueUserId>
        <UniqueItemId>
          <UniqueAgencyId>
          <Scheme>http://www.szlib.gov.cn/ncip/schemes/uniqueagencyid/agencynames.scm</Scheme>
          <Value>044005</Value>
        </UniqueAgencyId>
        <ItemIdentifierValue>00000001</ItemIdentifierValue>
    </UniqueItemId>
  </CheckOutItem>
```


自助图书馆网的实践证明，无论是相对简单的 SIP2 还是比较全面的 NCIP，都远远无法涵盖自助图书馆业务流程的所有操作。这两种协议仅仅对于图书馆业务流程做了简单的规范和定义，而缺乏软件系统设计中的异常处理、重做、回滚等重要事务的支持，并且对于功能日益丰富的自助图书馆而言，即使对于业务流程的规范定义也显得过于单薄。如 SIP2 就仅仅对流通（借还）作了相应规定，NCIP 虽然相对更加全面，具备办证等协议规范，但对于读者财经、读者事务等方面却缺乏明确的规定。不过幸运的是，NCIP 是基于 XML 协议标准的，XML 的良好扩展性能给软件系统架构师提供充分的扩展空间以完成完整的系统设计。

目前图书馆界的自助借还协议标准都是由研究学者推出，自上而下的推行标准，而并非是遵循正常的商业化模式，由实际需求逐步发展衍生而来。因此，其全面性、实用性也备受质疑。XML 的标准推出比较宽泛，属于富协议标准，涵盖文本、图像、声音、视频等多种媒体格式。但显而易见，基于自助借还的协议仅仅是基于纯文本的简单协议交互，采用相对复杂的富协议是否恰当也是当前争论的焦点所在。随着 3G 技术的发展，手机应用正逐步成为热点，XML 富协议在手机应用上的效率问题正促使越来越多的软件设计者选择放弃采用，转而采用一些效率更高的轻量级文本协议如 Json 来实施和研发软件。

如下为基于 Json 格式的书目查询实例：


```
{
"responseHeader":{
"status":0,
"QTime":1,
"params":{
  "indent":"on",
  "start":"0",
  "q":"jsp 程序设计",
  "wt":"json",
  "rows":"10",
  "version":"2.2"}},
"response":{"numFound":2,"start":0,"docs":[
  {
  "subject":"网页 JSP 互联网络 程序设计",
  "cirtype_r":1,
  "publishyear":"2001",
  "publisher":"清华大学出版社",
  "cirtype_l":0,
  "library":"044005",
  "recordid":297587,
  "id":296377,
  "classno":"TP393.092",
  "u_title":"JSP 程序设计精彩实例:姜晓铭,刘波,张亦华编著",
  "u_publish":"北京;清华大学出版社:2001",
  "u_abstract":"讲解了 JSP 在服务器程序设计和必备知识;以精彩的实例 JSP 在服务器动态网页开发中的强大功能。",
  "u_price":"CNY28.00",
  "local_children":"6B",
  "u_page":"8,327 页",
  "tablename":"bibliosm",
```

"title":"JSP 程序设计精彩实例",
"f_subject":[
"网页 JSP 互联网络 程序设计"],
"all":[
"网页 JSP 互联网络 程序设计",
"清华大学出版社",
"JSP 程序设计精彩实例"]},
{
"isbn":"7500641923",
"publishyear":"2001",
"publisher":"中国青年出版社",
"u_isbn":"7-5006-4192-3",
"recordid":196299,
"id":2207821,
"classno":"TP312",
"u_title":"JSP 程序设计实务：沈建男著",
"u_publish":"北京;中国青年出版社:2001.2",
"u_page":"1 张光盘",
"tablename":"mmbibm",
"title":"JSP 程序设计实务 网络前沿技术系列",
"all":[
"中国青年出版社",
"JSP 程序设计实务 网络前沿技术系列"]}]
}}

三、本地数据与结构设计

本地业务数据是指客户端保留的业务数据。一般来说，本地业务数据主要是为了保证各种异常情况出现时，能及时保留现场状况，待服务恢复后可以将本地数据同步到服务器。本地数据的数据结构应以简单实用为宜，如无必要无需采用大型数据库系统。自助图书馆服务机的本地硬盘资源十分有限，所能够保留的数据也不多。可以采用小型数据库或者文件形式保存本地数据。本地数据不同于日志，日志仅仅是服务的简单记录，不提供查询和备份机制，而本地数据系统更像一个小型的信息管理系统，提供简单的查询、分析、挖掘分析、统计等功能，以便于维护人员能够更好地了解机器的使用情况。

四、服务功能与流程设计

自助图书馆软件设计与传统图书馆自动化系统的最大区别就是需要考虑与硬件外设的交互。在整体的功能流程设计上，考虑到各外设均具备独有的特点，所以对各硬件外设也需要分别独立设计专门的模块管理并记录其工作情况。如何将这些不同特点的外设有机联系起来，形成一套具备实用性的软件系统，是自助图书馆服务软件的功能与流程设计需要考虑的首要问题。

1. 借书功能与流程

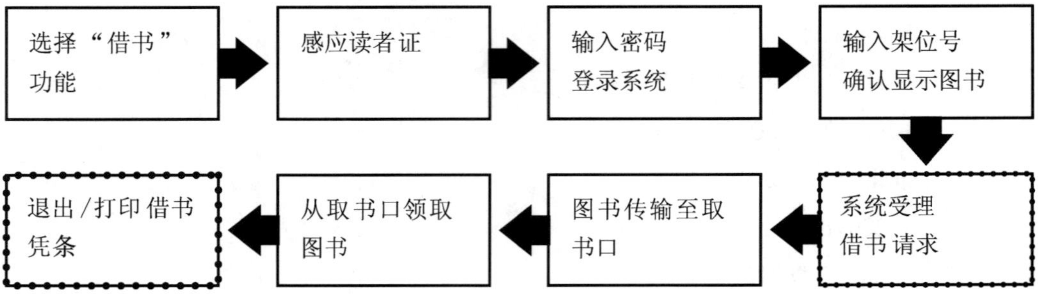

在旋转结构的服务机中最为复杂的是借书过程。为安全起见，必须防止图书在下架与送出至借书口之间出现问题，有效的方法是图书下架时使读者与图书先“锁定”，在到达取书口时再次确认并实际办理借出手续。

2. 还书功能与流程

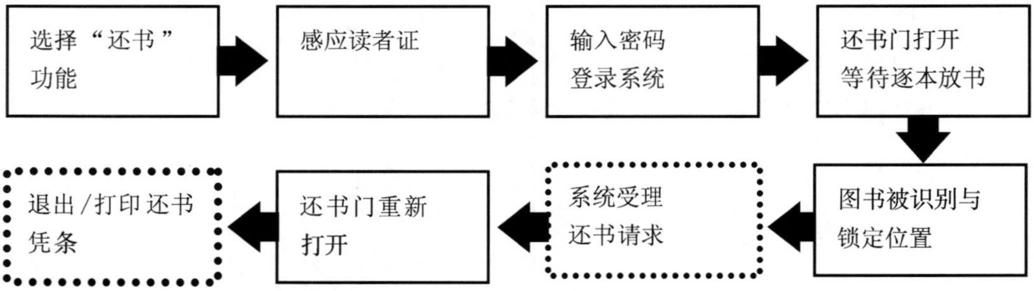

还书处理比较简单，但办理完手续后相对复杂。如需要上架的书是上“原架”还是选“空架”？如自动选“空架”，是随机选还是优先考虑使用率高的架？等等。需要入箱的也要考虑如何选箱，是每个箱预先分配目的地还是动态分配？是否支持书箱反转？

借还服务无疑是读者使用最多的功能，同时也是与机械设备自动控制联系最多的服务项目。软件与机械设备的合理联动可以减少故障发生，提高运行效率，减少有限资源的浪费。如支持书箱反转且能够动态分配目的地是可以大幅提高实际还书能力的。

3. 办证功能与流程

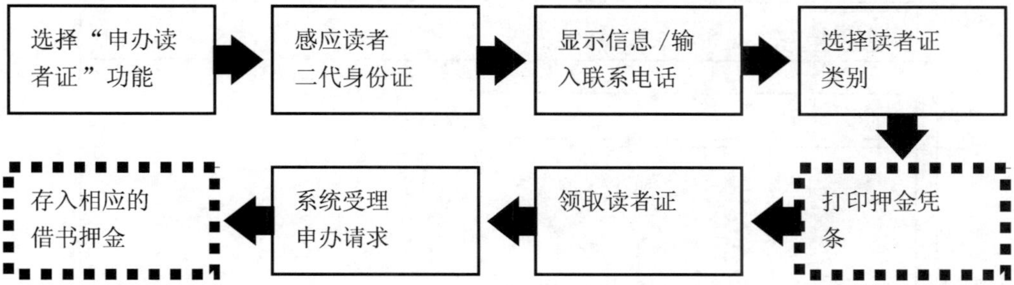

办证服务流程的主要难点在于各类外设状态的判断和联动。要充分考虑到身份证阅读器、收钞机、发卡机的设备状态，在办证之前就对各个设备进行巡检，如收钞机是否已满，发卡机是否缺卡等。一般来说，收钞机除了提供接口获取当前收取的货币金额外，也同时会提供接口获取当前收取的纸币张数，当纸币张数超过规定数量时，即表示收钞机已满。

最为极端的情况是办证前巡检设备均正常，收钞机收取纸币后，发卡机却出现故障，导致办证无法完成，而绝大多数的收钞机都不支持返还纸币功能，这时必须完整记录当前操作的所有过程，并指导读者去最近的图书馆人工检查各类数据状态，补充完成办证操作。如收钞机收取纸币网络出现故障，可等网络恢复后依据收钞机日志进行重做（Redo）以完成正常操作流程。

四、操作界面设计

界面设计应遵循简单明了、提示渐进的原则。一般来讲，一个页面上的文字不应超过 100 字，切忌长篇累牍地对服务规则进行全面介绍，而应将规则提示分别加入各操作步骤的界面中，“有用的才提示”。下面仅举几个有代表性的关键例子简要说明。

1. 屏幕操作类界面

指通过屏幕操作与中心业务系统或本机数据库进行信息交互，相关设备和装置自动处理，无需人工干预。

（1）输入密码

无论采用或兼容何种读者标识，在识别后应输入密码，然后通过标识和密码向中心业务系统请求认证并将相关信息显示在屏幕上。输入密码可使用小键盘，但对于图书馆这种管理级别，在界面上设置触摸式键盘也比较方便。

（2）输入架位号

输入架位号是自助图书馆服务机选书的主要方式，也是最有效率的方式。输入号只要达到一定位数既可触发显示指定图书信息，经确认即可发出借书指令。当没有当前图书时可以将确认功能按钮隐去。

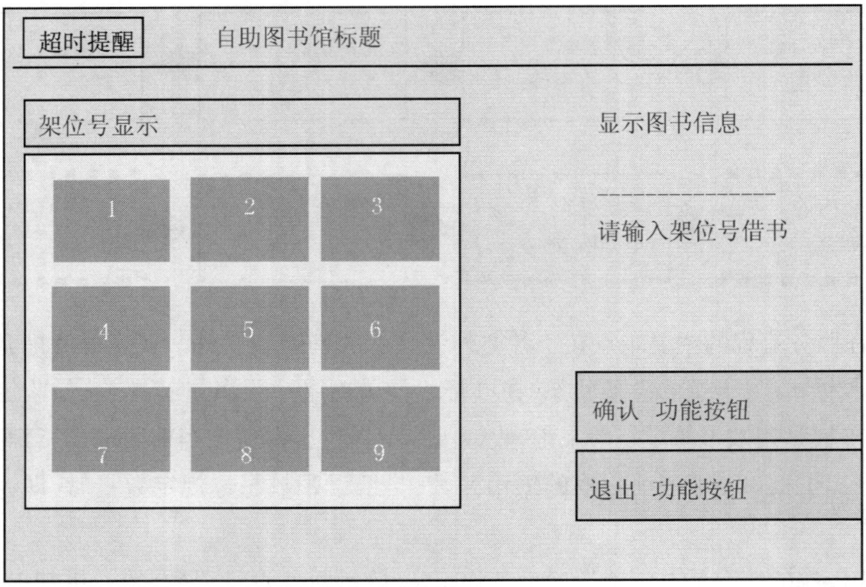

(3) 选择证的类别

选择证的类别是自助图书馆服务机办证服务的主要界面,也是最关键的界面。常用类别可以安排在第一部分,并辅以简单说明;非常用类别可以放在下一屏。选择一个类别后无需确认进入规则显示和收取借书押金操作界面。

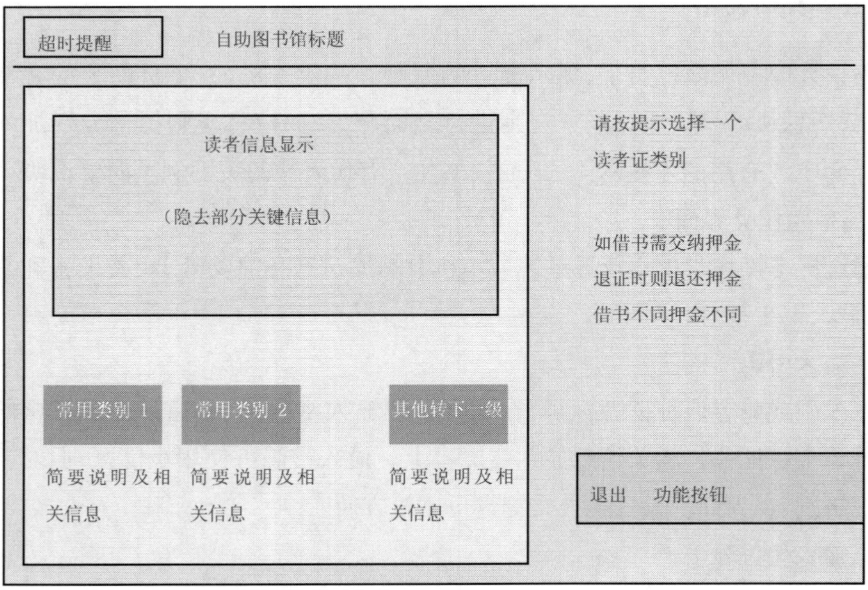

2. 外设操作类界面

指按照屏幕显示，需要对指定的设备和装置进行操作，如放书进还书口、取打印凭条、将借书押金放入收钞机等。

这类操作的界面设计首先要帮助读者找到外设，如通过操作面板图指示位置并突出显示；其次要利用动画模拟操作；第三，要对可能出现的歧义和误操作作出提示。

一般地，退出按钮始终出现，在外设操作完毕时，“继续功能按钮”不再隐去，而呈现下一步准确的功能名称。

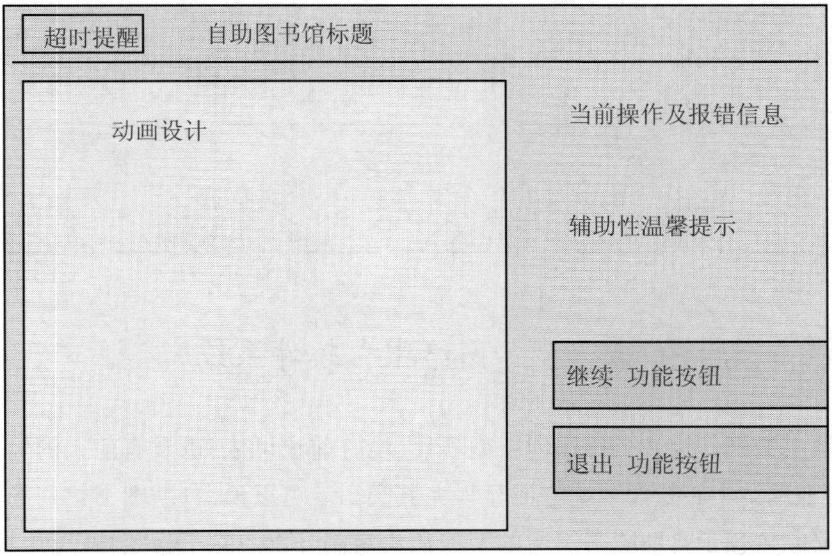

3. 数字资源服务界面

主要用于电子报纸、电子期刊、影视资料的多媒体展播，可以参考流行的类似网站设计。对于有限电子报纸而言，选择日期至关重要，而对于有限电子期刊而言，年/期非常重要。一般地，在屏幕上要显示一些文字或者视频的公益广告，这些内容可以通过软件从自助图书馆网络数据中心分时下载，而不必联机访问。

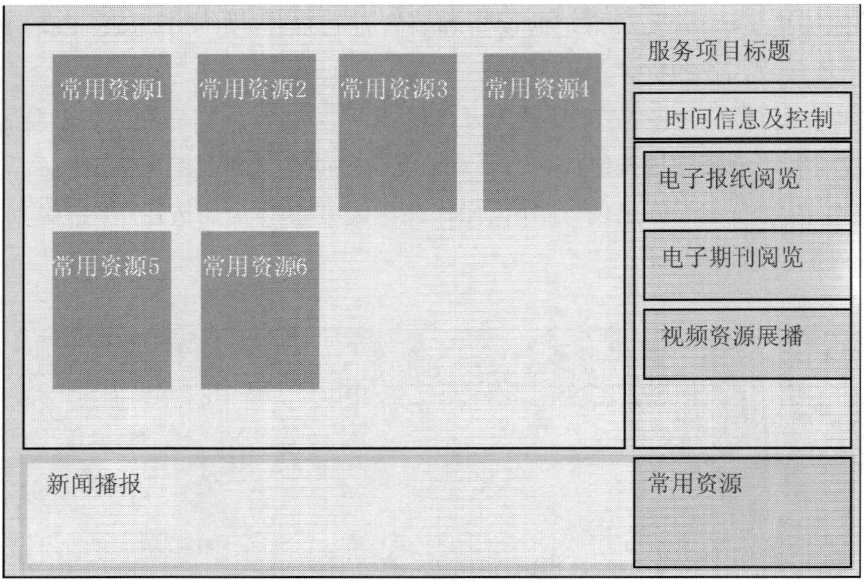

第三节　网络中心软件系统

自助图书馆网作为一个科技创新型项目，没有前法可依，也没有前人的经验可以借鉴，这一点在网络中心软件系统方面显得尤其突出。可以说，自助图书馆网的网络中心软件系统必须依赖于自助图书馆网的架构从头定制开发。除了稳定性、可用性、并发承载能力等服务系统需要考虑的常规指标外，基于自助图书馆网 24 小时不间断服务的理念，网络中心软件服务必须充分考虑维护与服务的衔接，也要考虑在遭受攻击或者重大故障的时候如何才能将服务方面的损失降到最低。

一、基础服务系统

对应客户端的基础读者服务系统，网络中心必须有专门的应用服务支持，通过标准协议响应来自客户端的各类请求，并与中心业务系统数据库交互。

1. 中心软件架构

中心业务系统是自助图书馆网软件系统的核心所在，承担着 24 小时不间断地为读者提供优质服务的重责。在搜索引擎技术架构不断向中小信息企业渗透的背景下，虽然目前并无任何图书馆或者图书馆联盟能够达到采用多级缓存、多级 purge 的大并发搜索引擎支持技术的服务量，但自助图书馆网的发展和图书馆城市化的趋势却已经不可逆转。因此，提前紧跟信息技术趋势，为即将到来的高关注度与高服务量做好软件系统架构准备是必不可少的。

自助图书馆网是一个不断增长的网络,对于中心应用系统而言,必须做好应用服务的资源规划,分层次分模块对服务器、CPU、网络、内存、存储进行管理和使用,以使中心资源能够为不断连入的服务机提供增量支撑。与传统图书馆相比,自助图书馆随着数量增加,使用范围不断增大,使用人数不断增加,对软件系统整体的严谨性、稳定性、承载能力等方面都有更高的要求。一个软件系统是否具备高稳定性与高承载能力不在于它采用了哪些技术以及这些技术是否足够先进,而是取决于整体的架构设计是否合理,是否更加适应需求。优秀的软件架构依赖于软件工程师对全局需求的深刻认识和整体把握,以及极强的系统整合能力和对数据库、网络、硬件、软件的全面认识。

(1) 编程语言

系统效率及稳定性与所用编程语言关系极微。以最流行的编程语言 C++ 和 Java 为例,C++ 和 Java 根本的区别是什么? 毫无疑问是内存分配。编程思想和设计模式是活的东西,和语言没有直接关系。Java 没有指针,C++ 写程序也可以只用引用。JVM 是 Java 在内存管理上真正有别于 C++ 的地方。JVM 的好处是显而易见的,跨平台、更智能的内存管理。对于一个单一的、低用户、低并发的系统,使用 Java,程序员照着业务逻辑做设计编代码就行。但对于一个可能在多个应用环境中部署的软件产品而言,内存泄露却是软件不稳定的头号元凶。对于中高端的产品化、多用户、高并发应用,Java 和 C++ 一样,不考虑内存是不可能的,Java 的优势是在中低端应用上门槛更低。对大多数小型信息管理类系统而言,并不需要很严谨并且考虑周到的设计和编码,学习 java 可以让一个新手很快上路,而 C++ 却没有这种优势,动不动就越界是新手常犯的错误。在一个通常的软件团队里面,水平一定会有高低,而且也不是每个人都能通过学习进入深层次,这是 C++ 难以解决的问题,Java 在规范性方面的优势更加适合新手使用。

(2) 技术架构

技术架构是一个基于 squid、nix 和 loves 等技术,从架构上对系统进行全面优化和保护的 B/S 架构,如下图所示。其中 squid 负责缓存,nix 负责 http 发布和分离读写,LVS 系统则负责操作系统负载均衡。

下面对此架构作简单说明:

- 动态数据和静态数据域名分离

域名分离可以使流量分离,缓存策略分离等。系统架构初期一定要做好规划,将图片等静态内容用另外的域名独立服务,即使没有足够机器,域名也要先分开。另外,静态服务器可以使用有别于主域名的另一个域名,一个好处是可以减少读取 cookie 对静态服务器的压力,另一个是提高安全性,避免 cookie 泄露。

- 使用 LVS 作为前端、二级代理和数据库的访问入口

使用 LVS 作为入口,比其他任何一种方式都来得更优质。首先 LVS 的负载能力很强,因为它工作在网络协议的第 4 层,使用虚拟 IP 技术,所以它本身并不担负任何流量的

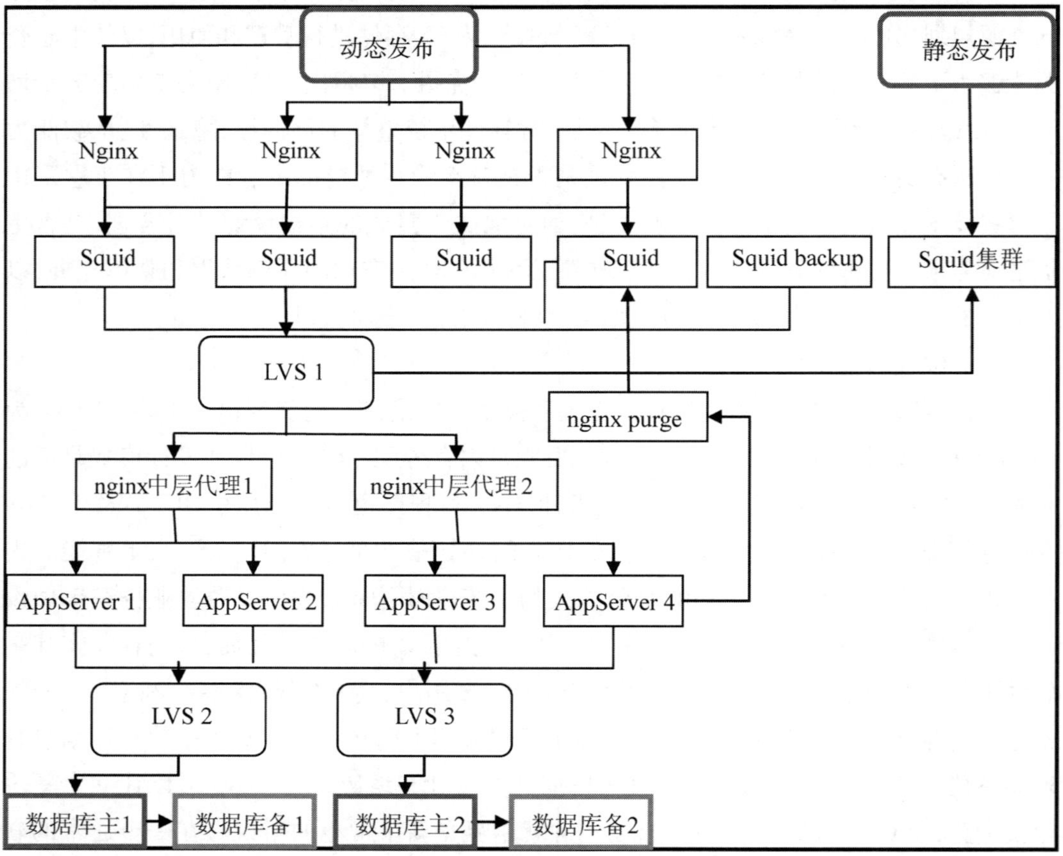

处理,仅仅是一个封包转发的功能;第二,LVS 的配置相对简单而且稳定,一般去调整的几率比较低,也减少了因人为等因素而出现故障;第三,LVS 可以处理任何端口的负载均衡,所以它基本可以做所有服务的负载均衡和容错。

- 使用 nginx + squid 作为最前端的缓存组合

在这个架构中,是最能体现 appserver_nginx_squid_nginx 架构的优势的。在这个架构中的所有读取数据操作都运行在缓存上,写入操作也不会直接对数据库进行操作,而是定时做批量更新,将数据库作为核心严密保护,不让其承受更大的压力。但用户每做一次数据插入或者更新,都需要使用 purge 指令清除该数据的缓存,如果是 squid 在最前端,那么每次更新一条数据,都需要在所有的 squid 中调用 purge 指令,这样在机器比较多的时候,purge 将成为一个巨大的压力。

在这个架构中,假如后端的 App_Server 上把动态数据直接生成了静态页面,那么使用中层代理再做一次 url_hash,将可以解决后端 App_Server 硬盘容量的压力,但是如果使用到 url_hash 的话,容错则相对难以操作。只要不采用生成静态内容的方式,后端的压力一般不会非常大,所以一般没有必要生成静态页。假如前端 squid 的命中率实在太低下，造成大量穿透，可以考虑使用二级代理暂顶。

这个架构模型的主要特点是：①高性能：所有的读取操作基本上全部由前端缓存负责，提供最快速的处理效率；②高保障度：不需考虑应用程序稳定与否、程序语言是何种、数据库是何种，都能从架构上保证稳定；③高可用性：对应用程序的修改达到最简化，只需在程序的某些地方加入清缓存的语句即可，当然还需要做页面静态化的工作和统计工作。

这种架构很具有典型意义，代表现今信息技术软件框架的发展趋势，当然与真正的搜索引擎架构相比还是显得十分稚嫩，但已经提供了一套低成本的多级缓存、多级 purge（更新）机制的开源软件实现方案。

2. 中心业务数据

实施自助图书馆网必须要和图书馆自动化管理系统进行对接，并且必然会给图书馆自动化系统带来深刻的变化。这种变化的深刻不仅仅体现在软件架构和业务流程的变化上面，也体现在更深层次的数据结构变化上。

（1）馆藏数据结构

自助图书馆网的发展和图书馆城市化进程的深化，使原先单馆服务模式下的理念产生了变化，读者现在不再仅仅关心某个图书馆的藏书情况，而是转而关心整个城市、地区的整体资源分布状况。因此，原先的基于单馆模式的馆藏数据结构必须增加关于文献资源位置的描述字段。

- 馆藏地点

与传统图书馆相比，馆藏地点字段的含义发生了巨大变化。首先，它不再与流通有任何直接关系；其次，馆藏地点的主要意义并不仅仅是资产归属，已经转移到文献资源的储存和典藏管理上。而资产归属主要由文献所属馆字段承担。

- 服务地点

在图书馆城市化大流通系统中，读者所关心的是文献此刻在哪个图书馆、自助图书馆或者流通点，我们可以统称之为服务地点，而不是“馆藏地点”。“馆藏地点”则用于标明文献的入藏地点，当文献所处的服务地点与所入藏的馆藏地点不一致时，可以此启动物流送还。

- 架位信息

基于 RFID 技术排架的图书馆非常希望让读者在 OPAC 上就能够查出文献并得到具体的架位信息，以便能快捷地找到文献。同样，自助图书馆也是有架位概念的，只不过其架位相对简单，每台机器也就近千架位。

- 物流状态

自助图书馆网的文献资源不是静止不动的，经常处于不断流动之中。读者不仅仅关心文献资源在某个时间点上的静止状态，也会同时关心其未来的发展和变化。举例来说，读者发现某本想找的书在其附近自助图书馆并没有复本存在，只能去一个较远的自助图书馆借书，但如果他能发现有一本馆藏复本正由物流人员向其附近的自助图书馆配送呢？很显然，物流状态信息会对读者的借书决定产生至关重要的影响，也会大大方便读者找书的过程。

• 配送单号

如前所述，物流状态决定文献资源是否在物流人员的配送过程中，而配送单号则反映出究竟是由哪个物流（车）人员、由何处向何目的地配送。

• 地图坐标

商业地图的开放 API 使文献资源的标注变成了非常简单和有乐趣的事情，读者借助这些标注点能够清晰地了解每本文献资源的状况。因此，馆藏数据结构中增加地图坐标也是顺应技术趋势的发展和需求而为。

【案例】深圳市"图书馆之城"统一技术平台的文献地理位置标注

（2）流通数据结构

不同于以往的大多数图书馆自动化系统的流通信息由馆藏数据表同时记录的设计，自助图书馆网必须具备单独的流通表，并通过外键与读者表和馆藏表相关联。这是因为自助图书馆网的海量馆藏数据一旦形成，频繁对馆藏数据的修改必然会大幅度影响系统的整体性能。而实际的工作告诉我们，对绝大多数图书馆而言，读者真正使用的馆藏量不到总量的 10%，因此，将流通表分离出来，将能大幅度减少存储 IO 操作，提高数据库的整体性能。可按下表设计流通表的结构：

说明
记录号
服务类别
馆藏 ID
请求 ID
服务项目 ID
读者所属馆
读者 ID
服务点
借出时间
还回时间
入档时间

（3）读者事务数据结构

记录读者在自助图书馆网中活动的全部过程，由数据中心建立专门的数据库存放。包括“谁”（读者）、“在什么地方”（服务点）、“什么时间”、“做了什么事情”（操作类别和对象 ID）、“结果如何”、“相关的信息还有哪些”等。由于读者事务极其庞大，一般采取分时间段的办法来管理，以提高系统的整体效率，如分年设表。

二、门户网站系统

根据自助图书馆服务、建设和运行管理的需要，可以建立专门的自助图书馆网门户网站，或在图书馆网站上增设自助图书馆专栏，以宣传自助图书馆网的服务和建设情况，介绍其服务规则，演示操作，征集服务点并公开布点情况，集中相关媒体报道等。

1. 网站作用

自助图书馆专栏不仅具有传统图书馆门户网站的所有作用，也在以信息化和自动化为主要特点的自助图书馆网中发挥着不可替代的作用。

• 形象展示：让踏入网站的每一位读者都能感受到自助图书馆与众不同的文化氛围，进而去体验自助图书馆。

• 资源服务：指和图书馆馆藏资源相关的各项服务，主要包括 OPAC 馆藏检索、预借、续借、网上荐购、新书推荐、借阅查询等。

• 调查反馈：适时地开展形式多样的网上调查，搜集读者意见，有针对性地改进并优化自助图书馆网的服务和工作。

• 个性定制：在 Web2.0 的时代中，单向信息流模式的网站已经遭到淘汰，双向乃至网状信息流的网站正在成为标准。基于 css 和 rss 技术，可以构建高度界面个性化和信息个性化的网站，从而为读者提供真正的个性化服务。

• 信息发布：包括新闻、动态、讲座、活动等，也包含相对静态的自助图书馆网服务指南、规则等。

信息门户："门户"一词，即包罗万有、一站式服务的意思。一定要放眼于全局，尽可能多地建立信息通道并整合资源，开发多种平台的解决方案（如智能手机、WAP、IPod，WinCE 等），使读者能充分享受自助图书馆网的全方位服务。

2. 网站功能

（1）馆藏资源检索（OPAC）

传统图书馆的 OPAC 主要功能在于帮助读者迅速找到自己需要的馆藏。因此，现在大多数 OPAC 系统都在检索界面上进行明确的指引，由读者确定查图书、查期刊、查电子书，并确定读者是希望查找预借馆藏、可外借在馆馆藏还是仅供阅览的馆藏。OPAC 人性化程度的高低直接决定其易用性，使绝大多数普通读者都能很快上手是 OPAC 的目标。

自助图书馆网的 OPAC 相比传统图书馆的 OPAC 有两大特点：一是由于资源和服务的延伸使 OPAC 的馆外使用量有所增大，同时由于自助图书馆建设规模的扩大，按服务机集中显示等要求会不断增多，采用开源的搜索引擎框架（如 Solr）是解决自助图书馆网 OPAC 的重要技术。可以说，图书馆网是传统图书馆真正向以海量数据、高关注度为基础的 Web2.0 发展的重要阶段。二是需要馆藏定位，帮助读者确定所找的馆藏的具体位置。如有多本馆藏，也能帮助读者找出最近的或最方便取书的位置，并给出交通指引。借助目前多种免费的地图 API（如 Google 地图）可以很容易地完成这一功能。

（2）读者指南

自助图书馆网就是一个城市的图书馆服务网络，必须借助网站这种大众化的形式宣传图书馆，提高自助图书馆的使用率，扩大公共文化服务的影响力。读者指南包括自助图书馆网的服务机分布、交通指南、服务时间、服务规则、服务机操作说明和其他服务说明等。

（3）新闻公告

发布自助图书馆网的通知公告、业界动态、专题新闻、展会讲座等信息，让读者实时了解自助图书馆网的发展动态、新闻以及规则的变化。

（4）新书推荐

可从时间（月）、中图法分类、馆藏资源类型 3 个角度揭示自助图书馆网的每月新书。以便于读者能及时了解各自助图书馆服务机的新书上架情况。

（5）电子资源

主要是提供各种购买的电子资源的发布，整合后可以实现统一检索、全文检索。

3. 网站安全

与图书馆网站一样,做好自助图书馆门户网站的各类安全防御是必不可少的。自助图书馆网的软件系统,包括网站管理是一个新领域,没有多少经验可以借鉴,而且需求变化快,软件和网站更新频率高,存在漏洞是在所难免的,这点可以利用各种 Web 漏洞检测软件进行检测。如搭建一个前端的 Web 防火墙,对各种 Web 请求进行前端过滤,以杜绝对 Web 服务器的直接攻击。

自助图书馆网的网站安全体系必须是一个综合考虑服务机、网络、服务器、应用系统、操作系统、存储等各方面的全方位防御体系,不能将网站安全全部寄托于某个安全产品上。目前的安全产品仅能完成某一方面的安全工作,当网站发生安全问题时,给出相应的解决方案,但无法从全局规划安全体系和架构。

二、预借服务系统

自助图书馆网的预借服务具有实时性强、流动快的特点。为避免与开架阅览图书形成资源交叉,预借服务主要针对采取闭架管理模式的图书。从理论上讲,所有闭架管理的可流通文献均应纳入预借服务体系,只有这样才能挖掘其使用价值。相应的,软件系统必须将所有这些馆藏地点纳入可预借登记的范围,精确记录每一本可预借文献的当前位置和流转过程,以保证每本馆藏能在读者还回的同时迅速找到下一个需要它的读者,以达到资源利用的最大化。

下图为手机预借流程:

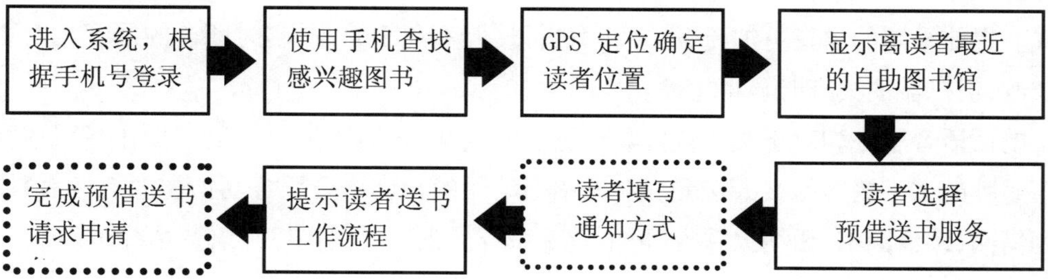

读者提出请求后,下架及送书流程:

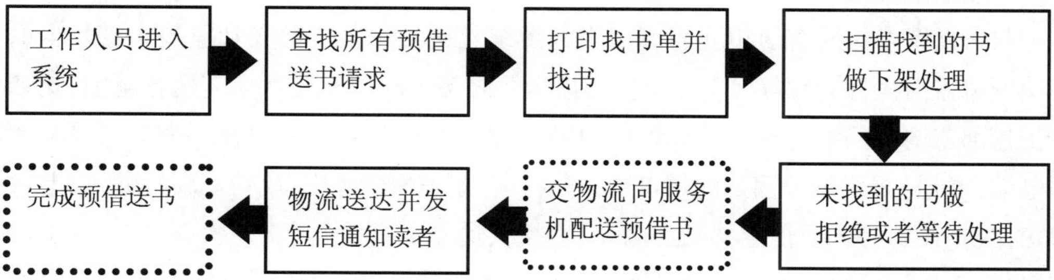

预借管理系统是自助图书馆网的创新点之一，但也是难点之一，预借库的构建就是难点。为了更大限度地满足读者的需要，多个预借库是需要的，这时就要考虑优先级的问题，即当读者预借一本书时，该遵循怎样的顺序从各个预借库调书。简单的思路是距离优先，即优先锁定距离送书地点最近的馆藏。但实际应用中，距离优先原则似乎并不可取，会形成仅有几本书的配送单，浪费物流资源。因此，在实际应用中，大多采取“跟单优先”的原则，即优先跟随大的物流线路，尽量避免旁支线路的出现。

三、语音服务系统

1. 呼叫中心管理系统

呼叫中心是自助图书馆网电话服务的管理中心，不仅承担管理电话服务资源的职责，也具有统计汇总、监控和沟通的功能。与自助图书馆网的其他系统类似，呼叫中心也具有高度自动化的特点，可将常见的咨询问题整理成自动语音，由系统为读者提供解答，从而尽可能降低工作人员的重复劳动，使图书馆员能集中精力解决更高层次的问题。另外，呼叫中心也具有监督评价和工作量统计的作用，其中读者电话服务的评价体系不仅起到监督作用，也是自助图书馆网整体服务效果的直接体现。

2. 电话语音服务系统

电话语音服务系统是自助图书馆网服务支撑的关键系统，引进自动语音服务系统可以大大缓解自助图书馆所带来的咨询服务压力，同时提高电话咨询的服务水平。

自动服务语音系统首先提供主要提示信息，并通过语音指引，帮助读者获取所需信息、选择语音服务或转人工咨询。自助语音服务系统有语音库实时朗读和提前录制两种方式。提前录制的语音更加流畅，亲和力更强，但不利于修改；实时朗读的语音相对更容易修改，但机器朗读有时显得生硬。

电话语音服务相对于文字宣传具有更强的亲和力，简明扼要的语音操作指引往往比长篇累牍的文字更容易被人接受。自助图书馆网的自动语音服务功能主要有读者挂失、查询借阅、续借图书、缴纳欠款等，可由软件系统提供开放式接口与语音系统对接。

四、短信服务系统

1. 短信系统架构

与自助图书馆网密切相关的短信服务系统包括发送预借通知和监控报警。自助图书馆网覆盖面大，读者群广泛，在选择短信运营服务商时应充分考虑其覆盖范围，比如选择工信部三网合一来代替中国移动或中国电信的短信服务。三网合一为中国移动和中国电信（联通）提供统一固定的端口号，并且具有短信发送稳定、成功率高（96%以上）、端口免白（不用将号码上传至移动白名单，直接发送）、支持上行、支持状态报告、可扩展子端口号、支持长短信等优点。为保证短信服务的正常运行，自助图书馆应用软件中心与短信网关之间应尽量采用专线连接。

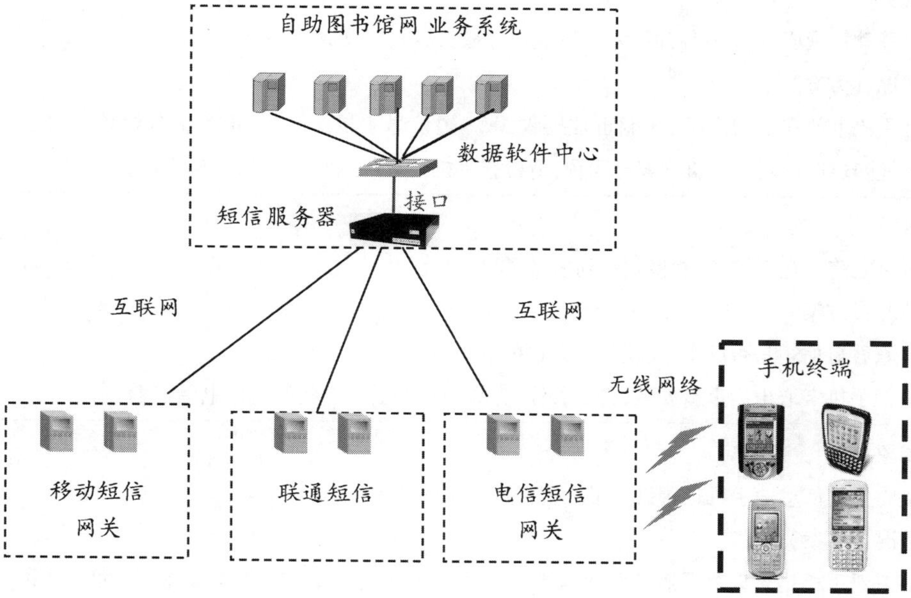

自助图书馆网短信系统是监控和报警系统正常运行的基础，如果短信系统瘫痪，整个自助图书馆网的管理就会受到影响，也会导致读者投诉。因此，软件系统必须具备良好的异常处理机制，尽量降低各类异常对短信服务产生的影响。同时，也应对软件架构的各环节进行稳定测试和压力测试，确保不会发生阻塞故障。

2. 短信服务送达率

使用端口群发的短信系统与手机之间的短信系统不同，手机之间的短信送达率几乎是 100%，即使手机关机，当手机开机时短信依然会送达。但短信群发端口一般都不具备这种重发机制，并且会制定非常多的垃圾短信限制策略，导致短信端口的送达率下降。一般来说，图书馆遇到的短信投诉有两类：一是借书到期（催还）提醒短信，有相当数量的读者认为没有收到到期提醒短信，系统就不能算自己过期而产生罚款；二是预借取书提醒短信，如读者收不到取书提醒短信，就根本不知道已经将所需要的图书送达指定的自助图书馆，造成超期未取。

当一条短信发出后，有 3 种可能状态出现：一是发送状态，正常的短信系统都能做到发送状态为 100% 成功；二是接收状态，即读者手机收到短信后发回给服务器的状态报告，通常情况下，接收状态为成功就表示读者手机已经收到了这条短信，但实际上多种情况可能造成接收状态为成功但读者仍然投诉未能收到（见下表）；三是未知状态，即短信在短信网关传递过程中出现了问题，导致状态报告超时未能返回。目前，鉴于移动、联通、电信等短信互联企业的技术保密机制，普通群发端口用户无法直接查知其具体是在哪个环节上出了问题，因此这类情况一般要求读者自行联系短信运营商解决。

使用中国移动信息机的可能问题处理办法

问题现象： 在移动代理服务 Web 界面已发信息显示：发送成功、接收成功、未知。 处理情况：（方案） 把手机卡放在别的手机上（能正常接收 MAS 短信息手机上），用 MAS 平台给该手机发送短信息，如果能收到，说明原手机确实有问题，请检查手机设置（手机信息中心、软件）。
问题现象： 手机之前一直正常，突然接收不到信息了，如何处理？ 处理情况：（方案） 1）查看短信箱是否满了，建议将已看过的短信清除； 2）把手机卡取出后重新安装，再次关注信息接收情况，如有问题可以电话咨询。
问题现象： 接收不到信息的手机是否设置了一些拦截信息的功能？ 处理情况：（方案） 1）查看手机是否设置了短信防火墙或手机安全卫士等拦截信息接收的软件，如有建议关闭或取消； 2）手机接收信息时是否设置了黑名单、仅接收手机号码的短信等，如有设置建议删除。
问题现象： 双卡双待手机接收不到短信怎么办？ 处理情况：（方案） 双卡双待手机建议更换一下卡的位置，并检测手机是否设置了一些拦截功能（如果设置了处理办法同上）；
问题现象： 如果以上都进行了处理还是收不到 MAS 短信息平台短信怎么办？ 处理情况：（方案） 建议恢复手机的出厂设置（初始密码一般是 12345），智能机可以重新格式一下手机系统（特别是水货手机预装了一些流氓软件，不方便删除或难以删除）。 注意：恢复或格式化手机之前建议将手机名片夹等相关重要的信息进行备份，以防丢失。
问题现象： 手机能接收 MAS 短信平台某一账号的短信息，但无法接收该 MAS 平台其中一账号短信息，怎么办？ 处理情况：（方案） 用户把 MAS 短信息端口号加入垃圾号码就会收不到 MAS 短信息平台给其手机终端发送的信息。这类情况可以建议用户关闭短信防火墙或恢复出厂设置即可。

续表

问题现象： 手机接收不到信息。 处理情况：（方案） 手机短信息存储位置：短信息可以存储在手机内存卡，也可存储在 SIM 卡上，如果收不到短信息请查看信息存储位置，并进行相应设置，使手机接收信息正常。 备注： ————————————短信防火墙：作用———————————— 当接收到新短信的时候，软件自动打开过滤功能，对该信息的来源和内容进行判断，如果来自手机主人不希望接收的号码，或者其中包含了手机主人预先设定的过滤内容，则软件自动删除该短信，并阻止铃声。
问题现象： 手机接收长短信息（普通信息为 70 个字），出现“部分信息丢失……（信息内容）”，接收到这样的不完整信息，等待时间不等，即可接收完整信息。 处理情况：（方案） 1. 主人手机是否中毒。 ——请检查主人手机是否中毒。 2. 手机内存不足而引起信息接收延迟现象。 ——请查看主人手机实际内存大小和主人手机安装软件占用内存大小。 3. 由于对方手机兼容问题，无法自动合并。 ——厂家生产的手机兼容性问题，可上网查看主人手机兼容性问题。 4. 手机携带过程或使用过程中，高处坠落或猛烈碰撞。 ——造成手机短信息功能异常或其他功能异常。 5. 造成信息接收延迟其他原因（短信息等待、跨运营商、跨地域而造成延迟）。 有时会延迟：（原因） ＊＊＊短信息等待确认造成延迟——短信息等待确认延迟 短信息发送到相应运营商，相关运营商短信息中心首先要发送信号给接收短信的手机，得到回复的信号后才将短信发出去。如果迟迟得不到回复，短信就不会发出，这样就延迟了。短信发出去以后，短信息中心还会得到一个确认收到的信号，如果没有得到这个信号，短信息中心就会再次发出短信，这就造成了一条短信多次接收的情况。 ＊＊＊短信息跨运营商延迟——跨运营商 要是（跨运营商）从中国联通的网络发到中国移动的网络中，那么一条短信就要经过两个短信息中心进行处理，可能出现的问题就更多。 ＊＊＊短信息跨地域延迟——跨地域 在不同城市之间也需要跨转短信息中心，也容易出现类似的问题。

3. 手机号码注销或重用

举例来说,A 的手机注销后会给 B 使用,而图书馆的数据却并未更新,造成图书馆发短信给 B,形成垃圾短信。或者 A 手机注销后,仍会给这个手机发送大量无用短信,形成“未知”状态短信,浪费图书馆资源。目前解决号码异常的办法不多,大多数读者不会在自己的手机号码变更后同时变更图书馆注册资料,只能采取相对比较被动的方法检测其号码是否正常,如设定短信服务的有效期,超期后须重新开通服务方能持续享受短信便利,或者对送达率不高的短信读者发送确认短信,若无正确回复短信即可认为手机号码已经停用。

第四节　物流配送系统

自助图书馆网的物流系统与邮政物流配送系统类似,主要解决物流配送单的生成、配送、交接、转运、拆分、合并、验收、钱箱交验等问题。与邮政物流配送系统相比,自助图书馆网的物流具有更加智能、自动化的特点。读者有可能在甲地借书,乙地还书,因此,自助图书馆网的馆藏完全有可能不经过物流系统即到达目的地。此时,读者充当了义务“搬运工”的角色。邮政物流配送是纯粹的商业配送,而自助图书馆网的物流则更注重资源的合理化调配。

一、物流中心管理系统

自助图书馆网的物流关键要解决资源的合理调配问题,不仅一个物流中心的职能不可缺少,而且要面对需要配送到各个服务机的资源和从各个服务机回收的资源。

图书不同于其他通用性的物资,是完全个性化的,一本书与另一本不同。在整个网络中,考虑到图书的生命周期,不可能购置太多的复本,所以需要推进图书在整个网络中的循环、动态使用,这就需要物流中心借助管理系统进行整体运筹、组织。

每天,中心管理系统会汇总各个服务机需要配送和回收的资源量,物流中心需要按量、按片区调配车辆和人员。分析需要配送的资源,合并相同的馆藏地点、架位,以最优化的方式快速获得资源;分析需要回收的资源,就近安排可直接送还相关图书馆(如区图书馆)的资源,决定其他图书是否直接纳入配送流转等。

自助图书馆网物流中心管理系统还需具备仓储管理功能,并支持文献的清点管理。与传统的仓储管理系统相比,自助图书馆网的仓储是建立在中心管理的模式之下,并不独立,数据中心统一存放在中心图书馆,与中心图书馆实时交换信息,需要时能瞬间找到相应资产并定位。同时,物流中心管理系统必须具备主动清点功能,以便监控所有资产的动态。

二、物流配送作业系统

1. 配送作业流程

自助图书馆网物流中心选配、送书作业流程大致可分为3个阶段：

找书阶段：根据读者请求或配送单从书库找书并做下架处理。

分拣阶段：根据发往的目的地不同进行分拣，等待送书。

配送单形成：物流人员上门取货，形成配送单并完成交接。

2. 回收作业流程

自助图书馆网物流中心还书、主动下架回收作业流程大致可分为两个阶段：

回馆分拣：对还回、主动下架的图书进行分拣，无人预借的馆藏回库并上架，有人预借的馆藏则分拣出来。主要流程如下图所示：

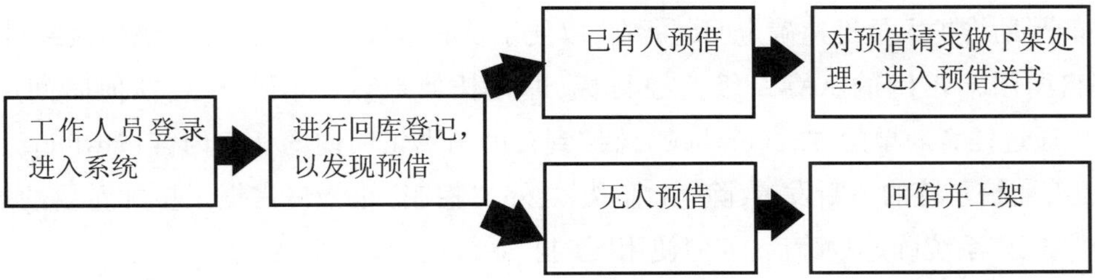

上架或配送：根据目的地，回库上架，或者合并到物流送书配送单。

3. 物流交接流程

物流交接环节不仅仅是资产的交接和物流单的交接，也是物流人员责任和权力的交接。因此，物流配送系统除了能帮助物流交接人员快速完成工作，也必须能准确记录物流的交接过程，包括时间、地点、交接人员等信息。

三、服务机物流作业系统

服务机物流作业主要包括配送图书上架、取还书箱/取书、(向证卡箱)补卡、取钱箱等操作。与商业化物流的送达目的地不同，物流人员只需要到服务机操作，无须直接面对读者，因此作业时间较短，效率更高，每个组团工作所覆盖范围也更大。

物流作业软件系统应做到对物流人员工作的实时分配、定时定量监控和精确绩效评估，充分利用物联网技术，将整个物流作业流程上的每个环节、每个操作纳入自动化管理。

物流到达服务机的上架流程如下图所示：

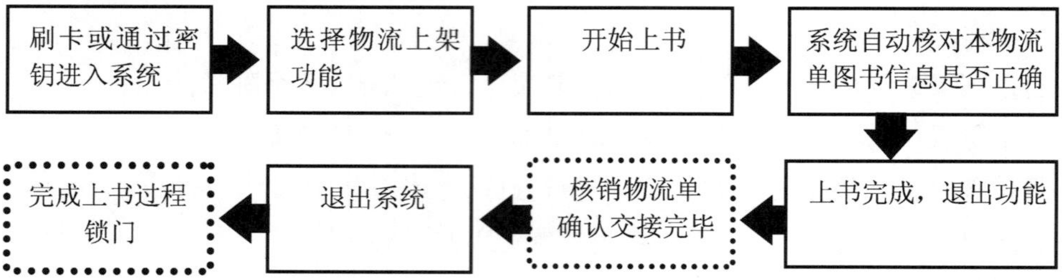

第五节　监控管理系统

自助图书馆网的监控系统不仅仅是对系统、设备、物流、服务等状况的监控和预警，更要能帮助维护人员迅速确定问题所在，以便于及时解决问题。监控系统的最终目标是实现自助图书馆网的AAAA级监控目标，即在任何地点(anywhere)、任何时间(anytime)、通过任意简单的方式(anyhow)监控到自助图书馆网内的任何内容(anything)。而且，随着监控系统的不断发展，除了"监视"之外，"控制"也慢慢占据了更加重要的地位，即当"监视"系统确定故障后，如何使用"控制"系统迅速地排除故障。

一、运行监控

1. 设备状态

自助图书馆监控平台必须建立在网络环境下，而监控信息采取分散上传、集中收集、多渠道发布方式。监控人员通过主动观察中心监控数据或被动接收监控中心系统自动发出的报警信息，就能及时响应、快速排除故障，保证自助图书馆的对外服务质量和服务水平。

自助图书馆网增加任何应用软件系统，或者设备、存储，都应设计或安装相应的监控模块，纳入到监控中心的控制之中。自助图书馆网是一个庞大的有机体，每一个部件都和整体有着千丝万缕的联系，任何一个地方的问题都有可能导致整体的运作不能进行。因此，监控中心必须承担起保证自助图书馆网正常无间断运行的职责。下图为实时故障监控的模拟图，从此图中可以清晰地实时监控到自助图书馆的故障情况。

监控中心不应只是设备、网络状况的简单发布，当发生不可预知故障时，监控中心必须能够迅速帮助维护人员确定问题所在。这就要求监控的信息一要足够细致，二要分类及联系足够合理，三是统计分析图表要足够清晰，能一眼看出目前出现最多的故障主要集中在哪些方面。这样才能真正在问题发生时，及时通知所有相关人员，并说明情况，以促进问题及时彻底解决。

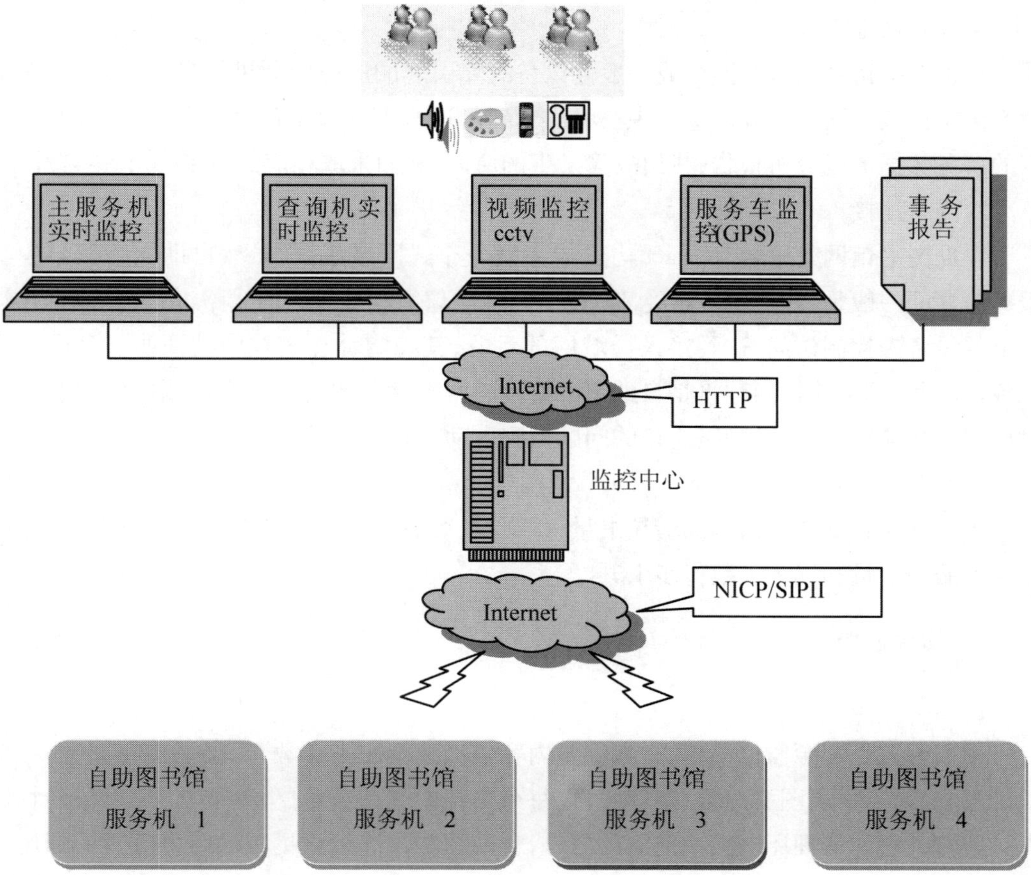

自助图书馆服务机是主要的监控设备,中心不仅监控它的即时运行状态、资源状况、视频信息,还同时监控它的运行历史,如联机服务历史、故障恢复历史等。

- 自助图书馆主服务机的实时状态

自助图书馆服务机的 IP 地址、连接状态、系统启动时间、最近响应时间、各组件运行状况(包括 PLC、RFID 阅读器、身份证阅读器、收钞机、发卡机、打印机)、PLC 控制的各设备单元的运行状态,如书架、传输设备、还书箱等的状态。

- 自助图书馆主操作台视频信息

通过 CCTV 系统采集主控台前的操作视频信息,并通过网络上传到监控中心,实现远程视频的实时监控。

- 自助图书馆查询机的实时状态

监控查询机的联机服务状况,定时发送查询系统、视频监控系统的工作状态,一旦系统被非法侵入,及时向中心报警。

- 系统联机服务时间

监控中心分析每台设备的启动时间及响应时间,将连续服务时间段信息保存到监控中心的数据库中，以统计每个自助图书馆总服务时间及系统利用率。

● 诊断恢复事务

自助图书馆系统可对网络或一般性设备故障引起的服务中断进行自我修复，并在本地系统中记载了恢复事务。监控中心将收集到的这些事务数据存储到数据库中，通过累积的事务数据形成分析报告，找出故障发生的原因，从而采取相应的对策，降低故障率。

2. 网络连接

自助图书馆网是通过 Internet 构建的大型分布式网络系统，虽然自助图书馆与中心服务器之间一般是通过 VPN 连接，但 VPN 的本质却仍然是公网的线路，仅仅是通过在端口上的设备来控制访问，达到接入局域网的目的，其稳定性在实践中被证明与公网并无二致。因此，网络连接问题将是自助图书馆网的常态性问题之一。自助图书馆网必须随时监控网络连接情况，对网络连接的问题做到主动发现，避免被动排查。

3. 服务指标

主要针对自助图书馆网的借还书量、办证量、续借量等指标进行监控，保证自助图书馆网的服务质量和读者人数稳步上升。

二、资源监控

1. 图书监控

图书监控是资源监控的核心，其主要内容包括在架图书总数、每层书架在架数、在架预借书总数、还书箱图书总数、空箱数目、每个书箱中图书数量、类型及状态，以帮助物流人员即时补书和清理还书箱。但除此之外，自助图书馆决策人更关注图书流转的利用情况，即自助图书馆的在架图书利用情况。若有大量图书长期在架却始终处于无人借阅的状态，无疑也是对图书馆资源的极大浪费。根据图书利用情况监控结果进行图书调配不是简单地将低利用率的图书淘汰，实际工作告诉我们，大量图书存在的情况是，在 A 地区几乎无人借阅，但在 B 地区却供不应求。因此，必须根据图书的利用情况，综合考虑地域、环境、人群等多方面的因素制定调配策略，保证自助图书馆的资源利用率。

2. 证卡监控

证卡监控主要内容为读者证卡箱剩余量，以提醒物流维护人员及时补充。证卡监控同时也需要监控不合格、废旧证卡的数量，尽量形成回收利用机制避免浪费。

3. 钱箱监控

自助图书馆发生的详细的财经流水信息，包括收款财经和划账支出财经信息，都被纳入监控管理的范围，以备与图书馆中心服务系统进行财经结算和明细核对。钱箱监控一般不仅仅监控金额，也监控纸币数量，以免钱箱满载而造成故障。

三、物流作业监控

物流作业包括常规配送和响应配送。资源监控系统发出资源短缺报警应触发短信，并将报警时间记录在案。物流中心接到报警应快速作出响应，就近的服务团队应立即接“警”。

物流作业人员到达服务机后，监控系统应通过识别工作卡、选择操作功能记载物流人员的所有配送作业，包括补书、图书下架、取书箱、取钱箱、取卡、续卡，以及服务机进入物流操作状态和服务机恢复服务等事件和时间，并通过驻留在客户端的软件及时向网络中心传递信息。中心收集到这些信息，可写入事务数据库，通过发布系统传递信息，并通过统计系统分析物流作业的规范性和合理性。

结合 GPS 定位、WIFI 定位系统可获得物流服务车所在位置、路线和工作时间，与网络中心数据结合起来，能够不断完善车辆组织，提高服务效率，降低服务成本。

四、维护作业监控

维护作业包括常规巡检和响应维护作业。设备监控系统发出故障报警应触发短信，并将报警时间记录在案。维护中心接到报警应快速作出响应，就近的服务团队应立即接“警”。

维护作业人员到达服务机后，监控系统应通过识别工作卡、选择功能记载服务机进入维护状态和服务机恢复服务等事件和时间，同物流作业一样，系统可利用这些数据不断规范维护作业，缩短维护时间。

不同类别的故障修复时间也不尽相同。维护人员如能预计时间并向中心发出信息，读者就可以通过网站了解到该服务机正处于维护状态以及恢复服务时间。

通过对故障报警、响应、抵达、恢复 4 个状态的监控和数据比对，可以得出系统故障平均响应时间及排除时间，并针对具体出现的问题作出分析，改进维护组织模式，提高维护效率。

第六章　设备维护管理系统

计算机化设备维护管理对于整个设备维护工作是非常重要的，除依赖监控系统外，设备维护本身应有自身的平台。尽管图书馆不需要具体操控这些平台，但了解和掌握其构成，监督并推进其不断完善，无疑有助于客观、全面地评价和选择维护团队，对提升自助图书馆维护效率，进而提高自助图书馆的使用率至关重要。

一、设备档案管理

用于管理成品设备资料，存放设备生产厂家生产的所有设备的相关信息，记录设备之间的关联信息，如设备信息查询、历史服务记录、资料统计、资料更新。

二、维护流程管理

这是维护管理系统中最重要的一个子系统。整个维护业务从最开始的服务申请发起，经过审核，生成工单。维护人员根据服务申请报告的问题，进行维修或者维护服务，最后将所有相关的维护信息填入到工单中。这些信息包括问题的描述、原因分析、维修的内容、耗时、维修的工作步骤、耗用的备件，对这些信息加以记录，为今后的工单分析、设备维修分析、故障统计分析等提供了依据。

三、备件库存管理

管理备件的库存及采购，并且和维修中使用的备件建立联系，提供动态的备件跟踪，在这个系统中可以建立备件的管理原则和备件采购的模式。

四、预维护管理

预维护管理系统和工单管理具有一定的联系，但是又有一定的不同。预维护管理体系要求在系统中事先建立好所有的预维护计划以及预维护的维护步骤，到规定的时间点，系统会自动生成工单，可以确保预维护的准时和准确性。

五、移动维护

对象是维护单位的维护调度员或预维护主管，它主要完成现场维护作业人员在执行任务的过程与系统的信息互动，包括向维护作业人员发送移动工单，查询故障的基本信息、历史记录，简单的在线故障诊断和维修信息的录入等功能。

第七章　日常事务管理系统

除开读者服务系统、监控系统、物流配送管理系统、设备维护管理系统外，自助图书馆的日常事务管理也需要软件系统的支撑。当自助图书馆形成一定规模时，采用必要的管理软件可以极大地提高管理效率，而且对读者负责，对服务机负责，使各类数据更好地关联在一起。

日常事务管理系统会因馆而异，可以做得很复杂，也可以很简单，可在免费的项目管理软件或引进类似软件的基础上，自行搭建或委托搭建。如采用 MOSS（Microsoft Office SharePoint Server 2007）进行日常运行事务管理，也可以采用 Project Server 2010 等更加严格规范的管理软件。MOSS 的优势是极其灵活，甚至不用写任何代码就可以完成设计数据库字段、更改页面布局等操作，而完全基于 B/S 架构的模式使工作人员可以随时随地地查询和更新自己负责的项目进展情况。同时，MOSS 相对于 Project Server 的复杂庞大体系而言，显得十分精致小巧，即使一个完全没有项目管理经验的人也能够很快上手。MOSS 可以管理文档、图片，建立讨论区以及进行任务或工作流管理。自助图书馆的运行事务维护一般包含物流配送管理、设备维护管理、日常事务管理和软件维护管理 4 个方面，在 MOSS 2007 中，可以使用抽象化的工作流或者任务的方法建立网站管理平台。下面以 MOSS 2007 为例简单介绍如何进行自助图书馆日常事务管理。

一、利用工作流

工作流是可以产生某种结果的一系列任务。在 MOSS 产品和技术环境中，工作流的定义更为狭窄，即根据与业务流程相关联的操作和任务的顺序所进行的文档或项目的自动转移。利用工作流，组织可以通过将业务逻辑附加到 MOSS 列表或库中的文档或项目中来统一管理组织内的常见业务流程。业务逻辑主要是指能够指定和控制对文档或项目执行的操作的一组说明。如对于物流配送管理而言，业务逻辑指的是如何形成物流配送单，以及如何分配给相关人员，相关人员如何完成交接，如何运送抵达，如何交付等。

通过管理和跟踪常见业务流程（如自助图书馆项目审批或文档审阅）中涉及的人工任务，工作流可以减少协调这些流程所需的成本和时间。在 MOSS 网站中，可以将工作流添加到文档库中，从而使文档能够传送给自助图书馆网管理人员进行审批。当文档作者针对该库中的文档启动该工作流时，该工作流会创建文档审批任务，并将其分配给工作流参与者，然后将带有任务说明和指向待审批文档的链接的电子邮件通知发送给这些参与者。在工作流执行过程中，工作流所有者（在此种情况下指文档作者）或工作流参与者可以检查“工作流状态”页以查看哪些参与者已完成其工作流任务。当工作流参与者完成其工作流任务后，工作流随即结束，并自动通知工作流所有者工作流已完成。

自助图书馆网的日常事务审批工作流的操作步骤如下图所示。

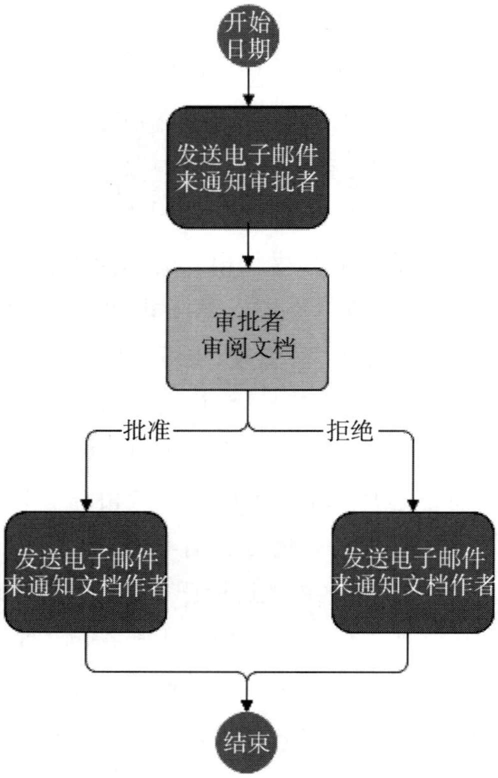

工作流不仅支持现有人工工作流程，而且还扩展了人员协作和使用文档、列表和库的方式。网站用户可以通过使用能够从 MOSS 列表或库中的文档或项目进行访问的自定义表单来启动和参与工作流。自助图书馆网的相关日常事务管理包括物流配送管理、设备维护、日常事务和软件维护，都可以参考相关方法建立自定义的工作流来完成。

二、引入商务智能

1. 创建和发布关键性能指标（KPI）

关键性能指标（KPI）是一个视觉提示，用于传达某个目标的进度。MOSS 2007 可以使用其 KPI 列表创建 KPI 并且能在网页上显示与自助图书馆相关的各项性能指标。

KPI 对于自助图书馆建设、管理人员根据可度量的目标快速评估进度很有价值。使用 SharePoint KPI 可以很直观地得到下列问题的答案：

- 提前或落后的任务有哪些？
- 提前或落后了多长时间？

- 哪个任务的进度最慢?

要在 MOSS 2007 中创建和发布 KPI,必须按照下列 4 个步骤操作:创建 KPI 列表;向列表中添加 KPI;向网页中添加 Web 部件;将 KPI 列表链接到 Web 部件。

2. 创建仪表板

仪表板页可以通过报告和关键性能指标（KPI）向查看者显示数据的快照以及实现目标的进度。利用 MOSS 2007 创建一个仪表板页面,可以轻松地添加 Excel Web、Access Web 部件和主要绩效指标。自助图书馆网通过创建贴合实际需求的仪表板,可以随时了解资源、人员、财务、项目、设备的综合发展变化情况。仪表板是自助图书馆网的某个时间点的综合写真和快照。

3. 使用筛选器 Web 部件

筛选器 Web 部件连接到包含一组或多组数据的 Web 部件,以更改数据视图。筛选器 Web 部件在页面上既可以是可见的,以请求用户输入,如日期或文本,也可以是不可见的,就像根据登录到计算机的用户来筛选数据的"当前用户"筛选器一样。如果说仪表板是模型,则筛选器 Web 部件就是模型的输入口,自助图书馆管理者可以通过筛选器非常直观地了解到自己即将做出的决策将会产生怎样的影响,以及是否符合未来的发展和变化。

建设篇

第一章　自助图书馆建设内容与特点

自助图书馆建设是一个综合性的系统工程，更是一个创新型的公益文化工程，需要因地制宜、与时俱进、稳步实施、建管并举。自助图书馆建设的内容涉及面广，与传统图书馆建设相比，自助图书馆网的建设是围绕服务机的选型、布点、管理和服务进行的，服务需要网络化，布点需要科学化，资源需要动态化，管理需要智能化，在组网、配送、服务与管理方面有其自身的特点，在建设模式上自助图书馆也有其独特的建设模式。

第一节　自助图书馆建设内容

自助图书馆的建设首先要明确自助图书馆的建设目的，通过自助图书馆为读者提供怎样的服务，在明确了建设目的基础上才能确定自助图书馆的建设内容、建设模式、运营模式、管理模式等。

一、确定预期目标与规模

1. 服务内容

建设自助图书馆首先要明确希望借助其向读者提供什么样的服务和采取什么样的服务方式。

自助图书馆首先应定位于以自助方式提供图书馆的各类服务，但选择不同的功能和不同的实现方式与自助图书馆的服务效果直接相关，建设成本也有很大差别。举例而言，如果将自助图书馆的主要功能定位于借还图书，而图书馆使用的是专用读者证，一般需要提供办证功能；为了实现通还，还书设备就必须有较大的适应性，总量上就必须充足；要支持预借，就必须考虑不能上架的被预借图书；要推广数字资源，就必须有专门的阅读终端和检索系统……

从功能方面看，自助图书馆系统能不能实现还书破损自动识别，这确实是图书馆管理者很关心的问题，就目前技术发展而言，实现不是没有可能，但综合成本偏高。同样是防止读者故意，不如简单地装备录像设备，在安全管理的同时通过录像追踪还书人的操作过程，帮助判断，因为毕竟这种情况是少数。还有人提出，能不能采用虹膜识别技术判定读者本人，这首先是图书馆服务的定位问题，即是不是必须读者本人才能享受所有服务！当看到一个小朋友在帮助一个老爷爷操作自助图书馆设备时，我们有何感想呢？

理论上讲，自助图书馆将图书馆与各个服务网点联系起来，在保障网络畅通的前提下可以提供很多图书馆的服务。各个图书馆都可以根据自身的资源、服务、技术特点，按照所在城市的公共文化服务总体需求，不断挖掘和创新自助图书馆的服务功能和服务方式。

【案例】2008 年 4 月，深圳首台自助图书馆服务机提供的是自助借书、还书、办证、OPAC 查询、本机书目浏览、自动分拣等功能；2010 年增加了消毒、特型书盒，设计了静音装置，完善了监控录像和操作门安全管理功能；2011 年重点在防雨、抗干扰、灯光等方面做了改进，并增加了多媒体触摸屏，提供电子报刊阅览和视频服务。读卡方面，目前支持 RFID 读者证、身份证和手机读者证。

【案例】利用安装 U 盘的方式支持读者下载图书馆的电子资源；增设无限发射装置使图书馆的数字资源服务通过自助图书馆设备延伸到周边区域；利用电子大屏幕发布公共文化服务信息等。

2. 组网模式

本书所阐述的自助图书馆是指政府主导兴建的公共文化服务设施，因此，自助图书馆的建设应以均等、便利为原则，延伸到城市各个角落，同时也应通过网络连为一体，按网络模式运作。

如果将自助图书馆建设理解为购买一台设备，放上几百本书就可以了，那就完全可以由各个单位自己去做，不必由政府牵头建设和实施，也不需要形成一个整体，实施统一调度和统一服务，当然也达不到方便市民、资源共享的效果。

采用 VPN 技术组建虚拟局域网对自助图书馆网的保障程度相对高些，因不直接访问 Internet，其费用也并不高。特别是容易实现远程操纵服务机，符合自助图书馆网管理的要求。但 VPN 网属于专网，须另外施工，会增加一定的开户、施工费用，而且并不是所有希望布点的位置都能实施。在初期选点阶段，由通讯业专业公司实施的网络查勘会成为确认服务点的一项重要工作。

数字化的信息通过网络传输，包括纸本图书在内的实体资源传输就需要物流支撑。自助图书馆的实体资源分为三部分：基本图书补充、预借图书、还回图书。一般的，在全市大流通框架下，还回图书中有相当一部分要送还原馆，预借资源也会来自不同的图书馆，基本图书补充也需要市、区两级图书馆共同推进。全市一体化的物流系统是达成以上目标的必要保障。

【案例】2008 年 7 月，深圳 10 台自助图书馆服务机采用的是接入 Internet 方式；2009 年起，开始采用 VPN 方式，并将前期服务点转换。目前除个别不具备条件的服务点外，全部采用 VPN 方式。

3. 配送频率

既然自助图书馆是一个网络，而且其中文献借还服务是重要组成部分，物流配送的频率就成为影响自助图书馆运行成本的重要因素。文献配送的频率主要依赖于读者使用情况和设备本身的技术手段。当自助图书馆服务机的资源不足时应立即响应配送,但没有使用量在一段时间后也需要更换文献。如果选择的是自动上架方式的服务机,配送频率相对低些,但也要看还书总容量,是否提供预借服务和承诺的预借响应周期。

需要强调的是,物流在实际工作中承担了自助图书馆前端服务的角色,这个角色不仅仅是上书、取书,也形成了读者与图书馆之间的一个桥梁。每日相对固定时间到达服务机的物流人员能够协助图书馆及时处理一些简单问题,减少了读者奔波。

【案例】深圳目前的配送频率是每日配送,兼顾设备查看与解决一些问题,提供预借服务。预借服务响应时间是48 小时,送达时间是48 小时,也就是说每天必须处理预借请求,首先配送预借图书。

4. 网点数量

确定了服务内容,明确了组网模式,接着就要分析和确定建设规模,更确切地说是确定自助图书馆网服务点的数量。有了数量就可以分析制订自助图书馆网络中心的配套建设方案,对设备购置、物流组织的投入作出基本估算。

服务点数量的确定一要科学、适当,二要循序渐进,三要注意服务机的服务寿命。对于一个城市而言,50 个点、100 个点、300 个点都是总量,因服务机使用寿命的原因在一段时间后会产生影响,在目前阶段,所谓服务机寿命主要指厂商的保用时间。

特别要强调的是,如果网点数量达到一定规模,人们往往会认为总体建设与运行成本会大幅下降。实际情况如何呢? 从设备生产角度看:首先,自助图书馆服务机因产量不高,很多部件不能实现模块化生产;其次,自助图书馆系统目前尚处于探索阶段,设备会不断更新和完善。从系统运行管理角度看,当形成一定规模后,运营管理模式就会有较大的改变,包括中心的监控管理技术、物流组织模式等,需要探索市、区对自助图书馆的分级管理模式,以分解压力、提高效率,相应增加了整体系统的管理与协调难度。

二、选择与购置服务机

确定了服务内容、组网模式和网点数量,相应地就要选择服务机了。切不可以为自助图书馆服务机只有一个厂家、一类机型、一种模式,推动自助图书馆系统不断向前发展的就是不断提出的新的需求。

当具备一定的建设总量或在每个建设阶段形成一定规模时,需要对服务机提出一些新的要求,进一步推进自助图书馆系统的新技术应用和功能完善。实际上,自助图书馆系统应用从自动控制领域看尚处于初级阶段,技术实现并不复杂,改进与成长空间也较大。

三、布点与服务机安装

布点显然是自助图书馆建设最为重要、最为艰难、也最不可预料的事情。之所以这样说，其主要原因是作为建设实施主体的图书馆与所选服务点之间没有任何实质性关联，如果政府没有行文，只能沟通协调，相关的工作也只能靠一纸“协议”来维系，这对于初期的布点、安装涉及的一系列事务来说是很艰难的，更不用说需要多年不间断的运行、服务和维护。其潜在原因也包括：虽说自助图书馆为广大读者送去了图书馆服务，但毕竟给所在地管理单位增加了责任，而这些管理单位大多是按照社会化管理模式招聘的，不一定热衷公益事业；设备安装位置的选择至关重要，读者希望方便地使用自助图书馆，但又不想自助图书馆系统运行及其他使用者干扰自己的生活……以上这些因素都是可以理解的，应事先考虑到。

布点应按照总体规划统筹实施，在布点原则指导下，依照一定的工作程序进行。如工作程序中应设置专家评估和公示环节，避免工作出现偏差，同时建设单位也有章可循。

四、构建运行保障系统

1. 明确运营模式

按照常规的管理模式，谁出钱建设，委托谁管理，就决定了谁来提供运营经费，并对运营状况进行评估。比如市政府出资建设、委托市图书馆从事业务管理，就应该由市财政提供经费，构建市级运营保障体系。

明确了经费来源和运营管理主体，就要进一步规划服务机如何管理、物流如何运作、网络中心如何搭建等具体问题。物流是自助图书馆网运行的关键，一般采取社会化方式管理，但需要对其进行专业化训练，特别是当自助图书馆网服务主管单位没有可供物流使用的调配书库时要增加书库的相关要求。网络中心无疑是主管单位需要构建的，涉及设备更新、扩容和运营管理等问题。服务机维修应由设备提供商或其授权单位承担，以保证服务质量。环境修缮、电力消耗、网络租赁等则可以统一承担，也可以由所属地自行解决。毫无疑问，统一承担可以减少项目推进中所属地的影响，有利于提升整体形象，避免建设与管理脱节，但也加大了网络中心的总体运营成本和管理难度。

在市、区两级财政的框架体制下，自助图书馆应该如何建设呢？自助图书馆毕竟是一个整体，其资源需要流动，其服务需要共享。很难想象，一个以技术为主的自助图书馆系统在一个城市中呈现多元化发展，如书架数量与规格不同，物流配送周期不同，服务规则不同，甚至宣传也不同。因此，自助图书馆不同于传统图书馆，应自上而下进行规划、建设与统筹，但在建设工作组织上可以市、区协作，日常管理上可以市、区分担。无论经费来源如何，应通过机制保障经费统一使用，布点统筹规划，工作统一标准，运营统一管理。

【案例】深圳市在规划一期建设项目的同时就向市政府报送了《城市街区 24 小时自助图书馆运营模式实施方案》，提出应建成中心管理体系、社会化物流体系、服务机维护体系等，明确了深圳市自助图书馆的运营涉及物流配送、服务机维修、环境修缮服务、网络中心维护、电力消耗、网络租赁等方面。该方案通过了深圳市政府审定,并成为自助图书馆网运营管理的最基本依据。在目前160台规模下,包括环境修缮、物流配送、电力消耗、网络租赁的全部运营费用由市财政承担,由深圳图书馆具体实施业务管理,招聘社会化的物流公司和设备维护团队从事相关工作。

【案例】

(a)某城市的市图书馆只负责建立技术和网络中心,各区分别建设并承担包括物流和各网点日常运营的各类费用,监控中心分区管理。当然,在这种情况下,各区网点相继建立后的管理也是比较复杂的,全市性的预借服务也比较难以开展。

(b)某城市先由市图书馆建立技术和网络中心,同时建立一定规模的示范点,然后推进各区和社会参与建设。在这种情况下,已建网点和后继网点的管理相互交叉,运营组织比较复杂。

2. 构建技术平台

对于全自助服务、网络化运行的自助图书馆网来说,一方面要通过设备研制形成既能提供服务,又能实现智能化管理的终端软件系统,另一方面又要构建网络中心的技术平台,包括中心计算机网络系统、中心监控系统、中心管理系统。

强调网络化、智能化,强调构建技术平台,并不是要重新建设一个大型系统!智能化管理是自助服务的基本要求,而监控管理是智能化管理的基本手段,在自动化与自动控制领域是非常常见的事情,并不是深不可测。对现有技术平台进行整合、扩充是一个图书馆实施自助图书馆项目的有效办法。一方面,自助图书馆处于一定规模之内并不需要占用太多资源,另一方面,自助图书馆毕竟是图书馆业务的一部分,需要与现有业务有机融合。

3. 重组业务系统

自助图书馆建设和管理势必对图书馆原有业务造成"冲击",这是因为自助图书馆业务本身就涉及图书馆许多原有业务,而且有其独特的地方。比如,自助图书馆提供文献借还服务,就必然存在着馆舍与自助图书馆之间图书的区分与调配问题,因为无论如何,自助图书馆都要有一定的文献周转储备,除预借服务外,不可能每日到图书馆的开架服务区人工选书配书。自助图书馆的周转文献被还到馆舍,需要再次配到其他的网点,增加文献上架、分拣的难度。再如,自助图书馆离不开电话咨询服务,图书馆本身就有此类咨询,如果借助技术进行整合,不仅可以提高效益,更可以提升图书馆的整体服务形象。

4. 建立管理体系

经过几年的实践,自助图书馆日常管理已形成了一整套方法,逐步建立起了一整套管理机制和方法,围绕监控系统、自助图书馆中心业务管理系统和日常事务管理平台,针对文献配备组织、物流服务管理、服务机维护管理、服务点管理、读者事务管理等日常工作,登记、分派、沟通、处理、协调、跟踪。可以说自助图书馆的管理比馆舍的管理更琐碎,更不可控,因为所有的服务都不是面对面的,要靠沟通,并依赖应用系统信息和监控系统信息,作出综合性判断并准确处理。自助图书馆的管理是对图书馆业务工作人员综合素质的极大考验,有些地方已超出了图书馆常规工作的范畴。

【案例】深圳图书馆自助图书馆管理体系示意图

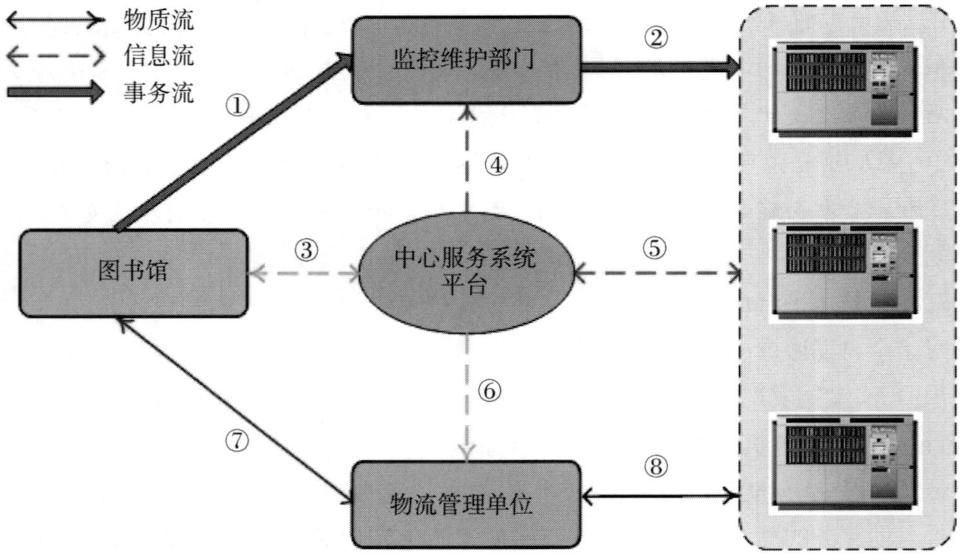

① 图书馆下达维护管理任务;

② 监控维护部门到各自助图书馆服务机处执行维护及巡检事务;

③、④、⑤、⑥图书馆、物流管理单位、监控维护部门以中心服务系统平台为数据通信中心,实现自助图书馆服务机监控信息、流通文献信息、读者信息、故障信息等的共享与交互处理;

⑦ 物流管理单位将收回的钱及图书馆流通图书送至图书馆,并从图书馆取到预借图书和读者证;

⑧ 物流管理单位图书入库、出库以及图书上架、下架等物流配送。

第二节　自助图书馆建设特点

自助图书馆是图书馆建设、管理与服务模式的全面创新,它不同于传统意义上的图书馆。自助图书馆不是一台单独的设备,不是一个个独立的互不关联的服务机器。它是一个服务系统,由服务机、资源中心、技术中心、服务与监控中心等部分构成。自助图书馆服务机提供24小时365天的图书馆服务,由专业化的技术团队提供设备维护和运行保障,资源中心为自助图书馆提供文献资源保障和配送服务,技术中心将图书馆的应用延伸到自助图书馆服务机上,服务与监控中心为遍布城市街区的自助图书馆网点提供专业化的图书馆服务并实施统一管理。

一、以科学规划与布点为核心

自助图书馆一经立项,服务机购置相对容易,布点则困难得多。选点的科学性、合理性包括摆放位置都与其服务效果有很大关系。自助图书馆建设就是围绕着如何规划好服务点,如何做好服务点的建设展开的。布点工作做好了,后期的管理也会比较顺利。

二、以服务机购置和安装为重点

服务点一经确定,工作重点就是服务机购置和安装了。购置服务机主要取决于需要什么样的服务,采取什么样的运行管理模式,当然也依赖图书馆已有的技术基础。服务机采购后的安装工作似乎是“建设”,但主要是围绕安装工作进行地面基础改造、配电施工、网络接入等,露天的服务点还需加装室外装置或选择室外机型。

三、以图书馆的技术、文献和服务为支撑

切勿以为自助图书馆服务机安装完成,自助图书馆建设就结束了。服务机是自助图书馆服务的最核心的设备,是基础,但服务机更是终端,是载体,需要图书馆的资源、技术和服务的支撑。一方面,需要使服务机与图书馆网络中心对接起来;另一方面,自助图书馆也要与图书馆的各项业务对接起来。由于自助图书馆毕竟会使图书馆的业务增长,其服务模式也有自身特点,会导致图书馆的技术体系、文献保障体系、服务体系发生变化。

四、以社会化的物流和设备维护为保障

自助图书馆项目主要由政府投资建设,但日常管理需探索和强化社会化。自助图书馆的物流管理、设备维护管理应由专业化管理公司承担,并通过规模化管理,使单机运营成本降低。由于自助图书馆分布区域较广,且为全天候运行,服务机终端网络的安全管理与维护也应由专门化的单位实施管理。

五、以服务与管理的网络化为目标

自助图书馆从物理图书馆向城市街区辐射,不论是传统的借书还书服务,还是数字化服务,都必然是网络化的,不应是一个个“孤岛”。文献资源在图书馆与服务机之间,在各个服务机之间不断流动,可以有效促进文献资源的利用,扩大图书馆的影响。不管用什么技术,一台设备的容量毕竟有限,必须通过文献的合理流动,才能提升使用效率。自助图书馆发展数字资源利用是很重要的,这更需要网络的支撑。

自助图书馆采用全自助式服务,必然需要网络化的监控与管理配套。自助服务设备

需要与中心之间搭建具有一定保障的信息桥梁，不断响应终端的服务请求，同时将终端的各种运行状态指标发送到中心，使中心能够掌控所有设备的运行状况，及时向物流发送配送指令，向设备维护商发送维护指令，向图书馆相关部门发送服务请求等。

第三节　自助图书馆建设模式

自助图书馆建设不仅要合理选择建设模式，科学规划建设规模，也要明确运行管理模式，同步组建自助图书馆网综合性的管理中心，研究并确定自助图书馆日常运营管理模式，落实中心与各服务网点的运行管理经费，增配必要的运行管理和相关业务人员，推进自助图书馆读者服务体系、文献支撑体系、物流保障体系、设备维护体系的建立和不断完善，为建设完成后立即要开始的运行管理奠定基础，为自助图书馆网提供业务、技术和管理的全面支撑。

一、政府主导

1. 政府投资建设

自助图书馆为新型全开放式公益文化服务设施，应由政府投资建设、统筹规划和管理，由政府公共文化服务机构支撑日常服务，与政府现有公共文化服务有效对接。目前，图书馆服务已经被列入政府公共文化服务体系，而且具有较高的地位。当然，也不排除其他投资机构愿意赠予自助图书馆设备，但非政府投资，日常管理的费用就很难落实。

【案例】深圳市自助图书馆建设一直是在政府主导和大力推进下展开的：自助图书馆被列入深圳市“图书馆之城”(2006—2010)发展规划；2008 年 4 月，市政府召开专门会议推进试点工作；2009 年被列入民生工程，建设 100 台；2010 年被列入市文体旅游局年度工作白皮书；2011 年，自助图书馆被列入深圳市第十二个五年(2011—2015)发展规划。深圳市发改委先后批复了 160 台自助图书馆的建设经费和部分网络中心扩容经费。深圳市财政委每年按照建设规划和自助图书馆网的实际状况增拨运行经费。

2. 政府协调推进

在项目实施过程中，项目审批、年度预算安排、布点工作等都需要政府直接推进。图书馆作为一个具体建设实施单位，其协调力度远远不够。在服务点确定、环境改造、后期管理诸多方面均需要政府一级主管部门统筹、协调，图书馆主要按政府要求推进项目落实。

【案例】深圳市自助图书馆建设在市政府的大力支持下，由市文体旅游局统筹协调，并发文给各区相关部门，在市政府各部门之间和市、区文化主管部门之间协调。

3. 政府委托管理

自助图书馆托管单位也应在政府相关部门的统筹管理之下，以减少建设管理中的随意性，从而保证自助图书馆的建设与日常服务的顺利进行。如果自助图书馆托管单位是与图书馆直接发生关系，缺乏政府主管部门的介入，在后期的管理中就会存在一些问题。

4. 政府运营保障

自助图书馆建设不是简单地购置、安装设备，必须连同服务与管理体系一起建设，从而保证自助图书馆日常服务的顺利进行。政府只投资自助图书馆服务机，势必造成自助图书馆资源供给不足，服务不配套，技术支撑乏力，达不到预期的服务效果。

二、市、区共建

在充分发挥自助图书馆的特点、保证自助图书馆网服务效益的前提下，应积极探索市、区共同管理自助图书馆的模式，调动区级公共文化管理部门和区级图书馆的积极性，提高各级图书馆的参与度，使自助图书馆网络与市、区、街道、社区图书馆网络更好地融合。

市图书馆履行着统筹、协调全市图书馆相关业务的职能，但作为公共文化服务机构本身也承担着公共文化服务的具体职能，其资源、技术条件相对较好。以市图书馆的资源、技术和服务为支撑，可以将市图书馆的资源、技术和服务延伸到街道、社区，这也正是一个城市推进自助图书馆建设和发展的有效途径。

当自助图书馆达到一定规模，特别是总量较多且地域分散时，随之会出现资源总量不足、服务点监管力度不够、市级图书馆日常运行负担过重等问题，市、区共同管理模式将会是解决上述问题的有效途径。

但是，自助图书馆网毕竟不同于传统意义上的图书馆，其整体性更强，各类服务主要依赖于后台的技术支撑、资源配置和服务组织。简单地按照自助图书馆布点的地域将日常运行职责转给区图书馆，势必造成建设推进不利，总体运行管理成本相对较高，市、区图书馆之间、各区图书馆之间服务和物流协调困难等问题。

市、区共同管理模式必须坚持统一规划布点、统一技术、统一运营模式、统一服务规则。坚持统一规划布点才能与全市资源协调配套，推进公共图书馆服务的均等化，缩小各区之间的差距。

坚持技术的统一是实现统一服务的基础，也是打造城市公共文化服务品牌的现实需要。统一技术除后台服务支撑和监控管理技术之外，也包括基础性的 RFID 技术、自助图书馆设备品牌和型号等。很难想象，在两个相邻的社区，自助图书馆给读者的是不同的概念，提供的是不同的操作方法，文献不互通。坚持统一的运营模式才能统筹全市资源，实现规模化效应，降低全市总体运营成本。

区级参与建设与管理能够发挥各区就近的优势，将自助图书馆纳入区的公共文化服务设施体系，同时也能补充市级图书馆在资源、技术、运行管理等方面的不足。事实上，即使是市统筹建设，也不可能离开区政府及区文化服务机构的支持。

1. 共同投资建设

根据统一规划,市政府可重点在城市大型社区、大型公共场所、重点单位、主要节点和主要交通沿线投资建设,特别关注城市文化盲点;区政府可在辖区内按街道、社区统一部署。

2. 共同协调推进

自助图书馆深入城市街区,其建设和运营管理自然离不开区政府的支持和大力配合。市、区共同协调推进可以加快自助图书馆的建设步伐,提高日常管理的执行力度。

3. 分区组织运营

不论市政府还是区政府投资建设,自助图书馆依然应该是覆盖全市的一个图书馆服务整体,可由市、区共同协调推进其运营管理。由市图书馆统一构筑好技术和网络中心,甚至包括物流中心,协调全市图书馆的技术标准、业务规范、配送组织等,各区承担必要的运营费用,对辖区服务机的运行情况进行跟踪管理。

三、社会参与

自助图书馆建设希望得到社会的参与和支持,但前提是自助图书馆是一个整体,技术标准、服务规则、管理模式必须一致。社会参与主要包括两种情况:一种是直接捐赠设备,需要协调政府负担日常运行管理;另一种则比较复杂,其购买的设备希望加入自助图书馆服务体系,尽管运行费用可以由其承担,但往往服务于有限范围的读者,与自助图书馆开放、免费、一体化的服务理念存在冲突。

四、图书馆的作用

1. 项目实施主体

自助图书馆需要政府统筹推进,但具体实施起来,图书馆一般会成为实施主体,这样也便于承接今后的运行管理与服务。自助图书馆建设对图书馆而言是一个挑战,图书馆工作人员不仅要从事设备选型、采购,拓展中心的网络与应用系统架构,整合图书馆的相关业务,还必须从图书馆中走出来,穿梭于大街小巷,监督设备的安装、配电、接网,沟通设备托管等事宜。

2. 资产管理主体

政府投资购置的自助图书馆服务机属于政府固定资产,一般由图书馆实施采购,其资产管理权相应也会落到图书馆。图书馆需要行使对自助图书馆服务机的资产管理职责,按照资产管理要求进行登记、清点,监督维护、操作保养,建立相关档案。

3. 运行管理主体

自助图书馆毕竟是图书馆的一种服务模式,其运行和服务管理职责必定由图书馆承担。自助图书馆将成为图书馆的日常工作,应组建必需的核心团队,并通过业务整合和协同工作共同支撑起其日常运行管理和服务组织工作。

自助图书馆一般由政府主导建设,图书馆应全力参与,毕竟在项目建成后图书馆要承担运行管理职责,而政府对所投资的大型项目会组织绩效评估。图书馆必须在自助图书馆的业务模式确立、网点规划、业务组织等方面充分发挥作用,以在建设初期就为自助图书馆的绩效评估奠定基础。

第二章　自助图书馆建设规划与立项

自助图书馆属于公益性文化服务设施，应主要由政府投资建设。按照目前我国的管理体制，首先需要进行建设规划，并向有关主管部门申请立项，项目批准后由相关职能主管部门统筹，项目建设单位具体组织实施。自助图书馆建设规划的科学性、合理性直接影响到其开放性、均等性、便利性服务理念的实现，直接影响自助图书馆的服务效果，直接影响政府的投资回报，也影响项目立项的过程与结果。本章着重从自助图书馆服务点规划与选择、自助图书馆可行性分析与自助图书馆的立项、项目的建设组织与管理3个方面进行阐述。

第一节　服务点规划与选择

自助图书馆布点的科学性、合理性、均衡性直接影响到自助图书馆的服务效果和政府的投资效益。必须通过多种渠道了解市民对布点的需求，从人口密度、辐射范围、摆放位置、周边环境等多个角度对布点区域进行细致的考察、分析与筛选。

一、制定总体规划

启动自助图书馆建设首先要确定总体建设规模，需依据整个地区人口分布现状、交通网络状况，并参照现有公共图书馆网点现状进行总体规划。当然，具体到每一个点，情况比较复杂，需要综合考虑，这里只谈一般性原则。

我国已颁布、实施了《公共图书馆建设用地指标》和《公共图书馆建设标准》，提出小型图书馆的建设标准为服务人口在20万以下的，以20分钟可以到达为宜，小型图书馆的服务半径为2.5公里。

自助图书馆建设的总体规划可参考《公共图书馆建设标准》，结合自助图书馆选择的机型和服务模式，主要考虑以下因素：

(1)服务人群。依据自助图书馆所在区域的人口密度、流动性、文化程度、年龄结构进行综合评估。比如可以定义自助图书馆辐射周边居住或流动人口 >1 万—2 万。

(2)辐射区域。依据自助图书馆所在区域的面积，涵盖企事业单位、商业机构、公共服务设施、学校设施等的数量。自助图书馆服务机的布点在地域上要尽量均衡，同时必须与人口分布特性相一致，不应简单按面积均摊。比如可以定义其辐射半径 >0.5 公里—1 公里，或者两个服务点距离 >1000 米。

(3)交通便捷性。即自助图书馆所在位置是否属于或临近城市交通网络节点。交通便捷不仅方便读者,也利于物流的配送服务。

(4)开放性。即自助图书馆服务机所在区域的开放性。一般封闭的区域只能服务本区域准入人员,与自助图书馆公共服务宗旨相背。

(5)托管单位。不论从建设管理、资产管理,还是从日常服务管理的角度,布设在服务点的每台自助图书馆服务机都需要得到相关单位的大力协助与配合。从资产管理的角度,可以称之为服务机托管单位。由于后续的安装、实施、日常维护与托管单位相关,故其主观积极性、配合性和支持力度应予以评估,包括选点位置可选性、地面的平整施工配合、物流进出免费通行、维护保养进出免费通行、安全监控托管、电力结算支持等。

二、依据类别选点

针对不同的服务点类型,选点的依据不尽相同。综合来看,自助图书馆服务点的类型主要包括住宅区、办公区、学校、交通枢纽、工业区、公共场所、政府行政区等。

(1)住宅区

根据自助图书馆的特点和实际使用效果分析,自助图书馆布点的重点应是大型住宅区。住宅区是真正需要365天24小时服务的地方,自助图书馆进入住宅区可以成为其文化配套设施,营造和谐、积极向上的社区学习氛围。住宅区人流大,人员相对稳定,能够产生较好的服务效果。住宅区管理较为规范,自助图书馆设备、文献安全等比较有保障。

一般来讲,选择封闭的住宅区是需要慎重的,特别是当住宅区周边就有其他社区居民的时候。不妨在住宅区相对开放的区域做些尝试,既为小区居民,也兼顾开放性。

(2)办公区

综合性办公区是欢迎自助图书馆进驻的,这样可以丰富各单位工作人员的业余文化生活,提升物业品质。综合性办公区主管单位,特别是大型楼宇主管单位对文化比较重视,有利于自助图书馆的建设与管理。

一般来讲,办公区的开放性是需要考量的重要因素,自助图书馆不可能专门为某个公司服务,也不应该在下班时被束之高阁。针对这个问题,选点应主要考虑办公区的门口、庭院等相对开放的地带。

【案例】位于深圳市富春东方大厦的办公楼,周边有多个办公写字楼,布设在此的自助图书馆受到了办公区工作人员的欢迎。工作人员利用空闲时间借阅图书,丰富了文化生活,也满足了对文化知识的渴望。

(3)学校

在学校布设自助图书馆可以满足师生对图书馆服务的需求,但校园的安全管理规定使周边的读者和离校后的学生无法利用自助图书馆,不能发挥自助图书馆的服务优势。可以与学校协商在学校外围公共区域内,特别是校门附近布设,但涉及问题会比较多,需要多方共同协调、推进。

【案例】位于深圳市前海小学门口的自助图书馆受到了学校师生的欢迎。学生们利用课余时间借阅图书,丰富了课余生活,同时也培养了学生的阅读兴趣。周边的居民对自助图书馆服务机也很欢迎,居民随时可以利用自助图书馆借还图书,极大满足了社区居民的阅读需求。

(4)交通枢纽

自助图书馆布设在交通枢纽,不仅可以实现在等待、乘坐交通工具的过程中阅读这一愿望,而且可通过交通的便利将有限的自助图书馆资源串联起来,既方便读者使用,又方便物流配送,同时交通枢纽还具有明显的窗口效应。

但从另一个方面看,交通枢纽设计首先要满足交通功能,即使在保障交通顺畅的情况下,自助图书馆布设还需要解决消防、供电、网络、承重、使用空间等问题。一般的,交通枢纽特别是地铁,消防要求高,供电、网络都是专用的,推进难度大。

在公交站点布点则会引发市容、城管等问题,推进更不容易,且安全管理问题突出。从这个角度讲,自助图书馆不能等同于交通设施,只能是其附属。

【案例】由于深圳地铁多在建设中,前期设计并未预留空间,因此目前主要在大型交通枢纽、地铁周边明显区域布点。如在地铁出站口外100米范围内明显区域布设自助图书馆。

(5)公共场所

公共场所人流密集,在服务时间上和辐射区域上有优势,安全配套设施相对比较齐全。自助图书馆布点选择公共场所可与公共场所内其他文体设施配套使用。

公共场所由政府相关管理部门负责管理,协调属于政府内部的事情,相对容易。但在公共场所布设自助图书馆一般需加装防雨设施、宣传设施,有的地方也需要加强安全措施。选择公共场所开阔地特别要注意这些地方往往远离网络和电力资源,防雨施工也相对复杂。

【案例】深圳在自助图书馆布点建设时,将公园、体育场馆、文化广场等公共场所作为重要选择,对于周边小区偏小、不开放等情况,重点选择在街心文化广场、公园门口、体育场馆外围等布点,不仅就近管理,而且与网络和电力资源较近。新研制出的可直接加装在设备上的防雨设施也避免了在公共场所地面施工的麻烦。

(6)工业区

从服务外来工的角度,在工业区设置自助图书馆很有必要。但对于劳动密集型的工业区而言,其人员不够稳定,文化程度相对偏低,可能更需要的是文化场所,不是相对现代化的服务终端。

有的工业区只有一个企业,进出有严格的要求,一旦设备进入等于是专门为该企业设置服务点。有的工业区由多个企业构成,工业区管理部门可以协调在核心公共地带选点，辐射全区。

【案例】深圳的自助图书馆仅进驻了富士康、比亚迪等类似的大型企业，这些企业本身员工多（10 万—20 万），而且地理位置相对孤立。其他工业区在选点时多在公共区域，或选择一个单位对外开放的明显位置。

（7）政府行政区

在政府行政区域布点会受到市民、媒体的关注，但只要政府行政区域对市民是开放的，布点会相对顺利，如在市政服务中心、街道服务中心等场所，会使自助图书馆服务融入社区服务，但要注意场所开放时间与自助图书馆服务时间的矛盾。

如果政府行政区设置了自助图书馆，而又限制市民进入，则会引起不必要的麻烦，建设方要足够重视。

三、确定合理位置

选择了在某个区域设置自助图书馆，还要进一步确定位置及周边环境。位置对自助图书馆效益的影响非常大。对服务点位置选择需考虑以下方面：

（1）空间与位置。必须足够摆放设备，而且在读者使用时不存在安全隐患。

（2）便利性。必须摆放在交通便利位置，如临近主入口、主干道、中心广场。

（3）可见性。必须摆放在明显位置，如大门附近，面向主要人流经过方向。

（4）电、网条件。拟摆放区域电网改造施工的可行性，包括电力接入可行性、网络光纤专线铺设可行性等。

（5）安全措施。如接近原有保安值班位置、有固定监控系统的位置、巡防人员巡逻线路附近、24 小时服务场所附近等。

（6）地面承重。地面必须能够负载服务机满载时的压力。

（7）遮光防雨。如摆放在遮光防雨位置，可直接采用室内机型，占地面积相对小，也省去以后对遮光防雨设施维修的麻烦。这类位置一般不够醒目，需要增加必要的导引装置。

四、遵循规范流程

作为公共文化服务工程，自助图书馆建设应遵循规范化的工作流程，以保障布点工作的有效性和选点结果的均等性、合理性。依据自助图书馆建设实践，确定服务点的工作流程主要包括：

1. 宣传与申请

在宣传自助图书馆服务的基础上，接受来自所在地的主管部门提出的自助图书馆申请。对于重点区域，应主动宣传、沟通。布点申请是自助图书馆建设的第一手资料，也包括对服务点区域的机构、人口、交通等状况。服务点的申请如能有上级部门，特别是街道一级政府签署的意见则更有利于布点工作的推进及日后的运营管理。

2. 汇总与初审

对布点申请统一汇总，根据服务点情况描述对申请进行初审，必要时与对方核实，将初选合格的申请表分区汇总，以便现场勘查。

3. 踩点与评估

按照初选后的申请表，逐区现场查勘服务点及周边地区的实际状况，并记录在案。确实符合基本条件的可与申请单位共同协商具体摆放位置，并勘察地面、网络、配电、安保等情况，获得完整的评估资料。

评估资料应包括现场照片及预选位置、地图分布标记，以及周边人口、交通及主要设施说明等。

4. 专家评估会

根据现场查勘结果梳理排序，提交由建设主管机构组织、多方参与的专家评估会，可以邀请图书馆界专家、市民代表、托管单位代表、相关管理机构负责人等。专家组依据现场勘查形成的评估资料，对总体布局、各服务点与摆放位置的选择进行综合评估。

5. 选点公示

公示通过评估的最终结果，接受市民对自助图书馆布点的建议和意见。如市民在指定公示期内对某服务点的摆放位置提出异议，建设方需要与申请单位沟通协调；如市民对某服务点的设置提出异议，建设方需要与主管单位沟通。

第二节　可行性分析与立项

可行性分析是立项的基础，更是项目可持续发展的保障。一个项目在某个地区获得成功并不意味着在另外一个地区能够顺利实施。首先必须进行读者需求分析、建设与运行成本分析，然后依据读者需求，结合本地区政府、图书馆对建设和运行的保障能力，确定建设规模和拟采用的运行模式，提出分期建设计划等。

一、图书馆服务需求分析

图书馆服务需求分析重点在于分析本地区图书馆服务的总体状况，读者对图书馆服务的需求及对已有服务的满意程度，分析新的服务模式能够对读者利用图书馆产生怎样的影响，对城市公共文化体系建设起到怎样的作用。

在城市公共文化服务体系中，公共图书馆作为公益性文化机构，其地位和作用日益凸显。面对快速的社会发展和需求增长，公共图书馆的任务依然很艰巨。自助图书馆的建设，是创新公共文化服务的产物，有效提高了公共图书馆文献资源的利用率，实现了图书馆建设、管理与服务的创新，为完善城市公共文化服务网络建设提供了新思路。

自助图书馆的作用和其可能产生的效益比较明显，但需求分析必须与本地具体情况紧密联系在一起。如一个地区，原有图书馆很少有人问津，要分析是资源采购问题、读者使用不方便的问题、图书馆服务组织的问题，还是读者目前没有利用图书馆的习惯，甚至没有看书的习惯。在这种情况下，少量的自助图书馆或许能给公共文化服务带来新的感受，促进地区图书馆事业的振兴。

图书馆服务需求分析主要来自于政策、图书馆服务统计、读者调查等，并在此基础上进行综合分析与评估。

【案例】2007年深圳市启动自助图书馆项目时，开展了读者问卷调查，主要调查项目及结果如下：

参与本次调查的读者中68.51%经常到图书馆，而31.49%人很少或者从来没到过图书馆。

影响读者利用图书馆的因素：71.51%的读者认为是图书馆离住处太远，不方便使用图书馆，36.67%的读者认为工作太忙而没有时间到图书馆看书，34.19%的读者认为亲临图书馆借还书太麻烦，25.19%的读者则觉得图书馆找不到他所需要的图书是影响他们使用图书馆的原因。

关于自助图书馆建设的必要性：95.54%的调查者认为有必要设立24小时自助借还图书馆系统，而4.46%的调查者认为没有必要设立该系统。

关于自助图书馆的功能：94.75%的读者认为系统应该可以就近还书，86.98%的读者觉得系统应该具备借书功能，36.02%的读者认为它还应当能办理借书证。其中，许多读者留言中希望该系统能够实现预借、预约取书，即通过系统的操作能预借图书，在一定的时间内图书馆能将图书送到指定的自助图书馆服务点，以更节省他们的时间和精力。

关于自助图书馆的布点：87.14%的读者认为应当设在人口密集的住宅区，50.18%的读者认为应该置于地铁和公交车站，33.17%的读者认为应当放在人流量大的商业区，29.39%的读者认为要设在人口密集的工业区，不少读者认为该系统的布点应该考虑到人流、交通、周边的环境等因素。

关于自助图书馆提供的文献类型：77.53%的读者认为应当提供畅销书，74.97%的读者认为应当提供休闲读物，65.28%的读者认为应当提供经济类图书，而57.43%的读者认为应当提供保健养生类读物，56%的读者认为应当提供最新技术类图书。读者还建议应当根据系统布点位置的人群特点有针对性地提供不同类型的图书。

通过本次调查，图书馆和广大读者之间实现了有效沟通。从图书馆来讲，自助图书馆应成为深圳市“图书馆之城”建设的重要组成部分，它的实施应充分听取各方面特别是读者的意见，这样才能使项目的决策、实施乃至自助图书馆的功能、布点选址、文献类型、安全和管理模式更加科学合理。对于读者来说，通过调查可以充分了解自助图书馆项目的相关情况，并且切实参与到项目的建设中来，为项目的实施提供行之有效的建议和意见。

调查结果表明:读者对自助图书馆是充分肯定的,认为系统的推出可以切实解决图书馆服务中的一些现实的问题,比如到馆不便、时间不足等问题,对自助图书馆充满期待,并希望能够切实进行规划和实施,满足更多市民学习和阅读的文化需求。

二、建设与运行成本分析

尽管自助图书馆的建设不需要征地、盖房子,但自助图书馆建设和运行依然需要成本,而且在自助图书馆发展的初级阶段,建设成本和运行成本都相对较高,必须充分重视并全面分析。在分析其成本构成的基础上,依据本地区的各方面保障能力客观评估、科学对待,如立项也要选择合适的建设规模和运行方式。自助图书馆建设与运行成本主要包括:

1. 总体建设成本

即自助图书馆服务机的购置经费与更新经费,网络中心的补充经费,布点过程中的环境改造、配电(电网改造费)、网络接入(计算机网络初装费)费用等。其中自助图书馆服务机是有使用寿命的,若干年后将面临被置换或淘汰。环境改造指室外地面的处理和遮风挡雨设施的搭建。特别要指出的是服务机需要一定的运行环境条件,读者使用服务机也需要较好的环境。为服务机建房子就失去了自助图书馆的一部分优势,而服务机常年置于雨雪之地也必然为读者使用带来不便。

2. 年度运营成本

年度运营成本指为自助图书馆有效运行而需要支付的各类费用,主要包括:

(1)物流运营成本。物流人员实际上是自助图书馆延伸到服务点从事相关服务的前端工作人员,不能视作简单的“包裹传递”。分析物流运营成本关键是要看物流服务的频率、覆盖区域和辅助性成本。

【案例】深圳对物流工作的要求是:每日至少一次抵达服务点;保持预借服务2日内送达;在架文献保持一定的更新率;长期滞架文献需主动下架;协助检查设备情况;完成设备保洁;建立并管理每机平均≥3000册的调配书库;按要求每日配送文献,包括调配书库的预借服务等。物流建立了一个可容纳几十万册图书(书架摆放)的书库,按片区分设固定车辆,每台车负责10—15个服务点,在图书馆与书库之间由专车负责,依据物流、书库、各类资产的管理要求,在图书馆的指导下制定了一系列的规章制度和业务操作规范。

(2)服务机维护成本。作为自助服务的专业化设备,服务机必须由专业化的团队保障其正常运行。其基本目标是使服务机在使用寿命到达之前,始终处于正常运行状态,尽可能减少停机时间。这样就要求服务机制造商或其授权的专业化团队承担维护工作,不仅要响应日常维护需求,还要制定多级响应机制,承诺响应时间和响应结果,实施设备保养与主要部件的更新。

(3)网络租赁与维护成本。自助图书馆网络可根据建设单位的实际情况采用光纤、无线网络或者 ADSL 路由器。如托管单位不能承担或无法保障则可由政府统一负担。这里要说明的是,采用光纤组织自助图书馆 VPN 专网费用并不高,而且对自助图书馆网的管理非常方便。专网在运行成本上会分成网络租赁与维护两部分,要同时进行估算。

(4)电力消耗。自助图书馆的电力消耗不大,由政府统一承担可以保证其运行,而且对推进布点有利。但政府统一承担不仅运行管理单位要支付电费、花费人力,而且要对电力使用情况进行管理,在托管单位的配合下合理、安全用电。

(5)环境修缮成本。在建设阶段实施环境改造后,后期依然要维护和修补,因而每年补充少量环境修缮费用是必要的。

【案例】深圳每年每机申请了 1000 元经费,用于环境修缮、设备特殊改造和设备迁移等,不仅适度保障了环境修缮问题,对解决运行中的突发问题也很有帮助。

(6)系统更新与维护成本。自助图书馆服务机和网络中心会涉及大量的硬件和软件,有些部分是存在更新与维护需求的,服务机部分一般涵盖在设备维护中,但网络中心必须予以考虑,如中心存储系统、中心网络系统、中心数据库系统、中心应用管理软件等。

三、图书馆保障能力分析

自助图书馆打破了传统图书馆的服务模式,但依然是建筑在图书馆业务基础之上的,需要图书馆文献、服务和技术的支撑。图书馆的各种保障能力在很大程度上决定了自助图书馆服务的质量和效果,也决定了自助图书馆项目的可持续发展。

1. 自助图书馆文献保障

自助图书馆毕竟是"图书馆",文献资源是其最主要的服务内容。自助图书馆需要按照服务点的读者群体特点主动配送文献,需要根据读者的预借请求按时配送文献。此外,不管哪类服务机型,其书架设计大同小异,对文献都有尺寸要求。

特别需要指出的是,如果承担资源配备的图书馆常规配置的资源本身就不足或服务量很大,就必须为自助图书馆专门添置新的资源。文献资源新增量可以依据自助图书馆总体规模、单机架位数量、文献流通周期和图书馆现有文献资源情况综合考量。文献资源新增量至少要达到架位总量的数倍,不然读者就会有"一年不换新书"的感觉。

【案例】某城市在自助图书馆建设方案中明确提出:按照每年每机 1000 册图书增加承担资源配备的图书馆的年度文献资源购置费。

2. 自助图书馆服务保障

自助图书馆采取全自助的服务方式,可实现办证、借还文献、存款等功能,这些功能本身就需要后台的服务保障。如自助办证要进行配卡、取回并点验押金、结算等工作,并当读者使用不当或出现问题时及时作出反应。预借服务涉及的面更大,除了受理读者请求、找书下架、配送上架、通知读者、回收处理等工序外,预借服务对图书馆原有的流通服务模式将造成影响，因为预借服务和图书馆阵地服务是有交叉的。

3. 自助图书馆技术保障

技术是自助图书馆系统产生、发展的基础，更是自助图书馆网运行的保障。自助图书馆不仅要依赖服务机的技术，更要依赖图书馆的技术基础和保障。已经引进 RFID 技术的图书馆实施自助图书馆项目要顺利得多。自助图书馆如能得到图书馆自动化管理系统的配合会发挥更大的效果，也便于功能扩展。网络中心的建设直接影响着自助图书馆网功能的实现，监控中心的建设直接影响着自助图书馆物流、维护工作的响应能力，呼叫中心的建设直接影响着自助图书馆的服务品质。

四、自助图书馆立项流程

自助图书馆项目一般为政府投资建设项目，为部分或全额利用市政府资金进行建设的固定资产投资项目。按照政府投资项目的管理办法，项目的建设应严格执行基本建设程序，遵循该地区的《政府投资项目管理条例》。

项目立项及前期工作中的相关程序一般包括项目建议书申报、可行性研究报告申报、初步设计及概算申报、提交开工报告等环节。按投资条例规定，可不审批可行性研究报告的项目除外，其余政府投资项目均严格按上述环节顺序审批，每一环节不可逾越。

自助图书馆建设项目一经提出，首先应组织编制项目建议书并报批；待项目建议书批复即项目立项后方可进行项目可行性研究工作；项目可行性研究报告编制完成后应及时上报，待批准后方可委托初步设计；初步设计及概算经批准后，方可委托施工设计；待项目预算经相关审计部门、发改部门核定后方可组织施工招标；施工及监理单位经招标确定，各项施工准备工作完成后方可申请开工；开工报告经批准后，工程方可正式动工建设。

项目的立项申报一般需要委托具有相关工程咨询资质的单位进行编制、评估和审核，并由其协助建设单位向规划主管部门进行申报。

与立项相配套的政府投资项目计划分为前期工作计划、新建项目计划、续建项目计划 3 种计划类别。政府投资项目计划的编制及下达与项目实施过程中的各审批环节相互关联，滚动递进。报批项目建议书可同时申报前期工作计划，并阐明项目前期工作至初步设计完成所需前期费用金额及费用组成；项目建议书批准后，发改等相关部门随即下达前期工作计划并安排前期费用；前期工作中，若前期费用不足可另行申报前期工作计划，申请追加前期费用；初步设计及概算经批准后，应在规定时限内申报新建项目计划并阐明所需年度投资额及正式开工前所需费用及费用组成；新建项目计划经批准并由发改等政府部门下达后，可拨付开工前所需费用；开工报告经批准后，方才拨付工程款。

其实，自助图书馆是以设备采购、安装为主的项目，可以申请简化项目审批程序，如直接进入可行性研究，或不经过初步设计及概算阶段，但项目建议书或可行性研究报告至少需完成一个,毕竟涉及金额比较大,而且要依此申请年度运营经费。

1. 申报项目建议书

项目建议书又称立项报告,是项目建设筹建单位或项目法人根据国民经济的发展、国家和地方中长期规划、产业政策、生产力布局、国内外市场、所在地的内外部条件,提出的具体项目的建议文件,是对拟建项目提出的框架性的总体设想。

自助图书馆的项目建议书需要从宏观上论述项目设立的必要性和可能性,把项目投资的设想变为概略的投资建议。其内容可包括以下几个部分:

- 项目建设的必要性和条件。结合国家的宏观文化政策背景、地区性的文化基础设施建设要求、图书馆公共文化服务的压力等因素,对项目提出的理由进行分析;
- 项目的基本建设内容,包括项目的构成、建设规模;
- 项目的基本建设方案,包括方案内容、建设的步骤、建设规划等;
- 自助图书馆网点初步规划方案,包括图书馆现有设施及网点的现状、未来的需求预测、网点初步规划意见、布点构成方案等;
- 自助图书馆的运营与管理方案,包括运营规划、管理实施模式及持续保障经费构成;
- 分析项目的投资估算与资金使用计划;
- 对项目的综合评价及实施意义进行阐述,包括项目实施的社会影响及效益、图书馆自身所收到的效果预期;
- 提出自助图书馆项目建设基本结论与建设建议。

【案例】城市街区24小时自助图书馆系统二期工程项目建议书(要点及目录)

城市街区24小时自助图书馆系统二期工程项目建议书

5.2.1 网点建设计划

5.2.2 服务机购置

5.2.3 网点配套环境改造

5.3 网络中心建设

第六章　环境保护与环境评价

第七章　循环经济与节能措施

第八章　项目招标和实施进度计划

第九章　劳动安全以及卫生消防

第十章　项目投资、资金筹措以及资金使用

第十一章　运营与管理

11.1 管理机构

11.2 自助图书馆运营与管理

11.2.1 物流运营

11.2.2 服务机维护

11.2.3 网络接入租赁与维护

11.2.4 环境修缮

11.2.5 服务机用电

11.3 网络中心维护

11.4 运营与管理费用

第十二章　综合评价与风险分析

12.1 综合评价

12.1.1 社会影响评价

12.1.2 社会效益评价

12.2 风险分析

12.2.1 风险识别

12.2.2 风险回避措施

第十三章　组织保障与实施

2. 项目可行性研究

项目可行性研究是确定建设项目前具有决定性意义的工作，是在投资决策之前，对拟建项目进行全面技术分析的科学论证，包括有关的自然、社会、经济、技术等调研、分析、比较及预测建成后的社会经济效益。在此基础上，综合论证项目建设的必要性、经济上的合理性、技术上的先进性和适应性，以及建设条件的可能性和可行性，从而为投资决策提供科学依据。

自助图书馆项目的可行性研究报告应结合项目实施的背景，着重阐述项目的实施必要性、技术及方案上的可行性，侧重于对未来的预期效益和影响进行描述。

（1）建设背景、必要性和意义

需要在项目建议书的基础上，深化论证本项目在宏观政策支持、区域性服务效益改善、自身业务提升等方面的建设必要性。

（2）可行性论证

● 技术的可行性。主要从项目实施的技术角度，结合市场调研结果和图书馆已有资源的运行效果及服务情况，合理设计技术方案，并对相关的应用项目进行比选和评价。

●经济可行性。主要是从政府财政资源配置的角度衡量项目的价值，评价项目在实现区域公共文化建设的发展目标、保障民众阅读权益实现等方面的效益。

●社会可行性。主要分析项目对社会的影响，包括方针政策、政府形象提升、民众受益度等。

●运营可行性。对项目的运营和管理方案进行深化，包括运营构成、运营模式、后续的资金要求等。

(3) 深化项目总体规划和建设方案

包括项目的技术方案、设备方案、工程方案,相关方案的具体实施计划及规划。

(4) 深化网点规划方案

包括网点的分布与规划、网点覆盖率分析、网点建设实施规划及组织等;

(5) 提出项目综合评价及论证结论

【案例】城市街区24小时自助图书馆系统二期工程可行性研究报告(要点及目录)

城市街区24小时自助图书馆系统二期工程可行性研究报告

3. 初步设计及概算

项目工程设计是指在工程开始施工之前，设计者根据已批准的设计任务书，为具体实现拟建项目的技术、经济要求，拟定建筑、安装及设备制造等所需的规划、图纸、数据等技术文件的工作。一般性质的工业项目与民用建设项目设计按初步设计和施工图设计两阶段进行，称为“两阶段设计”；对于技术上复杂而又缺乏设计经验的项目，可按初步设计、技术设计和施工图设计 3 个阶段进行，称之为“三阶段设计”。

初步设计是根据批准的可行性研究报告或设计任务书而编制的初步设计文件，一般由设计说明书（包括设计总说明和各专业的设计说明书）、设计图纸、主要设备及材料表和工程概算书四部分内容组成。

与自助图书馆项目相关的设计内容深化到初步设计阶段，自助图书馆服务机的选型、定制及采购一般不用进行设计深化，而相关的自助图书馆配套环境改造工程及自助图书馆网络中心建设需要进行细化设计。

序号	子项目	设计内容	设计方案要点	设计深度
1	自助图书馆配套环境改造工程	电力接入工程、网络接入工程、配套遮阳防雨棚搭建/遮阳防雨组件、地面及环境改造工程	项目概况、建设目标和建设任务、设计依据及设计范围； 建筑、结构设计，包括设计要求、设计内容及主要建筑物/构筑物清单、总图布置及主要技术指标； 给排水设计； 电气设计，包括供电、弱电、照明、接地设计方案，电气设施设备建设内容等； 环境保护及安全生产设计；	初步设计 施工图设计

续表

序号	子项目	设计内容	设计方案要点	设计深度
2	自助图书馆网络中心建设(包括改、扩、建工程等类型)	网络中心硬件设施、网络中心软件产品、机房配套设施	项目概述,包括项目编制依据、建设目标、资金及来源、效益及风险、针对可行性研究报告批复的调整; 需求分析,包括网络中心建设目标需求、系统各项功能指标、性能指标要求、带宽要求等; 总体建设方案,包括项目的建设目标、建设任务、总体结构和逻辑结构; 本期工程设计方案,包括应用系统设计、网络系统设计、存储系统设计、系统配置及软硬件选型、设备及产品清单、机房及配套工程设计等; 项目建设与运行管理,包括项目实施机构、运行维护机构、项目进度质量、资金管理方案; 项目实施进度及人员配置。	初步设计

初步设计概算是在初步设计阶段对建设项目投资额度的概略计算,包括建设项目从立项、可行性研究、设计、施工、试运行到竣工验收等的全部建设资金。它是初步设计文件的重要组成部分。其费用一般分为两部分:①工程费用,主要是建筑安装工程费用和设备、工具、器具购置费;②其他工程和费用。总概算是根据建设项目中各个单项工程综合概算、其他工程和费用概算以及工程预备费和按国家规定计列的计划利润汇总编制的。

初步设计总概算不能超过可行性研究报告投资估算的10%,否则应重新编制项目可行性研究报告报批。经批准的初步设计总概算即是政府投资新建项目计划的项目计划总投资。

4. 申请开工计划

政府投资项目实行开工报告审批制度。要求在项目管理及实施所需的人员、制度到位,施工图已获批准,预算已经核定,施工单位及监理单位已经确定并签订相关合同之后,向计划主管部门提交的项目开工申请审批完成方可进行具体的工程建设及安装施工。

第三节　项目建设组织与管理

自助图书馆毕竟是一种创新模式，在建设推进过程中会存在许多不确定因素。在项目实施开始就必须构建强有力的组织机构，采取行之有效的组织管理措施。

一、统筹规划与推进

政府主管部门和图书馆应充分认识到自助图书馆项目建设的深远意义和作用，在统一认识的基础上，由政府主管部门统筹推进，协调好各方面的工作。

【案例】深圳市自助图书馆建设得到市政府大力支持，多次召开协调会，研究、确定自助图书馆的建设规模、运行模式等。深圳市文体旅游局为项目主管部门，负责制定发展规划，主持布点评估，并推进项目的实施，协调日常运营保障等相关事宜。市发改局、财政委、住房和建设局、轨道交通建设指挥办等相关部门不同程度地参与到项目推进之中。

二、实施组织与管理

图书馆作为项目建设的具体实施单位，应在政府直接领导下，专门成立项目建设小组，推进本项目建设工作，包括布点、搭建技术平台和从事日常运行与服务管理。

【案例】深圳图书馆成立了自助图书馆工作部，具体落实项目推进工作，实施布点建设。在自助图书馆网络基本形成规模且工作规范基本形成后融入各部门日常业务。

三、试点与分步建设

自助图书馆作为新生事物，试点是十分必要的。只有试点，才能测试出自助图书馆服务机的功能是否满足要求，才能了解到服务机与网络中心是否能有效对接，才能知道布点存在哪些问题，才能发现在整个自助图书馆运行过程中需要哪些配套。

同时，分期分批投入建设可以边建设、边总结、边改进、边调整，使自助图书馆的建设更贴近实际需要，不断摸索建设和运行经验，降低建设和运行成本，提高服务效益。

【案例】2008 年 7 月，市政府召开了《关于研究城市街区 24 小时自助图书馆系统建设有关问题》的会议，确定推出 40 台自助图书馆先行试点（一期工程）。2009 年 4 月，40 台自助图书馆布点完成，服务工作全面启动，自助图书馆网络中心初步建立，配套的中心管理系统、物流系统等均投入使用。2010 年 8 月，作为 2010 年民生工程的自助图书馆二期 100 台服务机完成布点，初步形成了覆盖全市的自助图书馆网络。2011 年 7 月，服务大运会的 20 台自助图书馆分别布设在大运会比赛赛场、大运村等地。

四、项目验收与评估

建设项目需要验收，政府投资需要绩效评估。同样，每一期自助图书馆项目建设完成，项目建设单位都需要在相关单位的参与下，对自助图书馆服务机采购、配套环境改造、配电，网络接入、自助图书馆中心管理系统等子项进行验收。

自助图书馆运行与管理单位应定期对自助图书馆的服务效果进行评估，了解自助图书馆的利用情况，了解读者对自助图书馆的文献需求，了解自助图书馆的宣传是否到位。通过评估调整自助图书馆的服务，调整自助图书馆的文献配送，了解自助图书馆布点的实际状况及其对自助图书馆服务的影响，对效果非常不理想的予以迁移。

【案例】2009 年 6 月 11 日，文化部教科司在深圳图书馆召开“城市街区 24 小时自助图书馆系统”项目验收会。验收委员会对自助图书馆系统中布点、设备运行、服务机功能、物流配送、中心管理系统功能、中心监控与服务组织等方面进行全面验收。认为“城市街区 24 小时自助图书馆系统”项目实现了图书馆服务的数字化、智能化、人性化，在图书馆科研、管理与服务模式等诸多方面实现了重大突破，整个系统已经具备推广和应用条件。

【案例】2009 年 11 月，深圳市文体旅游局在深圳图书馆主持召开了“城市街区 24 小时自助图书馆系统”(以下简称“自助图书馆”)试点效果评审会。评审组对自助图书馆的运行与服务状况、中心管理与服务组织等方面进行了实地考察，经过讨论和审议，提出评审意见如下：自助图书馆的实施试点，扩大了图书馆服务的辐射面，极大地方便了市民的阅读，营造了“以读书为荣、以读书为乐”的城市文化氛围，实现了图书馆服务的便利与均等；自助图书馆占地小、无人值守，节省了图书馆建设、运行和市民的阅读成本，以相对较少的经济投入获得了较大的社会效益；自助图书馆的网络化管理与高新技术的应用，体现了科技与人文的高度统一；自助图书馆是对传统图书馆管理模式的一种挑战，也是一种创新，不仅为深圳市图书馆之城的建设注入了新的形式与活力，且极大地提升了城市公共文化服务的整体水平。

第三章　自助图书馆服务点建设

服务点建设是自助图书馆建设中最艰巨、最繁琐，也最具挑战性和创新性的核心工作。服务点建设需要选择适用、耐用、美观的服务机；需要选择服务点并进行必要的环境改造，构建所需要的服务网络；需要与服务点的管理部门和其上级主管部门建立必要的合作机制，保障服务机的资产管理、安全管理、日常服务规范有效。

第一节　服务机选型与采购

任何技术都不是唯一的，都需要不断发展，选择适合自身要求的技术是实现自助图书馆服务定位的关键。当然，自身的要求一定是经过深思熟虑，是符合图书馆业务和技术发展需要的。

一、设备采购

1. 服务模式与功能

设备是用来实现自助图书馆服务模式和功能的，设备的主要技术模式和技术指标应紧紧围绕着自助图书馆的主要建设目标和日常服务职能。

服务机是自助图书馆的核心设备，服务机的选择决定了自助图书馆网的服务功能、运行管理模式、建设方式（含安装），也决定了自助图书馆在城市图书馆服务体系中的作用。

首先就要考虑图书外型的适应性问题，即各种规格的图书要尽可能被自助图书馆服务机所接纳；其次，通还对还书系统容量要求相对较高，甚至还书设计总量要适当高于借书总量；第三，要兼顾读者在图书馆相关自助服务设备和自助图书馆服务机上的使用习惯，不能一味地要求读者按照规范操作，应更多地考虑“傻瓜式”操作。

服务机的功能和容量直接影响服务机的体积。对于诸如地铁站内的服务点，大型设备是不适合摆放的，必须小型化，既不影响交通功能，又便于安装和维修。

对于更微型的设计，也有分体机的设想，如一台设备只取书，一台只还书，还有专门的数字资源阅读“e 站”，在一个区域中实现功能整合，这种分离的设备对场地的要求就不是很高了。

2. 应用案例与可靠性

作为市政府投资的项目，而且是为市民提供全自助的服务，设备的可靠性是非常重要的。不论其使用寿命长短，在市民看来它至少应该像银行提款机那样，很难使用或者频繁出故障都是不可接受的。

自助图书馆的发展历程不长，也不可能像银行提款机那样形成规模并很快达到较高的产品化程度。自助图书馆或许更多地依赖不断改进、适应新的需求，呈现多样化的局面。作为自助图书馆的建设管理部门，选择可靠性主要依赖两个方面：一是设备核心技术的应用案例，二是设备测试或使用的结果。因地制宜是必要的，但选择已经有过类似应用案例的技术可以降低风险；创新也是必要的，但要按照要求进行充分的论证、必要的高压测试和试运行。

自助图书馆设备生产厂家国内情况对比（截至 2011 年 12 月）

类型	海恒智能	远望谷	上海阿法迪	东莞树煜	武汉飞天
参考价格	40 万元	28 万元	20—25 万		20—40 万
采用技术	HF	UHF	HF	磁条	HF
技术参数	在架图书：402 册 还书箱：14 个	在架图书馆：450 本 还书箱：0 个	在架图书：200 册 无还书箱	在架图书馆	在架图书：450 册
专利	发明专利	未知	外观专利	未知	实用新型
3C	具备	具备	无对应产品型号的 3C	未知	具备
典型用户案例	39 家图书馆应用客户，包括： 1. 北京市朝阳区图书馆 50 台 2. 深圳图书馆 160 台 3. 福建省图书馆 30 台 4. 首都图书馆 8 台 5. 三亚市图书馆 7 台 6. 郑州市图书馆 5 台……	1. 番禺图书馆 4 台 2. 贵州省图书馆 1 台 3. 重庆图书馆 1 台 4. 广西壮族自治区图书馆 1 台 5. 宜昌市图书馆 1 台 6. 电子科技大学 1 台 7. 四川双流图书馆 1 台 8. 绍兴图书馆 1 台 9. 温州少儿图书馆 1 台……	1. 河北省图书馆 1 台(33.75 万) 2. 山西省图书馆 1 台 3. 昆明市图书馆 1 台 4. 厦门市图书馆 1 台(35 万元) 5. 河南省图书馆 1 台	1. 东莞图书馆 2. 即墨市图书馆 1 台(42 万)	1 家客户(武汉图书馆)

3. 开发能力与拓展性

自助图书馆建设投资对不少城市来说并不是一个小数，规划起来会非常慎重。不少城市先期展开小规模的布点，采取分期建设的方式。但在设备选择上要特别注意，分期建设并不意味着在技术上能够任意选择多种完全不同的产品。这是因为自助图书馆是按照网络模式运行和服务的，其统一的服务和品牌效应非常重要。

当然，每期建设依据现实的需要增添部分功能、进行必要的改进特别有助于自助图书馆的技术发展，也能使其不断贴近新的图书馆服务需求。

一般来说，选择设备的品牌或者系列是一次性的，这不仅因为服务，也源于整个网络的设备维护成本；选择设备提供商也要注重其技术研发能力，以便在以后的维护和建设中不断拓展功能。

4. 服务机技术指标

自助图书馆服务机是用来实现图书馆基本服务的，为保证读者的使用效果和总体服务效益，必须在采购设备时就相关功能提出明确的技术指标。这些技术指标不仅可以使采购工作顺利实施，而且对于概算和资产管理十分有用。

自助图书馆服务机采用的技术不尽相同，在一个采购标书内列出不同的技术是很难操作的。一般来说，自助图书馆属于专用设备，选择技术路线和关键技术类别是实现自助图书馆建设目标的重要环节，可以在招标之前就确定好。从另一方面看，只要存在一定的生产周期，确定技术指标并不意味着指定供应商。

确定服务机的技术指标不仅要确定其外形要求、构成要求、功能要求、安装要求，更要对其主要部件的技术参数提出明确的要求，如工控机、录像机、机械手、书盒、还书箱、进出书口、各类识别器的技术参数。对于全自助服务的设备更要提出必要的安全要求，如机体材料选择与安全防护设计、图书传输安全设计、读者使用安全设计等。

5. 设备维护能力

购买任何设备考察其维护能力是十分必要的，尤其这种新型设备，其产品稳定和读者适应都需要一定的时间，维护和响应能力十分重要。一般来讲，自助图书馆建设属于政府工程，且有一定的投资规模，任何中标供应商都会因为存在稳定的经费来源愿意在当地建立必要的维护基地，组建维护团队。

【案例】深圳每年按照新开工计划实施设备采购招标，并对新的设备提出部分改进要求，下表是招标文件的主要内容：

自助图书馆服务机招标参数及要求

一、项目概况	1 总体要求
二、采购内容	2 设备要求
三、自助图书馆服务机采购要求	2.1 硬件要求

2.2 结构要求

3 功能要求

3.1 自助图书馆应用系统(读者服务)

3.2 自助图书馆应用系统(物流维护)

3.3 自助图书馆应用系统(辅助功能)

3.4 自助图书馆监控管理系统(服务机管理)

3.5 系统功能性能要求

4 设计要求

4.1 外观设计

4.2 结构设计

4.3 机械设计

5 工艺要求

6 安全要求

6.1 系统安全

6.2 消防及其他

四、安装与实施要求

五、售后服务要求

六、商务要求

二、配套组件采购

自助图书馆服务点的类型有住宅区、交通枢纽、办公区、学校等,由于服务点摆放环境的限制和自助图书馆服务机本身尺寸的限制,不是所有服务机都能摆放在室内。摆放在户外的自助图书馆服务机,需要搭建防雨棚来保护。防雨组件作为图书馆服务机的配套设备,在采购机器的同时也需要根据机器摆放位置的实际情况,选择采购相适合的配套防雨组件。自助图书馆设备生产商应设计出多种规格的配套组件,以便于设备采购商根据不同的机型选择不同类型的防雨组件,临时搭建的防雨棚工程质量难以保证,后期维护也存在着诸多问题,一般不采用临时搭建雨棚的方式。

【案例】深圳自助图书馆一期工程的户外服务点,防雨棚的建设采用环境改造工程的方式。环境改造工程存在着很多的弊端,防雨棚施工的主体多,工程的质量难以控制,施工的周期难以控制,设计很难统一,后期的维护保障也存在着一定的问题。

深圳图书馆在总结一期工程建设经验的基础上,二期工程建设时户外机防雨棚的建设采用了统一购置遮风防雨组件的方式,统一采购防雨棚不仅设计统一,具有标志性,而且建设周期明显可控,工程质量也能得到保证,防雨棚后期维护也有依据。

第二节 服务点环境改造

自助图书馆服务点环境的建设也非常重要,自助服务点环境改造包括基础设施的改造、电力的接入、网络的接入等几部分。

一、基础改造

自助图书馆服务机的基础改造主要从以下几个方面出发:

1. 摆放环境要求

摆放在室内时,一般要对自助图书馆摆放位置的地面、天花板、墙壁等进行适当处理,特别是本来就要改造的要在进场之前完成。摆放在室外时,一般要对自助图书馆摆放地面及周边环境如进出路径等进行适当清理,营造一个适宜的使用环境。

2. 操作空间要求

自助图书馆服务机的摆放位置要留有一定的空间,使读者可以方便地操作服务机,方便物流人员和设备维修人员工作,服务机摆放的空间还要保证读者在使用自助图书馆的安全。

3. 满载承重要求

户外机除了对服务机摆放位置有空间范围要求,还应考虑服务机摆放位置承重问题。满载图书后的自助图书馆服务机的重量约 3 吨,机器摆放位置的地表面应平整光滑、无坡度,宜敷设防滑地面,不宜敷设大理石、瓷砖等易碎易滑表面。自助图书馆服务机四周及中心区域具备散水、明沟、排水等保护措施,确保该区域不会蓄水。自助图书馆服务机地面高度不宜超过周边区域地面高度 0.3m,应有防滑坡度进行过渡。如有台阶等设施,不宜超过两层。

4. 运行安全要求

户外机的摆放要保障自助图书馆服务机的安全,机器托管单位需要协助图书馆保障机器的安全,如果机器摆放位置无人看守,托管单位应在机器摆放位置加装摄像头等安全措施以保障自助图书馆服务机的安全。

二、电力接入

1. 电源要求

自助图书馆的电力接入应满足自助图书馆服务机电力接入的设计、安装条件。满足用电设施的安全规范标准,自助图书馆电力施工材料须为正规产品,质量可靠。

2. 布线要求

自助图书馆的电力接入由专业人员负责,同时接入电源后要保证电源安全,以免出现漏电现象。自助图书馆的电表箱应放在较高的位置,防止蓄意破坏。其电力布线应考虑安全问题,建议最好走地下,以确保读者使用自助图书馆的安全、自助图书服务机的用电安全。

3. 配套设备

自助图书馆服务机电力接入的配套设备包括电表箱、电源开关等。

三、网络接入

采用联网服务方式的自助图书馆服务机的网络接入建议采用中国电信网络。

网络流程:建设方先向电信申请开户;电信在收到开户申请后,对自助图书馆服务机安装地进行现场查勘,查勘机器摆放位置是否有电信的接入口,查勘后对安装地点进行布线,接入网线。

1. 中心网络接入

依据自助图书馆服务点的实施规模及自助图书馆的业务通讯数据量要求,中心接入应接入与之相适应的网络,才能保证自助图书馆网络的正常、通畅连接。同时为保证网络接入的扩展性、可升级性及可维护性,自助图书馆服务机终端网络及中心网络宜采用光纤接入方式,从而能从物理接入介质层面,保证网络带宽的按需扩容。

2. 服务机网络接入

自助图书馆服务机目前共有 2 台处理机(主操作机及查询机),各服务点与中心之间传输业务处理数据、公告信息数据、系统日志数据,在自助图书馆查询机上提供视频点播及浏览服务、电子资源检索及下载服务。依据自助图书馆服务的流量要求,单个自助图书馆的通讯带宽应满足自助图书馆服务机 2 台处理机的数据传输与处理需求。在地铁、公交沿线或其他不适宜布线的服务点区域,宜采取无线接入的方式,如 3G 无线网络技术等。

第三节　服务机安装与托管

自助图书馆服务机点的环境改造完成、电力施工到位、网络安装到位后,接下来就是服务机的安装、服务机的托管和服务机的宣传。

一、运输与安装

1. 出库检测

自助图书馆服务机一般是按照合同生产,生产完成后就需要出厂安装。

自助图书馆服务机下线前需要对服务机的性能与质量进行检测与调试,设备检测与调试的内容包括:对整机所有零部件的安装、质量、生产工艺进行检测,对外形尺寸进行核对;部件调试与检测,是调试所有部件并检测其运行与定位状况;机架调试是指安装外壳前对机架所有传动部件的运行、定位、计数、噪音的检测;安装外壳后综合调试。

2. 设备运输

行车前,设备应有防雨措施,如加盖防雨布等,以免运输途中自助图书服务机被雨淋湿。

服务机的运输车辆一般属于大型车辆,整体运输需要采用吊装车。首先要确认行走路线,如果服务机的运输车辆行驶路线遇限行道路时应提前办理车辆通行证,通行证上注明出发点、目的地、行走路线,设备出厂前将通行证交予项目负责人预约吊车并发放通行证。

自助图书馆服务机本身会有上吨重量，整体运输时会有一定的高度，负责运输的车辆在运输过程时要特别注意安全，同时防止雨雪天气突然降临。

3. 进场准备

设备入场当天，设备安装人员应提前到达安装现场，与托管单位主动联络，确保自助图书馆运输车辆道路通畅，确认电源到位。

4. 服务机安装

(1)整机吊装

自助图书馆服务机摆放位置符合整机吊装要求，服务机可直接吊装到位。服务机吊装时应确保机器摆放位置及经过的地面不受破坏。

(2)拆装进场

如自助图书馆服务机摆放位置现场不符合整机吊装要求，进场前需将服务机设备散件带到现场，然后进行现场安装、调试。由于设备散装周期长，在此期间，需联系现场物业协助做好设备夜间看守或安排人员值班的工作。

(3)接通网、电

自助图书馆服务机安装好后，由设备安装人员将电源、网络接入自助图书馆服务机内，至此自助图书馆服务机的现场安装结束。

二、联调与试运行

自助图书馆服务机应首先做通电单机运行，检测设备在运输和吊装过程中是否受损，检查各项设备功能是否正常，同时通知物流工作人员将服务机所需图书、读者证配送到位，以便于服务机实际运行测试。

设备检验完毕后，设备生产厂家应配合网络施工人员完成光纤接入和网络调试。网络调通后，现场调试人员进行网络配置和应用系统配置，对自助图书馆服务机进行全面的业务功能测试。测试正常后可开始试运行，在设备试运行期间密切观察设备运行情况，做好工作记录，发现问题及时解决。试运行期间应加大自助图书馆业务功能测试力度，保障正常开放时自助图书馆能够运行正常。

三、服务机托管

1. 建立托管关系

在自助图书馆服务机安装前，主管图书馆就应与服务机所在地管理机构建立托管关系。安装后，主管图书馆应与托管单位共同确认服务机安装到位。托管单位一般为服务机的申请单位。

2. 签订托管协议

主管图书馆应与托管单位签订自助图书馆服务管理协议，就自助图书馆电费和网络费结算方式、服务机安全、服务机宣传等方面达成共识。

3. 明确托管内容

(1)用电托管

自助图书馆服务机的用电管理涉及电费和用电安全。主管图书馆应与托管单位就自助图书馆相关电力线路检修、线路故障维护、停电通告等方面达成一致,托管单位应配合电费结算。

自助图书馆的电费结算方式主要有两种:①托管单位托收电费。托管单位托收电费为图书馆租用托管单位用电的形式,自助图书馆与托管单位协商自助图书馆用电收费标准,定期进行电费结算,电费结算需提供的相关票据等内容需双方达成共识。图书馆收到电费结算清单,经审批后,可通过银行转账等方式将相关费用支付到账。随着自助图书馆布点的不断增加,自助图书馆电费托收也将是一项很艰巨的工作,托收电费这种方式不是最理想的电费结算方式。②供电局报装。作为建设单位的图书馆到自助图书馆所属供电局申请报装,供电局经过现场查勘,确认此服务点可以供电报装,由供电局委托相关单位进行表前、表后施工,待施工完毕后,自助图书馆每个月的电费由供电局直接扣款。供电报装方便快捷,在自助图书馆的布点规模不断扩大的情况下,供电报装无疑将是最理想的电费结算方式,各个地区应根据本地区的实际情况选择结算电费的方式。

(2)网络托管

自助图书馆服务机如使用托管单位的网络,主管图书馆应就网络故障维护、网络费用等与托管单位达成一致。政府统一支付网络费时,由主管图书馆负责缴纳。当服务机网络出现问题时,托管单位应积极协助专业维护人员进行维修,尽快使网络恢复正常。

(3)自助图书馆宣传

托管单位需协助主管图书馆展开自助图书馆的宣传工作,如在本辖区的宣传、公告设施上进行明显标注,制作必要的指引设施,开展宣传活动等。宣传工作开展得好,自助图书馆的服务效益就会提升,对托管单位也有益无害。

(4)服务机的安全托管

托管单位应协助主管图书馆监管自助图书馆设备的日常安全,将自助图书馆安全纳入托管单位的安全巡视范围。如发现有对自助图书馆进行蓄意破坏、恶意阻拦他人操作等行为,托管单位工作人员应及时予以制止,发生重大安全问题时应及时告知主管图书馆和公安部门。

(5)清洁托管

托管单位应定时清理自助图书馆摆放位置的周边环境。让自助图书馆有个整洁的服务环境。委托托管单位进行设备表面的日常保洁时应特别注意自助图书馆服务机一般不适合使用水枪或水管等设施直接喷淋清洁。

(6)物流、维护车辆的管理

托管单位需为自助图书馆的物流配送车辆、维护车辆等提供免费入区及停靠许可，以便于物流人员、设备维护人员及时进行配送和维修，减少自助图书馆的运行成本。

四、宣传与导引

（1）设置宣传导引

在服务机附近及周边地区应设置必要的自助图书馆宣传引导标识，宣传自助图书馆服务，指引读者找到自助图书馆服务机。

（2）印制宣传品

在自助图书馆服务机旁可放置一些自助图书馆宣传品，让更多的读者了解自助图书馆，使用自助图书馆。不能忽略纸质宣传品的作用。

（3）活动中宣传

主管图书馆和托管单位可在自助图书馆服务机所在区域组织一些宣传活动，向市民宣传自助图书馆。如可以配合读书日、读书月等活动，让读者参与到自助图书馆体验活动中来，从而达到宣传自助图书馆的目的，扩大自助图书馆的读者群。

（4）值守中宣传

自助图书馆投入使用后，主管图书馆可组织相关人员或者义工到服务机摆放位置现场值守一段时间，演示自助图书馆的使用方法，辅导读者操作。

（5）配送中宣传

自助图书馆物流人员为服务机实施区域配送，在配送的同时宣传不可忽视。物流人员可以说是自助图书馆的一线工作人员，其对自助图书馆的评价、理解、熟悉程度会直接影响前来询问的读者的态度和使用热情。

物流人员的着装、自助图书馆图书配送车的装饰都能起到宣传自助图书馆的作用，而物流人员的宣传效果更理想。

（6）维护中宣传

服务机维护人员尽管没有物流人员到达现场那么频繁，但他们也是自助图书馆的一线人员。在进行自助图书馆服务机维护的同时可为现场的读者讲解其特点和使用方法，帮助读者操作服务机，解答使用中的各类问题。

【案例】2011 年 11 月是深圳市第 12 届读书月，深圳图书馆在全市 160 台自助图书馆尤其是外来青工聚集的社区和工业区自助图书馆开展了为时一周的阅读推广活动，让市民感到“图书馆就在身边”。此次宣传活动作为读书月的重点主题活动之一，主要宣传自助图书馆服务和深圳图书馆数字资源。除了为全市 160 个自助图书馆服务点配置新的自助图书馆宣传资料外，另选取外来青工聚集的 4 个服务点进行现场宣传。此次现场宣传活动主要内容为引导和帮助市民使用自助图书馆，收集自助图书馆调查问卷并派发宣传折页，与自助图书馆用户进行更多的互动。活动现场市民踊跃参与，许多之前不了解自助图书馆的市民通过工作人员的现场演示和讲解，了解到自助图书馆的便利，表示将会多关注和使用自助图书馆，更有读者现场立即自助办理读者证并借书。以前使用自助图书馆的读者通过现场工作人员的耐心解答，消除了他们以前使用过程中的一些疑惑。现场的市民及读者还对自助图书馆的服务及服务机的功能改进提出了许多非常好的建议。

第四章　自助图书馆网络中心建设

自助图书馆网络中心建设是自助图书馆建设的重要组成部分，也是自助图书馆网络化运行与管理的基础。在建设中，应有意识地将自助图书馆网络中心与图书馆原有网络中心相对隔离开，一方面是自助图书馆网络有其自身的业务和运行特点，另一方面也是考虑到网络和业务处理的安全。当然，自助图书馆的网络中心与图书馆原有网络中心应相互连接，以实现自助图书馆与全馆服务的相互融合。本章主要阐述构建自助图书馆网络中心基础设施、构建网络中心应用软件系统、构建网络中心业务平台3个方面的内容。

第一节　构建网络中心基础设施

补充必要的网络中心基础设施应在自助图书馆项目建设中明确提到，即在不同阶段需要不同的设备，这种概念也要在项目建设中首先明确。自助图书馆服务机连向何处？一定是图书馆，但不应是已有的图书馆网络中心设备。网络中心基础设施主要包括网络基础设施、计算机设备，同时在引进一定规模的设备后可能需要对机房进行配套改造。

一、中心网络建设

1. 选择网络接入模式

自助图书馆服务机均在馆外，具有一定的不可控性，服务量相对恒定。考虑到安全和业务的相对独立，比较理想的方式是采用专线网络。VPN是比较理想的自助图书馆网络构建技术。通过VPN专线，所有自助图书馆服务机与网络中心可以构成一个相对封闭的计算机网络，保证了自助图书馆数据传输的安全、顺畅，也能有效防止服务机对图书馆内其他系统的影响。

【案例】深圳图书馆网络中心在目前160台自助图书馆的规模下，申请了一根100M光纤作为VPN专线。

2. 构建网络系统

网络中心应配备与自助图书馆网络规模相适应的专用网络设备，主要包括硬件防火墙和交换机，以使自助图书馆服务机与自助图书馆网络中心系统连接在一起，实现高效的数据通讯和服务保障。

3. 与核心系统保持连接

相对独立的自助图书馆网最终要与图书馆的核心应用系统连接在一起，将自助图书馆的服务纳入图书馆的整体服务之中，使自助图书馆网成为城市图书馆网的有机组成部分。在自助图书馆网络中心建设的同时，必须充分考虑自助图书馆业务与图书馆原有业务的依赖性，正确体现自助图书馆网与原有图书馆网的相互关系。

二、中心设备组织

依据自助图书馆的建设规模、业务量和管理目标，可增配若干服务器和存储，搭建多种业务系统，承接自助图书馆的业务，为自助图书馆提供数字资源服务，构建适用的智能化管理平台。

1. 业务系统组织

自助图书馆业务主要包括图书馆的基本服务，如借书、还书、续借查询，这些服务可通过标准协议与图书馆核心业务系统对接。一般支持自助服务的核心业务系统均可支持自助图书馆的基本服务，图书馆只需要增配必要的应用服务器即可。

2. 资源系统组织

提供数字资源服务也是自助图书馆的重要服务项目，但一般不会为自助图书馆专门引进和开发数字资源，主要借助图书馆的数字资源平台和存储系统，但服务量要考虑进去，不够时也要扩容。

自助图书馆的监控录像系统和工作日志在服务管理和安全管理中具有不可替代的作用，应考虑增加部分存储存放录像数据和服务机日志。

3. 管理系统组织

通过中心管理软件对服务机的运行、物流的运作、维护商的维护响应、资源的利用等方面进行监控管理，及时组织和管理有关服务、运营和维护的诸项事宜，有针对性地进行数据分析，在保证系统正常运行和读者服务持续稳定的基础上，推进服务组织的有序化、科学化，协助技术改进和系统完善工作。这些功能必须借助服务机相关信息的及时上传和利用可交互式共享网站技术来实现。由于监控也来自各个服务机，可以将基本服务和监控服务合并计算，每增加一定数量的服务机则增配一台专用应用服务器。可交互式共享网站可以另行搭建，一般增加一台服务器可以满足需要。

【案例】深圳的自助图书馆网络按照每40—50台服务机一台应用服务器的标准增配，同时总体配备一台数据库专用服务器。每台应用服务器上都启动一个服务程序，遵照NCIP协议与深圳市“图书馆之城”应用系统ULAS相连，同时接收来自服务机的各类其他信息。

三、中心机房改造

当设备增配超过机房负荷时应考虑进行必要的机房改造，如增加配电，增加机柜，提高机房的设备监管能力。

第二节 构建网络中心应用软件系统

自助图书馆网络中心的应用软件系统主要分为三类,一类是与服务机密切相关的,一类是与图书馆核心业务系统密切相关的,第三类是完全事务性的,相对独立的部分。针对其特点应采取不同的方式,发挥各个相关单位的优势,共同搭建自助图书馆网络中心的应用软件体系。

一、软件定制与引进

当软件所依赖的信息主要来自服务机,或软件主要用于向服务机的各个设备发出指令时,应在购置自助图书馆服务机的同时引进相关的软件系统,如自助图书馆的运行监控系统、服务机客户端软件系统等。如自助图书馆的功能、规模、目标定位等有所差异,可以通过向服务机提供商定制开发。

二、软件集成与对接

当软件所依赖的信息主要来自核心业务系统,或软件主要用于向核心业务系统发出指令时,应委托核心业务系统的提供商搭建必要的"应用服务"。"应用服务"对核心业务系统来说是"前端",对服务机来说是"后台"。由于自助服务的"前端"与"后台"之间采用标准协议,则问题的关键就是"应用服务"与核心业务系统的集成与对接。

所谓对接就是简单地将承接业务请求按核心业务系统目前可处理的模式进行处理;所谓集成就是核心业务系统要针对自助图书馆的业务需求进行适时改变,使自助图书馆服务系统与核心业务系统更好地匹配。比如,一台自助图书馆服务机在传统的图书馆自动化系统中是什么概念?按现在合理的理解应是服务点。它既不类似"文献所属馆",也不类似"馆藏地点",而是比作一个建筑中唯一的服务台。在核心业务系统准确记录服务点概念,对于自助图书馆的服务管理显然非常有利。当然,将所有核心业务系统不能接纳的内容搁置一边也是一种权宜之计,但集成度就相对低多了,效率也会打折扣。

随着自助图书馆服务规模的扩大,需要建设专门的自助图书馆门户网站向读者、市民、媒体、业界等宣传、展示自助图书馆。网站功能包括自助图书馆简介、自助图书馆图书浏览、自助图书馆图书推介等功能:自助图书馆简介包括项目简介、运营模式介绍、布点情况介绍、服务功能介绍等,自助图书馆图书列表包括所有自助图书馆机的图书详细信息,自助图书馆图书推介主要介绍新书推荐和热门图书推荐。

自助图书馆门户网站属于本馆网站服务的一部分,与核心业务系统的关系更大。

【案例】深圳图书馆在网站主页上专门设立了自助图书馆专栏,主要介绍自助图书馆的操作指南、布点情况、图书列表、服务规则、预借服务,托管单位也可在网站上下载组织者图书馆申请表。

三、软件研制与开发

当软件所依赖的信息主要来自开放式的数据系统，比如，已经传递到网络中心的各类监控数据和状态信息，图书馆、维护商、物流之间的交互信息等时，则可以自行研制或就近委托其他软件开发团队协助开发软件。

自助图书馆日常业务管理平台就可以采取这种方式，利用文档管理和网站开发技术根据自身的需要不断构建和完善相关的软件系统，包括读者咨询日常管理、物流配送日常管理、设备维护日常管理、资产登记与核查管理。

图书馆还可以利用各种软件工作，通过一定的开发，对相关数据不断进行分析、对比，展示出多样化的监控效果，推进智能化管理。

四、软件升级与维护

软件系统平台在购置时一般含1年的免费维护服务。在保修服务期满后，须采购相关的软件系统维护服务，提供软件的补丁更新、系统维护、技术支持等。相应的每年维护保修服务按照采购合同来支付。

第三节　构建网络中心业务平台

自助图书馆的业务管理平台的建设与传统图书馆的业务管理平台建设有很大的不同。传统图书馆的管理平台满足馆内的阵地服务即可，自助图书馆的管理平台是在现有图书馆基础设施以及业务模式的基础上进行改进、整合与变革。

自助图书馆的业务平台包括文献调配、运行监控与管理、读者咨询等，通过业务管理平台来支撑自助图书馆365天24小时服务。

一、文献调配中心

自助图书馆的文献服务都是在馆外完成。为了保证自助图书馆的正常运行，方便快捷地将图书配送到自助图书馆服务机，自助图书馆需要建立一个专门的文献调配中心来调配自助图书馆的文献，满足自助图书馆服务的基本文献需求，同时也能对自助图书馆的个性化服务提供文献保障。

文献调配中心应支持自助图书馆文献出入库管理、文献配备、文献分拣、预借下架等工作，并为之准备必要的设备和设施，如电脑、书架、书车等。为了能够准确清点自助图书馆的文献，还应该配备用于文献清点的专用设备，如RFID清点采集器。

如图书馆能够为物流提供日常配送的调配书库，则物流的招标工作就相对简单得多;若要求物流自己准备一个书库,当这个书库越来越庞大时,物流的重新招标操作起来要考虑的问题就多了。物流需要自带书库时,必须考虑书库面积和必要的书库配套家具等。

【案例】深圳每年的物流配送服务招标也包括提供每机2000—3000册的调配书库租用及管理,明确书库需配备书架摆放图书,对图书资产负责,除实施配送、分拣、转运外,部分图书还要支持预借找书与下架服务等。

二、运行监控中心

运行监控中心是自助图书馆运行管理中心,涉及网络与设备运行管理、物流配送管理、设备维护管理、服务点管理等。必须在自助图书馆建设初期就逐步推进运行监控中心建设,配备相关的人员,引进社会化的服务,搭建起若干个业务和管理平台。

1. 运行监控平台建设

自助图书馆服务机首先要提供设备运行状态的实时报送机制,即各服务机定时向监控中心发送信息,包括:书架、还书箱、卡箱、钱箱、打印机状态,与中心的连接状态,主要设备及组件的状态报告等。自助图书馆服务机提供商应不断完善基于开放格式的信息报送系统,为自助图书馆的智能化管理奠定基础。

运行监控中心不断接收来自服务机的监控信息与状态报告,存入数据库,并利用大屏幕液晶电视,配合网站开发技术,将各类监控数据充分利用起来,以多种形式发布,以便中心图书馆全面掌控自助图书馆的服务机运行情况,及时发现服务机出现的故障,保障服务机运转正常。自助图书馆服务机提供商应提供相对独立的信息发布系统,并协助图书馆构建起符合自身管理特点的监控中心信息平台。

运行监控中心应能远程实现服务机的系统升级、遥控,指导读者完成操作。中心图书馆应有意识地在服务机与中心之间搭建必要的桥梁,购买必要的软件,不断提升远程响应能力。

运行监控中心可以随时调用各服务机的录像系统,显然,不仅需要在中心安装独立的播放设备,还需要为必要的录像保留配备一定的存储空间。

2. 物流配送平台建设

自助图书馆的建设与日后的运行管理密切相关,不可能在建设完成后再考虑物流的事情。物流配送与布点也有联系,如物流难以送达的地点就不宜选做服务点,物流配送工作在设备进场时就可以先期踩点、跟进。

物流招标工作应在自助图书馆布点确认后就开始进行。在服务点规划基本完成以后,社会化的物流公司完全可以通过自助图书馆的物流配送要求,参照服务点分布,核算出日常配送量,合理应标。

自助图书馆物流配送管理工作应由专人负责,其工作重点是实施年度物流配送招标，总结年度物流配送情况，构建物流配送管理平台，监督全年物流配送过程，提出新的一年的物流配送要求。物流配送管理平台应涉及书库管理、车辆配备、人员管理等方面，具体可分为网络中心和物流中心两部分，其中网络中心的管理平台更注重实际配送效果的监管，而不必关心物流中心具体的业务组织。如网络中心注意监控定期配送完成情况，资源不足报警的响应情况，读者或托管单位的投诉，各服务机配送日志等，而不用关注每日多少人工作，车辆如何调配。

为了保障物流的配送质量，必须针对物流提出一些基本的要求，如仓储要求，车辆数量及运力要求等，在后期的运行保障中还要不断完善物流工作规范，使物流工作合理有序。

【案例】深圳每年对已开通服务的服务机统一购买物流配送服务。物流配送服务费按季度结算，以实际配送天数核算支付。为满足自助图书馆服务机的配送要求，招标中对车辆进行了规定，如：每10—15个服务点配备一台专用车，1台备用应急车等。

下表是深圳物流招标文件的主要内容。

自助图书馆物流管理服务基本要求

一、物流管理服务概述
　1. 服务项目介绍
　2. 服务范围
　3. 服务项目列表
　4. 服务期限
二、服务内容及要求
　1. 配送及装备
　2. 分拣及转运
　3. 仓储及管理
　4. 资源监控及现场核查
三、服务管理标准及要求
　1. 分项服务标准
　(1)配送运输车辆要求
　(2)配送运输要求
　(3)服务人员及配备要求
　(4)操作规范要求
　(5)物流交接要求
　(6)文献安全保障要求
　(7)应用管理要求
　(8)任务执行要求
　2. 服务响应要求
　3. 服务执行标准
四、监督及奖惩

3. 设备维护平台建设

自助图书馆服务机的维护管理应由专人负责，其工作重点是实施年度服务机维护招标，总结年度设备维护情况，构建设备维护管理平台，监督全年设备维护过程，提出新的一年的设备维护要求。从自助图书馆服务机安装到位起就应建立完整的设备维护档案管理系统。设备维护档案可以一“机”一“档”，从资产管理的角度入手，详细记录每台设备维护的全过程，包括设备基本情况，设备验收清单，设备维修、保养、巡检情况记录，设备应用软件的相关情况，设备网络设施维修的相关情况等。

设备维护平台应该是图书馆与维护商共享、联动的平台，以招标要求为依据，以电子化方式，形成有源头、有过程、有结果的动态维护体系。平台的建设、使用和维护应是共同的。

【案例】深圳每年对进入维护期的设备统一购买维护服务，下表是招标文件的主要内容。

自助图书馆设备维护维修基本要求

一、维护维修服务概述

1. 维护对象

2. 基本维护内容

3. 维护期限

二、服务技术要求

1. 故障受理及响应

(1)全天候的远程服务支持

(2)故障响应时间要求

(3)24小时值班维护响应

(4)片区快速响应机制

(5)重要时刻现场专人值守

(6)重点故障监测制度

(7)重大故障专案组制度

2. 定期主动维护服务

(1)定期对系统设备进行例行检查和维护，保证设备处于正常的工作状态

(2)定期提交设备故障及维修的《故障分析报告》

(3)定期举行服务质量反馈与交流总结会议

3. 设备改进及完善服务

4. 服务期结束后的总结及衔接

5. 服务指标要求

三、维护管理要求

1. 组织机构管理

2. 备件库要求

3. 故障维修规范

4. 维护支持制度

四、服务监督及绩效考评

4. 服务点管理平台建设

自助图书馆服务点的管理应由专人负责，从自助图书馆布点开始就应建立自助图书馆服务点档案管理系统。服务点档案可以一“点”一“档”，包括服务点基本情况、托管合同、设备进场签收单、基础改造档案、防雨棚施工档案、电力施工档案、网络施工档案等，也包括用电、设备迁移等信息。

三、读者咨询中心

相对传统图书馆而言，自助图书馆服务涉及的读者咨询要复杂得多。不仅咨询量会随着服务点的增加而增加，而且涉及的问题远比传统图书馆宽泛，技术要求也高，这也是自助服务系统的普遍特点。读者在使用传统图书馆时出现问题，会找在场的图书馆工作

人员；在使用自助图书馆时出现疑难，会找谁呢？很明显，就像各自助服务系统的运营单位普遍需要建立呼叫中心一样，图书馆也有必要建立一个以电话咨询为核心的读者咨询系统。特别是自助图书馆发展到一定规模后，更需要借助语音电话服务系统，快速解答读者的各种问题。

语音电话服务系统应具备自动语音导航、读者信息自动查询、各类服务自动应答等功能，并能存储读者语音信息和操作记录，便于图书馆业务处理。自动应答服务包括发布简易服务指南和紧急通知等。留言系统也是十分必要的，以便在非值班时间段和人工线路忙时保持服务不间断，主要包括故障申报、服务申诉等。

自助图书馆的语音电话服务系统可以与图书馆原有的电话服务整合在一起，如果引进则可同时实现自助图书馆与图书馆的所有语音电话服务。

【案例】深圳从首批 10 台自助机投入服务就设置了专门的自助图书馆咨询电话和录音服务系统。二期工程开始筹建语音电话服务系统，同时将图书馆的电话服务整合在一起，于 2012 年投入使用。

保障篇

自助图书馆建成以后,各类技术、服务及管理要配套,即必须实施自助图书馆网的全面保障,制定一系列的保障制度与方法,不断推进管理的科学性与高效化。只有保障到位,保障有力,才能切实做到自助图书馆运行及服务的有序性,体现自助图书馆网整体的服务效益,保持自助图书馆网的良性发展。

第一章　自助图书馆网文献资源保障

文献服务是自助图书馆最基本的服务模式,文献资源是自助图书馆开展服务之最基础媒介。自助图书馆的文献资源保障是自助图书馆服务的重要支柱之一,文献资源配备的充足性、品种的可读性、更新的及时性等极大地影响着自助图书馆网的运行效益。

在实施自助图书馆项目之前,应就自助图书馆的文献资源配备及保障问题制定长远规划,包括文献的采购渠道、品种配备、年度更新等,都需要进行详细设计,确保文献资源储备的充足。

同时,自助图书馆的文献需要及时更新、补充与调配,使自助图书馆网具有持续性的服务效果。在进行自助图书馆文献的调配时,须制订可操作性的调配原则、滞架文献的下架办法等,确保在架文献的时效性和可读性。

自助图书馆网的文献资源保障体现在以下几个方面:①快速加工保障,高效的采购、加工流程保障,确保资源快速进入流通库;②品种质量保障,按点、按需、按类定制和配备文献,确保文献资源的高可读性;③流通周转保障,文献库的图书需要定期更换、补充文献,服务点之间的文献也需要定期进行更换、轮调。

第一节　文献资源补充与配备

自助图书馆作为图书馆的延伸服务,在实施过程中应继承并突破传统图书馆的模式,依托图书馆丰富的文献资源,通过灵活的布点实现广泛覆盖,把服务送到读者身边。同时,自助图书馆服务机容量有限,而服务点分散,因而自助图书馆的文献资源配置必须重点解决文献的利用率和满足率之间的矛盾。

一、文献资源类别

1. 纸质图书

(1)按归属图书馆分

本馆图书:由本馆购买,财产所有权归本馆。

外馆图书:由其他图书馆购买,进入自助图书馆网流通体系,构成全城大流通状态。

(2)按照流通业务分

外借图书:可在自助图书馆提供外借的图书。

还回图书:由读者还到自助图书馆服务机上的图书。

主动下架图书:由物流工作人员依据业务需要下架的各类图书,如预借超期未取图书、滞架图书等。

(3)按照服务模式分

在架图书:供读者现场借阅的在自助图书馆服务机上陈列的图书。

主动配送图书:用于自助图书馆服务机日常进行配送的图书。

预借图书:开通预借服务后,为读者提交预借请求支持响应的图书资源库。

预约图书:针对读者提交的预约请求,对图书进行截留(采用开放的自助还书模式不适合开展预约服务)。

2. 电子资源

(1)提供服务的资源类别

多媒体音视频:可用于在自助图书馆服务机上进行点播,如共享工程资源、特色音视频资源等。

电子数据库:可用于在自助图书馆服务机上进行检索、下载的数据库资源,如本馆已有的外购数据库资源、本地特色数据库资源等。

电子报刊:可在自助图书馆服务机上进行在线浏览的电子报刊。

动态信息:可在自助图书馆服务机上进行展示的其他相关信息资源,如自助图书馆的操作指南、服务功能介绍、本馆的读者活动、图书推介等动态信息,向读者宣传介绍图书馆的各项服务和功能。

(2)提供服务的影响要素

电子资源利用的适用法律范围:对多媒体音视频资源、电子数据库资源等需要充分考虑资源利用的版权,避免引起不必要的法律纠纷。

电子资源更新的时效性:如图书馆的一些动态信息等,需要定期进行推送和更新,必须有配套的自动更新措施。

电子资源下载的安全性:如果允许读者通过自助图书馆服务机上的接口(如 USB)进行下载,需要确保硬件接口的安全及系统安全防护等。

二、采购与加工

自助图书馆的文献采购须建立在图书馆已有的馆藏资源建设规划的基础上,结合自助图书馆的服务目标和建设规模,制定合理的自助图书馆文献采购原则与采购计划。

1. 制定采购原则

(1)采购原则制定依据

通过调查研究,综合自助图书馆服务点的类型、读者数量和构成、文献出版供需的变化等情况,制定长期建设规划和年度采购计划。

定期进行自助图书馆文献借阅数据统计和分析,不断调整文献采购原则。

广泛性、经常性地收集自助图书馆读者阅读需求。广泛性是指要考虑到读者的不同类型、不同层次。经常性就是要不断适应读者需求的变化,通过各种方式搜集读者意见。收集意见的方式主要包括向读者发放调查问卷、网络调查、电话咨询、读者荐购等。

【案例】深圳图书馆2008年为自助图书馆专项配备的文献品种

在2007年自助图书馆的项目调研阶段,深圳图书馆联合《深圳晚报》进行了一次有针对性的读者调查,内容包括自助图书馆系统建立的可行性、系统功能、布点原则、图书选配等,调查得到了广大读者的踊跃响应。不到一个月的时间里,共有4668人参与了本次调查。其中关于自助图书馆资源方面的调查结果为:近八成的被调查者认为应当提供畅销图书(77.53%)和休闲读物(74.97%),其后依次为经济类图书(65.28%)、保健养生(57.43%)和新技术类图书(56%)等。

深圳图书馆相应地制定了各大类文献采购比例,具体如下:

A类	马克思主义、列宁主义、毛泽东思想	0.5%
B类	哲学、宗教	5%
	B84 心理学	
C类	社会科学总论	2%
D类	政治、法律	5%
E类	军事	0.5%
F类	经济	5%
G类	文化、教育	3%
H类	语言、文字	2%
I类	文学	40%
	I247.5 中国现代小说	
J类	艺术	0.5%
K类	历史、地理	20%
	K82 中国人物传记	
	K9 地理	
N类	自然科学总论	0.5%
P类	天文学、地球科学	
Q类	生物科学	
R类	医药、卫生	10%
S类	农业科学	0.5%
T类	工业技术	5%
	TP 自动化技术	
	TS 轻工业、手工业	

续表

	TU 建筑科学	
U 类	交通运输	0.5%
V 类	航空、航天	
X 类	环境科学、安全科学	
Z 类	综合性科学	

【案例】 2011 年 2 月深圳图书馆委托第三方单位提交的《城市街区 24 小时自助图书馆运行及服务效果调研分析报告》图书类型需求调研

统计结果显示，读者希望借阅到的图书种类主要是文学艺术类（47.78%）和生活保健类（45.48%），其中文学艺术类主要集中为中外小说（48.55%）和古典名著（37.32%）等，生活保健类主要集中为保健养生（57.47%）和生活休闲（49.81%）等；其次是经济管理类（31.86%）、科学技术类（31.03%）和人文社科类（28.57%）；再次是文化教育类（23.65%）和少儿读物（19.54%）；相对而言，期刊杂志的需求量较少，占 6.40%。见下图。

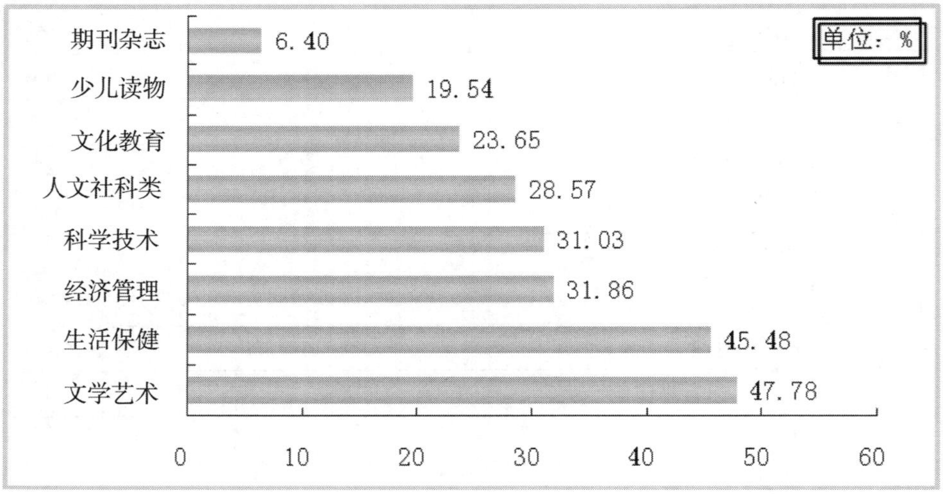

读者希望在自助图书馆借阅到的图书种类

调研结果显示，工业区自助图书馆读者需求的图书种类主要是文学艺术类、生活保健类和经济管理类；商业区自助图书馆读者需求的图书种类主要是文学艺术类、经济管理类、人文社科类、科学技术类和生活保健类；居民区自助图书馆读者需求的图书种类主要是文学艺术类、生活保健类、经济管理类和科学技术类；公共场所自助图书馆读者需求的图书种类主要是生活保健类、文学艺术类、人文社科类和科学技术类。具体情况见下表。

各布点类型自助图书馆读者希望借阅到的图书种类 单位:%

图书种类	工业区	商业区	居民区	公共场所
文学艺术	59.81	53.16	43.93	43.14
文化教育	14.02	26.58	25.23	26.47
生活保健	52.34	32.91	43.30	54.90
少儿读物	14.02	17.72	24.30	11.76
人文社科类	28.97	35.44	24.30	36.27
期刊杂志	1.87	7.59	6.85	8.82
科学技术	28.04	34.18	30.22	34.31
经济管理	37.38	44.30	31.15	18.63

注:加下划线部分为各布点类型自助图书馆需求较多的图书种类。

调研结果显示,16岁以下读者需求的图书种类主要是文学艺术类和少儿读物,16—24岁读者需求的图书种类主要是文学艺术类,25—34岁和65—74岁读者需求的图书种类主要是生活保健类和文学艺术类,35—44岁读者需求的图书种类主要是文学艺术类、生活保健类和经济管理类,45—54岁读者需求的图书种类主要是生活保健类、文学艺术类和科学技术类。具体情况见下表。

不同年龄段读者希望借阅到的少儿读物图书类别 单位:%

图书种类	16岁以下	16—24岁	25—34岁	35—44岁	45—54岁	55—64岁	65—74岁
人文社科	22.00	27.85	29.26	28.81	37.93	30.43	0.00
经济管理	2.00	28.48	39.74	40.68	27.59	4.35	0.00
文化教育	30.00	22.78	21.40	24.58	34.48	21.74	0.00
文学艺术	56.00	56.96	41.48	48.31	55.17	17.39	50.00
科学技术	22.00	32.28	28.82	33.90	48.28	30.43	0.00
生活保健	16.00	36.71	53.71	44.92	65.52	60.87	100.00
少儿读物	54.00	5.70	17.90	31.36	13.79	4.35	0.00
期刊杂志	4.00	7.59	6.55	2.54	10.34	17.39	0.00

注:加下划线部分为不同年龄段读者需求较多的图书种类。

(2)纸质图书采购原则

- 注重纸质图书品种的时效性、可读性、易流通性。
- 重点为文学艺术类、生活保健类、经济管理类、科学技术类、人文社科类、文化教育类、大众及少儿读物等。
- 兼顾品种与复本,复本量适当控制,通过流动循环服务避免因时间的推移大部分图书失去使用价值。

(3)电子资源采购原则

- 以图书馆已有的电子资源为主,获得在自助图书馆环境下的资源使用许可。
- 电子报刊以地区性、新闻性、时政性、休闲娱乐类为主。
- 动态信息资源以图书馆服务资源宣传、自助图书馆品牌形象宣传信息为主。

2. 采购与加工组织

(1)采选图书

自助图书馆的文献可与图书馆已有的阵地文献服务的采购预算整体打包,也可按专项独立规划预算。

以近两年出版的文献为起点,注重出版社的选择,兼顾服务机书盒的规格。品种选择上可参考以下信息:

- 近几年专业机构和主流媒体评选的年度优秀图书。
- 国内主要图书卖场和销售网站的图书销售排行榜。
- 出版、阅读类报刊的推荐书目。
- 国内发达城市图书馆的外借排行榜。

(2)加工与入藏

自助图书馆的图书与馆内流通文献在品种上有一定差距,管理上也应相对独立,以提高自助图书馆文献的周转率。为便于分拣和挑选,可在自助图书馆的文献上粘贴独立、明显的区分标识。即使有了自动分拣系统,在很多情况下依然需要人工识别。

宜建立相对独立的自助图书馆调配书库,将专门为自助图书馆采购、调配的文献单独入藏,按库进行管理。

【案例】自助图书馆图书采购、加工及典藏相关原则

- 采购:为保证自助图书馆图书的可读性和时效性,该部分图书采用指定目录供货和现场采购两种方式。
- 加工:开通图书编目加工“快速通道”。
- 入藏:建立自助图书馆调配书库,由物流中心代管。
- 剔除:破损图书由图书馆根据相关规章制度进行剔除处理。

3. 年度增购及总量保障

(1)数量规划

自助图书馆的文献调配及中转需要一定的数量支撑。在进行数量规划时,需要依据服务机的存放容量、在架图书的满架率要求、服务效果预期及借阅周期进行整体测算,分批补充。

【案例】深圳的自助图书馆服务机在架图书容量为400册。按照每天被借出100本,借阅周期为30天计算,每台自助图书馆服务机宜配备的调配文献总量为3000册,即需要保持一个借阅周期内图书的满架率。

(2)复本控制

由于图书具备一定的时效性,在进行自助图书馆文献采购时,须结合图书馆的文献购置经费、自助图书馆服务机的数量、各类文献的时效性等,合理控制文献的复本。如100台自助图书馆服务机,不一定要配备100个复本,以免在1—2年内就有100个复本失去使用的价值。

4. 服务机日常轮换更替

自助图书馆主动配备的文献品种与复本量都不会太多,轮换更替就成为物流的日常工作。主要采取以下两种方式:

(1)按服务点排队

建立服务点队列。所有新入库资源,按队列依次进行分配,每个服务点只分配一两个复本。假设B服务点为A服务点的下一个延续点,则A服务点还回的图书,在B服务点上架。

(2)在片区内循环

将服务点划分为不同的片区,单个片区内服务点数量不宜太多,且距离要比较近,建立片区内的队列。所有新入库资源,按照片区总数进行合理分配和发放,单个片区内图书复本较少。片区内部按照时序进行延续轮循。假设M片区内有M1、M2等几个服务点,则M1服务点还回的图书在M2服务点上架,在M2服务点下架的图书在M3服务点上架。

三、共享与调拨

图书馆服务最重要的基础是资源,而资源的归属性是影响图书馆利用率的障碍。城市各个图书馆文献资源如能部分为自助图书馆服务,无疑可以减轻政府的压力,同时也能盘活各个图书馆的资源。

城市各个图书馆参与自助图书馆网服务主要有两种方式:

1. 多馆调拨补充调配库

各图书馆结合自助图书馆调配文献的采购原则,在确保本馆服务的基础上,适当调拨本馆的文献资源,特别是补充品种。

作为自助图书馆调配服务的文献应按照自助图书馆的服务要求,进行必要的分编加工,在来源上予以区别,在标识上(如加贴色标标签、形状标签、文字标签)体现资产所属,且在统计上能够独立。

【案例】各图书馆向自助图书馆调配图书

2009年,深圳大学图书馆和深圳大学城图书馆向深圳图书馆管理的自助图书馆调配书库调拨了一批图书,经加工后纳入自助图书馆配送服务体系。

【案例】各区图书馆也成为自助图书馆调配文献的来源之一

2012 年 4 月，深圳图书馆与 6 个区图书馆实现了统一服务，深圳图书馆不再是自助图书馆调配书库的唯一文献提供者，各区图书馆在保障本馆服务的基础上均可向辖区内的自助图书馆服务点配送文献。

2. 资源共享组建预借库

由于服务机文献容量有限，其文献品种并不能完全满足读者的需要，预借服务则是有效的补充方式。但预借服务的正常、有序开展很大程度上依赖于可预借资源的完备性、管理的精确性。

建立预借书库是满足读者预借请求的前提和条件。城市各个图书馆均可组建小规模的预借库，有条件的地区可以集中建立大型预借库。预借库中的文献可来自各个图书馆，但入库文献必须纳入预借服务体系，统一揭示，统一配送，统一服务。

预借书库主要具备以下特点：

（1）品种完备

与调配文献不同的是，预借书库的配置应相对侧重图书种类的完备性，入藏复本量不宜过多，如 2—3 本。在文献流通一段时间后，必须适时抽取品种，为预借服务的持续发展提供保障。

（2）闭架管理

预借主要针对闭架管理的书库，属于保障性阅读。

（3）精确排架

为提高效率，预借库应采取精确排架方式，如利用 RFID 层架标标识系统进行定位、采集、上架，从而能够快速、准确地找到读者所预借的图书。

（4）请求响应

为及时响应读者预借请求，还需配备人员受理预借请求，实施预借文献下架，与物流进行预借文献交接等。

【案例】深圳图书馆于 2008 年 7 月将闭架管理的调配书库改为预借库，经过整理和重新定位采集，目前已初步建成了品种丰富、排架精确的预借文献保障库。截至 2011 年 12 月，累计入藏图书近 30 万册，实现预借 20 万册/次，预借满足率 95% 以上。

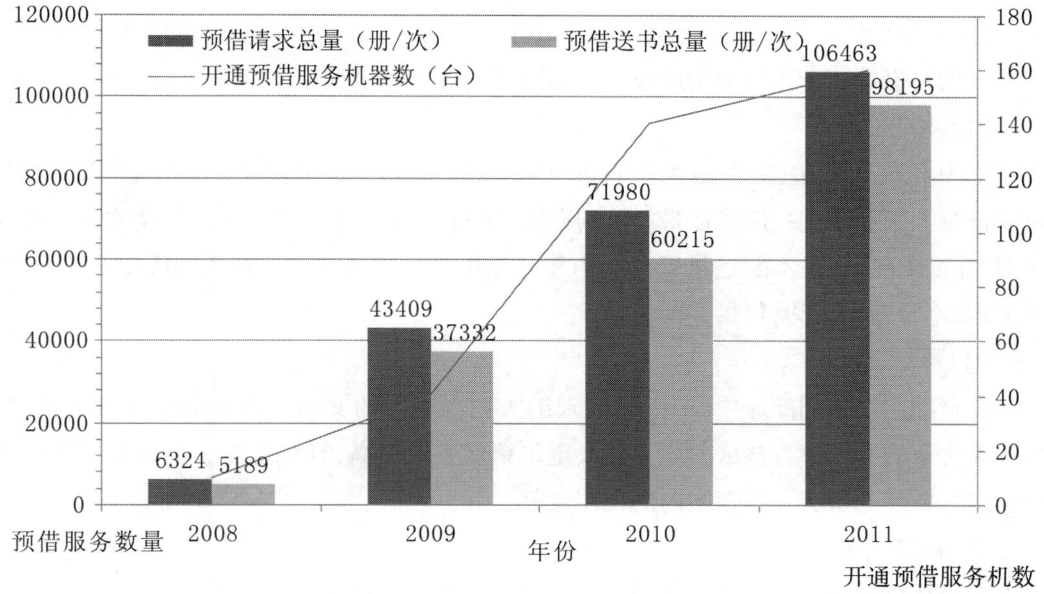

第二节　文献资源调配中心管理

文献资源调配中心是自助图书馆文献的重要中转站和后备书库(调配库)。自助图书馆文献还回下架后可进入调配中心中转、暂存与轮换调拨,而利用调配库可及时向自助图书馆补充资源。

以调配中心库的模式来对自助图书馆网的文献进行统筹管理可以极大地提高自助图书馆文献的流通管理效率。按功能类型分区组织调配中心库,并对图书和架位实施精确定位,流程化管理,便于对文献进行精细化管理。

一、书库总体规划

1. 管理模式

自助图书馆调配中心不仅需要运送,也需要一定的场地,这对于项目的实施方是一个极大的难点。如果可能,应尽量由政府提供场地,建立调配库和必要的作业区,将调配库和作业区一并交给负责配送的社会化物流公司管理。如场地不足,可先保证书库的面积,作业区由物流自行解决。因为,社会化的物流是动态的,随着每年的招标会改变,而书库则很难不断迁移。如确实没有场地,只能采取调配中心整体外包的模式,交由自助图书馆的物流配送单位予以管理。

无论场地归属如何,自助图书馆配送中心日常调配业务应由物流承担,这样既减轻了图书馆的管理压力,也提高了自助图书馆文献调配的效率。调配中心所处地理位置及交通条件对自助图书馆网的运营和发展起着重要作用。

2. 功能分区

自助图书馆调配库依据响应级别的不同可划分3个区域:

(1)主动配送区

指为自助图书馆主动配送所准备的文献,文献存放及定位精度要求较低,需要实时可以进行上架和调配。应采取最经济的办法,实行重点管理。该区域主要存放刚入库的新书,保证10日内基本配送量即可。由于主动配送区的文献周转非常频繁,出库、入库周期短,不宜开放借阅,仅供调配。

(2)预借文献区

在自助图书馆调配库中,一段时间未纳入主动配送的文献均应响应读者预借请求,以提高文献的利用率。该区文献存放及定位精度要求较高,其范围应包括调配库中除主动配送区以外的所有一定年限内的可用文献。

(3)后备文献区

主要存放时限过长的文献和利用率已经下降的文献复本,以及其他待处理的文献。

各区域文献可实行双向动态调配管理。如主动配送区利用率下降的文献可向预借文献区调配;预借文献区已过时的复本可向后备文献区调配。反之,当主动配送区文献不足时,要从预借服务区调拨复本到主动配送区。

二、书库业务组织

1. 架位组织

书库须配备书架,书架上须有清楚的类目和编号等,便于图书分类存放和找寻。按照书库功能分区,实施文献调配与架位组织。安排专人负责书库管理及进出库业务,配备数据采集设备。

2. 出入库管理

图书入库时,须采集每本书的标识,并对安全位进行必要的处理,按区、按类存放。图书出库时,须采集每本书的标识,并对安全位进行必要的处理,按单出库。图书交接时,须核对交接图书的数量、条码号,由相关人员签字确认。

3. 配书管理

按照配书任务单,首先按照书库的排架方式归类,规划好配书路径,分批次拣选。配书完成后,须采集每本书的标识,做“下架”处理,使图书进入,清除图书的存储架位号信息。

拣选出来的图书按照拣书任务单装箱,进行出库和交接。做过“下架”处理可不再进行出库登记,可采取整批核对方式。

4. 架位整理

应定期对架位进行整理，保证在架文献的整齐、有序，标识统一、规范。定期进行文献架位检查，确保文献架位信息的准确和可靠。当发现图书标签阅读故障或借还安全位数据异常时，应及时移送图书馆处理。

5. 文献清点

应定期利用清点设备对书库内的图书进行清点，并与馆藏数据核对。清点结果须有相关作业记录，并整理和形成清点作业报告。对存在误差的数据需要及时进行排查、跟踪和解决。

【案例】深圳的自助图书馆调配中心以整体外包的形式，由自助图书馆物流配送单位进行管理

(1)新书交接：图书馆—>物流中心

每批新书加工、典藏完成，由图书馆通知物流单位取书。交接时采取登记装箱方式，各方签单留存。

(2)回收图书：物流中心—>图书馆

回收图书包括破损的图书、自助图书馆服务机垃圾箱里无法正常识别的图书、利用率低的图书、读者还书未成功的图书等。

送回图书馆的各类图书必须履行交接手续，区别不同的情况予以处理。

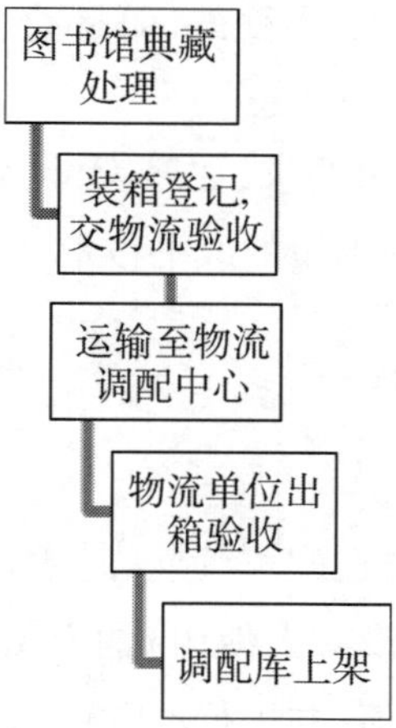

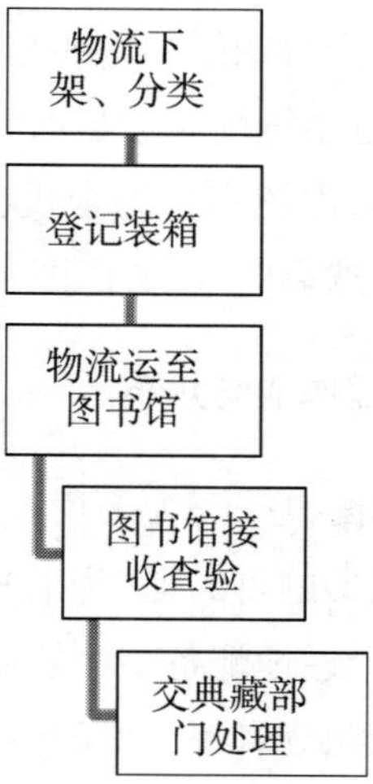

三、书库安全管理

(1) 书库环境安全

调配库建设需符合图书的基本储存条件，湿度适宜，通风良好，配备消防设施，不得与其他无关物品混合存放。

(2) 文献配送安全

须保证文献在配送、运输、上架、回收及到馆交接等过程中的财产安全,交接数据、中心数据库数据与实体保持一一对应。

(3) 书库管理安全

进出书库的作业人员需得到授权,出/入库门禁由专人管理,文献出库必须登记,批量作业必须监管到位等。

第三节　文献资源选配

有了资源,有了调配中心,就要进行日常的文献资源选配、下架,送交运送团队。虽然自助图书馆的架位有限,但却更贴近读者,其文献资源调配的合理性、周期性就直接影响到自助图书馆的利用率。

一、选配原则与依据

不同的服务点类型有不同的服务群体及阅读倾向,阅读的图书品种、借还周期都存在差异。可据此建立自助图书馆的文献配送需求模型,形成基于文献总量的宏观调配原则和基于单个自助图书馆的在架调配原则。模型并不是一成不变的,而是动态修正与调整的,即通过系统的服务数据分析或在架文献的滞架分析予以改进。

同时,自助图书馆为全机械化操作,对图书规格有一定要求,如厚度、尺寸、装帧等。在进行文献选调时,应考虑图书规格,以及是否适合自助图书馆的取书技术。

二、选配作业与规范

1. 主动配书——为书找人

主动配书的目的是"为书找人",吸引读者阅读。既要选配可读性、时效性较强的文献,也应选择性地配备一些低流通率(原来低不等于现在没有人使用)的文献,利用自助图书馆送书到读者家门口的特点予以推送,挖掘其利用价值,并进行动态跟踪。

主动配书作业流程:按照服务点类型创建配送单模板→系统依据空架文献数量、规格,生成选配作业任务单→按照选配任务单进入书库配书→按服务点、按单装箱→出库后按服务点、按单进行现场配书作业。

2. 预借送书——为人找书

预借送书是一种被动性的配书服务,主要是为了满足读者的个性化阅读需求,方便读者就近获得图书。找书作业人员应降低不必要的搬运和重复的操作,充分利用信息系统优化找书线路,按最短行驶路径生成配书单。

预借送书作业流程：响应读者预借请求→生成预借配书单→到预借库找书下架→按服务点、按单装箱→出库后按服务点、按单进行现场配书作业→系统自动发出读者取书通知。

【案例】深圳图书馆开展的预借送书服务主要以自助图书馆为取书网点，并组建了专门的预借库。

预借规则：读者提交预借请求后，图书馆将在2天内响应读者的预借请求，并将适合规格的文献送到指定服务地点；读者收到预借受理成功、图书已上架的信息提示后，须在2日内到指定取书地点进行预借文献借书操作；2日后读者若未完成预借取书，则造成预借资源的浪费，所预借图书不再锁定，并记读者违规一次；累计违规3次则暂停预借服务权限半年。

服务流程：读者在网上查找所需文献、选择就近的取书点、提交预借请求→图书馆每日定时响应读者预借请求，组织工作人员进入闭架预借库索取图书→对预借文献进行下架，并按照取书地点进行打包→与物流配送工作人员定时进行预借文献交接→物流调配中心次日按照服务点进行线路分发→线路作业人员根据地点进行预借图书的上架→文献上架时系统触发预借文献到达状态更新，发送到达短消息通知→读者通过短消息或者登录“我的图书馆”，获取预借文献到达信息→读者到指定地点取到预借图书。

3. 主动回收与再分配

系统对服务机在架文献的整体利用情况进行监控，定期产生某服务机架位调整任务单，以提高在架文献的可用性。服务机的架位整理主要针对滞架书和错架书。滞架书指在一定时间内未被借阅的在架文献，主动下架回库或转运其他服务机是十分必要的。错架书指由于各类技术原因，造成服务机信息与网络中心信息不一致，表现出图书在服务机上“错架”的特殊情况。

滞架书下架作业流程：系统按照滞架书判定规则定时生成下架任务单→现场作业人员依据下架任务单批量予以下架→送回调配库重新进行调配。

错架书清理作业流程：系统按照服务机在架数据核对中心数据生成错架书清理单→现场作业人员依据错架书清理单进行架位清理→确实存在问题的送回图书馆核对。

4. 电子资源推送

（1）电子报刊

电子报纸资源推送流程：制定自助图书馆电子报纸发布框架→定期合法采集电子报纸资源→自助图书馆定期定时更新本地电子报纸资源→读者阅览本机电子报纸资源。

电子期刊资源推送流程：制定自助图书馆电子期刊发布框架→引进图书馆本地化的电子期刊资源→读者阅览图书馆的电子期刊资源。

（2）信息公告推送

信息公告推送流程：制定信息公告推送发布框架→定制图书馆的公告信息、图书推荐信息、服务规则信息等→定时进行更新与维护，在自助图书馆服务机上予以推送，便于读者对自助图书馆及图书馆整体服务的了解。

（3）音视频资源

音视频资源推送流程：制定音视频资源服务规则与发布框架→合理选择音视频资源来源与素材→定期对服务机的音视频资源更新与发布（可在闲暇时传递，也可人工更新）→读者现场欣赏和浏览。

第四节　文献资源利用评估

文献资源利用评估是对自助图书馆现有文献资源调配体系的各个组成部分进行检测、作出评判的过程，它包括对调配文献数量、文献构成以及文献资源满足读者需求的程度等各个指标进行综合分析和总体评价。

通过文献资源利用统计、分析，结合读者的评价与反馈，可以了解自助图书馆文献资源的利用情况，掌握文献的调配与运转的合理性，为图书馆决策层在自助图书馆文献配置、管理，以及自助图书馆建设方面提供依据。

一、文献资源配置分析

1. 文献数量分析

自助图书馆调配文献必须达到一定的总量，且每年必须达到一定的更新率，其主要的指标包括：

● 总量保障率 = 调配库文献册次总量/辐射区域内服务读者量（千人）。该指标主要评估自助图书馆调配文献的总体保障能力。

● 单机文献保障量 = 调配库文献册次总量/当前自助图书馆服务点数量。该指标主要评估单台自助图书馆调配文献的配备保障能力。

● 新入库文献增长率 = 按月（按年）新入库文献量/当期调配库文献总量。该指标主要评估自助图书馆调配文献的更新补给能力。

通过以上指标的分析，可以反映出自助图书馆调配文献的保障能力。

2. 文献构成分析

自助图书馆调配文献应逐年更新，品种与服务点类型相适应，复本与服务机数量相匹配，并依托服务机功能的改进不断丰富载体类型，其主要的指标包括：

● 时间构成。文献的时间结构标志着文献的新颖性，新文献的比例越大说明整个文献调配体系越活跃。

● 品种构成。文献资源体系中各个类目文献的比例构成，这些比例与自助图书馆服务点的类型及分布是否相符合。

• 载体构成。文献资源的载体多样性，如电子资源、视频资源、公告信息资源等。

通过以上指标的分析，可以反映出自助图书馆调配文献的保障质量。

二、文献满足度分析

自助图书馆配备文献的目的就是满足读者需求，文献的价值只有在不断的流通和被利用中才能实现。文献资源满足读者需求的程度主要依据流通过程中积累的统计数据进行评价。

1. 借阅满足度

分析文献的借阅率和滞架率，可以掌握调配文献的总体利用情况和文献配送的实际效果。

• 总量借阅率 = 借阅文献的总数/调配库文献的总量 ×100%；

• 总量滞架率 = 1 - 借阅率；

• 单机借阅率 = 单台自助图书馆借阅文献的总数/调配文献的总数 ×100%；

• 单机滞架率 = 单台自助图书馆滞架下架文献的总数/调配文献的总数 ×100%；

2. 预借满足度

分析预借完成率、预借拒绝率可掌握自助图书馆预借文献服务的实际效果。

• 预借完成率 = 成功下架图书总量/成功预借取书总量 ×100%；

• 预借拒绝率 = 1 - 成功下架预借图书总量/预借请求总量 ×100%；

3. 品种满足度

即某类藏书流通量占全部馆藏流通量的百分比。流通—藏书比的理想值为 1∶1，即某类文献的流通量与其在馆藏中所占份额相当。

4. 复本满足度

某类图书流通量可以分别用流通册次和流通种次数来统计。流通册次—流通种次比反映读者对某类文献复本的需求，可用于评价调配的复本量是否合理。

三、读者评价分析

读者评价主要依据日常业务工作中读者的主观评价积累、总结，也可组织针对所有自助图书馆用户群体的抽样调查，对文献配备的期望值、满足程度进行统计分析，获取更为详尽、准确、系统的文献资源评价数据。

【案例】2011 年 2 月深圳图书馆委托第三方单位提交的《城市街区 24 小时自助图书馆运行及服务效果调研分析报告》——调配图书满足率调研

调研结果显示，图书管理与读者的需求有一定的差距，读者对图书管理指标的满意度评价（70.97 分）是各二级指标评价中得分最低的。具体体现在以下 3 个方面：

（1）图书更新速度有待进一步提高。调研结果显示，读者对图书更新速度的满意程度相对较低，为 68.88 分，是各三级指标中得分较低的。

(2)图书种类有待进一步丰富。调研结果显示，读者对图书种类的满意程度相对较低(70.30 分)，如有读者反映“图书种类太少，自助图书机里的书换来换去还是那些书”。同时在运行机制各细项指标的合理性评价中，图书配置合理性的得分最低(74.95 分)。

(3)图书质量有待进一步改善。调研结果显示，读者对图书质量的满意程度相对较低，为 74.09 分，低于自助图书馆服务总体满意度水平(74.45 分)。如读者反映：“有一次我借了同一个出版社的几本儿童读物，有好多错别字，但是看来看去也不像盗版书，不知道是怎么回事，就是感觉不太好，我觉得图书质量方面要多加注意，尽量避免出现盗版书。”

第二章　自助图书馆网物流配送保障

自助图书馆网是开环系统，运行在网络节点与图书馆节点之间的物流配送是必需的。自助图书馆网的物流在配送线路、配送频率、作业范围、作业种类等层面需要科学规划、合理组织，同时，自助图书馆网物流配送有较强的专业性，需要标准化的作业流程和操作规范。

自助图书馆网的物流是自助图书馆日常运营保障的重要组成部分，在自助图书馆运营中占有十分重要的地位，是自助图书馆运行和管理模式实现的关键。自助图书馆系统依托的是整个网络的服务，不是单个设备。特别是当自助图书馆与各个图书馆之间实现文献资源大流通、大循环时，日常的物流与配送更是不可缺少。

第一节　物流规划与组织

自助图书馆物流在处理基本的配送任务外，还需要承担文献分拣与转运、现场服务与辅助核查等其他相关业务。物流需要根据自助图书馆网的仓储、调配、运输、上书等业务内容配备不同种类的作业人员。

一、物流配送业务

自助图书馆网物流管理对象包括图书、读者证及耗材、现金和自助图书馆服务机。其业务主要包括资源配送及装配、文献分拣与转运、服务机现场服务与辅助核查等。

1. 资源配送及装配

- 负责图书馆与自助图书馆调配书库、自助图书馆服务机之间的图书、读者证、耗材等的定点配送、装配工作。
- 到预借库取预借书，按照预借图书配送单要求，配送至各自助图书馆并上架。
- 依据图书配送任务单，进行自助图书馆图书配送和上架，保证配送后各自助图书馆书架的满载。
- 依据读者证配送任务单，进行自助图书馆补证，保证办证业务的正常进行。
- 响应自助图书馆缺纸报警，及时更换打印纸。

2. 文献分拣与转运

- 对自助图书馆服务机还书箱的图书进行清点和回收。对还回自助图书馆的图书，按照馆藏地点进行分拣，将各图书馆外借区的图书、预借库图书、自助图书馆调配库图书、异常图书分送各图书馆和自助图书馆调配书库。

• 对于流通率低的自助图书馆在架图书或较长时间内未取的预借图书，将生成主动下架任务单，物流应进行自助图书馆服务机对应架位的图书主动下架和分拣转运。

• 依照图书馆要求，提供图书馆与自助图书馆调配书库、自助图书馆调配书库与自助图书馆服务机、图书馆与自助图书馆服务机之间物流的其他转运工作。

3. 现场服务与辅助核查

• 指定专门的现金管理工作人员，定时对读者在各自助图书馆服务机上缴纳的现金进行收取，并按照图书馆财务管理要求，定期上交和结清。

• 自助图书馆相关的异常流通业务现场服务及处理，如异常还回图书的现场收取、异常收钞办证事务的现场处理等。

• 对自助图书馆服务机的现场运行状态、运行稳定性进行现场检查，发现异常情况需及时通知图书馆，并定期进行汇总。

• 其他与自助图书馆各服务点相关的现场取送（包括宣传材料、各种收据材料等）及现场作业（如宣传材料的粘贴等）。

二、物流配送策略

1. 集中配送

在适当的地方设置配送中心，由配送中心组织配送活动，以配送中心为基地进行集中和理货，然后统一进行运送。这种配送方式可以控制物流成本，集中存储资源，并能减少不合理的配送现象。

2. 计划配送

按照地理位置和预计配送量将配送点划分若干区域，按照拟定的配送计划实施配送。按照路线依次配送称之为“定线配送”，按照规定的时间配送到点称之为“定时配送”。二者均可称为计划配送策略。计划配送可平衡日常物流量，并提高设备、人员的作业效率。

3. 共同配送

当存在多个物流时，可采取相互协作、联合运作、共同送货等活动方式进行配送组织，如组建综合性的“共同配送中心”，达到集散、仓储、配送等全面协作；也可以采取分片区包干的模式，组建多个“配送中心”，但要求资源及信息可以共享、互通，便于图书馆进行调度和管理。

鉴于自助图书馆的特点，理想的共同配送策略难以实现，协调管理难度较大。宜选择建立集中的配送中心，划分不同的线路，以总调度方式，集中选配和分拣，定线配送。

三、物流人员管理

1. 人员构成

物流人员至少需包含以下几类：

- 高级管理人员：负责物流的全面管理，协调各个环节，分析优化作业流程，对整个配送项目规划发展起到重要作用。
- 物流调度：监督、控制具体作业，派发任务，实施现场作业组织。
- 配送人员：负责运输环节及现场作业。
- 驾驶人员：负责驾驶车辆，并参与配送。
- 财务人员：负责收取钱箱、与图书馆财务进行结算。

2. 培训指导

自助图书馆的物流作业任务相对较为复杂，相关的管理人员、作业人员须经过一定的专业知识培训后方可上岗，主要内容包括：

- 图书馆基础知识，包括图书馆学基础、文献分类等知识。
- 公共文化服务的基本礼仪。由于物流在作业时需要现场面对读者和托管单位，因此需要具备基本的公共文化服务理念、基本礼仪和一般服务技巧。
- 现场作业规范。物流人员需按流程进行作业，确保信息准确，任务达成。
- 监控技能。利用监控系统管理物流，了解资源配送情况。
- 使用信息系统：了解相关信息系统的基本流程和操作方法。

3. 其他要求

- 有亲和力，乐于奉献，有较高服务意识。
- 着有明显标识的工作装，佩戴工作证。
- 现金取送人员应具备基本财务知识，定时与图书馆核对和结清。
- 配送驾驶员须拥有相应类型车辆的驾驶证，具备较为熟练的驾驶技能。

四、物流运输管理

物流运输管理主要任务如下：

- 车辆的安排和调度
- 车辆的配载
- 配送路径的最优选择
- 配送运输任务的实时动态跟踪
- 运输异常处理
- 配送运输成本的控制
- 提供各种分析报告以优化配送网络

1. 线路规划

(1) 按区配送

根据自助图书馆服务点数量、分布位置、配送要求等,配备足量的运输车辆用于物流配送,制定合理的配送分区和配送线路。

(2) 行程规划

计划出基本区域和服务点,安排线路也非常重要,应参照行驶方向、服务点配送最佳时间等因素制定出具体行程。每个片区的配送路线的服务点数量不宜过多,每条线路至少需配备1名司机和1名配送人员。

(3) 线路优化

根据运输时段的道路通畅情况,配送运输实际时长,对配送运输线路、配送时间进行综合评估,以期用最优化的线路、最短的到达时间达到最有效率的配送运输效果。当自助图书馆达到一定的规模时,需额外配备车辆,应付异常情况。

2. 车辆配备

物流必须配备合适的运输工具,以期行驶一次完成所有服务点的文献配送。车型自然不是越大越好,可放置一定数量的书箱。有时需要适当改装,预留一部分空间,存放部分备用图书。由于配送的时差,运输车到现场时书架已发生变化,但配书一定要配满,可以用综合类图书递补。

运输车辆为封闭式较佳,车体须有统一的标识,外观整洁。每辆运输车可安装GPS系统,实现配送车的实时定位跟踪。

【案例】深圳市2011年141台自助图书馆物流服务规划方案

一、物流服务线路划分

1. 根据全市新增服务机的布点位置,及所在位置周边的交通状况,将141个自助图书馆物流配送线路调整为12条,平均每条线路服务约12台机。

2. 根据141台自助图书馆布点分布位置及各路段车辆密度和拥堵情况制定的各片区车辆线路配置表

车辆(按点分布)配置			
布点片区	布点机器台数	预配备车辆数	根据各片区配备车辆数目不确定因素
福田区	20台	3辆	市区内车辆拥堵较为严重。
罗湖区	19台		罗湖区经常塞车,多路段限行。
南山区	16台	4辆	配送量比较大。
宝安区	32台		配送范围广,关外道路比较拥堵。
盐田区	15台	1辆	根据现运行配送量。
龙岗区	24台	2辆	布点面积广,道路拥挤。

续表

车辆(按点分布)配置			
布点片区	布点机器台数	预配备车辆数	根据各片区配备车辆数目不确定因素
光明区	8 台	1 辆	布点面积分散,路途远。
坪山区	7 台	1 辆	布点面积分散,路途远。
图书馆	取预借书及送总馆图书	1 辆	每天取预借图书,送回总馆图书,兼做机动车辆。
财务专用车辆		1 辆	取钱箱专用车辆一台。
合计	141 台	14 辆	

3. 具体线路划分:

一号线:15 台(福田区)

二号线:12 台(罗湖区 7 台 + 福田区 5 台)

三号线:12 台(罗湖区)

四号线:15 台(盐田区)

五号线:14 台(南山区)

六号线:10 台(宝安区 10 台 + 南山区 2 台)

七号线:11 台(宝安区)

八号线:13 台(宝安区)

九号线:8 台(光明新区)

十号线:12 台(龙岗区)

十一号线:12 台(龙岗区)

十二号线:7 台(坪山新区)

五、物流作业调度

物流需要有统一的作业调度,主要实施以下工作:

• 制定、监督配送计划。包括制订配送时间表,下达配送任务单,监督物流人员按时间表配送及上架、下架、取读者还书等。

• 管理任务单和交接单。回收物流人员在配送作业完成后的任务单,相关单据应定时复印后交图书馆评估。

• 提供状态报告:当物流配送、装配出现延误等情况时需要出具正式的书面说明报送图书馆。

• 制作统计报表:制作物流配送统计报表,定期向图书馆通报、核对。

第二节　物流作业流程及规范

物流作业交接必须实物与数据一一对应,作业日志、作业内容需要登记在案,确保资产的安全和作业事务的跟踪。同时,物流作业须按照标准的流程实施操作,确保作业流程的规范化,提升作业效率。

物流作业必须遵循一定的规范,这与具体的设备功能和服务项目密切相关。以下主要以深圳市自助图书馆网物流作业为例。

一、物流交接作业

1. 交接分类作业

(1) 与图书馆交接

图书、读者证、现金等在与图书馆进行交接时须有相关的交接事务清单,列明交接物品的名称、数量、明细、日期、交接人员、交接地点等信息,进行交接作业时核对数据和实物无误后签字确认。

其中,图书馆的图书出馆交接主要包括:进馆(读者还在自助图书馆的各馆外借区图书);图书馆向自助图书馆调配库增配图书;在图书馆还回的自助图书馆调配库的图书经物流送还;图书馆向自助图书馆服务机配送预借书。

(2) 与调配库交接

自助图书馆调配库的图书在进/出库时,须有详细的出/入库交接清单,列明出/入库图书的数量、日期、出/入库地点、明细、交接人员等信息。

实际运行中调配库可能也由物流管理,但书库管理与物流运输必须有所区别,不能混淆不清。

(3) 与读者交接

物流在现场与读者进行异常图书、现金、读者证等的交接时,须填写相关的交接事务清单,列明交接物流的名称、明细、地点、事务、交接人员等信息,双方签字确认,并交还读者留存单,相关的交接事务清单应送回图书馆。

图书馆将文献分配到物流中心自助图书馆调配库或是物流中心自助图书馆调配库再将文献交还到图书馆均需改变馆藏地点,表示图书的典藏归属。图书目前的实际位置由服务点表示,平时图书的服务点在“图书馆—物流运输—调配库—自助图书馆服务机”之间变化着。

2. 交接信息管理

交接的目的是让所有相关人员,也包括读者了解到图书的现状,以及物流工作所处的阶段,手续是否完备。交接的信息管理至关重要,必要的信息采集和共享是达成物流管理科学化的重要手段。一般的,处于物流运输中的图书可暂时封闭使用,显示“运送中”,到达图书馆或调配库则按规则启用,这也正是信息管理的必要性所在,即最大限度满足。

(1) 逐本采集

图书在图书馆、调配书库和服务机上采取的管理模式不同,但可以通借通还,这就要求分拣后及时送还,或者仅在一个体系内(如自助图书馆)流动。图书在改变典藏位置时应采取逐本采集的方式,以便在 OPAC 系统中正确显示。

(2) 按箱核对

物流是通过“箱”来运输的,信息系统可以通过“箱”来管理一批图书。如还书即为装“箱”,配送出库、预借下架等也可以同步装箱,这样交接时就可以按照装箱单核对,只要正确则按“箱”整体改变信息系统中的馆藏信息,而不需要逐本采集。

信息管理系统应提供装箱模式,首先产生唯一的箱号,每“装入”一本则使馆藏与箱号相关联。“箱”可以是虚拟的,相当于“批”的概念,尽量使“箱” = “批”,会更便于管理。

(3) 签收归档

除图书外,其他物品一般采取核对签收的方式,相关材料归档,并录入信息系统。

二、转运分拣作业

1. 转运作业

自助图书馆网采取的是大流通模式,图书还回的地点包括自助图书馆和图书馆馆舍。在自助图书馆还回的图书所属又包括图书馆、自助图书馆调配库。物流运输中属于转运的主要包括:物流将自助图书馆服务机还回的属于图书馆的图书送还;物流将图书馆还回的属于自助图书馆调配库的图书送还;物流从图书馆取到预借书向自助图书馆配送。

转运是自助图书馆物流配送中的重要组成部分,严格来讲也是拓展部分。转运由自助图书馆而起,但可能由于全城图书馆的加入愈加复杂。如当多个图书馆加入时,还回的属于图书馆的图书会大幅增加,一部分需要就近送还,一部分要回到物流中心统一调配后分类送还。

2. 分拣作业

针对还回图书,必须寻求更为合理的配送方法,分拣作业是不可缺少的。

(1) 服务点分拣

在服务点现场分拣可有针对性地调配文献,就近处理。

- 自助图书馆调配库图书可作为下一个配送点的补充文献;
- 附近图书馆的图书应合并,就近送还;
- 其他图书馆的图书应送物流中心,归并后由相关的物流线路送还。

(2) 配送中心分拣

在物流配送中心的分拣主要包括:

• 转运分拣。对到达图书按照其所属进行分拣,区分入库、转运。如需转运则要区分待转运的线路。

• 入库分拣。对需要入库图书按照书库的文献组织方式进行分拣,以便进入不同的区域,甚至到达指定地。

• 出库分拣。出库分拣主要是对资源按照目的地进行分类、打包或装箱,便于配送。

自助图书馆还回图书运送路线

自助图书馆还回图书运送:自助图书馆→物流中心→图书馆

为使图书加快流通,物流服务车按分工每天至少寻访一次各自助图书馆服务机,取回所有还书箱的图书。取书时需区分自助图书馆调配库图书、图书馆图书、问题图书。

图书送达自助图书馆调配库要办理交接手续,图书馆的图书及问题图书需要送还所属图书馆。

物流调度人员从监控系统掌握每个自助图书馆服务机的书箱状态,书箱已满报警后必须尽快取书,在未报警情况下按计划路线取书。

图书馆还回图书运送:图书馆→物流中心→调配库

一部分自助图书馆调配库图书被读者还到图书馆馆舍,需将其分拣出来,交物流人员运回调配库。

三、服务点作业

即物流人员在服务点现场需进行的所有相关操作。物流车辆到达目的地现场后,由物流人员进行配书上架、主动下架、收取还回图书、辅助核查和读者现场服务等业务。

为确保现场作业流程的标准化和规范化,作业人员需要凭借作业管理员卡登录认证,获取作业授权后,服务机安防状态得以解除,方允许其进行现场作业。作业完成后,须退出认证,开启服务机的安防状态。作业离开之前,作业人员需要在现场的纸张作业任务单上,对本次现场作业数量、任务等情况予以登记。

自助图书馆服务点物流作业记录表

文件编号：

服务点编号：____________ 服务点名称：_______________ 物流线路：_______________ 月份：_____年____月

序号	日期	到达时间	离开时间	主动配书数量（册）	预借书上架（册）	还书箱收取（册）	主动下架数量（册）	补证（张）	补纸（卷）	还书箱实际数据减系统数据	任务单编号及处理结果	外设检查	系统检查	表体清洁	其它	作业人员签字
1																
2																
3																
4																
5																
6																
7																
8																
9																
10																
11																
12																
13																
14																
15																
16																
17																
18																
19																
20																
其它情况说明																

1. 主动下架

凭管理员卡登录认证，获取作业授权→按照下架作业单依次进行主动下架作业→下架完成后，打印下架作业单，注意与后续的还书箱数据进行核对→退出作业界面，复位系统。

一定时间内无人借阅的滞架图书应由物流配送中心定时主动生成下架作业单，保证在架图书适时更新和调配。同时，服务机上由于系统故障或网络故障造成的架位号紊乱、状态异常的错架图书，也应由物流配送中心定时主动生成下架作业单，交由现场作业人员进行主动下架。

自助图书馆服务机现场作业系统可内置上述主动下架模块，由后台系统按照一定的设置策略生成主动下架作业定时任务，在服务机作业空闲时自动批量下架。

2. 配书上架

凭管理员卡登录认证，获取作业授权→将补书入口置为开启状态→从补书门口按照架位号进行空书盒位置的图书补充及上架，优先上架预借图书→上架完成后，打印上架补书作业单，核对数量和题名信息→锁好门并进行检查，退出作业界面，复位系统。

每次上架的图书要和出库每个点的打印单数据一致，方便图书馆管理员的数据核对。

调配补书量不足以补满空架位时，可在还回的图书中选取一些内容比较好和借阅量大的自助图书优先上架。

3. 收取还书

凭管理员卡登录认证，获取作业授权→将取书箱入口置为开启状态→按照还书箱号逐个进行还回图书收取作业，单个书箱取书完毕则需要放回归位，作业时核对实物与界面数据的一致性→上架完成后，打印取书作业单，核对数量和题名信息→复位还书箱→锁好门并进行检查，退出作业界面，复位系统。

取出的书要整齐摆放，自助图书馆和各个图书馆的书要分开放。

4. 财务处理

由于收钞箱比较特殊，为确保资金安全，要求物流单位指派专门财经人员，按照独立的作业线路进行现场收钞、结算及卡、钞故障处理等工作。事实上，财经处理也可并入物流配送线路。

5. 辅助核查

(1) 补证

凭管理员卡登录认证，获取作业授权→检查是否有补证任务→如果有补证任务，则将证卡箱入口置为开启状态→补充读者证→打印补证作业单，核对数量→锁好门并进行检查，退出作业界面，复位系统。

图书馆根据各服务机上每日现存证卡的监控结果下达补证要求。证卡由图书馆集中定期交接给物流单位。紧急情况下，如单台自助图书馆服务机存证卡少于10%—30%，物流人员须在下一次作业时及时补证。

(2) 补打印纸

凭管理员卡登录认证，获取作业授权→检查打印机硬件状态，确认是否需要进行打印机耗材补充→如果需要补充打印纸，则将打印机补纸入口置为开启状态→更换或补充打印纸→打印测试，确认打印机工作正常→锁好门并进行检查，退出作业界面，复位系统。

图书馆根据服务机的打印机资源监控状态下达打印机补耗材要求，要求物流作业人员在下一次作业时及时进行补充和换纸。

(3) 系统监测

对自助图书馆服务机运行状态、机体完好程度、安全门锁的完好性进行现场检查，发现故障及时通知图书馆，并负责服务机体表的日常清洁。

结合具体的天气情况，对自助图书馆周边环境的安全性进行检查，涉及户外棚、防雨防晒防风等，并将异常情况及时通知图书馆。

物流巡查事项登记

备注:各项正常记"0",故障记"1"

区域	服务点	编号	灯光			摄像头		主控机		查询机		浏览屏	打印机	还书箱	书架		各种门轴				各种出口			海报	警报器	其它
			书架灯光	LED灯	棚内灯	外设	内置	显示器	操作键盘	显示器	键盘(鼠标)				书盒	链条	维修门	补书门	电子轴	还书门	出卡口	借还书口	收钞机			
福田区	深圳图书馆	1																								
		41																								
	市民中心地铁站	3																								
	彩田村	4																								
		5																								
	益田村	6																								
		7																								
	梅林一村	8																								
		9																								
	天安数码城	14																								
	皇岗社区	22																								
	福田新洲	24																								
	福田车公庙	42																								
	福田福源花园	51																								
	福田豪园居	52																								
	香蜜湖	56																								
	皇岗口岸边检	76																								
	园岭长城花园	80																								
	福田景田北	124																								
	皇岗上围	128																								
	福田上沙村	139																								
	南山区南园社区	2																								
	桃源村	10																								
		11																								
	[illegible]	21																								

6. 现场服务

按照图书馆发送的任务通知单，当有读者需要提交异常图书时，在到达服务点前及时电话通知该读者，与读者交接签收。

对于自助图书馆的各种相关材料的取送服务也是自助图书馆配送服务的一项工作，如与服务点所在托管单位定期结算资料的收取、宣传品材料的现场粘贴等。

自助图书馆取送任务单[第一联：图书馆留存]

	任务编号：No.	2011050403	
任务状态	□尚未未处理	□等待处理	□已处理完成
任务日期	20110504	工作部值班人员	李星光
任务地点	[097]F518时尚创意园	物流值班人员	
任务对象联系人	张小姐	联系方式	29518518
任务事件及要求	到管理处1楼找张小姐取回自助图书馆2011年1月-3月电费收据、收款账户、开户行信息等资料。		
处理日期	20110505		
备注			
工作人员签名		交接人签名	
		深圳图书馆．读者服务部．82841217	

服务类型：日常取送任务

自助图书馆物流作业细则

1. 配书要求

- 图书馆每月交送给物流仓库新书近5000册，在接受新书后，优先进行新书的配送。
- 根据各点需求适当调配：依据读者需求信息，调配图书人各点，满足个性化需求。
- 根据图书馆提供的下架清单及时下架图书，保持在架图书的高流通率。
- 成套图书需按套配书。

2. 补书要求

- 在各服务点补书时，先将预借书上架，若遇某点机器故障，应将该点预借书留到第二天上架，并通知图书馆，由值班人员告诉读者原因。
- 预借书上架时，应仔细确定其大小，上至合适的位置。
- 每日按配书单要求，每机需满额补书。
- 补书时发现无法上架图书，作为问题图书，交回图书馆查明原因。
- 补书完成时需打印补书单，将各点补书单交回调度员，物流中心根据补书单了解补书数量。
- 平时需每天进行补书工作，节假日对流通量较大的服务点需补书2—3次。

3. 还回图书清理要求

- 分类：清理还书箱时，将还回图书按书箱分类为图书馆图书、预借书、自助图书馆图书3个类型。
- 核对：物流中心根据取书箱凭条，核对还回图书数量。
- 找书：根据图书馆找书清单，在各点找出问题图书，集中交回物流中心。
- 分流：将自助图书馆图书交回物流中心，将图书馆的图书、预借书、问题图书交回图书馆。

4. 步骤及时间要求

步骤	单位:秒	单位:分钟
巡视机器	30	0.5
登录平台	10	0.2
检查打印机	60	1.0
下架图书	900	15.0
开锁	10	0.2
补书	300	5.0
取书箱	480	8.0
重新上架	120	2.0
复位、锁门	20	0.3
点数、分类	300	5.0
合计时间	2230	37.2

5. 现场财经作业

单个自助图书馆服务机钱箱内纸币总量达到400张或总金额超过2000元时应及时清缴钱箱。物流财务人员取后直接存入图书馆银行账户，定期凭存款单与中心图书馆财务进行结算。

取钱箱工作可并入其他物流配送工作，而不必等待到达预定值。由于钱箱属于重要部分，适宜在读者量较少时操作。

当有读者发生存款异常故障时，按照图书馆的任务通知，由财务管理人员在到达服务点前通知该读者，进行现场核查，及时处理读者存款异常问题；当发生收款钱箱故障时，财务管理人员到达服务点，协助服务机维护人员处理相关故障。

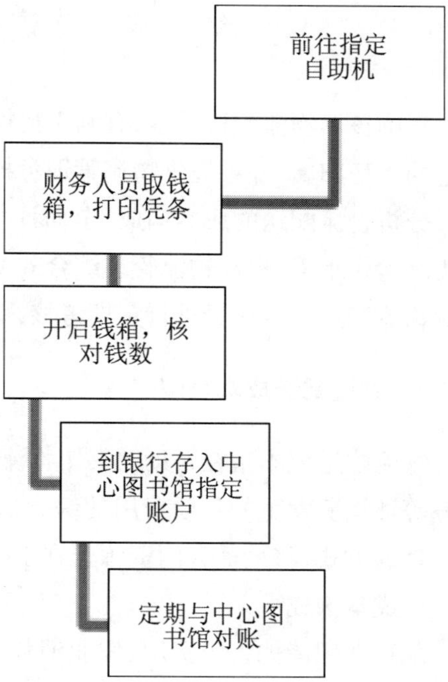

自助图书馆服务任务单[第一联：图书馆留存]

	任务编号：No.		
任务状态	☑尚未未处理	☐等待处理	☐已处理完成
任务日期	2011-05-07	工作部值班人员	万娜
服务机地点	[090]振业城	物流值班人员	
读者姓名	陈小姐	联系方式	13430827647
读者证号			
事件描述	读者陈小姐在90号机存入100元办证，身份证号:44030719950423012x，遇收钞机故障，找到后通知读者来取		
图书名称		索书号	条码号
处理日期			
备注			
工作人员签名		读者签名	
		深圳图书馆．读者服务部．82841217	
服务类型：问题图书收取			

第三节 物流配送成本与质量管理

正确核算物流配送成本,有利于把握物流的实际成本支出,改善管理效率,明确成本发生的责任归属,并可提供物流管理考核依据,促进物流管理合理化、规范化。

分析物流配送的成本构成,全面评估物流配送的数量和质量,是正确评判物流配送的实际运作水平,提高物流管理综合效率,提升自助图书馆网整体服务能力的有效途径。要对物流配送作业质量进行定期考核,并与奖惩措施挂钩。

一、物流配送成本管理

物流配送成本指在自助图书馆物流配送过程中的仓储、分拣、送货、装配及现场辅助服务等环境所发生的各项费用的综合成本。以最少的配送成本、在最适当的时间、通过最合理的方式、将最适合的资源送到正确的地方是自助图书馆物流配送管理的目标。

1. 成本构成

配送费用诸如人工费用、作业消耗、管理费用、资产折旧费用等,将其按照一定对象进行汇集就构成了配送成本。

(1)运输成本

在配送资源过程中所发生的各种车辆费用和运输的间接费用,包括运输车辆的折旧费、修理费、养路费、燃料费、公路运输管理费、行车事故费及配送车辆司机的基本工资和福利费。

(2)分拣成本

指分拣设备或人员在完成分拣、搬运过程中所发生的各种直接费用和间接费用,包括人员工资,设施设备折旧费、使用费、修理费等。

(3)现场作业成本

在现场作业过程中所发生的各种直接费用和间接费用,包括现场作业人员(含上下架、取还书箱、现场读者服务、辅助巡查、清洁、财经作业等)的基本工资和福利费、材料费、辅料费和通讯费等。

(4)仓储作业成本

当物流负责管理文献调配库时,必要的仓储设施和管理、选配人员是不可缺少的,在仓储进出、储存、保管过程中会产生各种直接和间接费用,包括仓库租赁费,管理和选配人员的基本工资和福利费,设施与设备折旧费、使用费、修理费等。

(5)综合管理成本

指物流配送综合管理、调度所产生的各种直接和间接费用,包括办公设施折旧费用、管理人员基本工资和福利费、财务管理费用等。

2. 成本影响因素

影响自助图书馆物流配送成本的因素主要包括:网点规模与分布、配送项目与频率、外部市场影响等。

(1) 网点规模与分布

①目的地数量。由于自助图书馆的物流为集中调度、按线配送,目的地数量(自助图书馆服务点)即自助图书馆网的规模是影响物流成本的首要因素。右图显示了规模和配送成本的一般关系。如目的地规模较大,则配送形成规模效应,单条配送线路可配送目的地数量增加,单台自助图书馆的配送费用也相应有所下降。

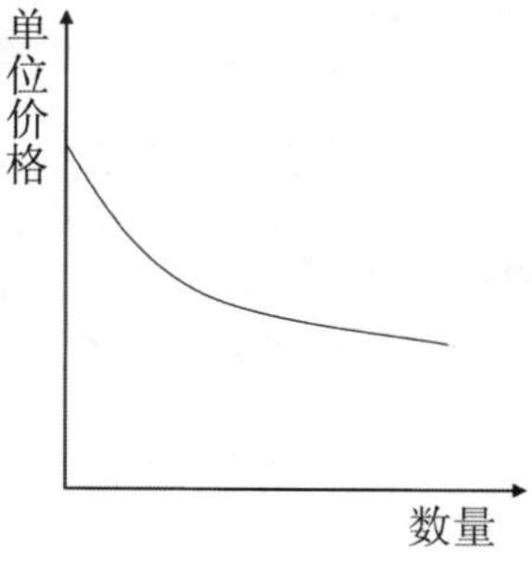

②平均配送距离。距离是影响物流配送中运输成本的主要因素,直接导致人员成本、车辆燃料和维修保养等成本的浮动。下图显示了距离和配送成本的一般关系。成本曲线不是从原点开始的,因为它存在资源配送、收取活动所产生的固定费用;成本曲线随着距离增加而呈增长趋势,距离越远,运输成本增高。

(2) 配送项目与指标

自助图书馆的物流配送所包括的服务项目,如配送运输、分拣转运、仓储管理、现场作业等,都会存在细化指标,即有不同的时效和响应要求,直接影响着配送成本。如:为保证自助图书馆文献及时配备和预借送书服务效果,图书取送频率保持在每日1次,一些处理量较大的服务点须依据实际情况进行2次图书配送和收取。显然,每日1次与每两日1次,其物流配送成本的差距不言而喻;只负责物流配送和现场作业,不考虑仓储管理则物流成本会低些;现场清洁作业、现场核查作业等项目并不属于一般物流服务范畴,如增加这类作业,相应成本将有所增加。

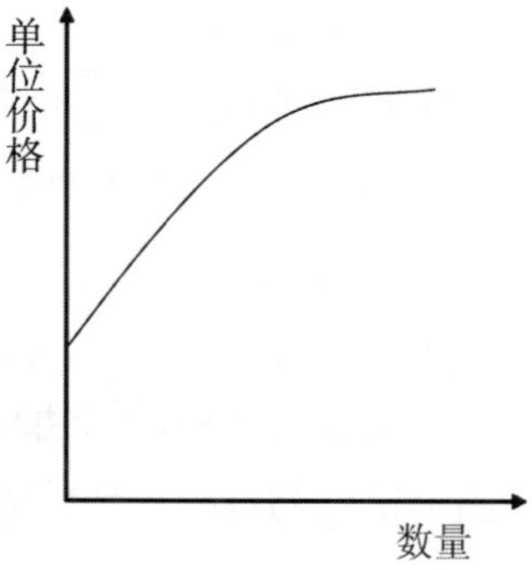

【案例】深圳市自助图书馆配送项目及指标

类型	项目	响应参考指标
配送及装配	上架图书的配送及装配	每台每天至少1次;单点在架图书少于50%时须及时配送
	预借图书的配送及装配	按实际发生的服务点每天配送1次
	读者证配送及装配	单点读者证数量不足报警后须及时配证
	打印纸耗材等配送及装配	单点打印机缺纸报警后须及时装配
	其他辅助性装配	按需配送

续表

类型	项目	响应参考指标
分拣及转运	分拣还回图书及转运	每台每天1次;单点产生还书箱满报警后须及时清理
	主动下架及转运	按需转运
	其他转运服务	按需转运
仓储及管理	图书盘点及核实	每2个月盘点一次
	按照图书馆的分拣要求对文献存储入库	按照分拣入库图书量,每天至少1次
现场服务与辅助核查	现金代取及上交	单点超过1000元需及时取款; 按深圳图书馆财务管理要求,每周结清现金
	现场服务任务单	按需核查
	服务机现场核查	每台每天至少1次,每周提交1次现场巡查总结报告
	服务机清洁保养	每台每周至少1次

(3) 外部相关因素

外部因素指外部人力资源市场、运输市场、城市交通等诸多因素对物流的影响,如人员工资、车辆购置与维护、燃料等费用的上涨等,当地交通规则、交通状况的变化也会导致时间成本变动。

3. 成本控制

(1) 加强配送的计划性和有序性

图书馆与物流配送单位之间需建立畅通的信息渠道,实时共享自助图书馆网的资源状况,使配送依照计划,在可控的路线、时间范围内完成配送,尽量减少临时性、无计划配送。

(2) 合理规划配送片区和运输路线

物流配送单位应针对物流配送中心的选址,制定配送片区规划,选择最合理的配送路线,尽可能缩短运输距离和作业时间。

(3) 建立和采用物流管理信息系统

引进、构建并全面采用基于图书馆自动化系统的物流管理信息系统,可节省劳动力,提高物流管理效率,降低物流成本。如自助图书馆调配库的盘点可在RFID层架标定位的基础上,借助图书馆的典藏管理系统来实现。

二、物流配送质量管理

物流配送质量管理就是全面分析物流作业量、作业规范性、物流资源利用率、作业时间效率和调度管理能力等,针对各项指标进行考核、评估,并依据合同实施奖惩。

1. 作业质量分析

(1) 作业量评估

- 作业总量:实际配送抵达服务点的数量、实际服务天数;
- 配送总量:文献配送总量、主动下架总量;
- 分拣及转运总量:还回图书分拣量、转运图书总量、送回故障图书总量;
- 仓储管理:调配库新书入库量、调配库图书出库量、文献盘点次数;
- 监控及核查:现金收取总量、收取次数、结算次数、现场任务单完成量。

(2) 作业规范性核查

- 配送作业

作业保障率 = 作业的实际次数/(作业的频率天次 × 应工作天数)

主动下架率 = 指定时间段内的下架册次/(服务机架位总量 × 应工作天数)

文献满架率 = 指定时间段内的上架册次/ 外借文献册次

- 财经事务

财经取现率 = 指定时间段内的财经上缴总额/(指定时间段内的财经次数 × 现金代取的要求额度 × 应工作天数)

- 现场任务

现场核查作业完成率 = 完成现场核查任务数量/下达的核查任务单总数

现场服务作业完成率 = 完成现场服务任务数量/下达的服务任务单总数

(3) 物流利用率分析

- 空间利用

储存空间利用率 = 实际占用库存空间/书库总面积

库存周转率 = 出库文献量/(进库资源量 + 当前库存量 - 出库文献量)

- 人员利用

主要从人员编排、工时、岗位、工作量等层面来考核是否充分利用。

- 车辆利用

配送车使用率 = 配送总车次/(车辆总数 × 应工作天数)

车辆平均配送距离 = 配送总距离/配送车总数

目的地平均配送距离 = 配送总距离/(配送车总车次 × 目的地总数)

(4) 时间效率评估

- 进出库业务

每人每小时进库量=进库量/(进库人员数×每日进库工作时间×工作人数)

每人每小时出库量=出库量/(出库人员数×每日出库工作时间×工作人数)

进库作业时间率=每日进库作业时间/每日工作时间

出库作业时间率=每日出库作业时间/每日工作时间

• 分拣业务

每人每小时分拣图书量=指定时间段内的分拣册次/(分拣人员数×每日分拣时数×应工作天数)

单册平均分拣时间=每日分拣时数×工作天数/分拣图书总量

(5) 作业调度水平

• 延时率

配送装配作业延时率=延时配送装配的任务数量/配送装配任务总数

分拣转运作业延时率=延时分拣转运的任务数量/分拣转运任务总数

• 差错率

配送作业差错率=错误装配的图书册数/装配图书总册数

分拣作业差错率=分拣作业错误的册数/分拣作业总册数

盘点数量差错率=(实际库存数-账面库存数)/实际库存数

2. 考核与奖惩

服务质量的考核可以定期或非定期执行。为确保考核的结果及处理措施、改进意见得到落实,需要物流配送单位同步建立对应的考核体系,对物流人员的各项服务能力、服务效率及满意度进行考核,并与员工的奖惩措施挂钩。相应的考核处理措施主要包括:

• 考核合格时,按照合同要求、价格对当期服务费用予以结算;

• 考核不合格时,要求物流配送单位追查原因,并进行改进和完善;

• 如关键性考核指标不合格,建议在上述基础上作出经济处罚,并重新评估该服务单位的资质及服务能力。

【案例】深圳市自助图书馆物流管理服务月度考核报告

报告编号: 物流考核第*****号

被考核单位		考核项目	城市街区自助图书馆物流管理服务(2012年160台)
考核服务月度	2012年　月	考核部门	深圳图书馆读者服务部
考核员	(签字)	部门主管	(签字)
考核结论		被考核单位确认	(签字)

一、本月物流运营及组织

1. 本月运营数据汇总统计

编号	项目	子项	数量	单位	说明
A1	服务总量	实际服务点数量		个	
A2		实际服务天数	31	天	
A3		实际服务保障率	100%		本月所有开通服务的服务点均按照合同服务要求,按天提供足额保障配套物流管理服务
B1	配送及装配	文献上架配送总量		册/次	含预借上架量
B2		主动下架总量		册/次	
C1	分拣及转运	还回图书分拣量			
C2		转运文献总量			非自助图书馆调配文献
C3		送回故障文献总量			读者借还操作不成功的自助图书馆调配文献
D1	仓储及管理	调配书库新书入库量			
D2		调配书库图书出库量			含破损的自助图书馆调配图书、故障及问题图书
E1	监控及核查	现金收取总量			
E2		现金收取次数			
E3		与深圳图书馆的现金结算次数			
E4		本月文献盘点次数			
E5		本月文献盘点数据误差值			
E6		现场核查次数及等级			
E7		清洁次数			
E8		自助图书馆任务事件单总量			
E9		自助图书馆任务事件单完成量			

2. 本月配送线路构成及概况

3. 本月服务投诉及处理情况

4. 物流现场核查结论汇总

5. 本月重大运营事件

6. 本月运营总结

二、服务抽查记录

类型	项目	响应要求	抽查服务点	抽查服务时间段	抽查结果	抽检结论

三、服务响应要求考核

类型	项目	响应要求	考核结论

四、服务执行标准考核

评估指标	备注	要求	考核成绩（按百分比计）	考核结论
配送作业执行率	完成配送任务数量/下达的配送任务总数×100%	100%		
配送作业准时率	准时装配服务点数量/装配的服务点总数×100%	≥90%		
配送装配准确率	正确装配的图书数量/装配的图书总数×100%	100%		
分拣转运作业执行率	完成分拣转运任务数量/下达的分拣转运任务总数×100%	100%		
分拣转运作业准时率	准时分拣转运的任务数量/分拣转运任务总数×100%	≥90%		
仓储管理精确率	盘点图书实物按类正确存放的数量/仓储图书数据总量×100%	≥99%		
核查作业执行率	完成现场核查任务数量/下达的核查任务总数×100%	100%		

第三章　自助图书馆服务机维护保障

自助图书馆服务机是一个逐步成熟应用的自动化一体设施,在初期需要定期进行维护和保养,并且需要在运行过程中进行不断的改进和完善。服务机的维护需要集中进行调配,在人力配备、区域设置、响应策略等方面需要合理规划,确保故障维护及保养的高效和可靠,也需要按照标准化的维护流程进行作业,从而可以提升维护服务的作业效率和服务水平。服务机产生故障的原因、原理与解决方法均需要持续进行跟踪和分析,以便提升服务机运行的稳定性。

自助图书馆服务机的维护保障是自助图书馆网正常运转的必要条件,不仅需要及时维护、定期保养设备,还要不断改进、完善设备,以实现 24 小时全自助服务,使自助图书馆系统得到持续发展。

由于目前自助图书馆服务机生产与应用才刚刚起步,产品的透明度、开放性较低,各服务机生产或集成厂家之间处于初期竞争状态,产品的售后维护基本上由设备生产或集成厂家提供,第三方单位尚不具备成熟的技术市场环境。为了使自助图书馆的成熟度在日积月累的实际应用中不断得到提升,图书馆和服务机生产、维护单位之间既是一种买卖关系,也是一种合作伙伴关系。一方面,图书馆需要服务机维护单位在提供自助图书馆日常维护服务的同时以机械制造、自动控制技术影响图书馆的新技术应用;另一方面,服务机维护单位需要借助图书馆发展自助图书馆的相关技术,提升其投身公共服务的意识和能力,进而扩大自助图书馆的市场。

第一节　维护规划与组织

维护不仅包括故障修复,还包括预防性维护和设备改进。分区维护、多级保障等措施可以较好地提高维护的实施效率。

一、维护业务概述

自助图书馆服务机的维护需要在整体规划下有组织地推进和实施,不仅应包括一般意义上的响应式故障修复,也应包括有计划的预防性维护,还应对设备进行阶段性、重点性改进,以降低故障,节约日常维护成本,为自助图书馆的持续发展奠定基础。

1. 维护特点

自助图书馆的维护具有以下特点:

(1)自助图书馆是集合计算机技术的机电一体化设备，其故障的发生既有符合机械设备磨损规律的特点，又具有微电子、自动化设备故障的发生随机性强的特点。

(2)自助图书馆是人机交互的设备，因此其故障模式中不可避免地会引入人为因素，有时仅仅是读者操作失误，而有时则是有针对性地破坏。

(3)自助图书馆维护需要多部门协调。自助图书馆的故障有可能是电力、网络等外在因素产生，需要协调电力局、网络运营商等部门配合排除故障；同时，物流作业方也会产生相应的作业故障点，需要协调这些部门在现场作业的规范性，将故障产生的机率降至最低，在产生故障后，需要物流作业方进行现场配合和支持。

2. 维护类别

(1) 故障修复

在接到故障报警后及时赶赴现场或远程修复故障，包括服务机应用软件和系统软件故障修复、服务机供电设施故障排除、网络设施协助维修等。

(2) 预防性维护

对自助图书馆服务机(含零部件)实行定期巡检，包括服务机应用软件和系统软件升级、设备巡检、服务机供电和网络设施巡查等。

自助图书馆服务机的维护服务不同于传统意义上的服务外包，它是一种综合性的设备维护外包服务。传统的服务外包经常是基于具体任务支付报酬，对于减少停机没有相应的激励措施；综合性的设备维护外包服务其维护方看得更远，力图通过共同合作来改善设备的性能，探索科学的维护模式，减少维护的综合工作量。这种外包服务不再是简单的“坏了再修”的被动维护模式，而更多的是进行主动“预防性维护”，延长自助图书馆的运行时间和生命周期，最终保持产品的声誉，获取更大的商业成功和企业发展。

(3) 设备改进

针对自助图书馆尚在发展阶段的具体情况，设备生产或集成厂家应综合日常运行情况，主动、细致地进行各类故障分析，找出技术原因，从而改善产品设计与生产工艺。对于已经投入运行的设备，通过有计划的局部改进也能减少维护的综合工作量，减轻设备对服务的影响，保护企业声誉。

二、维护业务组织

1. 分区维护

响应时间、停机时间是衡量现场服务的重要指标。建立维护中心，组建维护团队是维护保障的基本要求。如果服务点数量较多且分布区域广，维护单位应设立多个维护区域或分中心实行分区管理，分区设置维护小组，每个小组配备相关的维护技术人员。

在集中管理模式下，当出现设备故障时，维护人员从中心出发抵达现场，维修完毕后待命或返回中心。服务过程中如有其他任务出现，在完成上一任务后直接到下一任务所在地。在此情况下，设备故障维护延迟情况会比较严重，为自助图书馆带来不良影响。①

在分区管理模式下，当出现设备故障时，维护人员从分区中心出发抵达现场，维修完毕后待命或返回分区中心。服务过程中如同区有其他任务出现，在完成上一任务后直接到下一任务所在地。

由于区域性分组，任务会出现不均衡的现象，可设置若干机动组，由总中心统一调动。当一个区域任务过多时，跨区支援偶尔也可采用。

【案例】深圳市自助图书馆设备维护分区与人员规划

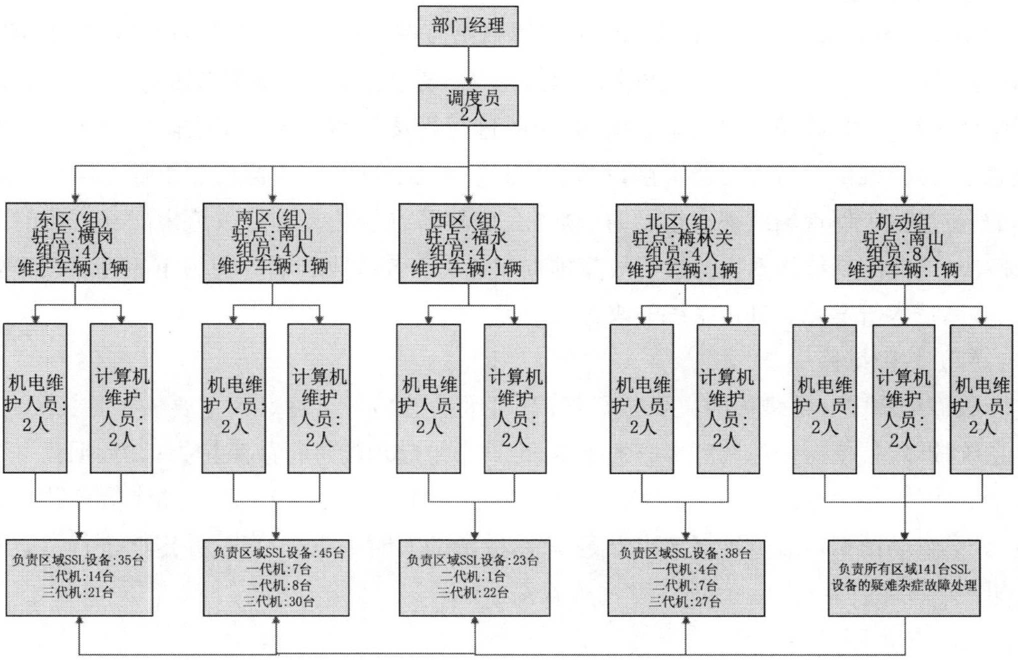

2. 多级保障

为保障自助图书馆服务机的正常运行，可制定三级维护保障制度。

(1) 第一级：巡检维护

属于预防性维护，由维护单位定期对所有自助图书馆服务机进行巡检，主动发现隐患，特别是针对某服务机已经出现的问题逐机检查，保证其他服务机不再出现同类问题。

(2) 第二级：远程维护

维护单位通过网络远程视窗对服务机进行故障诊断，如果判断为一般性故障可及时进行远程维护；如果故障严重，可通知维护人员赶赴现场处理。

(3) 第三级：现场维修

---

① 曹永荣. 设备维护现场服务中心、子中心选址研究. 工业工程与管理，2010(2)

维护中心汇总来自图书馆监控中心和巡检报告的维护任务，安排维护人员赶赴现场，维修完毕后通知图书馆。

3. 组织架构

根据自助图书馆维护保障要求，自助图书馆的维护中心应包括任务调度中心、故障维修中心和技术研发中心等。

（1）任务调度中心

任务调度中心是维护的综合处理部门，是连接图书馆和维护中心的纽带。其主要任务是：①制定自助图书馆服务机预防性维护计划，包括巡检计划、设备升级保养计划等，协调相关人员进行定时安全检查。②利用图书馆监控中心系统，同步监控自助图书馆网的运行数据，重点为设备工作状态和故障信息等数据，接收和响应图书馆的故障报告，协调维修小组人力，调动相关的维修资源，及时进行现场排错。③根据故障的严重程度和应急性，协调维修小组人力及维修设施，及时进行现场排错。④监控和跟踪故障响应处理的全过程，督促现场维护小组及时、顺利完成故障维修任务。如故障未能在规定时间内解决，应调配高级技术人员进行故障排查和解决。⑤接收和响应图书馆的售后改进要求，协调技术研发中心进行系统的改进与调优。

（2）故障维修中心

故障维修中心是维护的主要执行部门，对维护的结果负责。其主要任务是：①当发生系统故障时，依据任务调度中心的指示，维护小组赴现场进行故障排查；②依据任务调度中心的指示，进行定时机器巡检，并向图书馆出具巡检报告；③建立维修信息共享平台，分享自助图书馆故障维修解决方案，跟踪故障的实时解决全过程，并定期进行总结和分析。

（3）技术研发中心

技术研发中心是维护的技术支持部门，负责技术改进，突破维护中的疑难问题。其主要任务是：①依据任务调度中心的任务要求，对图书馆提出的改进需求进行充分沟通和确认，并提交可行性分析报告、实施计划与方案等，待双方确认后具体实施；②对系统的各项集成硬件设施、功能模块等的运行情况进行监控和统计，并分析各项故障点的产生原因，研究故障的稳定性调优方案，以其保证机器的可靠、安全运行。

三、维护人员管理

1. 人员构成

- 维护部门经理

维护部门经理关键在于要搭建好整个部门的设置，包括维护部的整体构架，明确每个员工的工作职责和所需技能，以此搭配出高效运转的维护体系。维护经理既要有综合的管理能力和领导能力，能够管理团队、领导团队，也要熟悉设备的各类技术问题，具有很强的分析判断能力。

• 维护业务主管

维护业务主管关注于维护的实际质量和安全，确保维护任务的各个方面都能够准确无误地完成，帮助下属技术员克服工作中可能面临的各种障碍。维护主管需和图书馆的相关管理人员保持沟通，确保每天的维护任务都能在掌握之中。

• 维护工程师

维护工程师是维护工作的技术支持，主要任务是协助产品研发部门改进设备的设计与生产工艺，协助业务主管完善设备维护检测方法，优化维护业务流程。同时，维护工程师也是一名设备维修和维护方面的专家，在计算机、机械、电气和测量工具等方面具有较强的专业技能，能独立诊断问题，解决重点难题。

• 维护技术员

维护技术员是一线维护人员，主要任务是实施现场维护维修工作，确保任务质量和维护安全。技术员需和图书馆的值班管理人员及时沟通，对于各类设备问题具有一定的解决技能。

• 维护计划员

维护计划员负责制定总体维护计划，并对维护必备的车辆、备件进行统筹计划。在日常工作中，跟踪整个维护团队的工作，确定机器恢复正常工作所需要的工作内容和服务要求，确保维护工作以工单的形式进行管理，以及是否调配外部人员支持维护工作。

• 维护调度员

维护调度员主要按照计划和实时发生的维护任务，对一线的维护团队实施具体调度，确保维护工作在计划的截止日期和截止时间完成。调度员需要为工作的执行设定优先次序，同时兼顾各类资源是否能够到位等。对于积压的任务进行管理，分类处理。维护工作计划需要考虑应急维护时间，并穿插进行预防性维护作业以及已确定的短期和中长期维护计划。

2. 培训指导

自助图书馆维护的专业性、规范性要求很高，相关的管理人员、维护人员须经过专业的知识培训、技能培训、实操培训后，方可投入维护工作。

（1）培训内容

• 图书馆基础知识：包括图书馆学基础、文献分类等知识。

• 公共文化服务的基本礼仪：由于维护人员在作业时需要现场面对读者和托管单位，因此需具备基本的公共文化服务理念、基本礼仪和一般服务技巧。

• 现场作业规范：维护人员需按流程进行作业，确保各项任务的规范、正确、顺利，包括维护现场、维护更新记录、维护总结等各项具体规范。

• 监控技能：利用监控系统管理维护工作，了解维护工作进展。

•使用信息系统：了解相关信息系统的基本流程和操作方法。要求管理人员、维护人员熟练使用计算机维护管理系统，包括工单信息的录入、更新、管理等，实施维护信息电子化管理。

•服务机构造及设计：对服务机的整体及构造、功能模块及设计等有系统的认识和掌握。

•服务机常见故障维修方法：了解常见故障现场维修的基本流程、技能，并模拟进行实际操作和处理。

（2）培训管理

培训主要注意以下几点：

•培训需要持续、不间断；

•培训完成后需要定期进行考核；

•建立良好的沟通、分享平台，这将有利于维护知识和技能的传播。

3. 其他要求

•乐于奉献，有较高服务意识。

•着有明显标识的工作装，佩戴工作证。

•维护驾驶员须拥有相应类型车辆的驾驶证，具备较为熟练的驾驶技能。

•工程技术人员特别是电气工程技术人员，要拥有相应类型的专业技术资格。

四、备件库管理

备件库管理是维护服务中非常重要的组成部分。适当的备件数量、合理的管理方法是维护工作的基本保障，尤其对于自助图书馆这种集成了多种技术与装置的大型设备。从维护商的角度讲，其目标是在保证设备正常运行的前提下降低备件库存，减少流动资金占用，从而提高维护企业的经济效益。从图书馆的角度讲，要求维护商对出现的故障快速修复，不能再从外地甚至国外购置备件。

1. 维护模式与备件

不同设备维修模式对备件储备的依赖程度是不一样的。自助图书馆的维修模式主要有：故障报修模式和预防维护模式两种。

（1）故障报修模式

由于不能预测自助图书馆服务机故障的时间、部位及所需更换备件的情况，备件必须早储备，且品种、规格型号以及数量要尽可能地按原设备所配置的要求储备，以备随时更换。这种备件库存形式虽十分必要，但是必然导致企业内设备维修备件库存的品种、规格型号以及数量大大增加，备件库存的周期过长，占用流动资金过多。

（2）预防性维护模式

预防性维护属于主动性维护，所需更换的备件及设备维修时间已预定，备件的品种、规格以及数量比较精确，不会导致备件的过剩及积压，是一个较有利于运用物流管理来实现备件管理的库存方式。备件的库存周期由预防性维修工作间隔期决定，而后者应根据相应的装机备件劣化规律、修复的复杂性、故障后果及以往维修经验来确定。

预防维修模式主要目的是防止设备包括备件的恶化而对设备及备件进行提前维修及更换，一般所更换的备件的使用寿命并非终止，在一定程度上存在着设备过剩维修及备件过度更换的倾向，因此备件的直接成本较高。

2. 备件库分级管理

备件库管理中常见的做法是将备件分为有限的几类，每类备件采取不同的库存管理政策，以便在合理的低库存水平下实现服务目标。

通常从备件对设备正常运行的影响程度、备件故障和损耗的预测、备件的可维修性、供应渠道的敏捷程度等方面划分备件等级：①

（1）A 类备件

这类备件对设备正常运行起着决定性的作用，其故障和短缺会造成服务机停机，直接影响自助图书馆的服务效益和整体形象。这类备件由于使用寿命、气候等原因，发生故障无规律性，难以跟踪和统计，无法通过定期预防维护予以排除。

（2）B 类备件

这类备件的使用情况可通过长期跟踪和统计，分析其故障规律和损耗规律，可以形成储备计划或通过预防维护直接定期更换。这类备件有些对设备正常运行起着重要作用，其故障和短缺会造成设备停机。

（3）C 类备件

这类备件是一些用量大、更换频繁的易损易耗件，其损耗周期可根据历史数据较准确分析得来。C 类备件故障可引起报警，但设备仍可正常运行。

（4）D 类备件

这类备件为对更换下来的装置进行维修时所需元器件和零配件，占用资金少，采购渠道畅通，可以在一般专业商店或供货商处获得。

针对不同备件类别和特点，分别采取合适的库存控制策略，可在备件不短缺的前提下，使备件库存占用资金最低。

---

① 王强. 维修维护技术服务性企业备件库存管理研究[D]. 北京：对外经济贸易大学，2006

【案例】深圳市自助图书馆服务机维护备件库分类

备件类别	备件名称
A 类备件	机械手、电机设备、读卡器、收钞机等
B 类备件	各类皮带、各类链条、各类阅读器、显示器、控制板及维修 A 类备件所需的配件（机械手组件、电机设备组件）等
C 类备件	图书书盒、还书箱、传感器、某类齿轮等
D 类备件	摄像头、内部连接线缆、玻璃面板、照明灯管、防爆键鼠等

五、维护知识库管理

维护知识库管理是对维护单位在维护过程中集体的知识或技能（表现为数据库、纸质文献、思维等形式）的获取，然后将这些知识或技能传递给知识需求者，以帮助维护单位实现最大的产出。知识管理的重点是知识的识别、获取、开发、分解、存储和共享，并为其构建有效的应用途径和机制，用集体的智慧来提高企业的应变和创新能力。

第二节　维护作业流程及规范

规范的维护作业流程是提升服务作业效率的有效途径。维护作业适宜采取集中响应与调度的方式予以管理，实施过程中需要以可靠性为中心。

一、维护响应

1. 故障受理

（1）故障报送机制

自助图书馆服务机的故障报送主要通过以下几种途径：①自助图书馆网监控管理系统的即时报障（含自动短信报障）；②图书馆呼叫服务中心的电话报障；③图书馆管理部门通过读者或其他渠道获取到的故障信息；④图书馆管理部门提供的整改电子邮件。

（2）故障受理机制

自助图书馆服务机的维护单位应具备以下故障受理机制：①全天候的远程服务支持。提供 7×24 的电话维护热线，提供无间断的产品技术咨询、故障申报受理、硬件维修受理等。②及时的值班维护响应。维护单位应针对服务机 24 小时开放的服务模式，实施 24 小时技术值班，组织专门的团队实施故障响应。在收到故障信息后，要在较短的时间内响应，并针对具体情况采取适当的处理措施。

（3）硬件故障维护

集成的部件或外设、机械控制、电气控制、感应器等运行状态异常或损坏造成的故障维护方式包括:①事后维护。设备出现故障后,到现场进行故障检修。②预防维护。依据设备反应的故障周期统计结果,对不同的设备装置及组件,按照不同的维护策略及预定的时间间隔进行检修,如巡检、定期维护、深度保养等。③预测性维护。提前获得计算机设备的各类信息,对提供各类数据进行趋势分析,产生预测报告和趋势图,针对预测结果进行主动维护。

(4) 软件故障维护

主要是服务机上系统软件、功能性应用软件发生运行状态异常或数据丢失等,相关的维护方式包括:①通用性维护,如软件版本的安装、升级、修复与恢复等。②适应性维护。伴随软件使用环境(新的硬件、软件的配置)、数据环境(数据库、数据格式、数据输入/输出方式、数据的存储介质)的变化,软件系统需要进行适应性改进和维护。③完善性维护。在软件使用过程中,常常出现提出新的功能与性能要求,需要修改或再开发,以扩充软件功能、增强软件性能、提高软件的可维护性。

2. 维护调度

维护调度员依据故障受理信息,合理估算和分配时间,制订计划,生成维护工单,组织和分派维护人员奔赴现场进行故障排查和维护,并跟踪任务,提高调度级别,直至故障最终修复。

(1)确定故障排队级别

依据故障的严重程度、故障所在服务片区当前业务量的繁忙程度,确定故障的响应级别,列入服务机维修排队队列。

故障严重程度

故障响应级别值（10为最高值）

系统停机或核心硬件损坏，无法服务，如网络故障、系统程序锁死等	9	10
系统部分关键性功能停用，如借书功能、还书功能、办证功能等	7	8
外设或系统故障，导致某些非关键性功能停用，如键盘按钮失灵、摄像头失效等	5	6
异常原因，导致个别操作故障、偶发性故障	3	4
系统可运行，但存在耗材缺乏、资源匮乏报警	1	2
	当前业务量非繁忙时段	当前业务量较为繁忙

服务点业务繁忙程度

(2)合理分派维护人员

根据当前维护人员总体情况,包括正在现场实施维护的进度,合理分配维护人员快速进行故障排查和解决。优先按照片区响应模式进行任务分配,若故障响应级别为重大故障(故障级别≥7)时,则应优先分配就近片区的空闲维护团队响应。

(3)及时发送维护工单

可通过电话通知、短消息推送等方式,将维护工单具体告知维护人员,包括故障编号、故障地点、故障内容、故障时间、故障级别等。

(4)跟踪维护处理进度

维护工单发送后,需及时跟进维护人员的响应及处理情况,如:确认维护人员是否已到达故障现场?在预计时间内是否完成修复?是否需要更换备件品?故障是否需要升级转到专家工程师?故障的最终处理结果如何?

(5)调配发放维护备件

如果维护任务需要备件或维护人员到现场反馈信息需要更换备件,调度人员需及时调配和发放备件品。

(6)升级调度技术支持

如果维护的故障难度较大,或者是从未出现过的新型故障,现场维护人员由于经验和技术水平不足无法解决,调度人员需及时协调有关工程师进行配合和指导,或直接变更为技术支持的工程师进行响应和处理。

二、维修作业

1. 维修流程

为确保现场作业流程的规范化,便于对维护技术人员现场作业的跟踪,需要凭借维护作业工卡登录,获取作业授权后,服务机安防解除,允许其进行现场维护作业。作业完成后,须退出作业状态,服务机安防系统开启。

(1) 操作流程

刷维护作业工卡认证获取授权→安防系统解除→打开设备维修门→检查故障部件或检查应用系统→确认故障点和故障原因。后续流程为:

按照故障的维修处理流程和办法修复故障→修复后检测→确认修复后关闭维修门→退出授权界面→系统重置。

或确认无法修复故障→向调度中心寻求帮助或远程技术支持→在技术支持下再次尝试修复,或由调度中心将此故障移交技术工程师团队。

(2) 作业规范

为将因系统故障而造成的读者投诉及自助图书馆服务的负面影响降到最低,故障维修人员须切实履行自己的职责,在最短时间内,采取最有效的措施解决和处理。在现场维护作业时，须遵循以下要求：①维修人员在进行维修作业时应保持形象，佩带维修工牌，并在维修设备附近明显区域摆放"机器维修中，预计维修时间……"的指示牌。在回答读者咨询和疑问时应语气和蔼，遇到无法解决的读者提问应引导其向图书馆相关业务部门咨询。②维修人员在收到故障处理任务后，应携带相关的维修设施、备件等，及时赶赴故障现场。故障处理完毕后，在确保安全的前提下须立即恢复服务。遇到无法解决的问题，应通知用户，并上报调度中心。③维修人员在进行维修、维护时，应遵循相关的电气、电机类设备维护操作规范，保证维护安全。

2. 作业记录

维护作业人员完成现场作业后，须将本次作业的具体维修情况简略上报维护调度员，当天须将本次维护的最终修复工时、故障原因、故障处理结果等信息传送至调度中心，便于进行维护跟踪和管理。

维护人员在离开之前还需在现场相关的纸质《维护作业任务单》上对本次现场作业类型、任务等情况予以简略登记，便于维护人员下次查看，也便于图书馆管理部门检查。

三、预防性维护

预防性维护是主动性的服务机故障排查和检测服务，通过周期性的预防性维护，可以对自助图书馆服务机的整体运行状态有一个全面的了解，并依此规划服务机的后续维护计划。

以可靠性为中心的维护（RCM）是目前国际上流行的用以确定设备预防性维护需求、优化维护制度的一种系统工程。可靠性是指系统、设备或零部件等，在规定的条件下和规定的时间内，完成规定服务的能力。[①]

RCM 按照以最少的资源消耗保持设备固有可靠性和安全性的原则，应用逻辑决断的方法确定设备预防性维护要求的过程或方法。RCM 是建立在以下基本原理基础上的：

- 产品的故障规律是不同的，应采取不同方式控制维护工作时机。
- 对产品采用不同的预防性维护工作类型，其消耗的资源、费用、难度与深度是不同的，可以加以排序。
- 产品的故障有不同的后果，应采取不同的对策。
- 有效的维护只能保持而不能提高设备固有的可靠性和安全性。

1. 维护流程

依据 RCM 理论，预防性维护作业可遵循以下流程：

（1）确定维护对象

确定预防性维护的对象应基于多方面维护信息的整合，包括维护工单系统信息、服

---

① 张煦. RCM 理论在 ATM 维护管理中的应用[D]. 浙江：浙江工业大学，2009

务机相关运行数据和维护历史记录、流程改进要求、现场维护评估等。预防性维护的对象可能是一类服务机，也可以是所有服务机的一个部件。

(2) 选择维护对策

优先考虑巡检维护，其次考虑定期维护。但不论选择哪一种，从使用者而言都会产生影响，即未发生故障就"停机"，维护内容必须相对集中，并选择不繁忙的时间。

(3) 制定维护计划

维护计划的具体内容包括人力安排、时间规划、技术材料与工具准备、备件准备等。制定维护计划要充分体现预防性维护工作的性质，既要防止维护频率过高造成资源浪费，又要防止预防维护不足造成故障频频发生、同样问题多次发生等。

2. 维护方式

依据自助图书馆的实际运行情况和故障类型，预防性维护对策主要包括以下 3 种类型：

序号	维护对策	维护对象	维护频率
1	常态巡检	自助图书馆的整体及外设、系统及功能模块、设施环境等的运行状态巡查及点检	定期的、日常的（如每 2 个月一次）
2	定期维护	自助图书馆的机械设施部分、易损耗零部件部分	依据故障统计分析数据确定和调整频率
3	深度保养	自助图书馆的设施整体及零部件	周期性（如一年一次）

(1) 设备常态巡检

预防性维护工程师根据预防性维护计划和巡检排程，对设备进行基本面巡检和功能测试，确保设备正常运行，同时记录相应的设备巡检日志。常态巡检的基本目的是检查设备整体运行情况，排除隐蔽性故障，因而频率不宜太低，巡检的深度不宜过深。

● 巡检维护项目

硬件运行状态检查：产品整体及部件的运行状态，机器内部电力设施、线路等的健康状况。

软件运行情况检查：产品系统各功能软件的运行状态，系统日志及监控数据的状态等。

其他检查项目：网络环境运行状态、电路接入环境的运行状态，排查是否有接入安全隐患、运行安全隐患等。

当然，如果巡检的范围过大、时间过长，也会造成人力资源的浪费和压力，因此在具体的巡检过程中可以采取重点巡检的办法予以调整。重点巡检要求维护人员掌握服务机中易发生故障的部件，并根据设备特性找出影响该部件功能实现的"点"作为重要巡检项目，主动实施维护；其他部件则等待发生故障再行维修，不需要主动检修。

• 巡检维护流程

巡检需要制定标准化的规程，包括巡检的步骤、对象、测试内容，并记录过程。巡检过程中，可调整系统参数，及时进行优化和改进；核查出的一般问题及故障须及时处理、修复，如无法修复则需要通知调度中心予以配合和支持；核查出的重大问题及故障须通知调度中心。

巡检的基本流程为：调度中心依据合同条款要求或系统故障可靠性的分析结果，制定常态巡检计划及日程安排→到达指定日期后，调度人力资源下发巡检任务书，并通知图书馆巡检计划的执行日程安排→督促预防性维护工程师执行现场巡检→巡检完成后应就巡检的基本状况进行总结，及时向图书馆提交《产品巡检报告》。

（2）设备定期维护

定期维护指依据设定的维护周期对自助图书馆服务机进行较为系统的维护工作。一般来说，定期维护会出现维护过剩，也可能产生维护不足的问题，以及因维护过程的人为失误，而引入新的故障。自助图书馆的定期维护主要针对平时故障率较高的零部件或模块，维护的周期及维护的具体服务机依赖各类统计数据、使用寿命，是有针对性的定期维修服务。

• 定期维护项目

定期维护过程中，对损耗程度小、可继续使用的设施须进行调优和改进，适当弥补损耗所带来的缺陷及不足；对损耗程度较大、可能存在潜在危险的须及时进行更换和调整，以免对设备的整体运行造成损害。

序号	定期维护对象	测算阈值	运行环境影响
1	机械设施部分	平均工作次数、平均服务量数据	温度条件、振动因素
2	易损零部件	平均工作时间、平均服务量数据	内应力、疲劳、变形

• 定期维护流程

维护调度中心依据合同条款要求或系统故障可靠性的分析结果要求，制定定期维护计划及日程安排→到达指定日期后，调度人力资源下发维护任务书，领取相关维护备件品，并通知图书馆定期维护计划的执行日程安排→督促预防性维护工程师执行定期维护工作→维护完成后应就维护的基本状况进行总结，及时向图书馆单位提交《定期维护报告》。

（3）设备深度保养

• 深度保养项目

硬件设备在运行一段时间后，必然会产生一定的故障或隐患，通过现场故障修复和设备巡检，可以发现这些故障或隐患的重点区域。设备深度保养则是对这一重点区域进行预先维护和保养，确保设备的持续稳定运行。保养的基本内容包括：设备内部电气设施、线路组件的常态保养，包括电气设施的安全状况检查、线路安全检查、接口处的重新处理等；设备内部机械组件及设施的常态保养,包括组装设施的检查及加固、内部清洁、润滑、紧固易松动的零件,检查零件、部件的完整等;对设备主体部分进行解体检查和调整工作,包括对主要零部件的磨损情况进行测量、鉴定和记录,对达到规定磨损限度的零件加以更换。

● 深度保养流程

由于定期保养的作业范围比较大,会对服务机的整体运行产生断点,因而需要提前对读者进行公示,同时还需要与服务机所在托管单位进行沟通,在获得作业许可后方可围栏作业和施工。

深度保养的基本流程为:维护调度中心依据合同条款要求,制定深度保养计划及日程安排→到达指定日期后,调度人力资源下发保养任务书,领取相关维护工具设施,并至少提前一段时间通知图书馆保养计划的执行日程安排→图书馆向读者发放公示及通告,并向托管单位报批和沟通,确认无误后方可执行具体的保养作业→督促预防性维护工程师执行深度保养工作→保养维护完成后应就维护的基本状况进行总结,及时向图书馆单位提交《深度保养报告》。

第三节 故障分析与设备改进

自助图书馆系统的建设是一个不断完善、不断改进、不断发展的过程。故障专项分析是设备改进的基础,也为设备改进提供了重要的技术参数。

一、故障分析与改进

1. 常见故障及其影响

功能	模块	类型	常见故障现象	原因分析	对读者的操作影响
基础资源及条件	计算机		系统无法启动	系统崩溃、硬件故障	无法提供服务
			系统死机	系统故障	
			系统黑屏	硬件故障、电源故障	
	网络		无法连接或稳定性较差	断网、网络异常	无法提供服务
	电力		无法通电	外借电力故障、内部线路故障	无法提供服务
	摄像头		无法摄像	硬件故障、设置故障	现场无法摄像,读者操作行为无法追踪
			摄像质量较差	性能低下	可以摄像,但操作行为追踪的效率较低

续表

功能	模块	类型	常见故障现象	原因分析	对读者的操作影响
办证、读证	身份证阅读器		无法识别	硬件故障、驱动丢失	无法办理读者证
	发卡机		无法发放读者证	发卡机硬件故障、马达故障	无法办理读者证
	收钞机		无法收钞	硬件故障、驱动丢失	无法办理读者证或缴纳滞纳金欠款
			卡钞	钞票破损、硬件故障	
	读者证阅读器	条形码/RFID	无法识别	硬件故障、驱动丢失	无法读证，无法提供服务
			信息无法显示	读者证故障	
借还图书	借还书标签/条形码识读器	条形码/RFID	无法识别	硬件故障、驱动丢失	无法查询信息，无法借还图书
			借还图书信息无法显示	图书标/识别条形码签故障	
	图书陈列书盒		脱落	安装工艺	该书盒内图书无法借阅
			破损	质量问题	
			推错架	传感器检测故障、系统故障	
	借/还书门	机械门/推送口	门无法开启或关闭	传动控制故障、感应检测故障	无法借、还图书
	图书推取模块	机械手抓取/推书杆推送	无法推送或接收到图书	组装工艺及位置问题、硬件故障	无法借阅图书
			图书卡在机械手或书盒内部	图书尺寸、结构及组件故障	
	图书传送模块	皮带/滑道	无法转动、方向故障	控制故障	无法借、还图书
	还书模块	还书柜/还书箱	图书无法入箱	控制故障、感应器检测故障	无法还回图书
	还书分拣模块		图书无法入箱	还书箱已满、感应器检测模块	无法还回图书
	打印机		卡纸或缺纸、无法打印	硬件故障、耗材短缺	无法打印凭条
资源查询、输入	键鼠		无法输入或滚动	硬件故障、接口故障	无法有效进行资源查询
	显示屏		无法显示	硬件故障	无法进行查询或无法提供服务

续表

功能	模块	类型	常见故障现象	原因分析	对读者的操作影响
多媒体服务	语音导航指引模块		没有声音或杂音较大	硬件故障	无法进行现场操作语音提示
	电子浏览屏或电子读报器	液晶/触摸	无法显示或画面跳动	硬件故障、设置故障	无法进行多媒体信息浏览

2. 故障规律分析

(1)故障分类

按功能划分,可分为办证故障、借书故障、还书故障、收钞故障、查询故障、浏览故障等。

按专业类别分,可分为计算机故障、电路控制故障、机械故障、通讯故障等。

按计算机技术角度分,可分为硬件故障和软件故障。

(2)故障规律分析

自助图书馆的故障规律有以下几种类型:①

- 零件磨损的规律

零件从投入使用到磨损报废一般经历3个阶段:初期磨损期、正常磨损期、急剧磨损期,以齿轮、链条比较具有代表性。

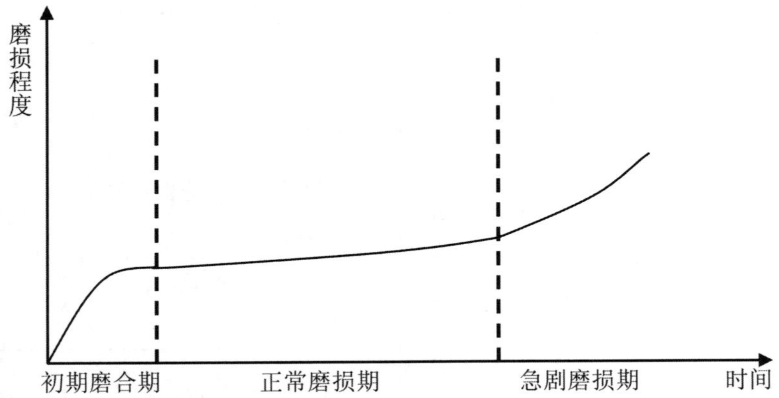

初期磨损期:零件的表面几何尺寸会发生明显的变化,磨损速度很快。这一阶段对设备来说没有什么危害,而是设备进入正常运转的必须阶段,这一阶段又叫“跑合”或“磨合”。一般来说,自助图书馆从出厂到正式使用会有一段闲置时间,所以新的自助图书馆

① 张煦. RCM理论在ATM维护管理中的应用[D]. 浙江:浙江工业大学,2009

在正式投入生产运行前，需要经过加电运转，各个模块的机械活动部分磨合充分后再投入使用，这将会给自助图书馆今后的稳定工作打好基础。

正常磨损期：经过跑合后，自助图书馆服务机各部分进入了正常工作状态，这时候只要工作条件比较稳定，零件的磨损是比较缓慢的。这一阶段的长短代表着一个零件的寿命周期长短。为了延长零件的使用寿命，这一时期要加强自助图书馆日常保养工作，如及时清洁和润滑。

急剧磨损期：零件是有一定寿命的，经过一段使用时间以后，零件由于疲劳、腐蚀、氧化等原因，正常磨损关系被破坏了，这时候的磨损速度非常快，很短时间内就可以使零件丧失应有的精度和强度。如果没有及时更换，就可能导致整台自助图书馆服务机不能正常工作，影响正常交易的进行。

● 功能模块机械部分的浴盆曲线规律

自助图书馆上各功能模块的机械部分，如机械手、传送皮带等的故障率符合浴盆曲线规律。

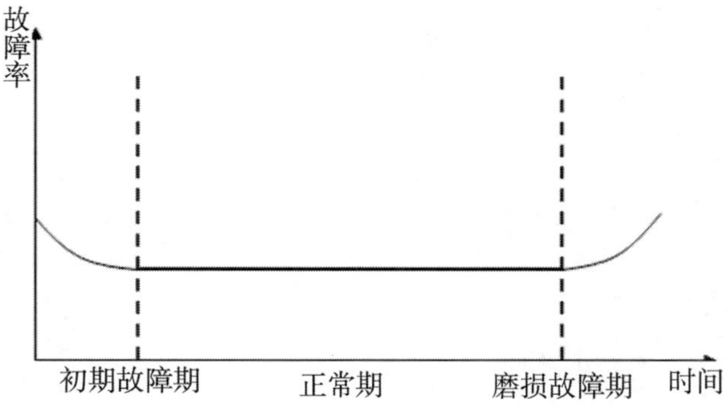

初期故障时期：这段时间的故障主要是由于操作人员、使用人员、作业人员等操作不当，或新装配的零件没有跑合、制造质量欠佳、搬运和安装过程中颠簸等原因而引起的，开始时故障率较高，随着时间的推移而降低，再过一段时间故障率就比较稳定了。减少这段时期故障的措施是慎重地搬运及安装自助图书馆，严格进行试运转并及时消除缺陷，将制造缺陷反馈给设备生产厂家以便改进。

正常期或称偶发故障期：这段时期内自助图书馆处于正常运转阶段，各功能模块故障率较低，一般情况下是由于维护不好、操作失误而引起的偶然故障。偶发故障期故障的高低取决于自助图书馆的固有可靠性的高低，以及是否做好日常维护、保养和维修工作等。这一阶段持续的时间较长，主要工作是抓好日常维护、保养工作和定期维护。

磨损故障期：设备经过很长时间的使用，某些零件开始老化，故障率逐渐上升而后加剧。这说明自助图书馆已处于不正常状态，必须停机检修，更换已损坏的零件，甚至是整个功能模块更换，恢复其原有性能。做好自助图书馆的预防性维护和进行改进性维护，可以降低设备的故障率，延长设备的有效寿命。

● 集成外设、电路控制部分的故障规律

这部分故障的随机性较强，在正常使用的情况下，故障率很低。其故障模式主要源于外界环境的影响、使用寿命等。

3. 故障专项分析

故障专项分析是设备改进的基础，也为设备改进提供了重要的技术参数。故障分析必须按分类、按专项进行。

鉴定关键故障模块和非关键故障模块，并把关键故障模块列入维护大纲。对那些非重要项目，允许发生故障后再采取修复措施。通过预防维护，重点排查关键故障模块。当关键故障模块降低为非关键故障模块时，再寻找新的关键故障模块，并制定新的预防维护措施。

【案例】深圳市自助图书馆服务机的故障均有不同代号，以下为某段时间的故障分析表现图。很明显，借出机械装置、书架旋转装置相对复杂，故障也比较集中。

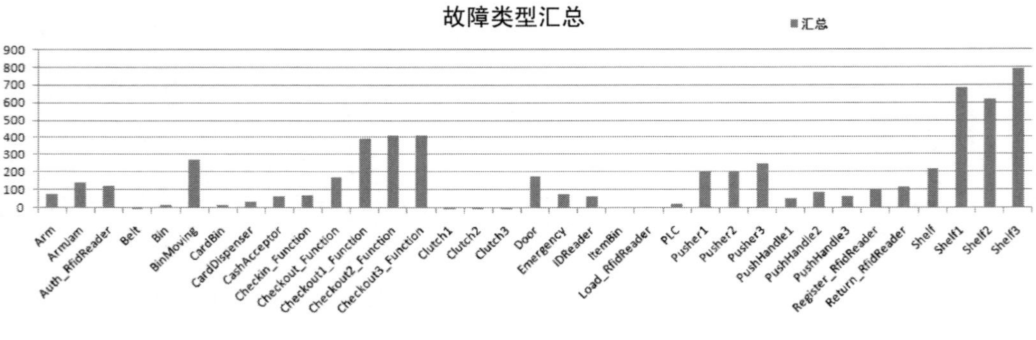

二、系统提升与完善

目前自助图书馆在图书馆的应用尚处于探索和推广阶段，相关的产品，包括服务机设备及配套、管理软件系统等均未非常成熟，现有产品也都带有不同的地区特色。图书馆在实施自助图书馆项目之前，需要结合自身的需求和发展规划目标、服务能力，定制自助图书馆的基本功能及管理要求；在运营和管理自助图书馆项目的过程中，需要不断总结经验，结合自助图书馆的最终使用用户——读者的需求及物流配送单位、维护维修单位的作业需求，提出设备改进和完善意见，最终实现系统运行和管理的可靠、稳定、高效。

改进对象	改进需求	建议改进方向
自助图书馆服务机	提升机械组件的稳定性	精密生产和组配
	提升设备现场安装组装、维护更换的效率	模块化生产和组装 按功能组件装配
	提升设备外部防护性能	密封、防水
	提升设备在地铁、商业区域等特殊场所的布放能力	消防安全设计 研究更为便利化、小型化的机型
	提升设备的远程可管理能力	集成电路级别的联动控制 远程在线控制
自助图书馆应用及管理软件系统	提升界面的易操作性、人性化	现场与服务中心的实时互动
	提升管理系统的全面性	动态的多平台实时监控中心

维护单位应依据图书馆的合理需求，对自助图书馆服务机硬件、组成部件、软件系统进行完善和实施（如硬件产品的组装工艺、机械及传动性能、系统功能模块等），对自助图书馆软件系统（含系统软件、应用软件等）运行过程中产生的漏洞和缺陷提供改进方案并实施。

维护服务单位应对自助图书馆服务机的系统稳定性提供改进建议和措施，并须在征得图书馆同意后实施，从而有效降低系统的故障率，提高自助图书馆服务机的运行效率。

【案例】深圳市自助图书馆服务机改进及完善要求

序号	改进部分	改进要求	须改进机器
1	借还书口区域操作安全性	提高借还书口区域的操作安全性，通过硬件改造、系统改进等措施，确保读者在借还书口区域的操作行为安全	自助图书馆 1—141 号服务机
2	特型书盒区域安全性	提高特型书盒区域的操作安全性，通过硬件改造、系统改进等措施，确保读者在特型书盒区域的操作行为安全	自助图书馆 42—141 号服务机
3	内部线缆走位	对内部线缆进行整理，确保内部线路的安全、整齐和美观	自助图书馆 42—141 号服务机

续表

序号	改进部分	改进要求	须改进机器
4	服务机内部防水性能	对服务机的关键部位、零部件及内部接缝处安装防水材料或密封材料，确保服务机可抵挡部分外来雨水的侵入	自助图书馆42—141号服务机
5	机械手取书装置	对机械手及相关设施进行调优和改进，降低机械手设施运转过程中的故障率和损坏率	自助图书馆42—141号服务机
6	服务机客户端操作系统	持续进行系统模块的精简，确保系统运行的稳定性、安全性，提高设备和系统的运行效率	自助图书馆1—141号服务机
7	服务机客户端应用系统	依据读者意见和业务需要，对客户端应用系统进行易用性、可操作性等方面的持续改进和完善	自助图书馆1—141号服务机
8	视频录像系统	对录像系统进行改进和完善，提高录像系统的远程监控和管理性能	自助图书馆42—141号服务机

第四节　维护成本与质量管理

维护服务的效率与读者享受服务的便利性、服务机稳定性的提升息息相关，通过对维护成本的分析来建立相关成本控制策略，以提升维护服务的性价比。同时，维护服务质量的评估是提升服务质量的重要依据，可与奖惩措施挂钩。

分析自助图书馆服务机维护的成本构成，全面评估服务机维护的数量和质量，是正确评判服务机维护实际运作水平，提高服务机维护综合效率，提升自助图书馆网络整体服务能力的有效途径。

一、维护成本管理

1. 成本构成

人工费用、作业消耗、管理费用、资产折旧费用、备件/品费等，按照一定对象进行汇集就构成了维护成本。其构成主要包括：①维护车辆费用。在维护维修过程中所发生的各种车辆费用和间接费用，包括车辆的折旧费、修理费、养路费、燃料费、行车事故费。②维护人员薪资费用及福利。所有投入到自助图书馆维护服务中的相关人员基本工资和福利费、通讯费等。③分区分级管理费用，包括各区驻点办公费用、管理费用等。④备件品管理费，包括备件品设备购置费、修理费、运输费、仓库租赁费、管理费等。⑤升级改造费，包括依据图书馆的具体需求而进行的额外主动性升级、提升和改造等所产生的零部件费、人工费、技术支持费等。

2. 成本影响因素

自助图书馆维护的成本与物流有相似的地方，即维护也会到服务点现场，也要组织维护团队，因而也受到服务网点规模与分布、外部人力市场因素等方面的影响。但服务机维护的成本不同于物流，影响成本的关键因素还是自助图书馆产品的成熟性及在实际运行过程中的故障率。同时，由于自助图书馆集成了各种类型的设施、部件，各集成技术的成本变化和可靠性，各部分之间的兼容性变化，均会对服务机的整体维护成本产生影响。

3. 成本控制

（1）加强维护的计划性和有序性

维护主要是服务机维护商的事情，维护商必须独立做好计划，按照图书馆的要求和设备维护的常规方法，采用多种维护策略，同步推进预防性维护和响应性维护。

（2）合理规划配送片区和备件

在总调度的统筹下，数量较多、面积较广的需要分区维护。同时，针对维护所需备件的类别合理储备。

（3）建立和采用维护管理信息系统

引进、构建并全面采用与图书馆监控中心共享的维护管理信息系统可提高维护管理效率，降低成本。特别是24小时维护值班系统应与图书馆的监控系统实现联动，因为在夜间宜采用设备维护类值班，而不是图书馆服务类值班。

二、维护质量管理

自助图书馆服务机发生故障的频率大多是随机的、不可预测的，为提高其稳定性，就须加强对设备日常维护的管理。对图书馆而言，在接受维护服务以前是很难评估服务的。由于维护服务是无形的，并且维护活动开展的过程就是维护服务的消费过程，因此，服务结束后安排服务质量检查环节必不可少。

1. 作业质量分析

（1）作业量评估

作业量评估包括现场维修作业量、受理报障总数、响应保障出勤次数、预防性维护作业量、预防性维护计划执行量等。

（2）维护组织效率

维护组织效率是影响维护质量的重要内容，特别是对服务机这种偶发性强、服务点分散、以设备维修为主的服务性工作。现场维修、预防性维护和设备改进，每一项服务流程均基于以下 4 个服务模块:设备运行状态监测和记录、故障响应与诊断、维修和保养以及备品备件管理。各模块的运作和模块之间的高效衔接影响着整个服务的传递和服务质量。

- 运行状态监测和记录

设备运行状态信息管理是否及时、完整、可查,各类文档记录保存是否全面、有效,反映出设备服务商的维护准备工作是否到位和采用信息化管理的程度。

- 故障响应与诊断

故障响应时间指从发生故障到赴现场处理故障的时间间隔,是衡量设备维护服务商处理故障的及时程度。

将设备原始状态与故障特征信息作比较,判断故障类型并提出相应维修方案。每隔一定时间需要对设备运行状态进行趋势分析。诊断的失误率 = 失误数量/总故障数量。诊断的失误率反映维护人员处理故障的准确性,也在一定程度上显示了其技术水平。

- 设备维修和保养

主要审查维修保养计划的完整性、可行性,维护任务处理从接到工单到任务完成所花的时间,是否存有每次维护任务的详细记录,是否建立质量控制程序,相关质量控制指标是否合理。

- 备品备件管理

备件缺货率,以及最小库存量、报警库存量、安全库存量是否合理,反映了服务商对备件存货的掌控能力和对故障的预测能力。

备件/品损坏率,以及备件进、出、存是否严格、有序,反映服务商管理和保养备件的能力。

- 流程效率

审核服务商从状态监测、故障诊断、维修保养到备件准备整个服务线的运作效率。

(3) 维护技术质量

可通过开/停机率、故障发生率、维修完成率等指标分析,反映维护服务过程的结果和技术质量。

- 开/停机率

开机率 = 实际开机时间/应工作时间 ×100%

关机率 = 实际关机时间/应工作时间 ×100%

维护停机率 = 维护状态时间/应工作时间 ×100%

全功能服务率 = 各模块均正常运行状态时间/服务机实际处于运行状态时间

非全功能服务率 = 部分模块故障处于运行状态时间/服务机实际处于运行状态时间

开机率 + 关机率 + 维护率 = 100%

全功能服务率 + 非全功能服务率 = 开机率

通信故障率 + 硬件故障率 + 其他故障率 + …… = 关机率

• 故障发生率

借书故障率 = 系统故障造成的借书不成功总数/（借出图书总量 + 借书故障总数）×100%

还书故障率 = 系统故障造成的还书不成功总数/（还出图书总量 + 还书故障总数）×100%

办证故障率 = 系统故障造成的办证不成功总数/（办证总量 + 办证故障总数）×100%

• 维护完成率

预防性维护计划完成率 = 实际完成维护数量/预防性维护计划需完成数量 ×100%

改进维护计划完成率 = 实际完成维护数量/改进维护计划需完成数量 ×100%

2. 考核与奖惩

除了通过建立自助图书馆服务机维护服务评价指标这种事后监督的方法来约束服务单位的服务行为与结果，提出响应的考核与奖惩措施，图书馆还可实时控制服务单位的维护服务过程，督促服务单位进行质量自查，保证维护服务的有效性。

维护服务是一个过程。要保持整个时间段内的服务质量，必须控制整个服务的过程，不仅限于某个阶段的单项服务，并不断改进其中的不足。

（1）考核制度

图书馆应对维护单位提出考核目标，如参考上个考核周期的重复维护率（修过的部件重新维修），评估本周期是否能低于前面的重复维护率。

图书馆应考核维护单位是否认真执行预定的维护计划，通过观察服务单位任务调度、质量自查的情况，间接了解和掌控维护过程。维护单位须确保所负责的外包服务项目的实施过程受控、有效，在各种干扰因素的影响下仍然稳定。

为评估维护单位的服务效果，保证服务质量，应配套评估办法，建立一定的惩罚机制。

（2）持续改进

维护单位应在对产品和维护过程的持续观察中识别实际服务与图书馆期望之间的偏差，并通过合适的措施消除偏差，不断趋近图书馆对零故障的要求。每一改进的前提是详细的缺陷分析，提供完整的并具有可评定性的质量分析数据、过程运行数据，并使用统计技术分析找出缺陷的真实原因，制定合适的纠正措施，确认纠正措施的效果。

（3）服务控制

图书馆可以定期或不定期对维护服务单位进行抽查，并分析异常数据或不达标质量因素。通常应用关键指标来判断服务质量。当服务过程达不到预期水平时应该开展调研，识别问题原因并提供纠正方案。但是变化可能是由随机事件引起的，或没有明确原因。因此,一方面应该探明服务质量下降的真正原因并避免与不良服务相关的成本损失,另一方面应尽量避免对良好系统作不必要的变化。如:某天的一段时间内,发现服务商正式接到工单到现场维修的时间间隔过长,此时就需要关注系统响应时间过长是因为维护人员没有接到工单还是接到工单却没有执行或有其他原因,如果响应时间都在控制限内,则不用采取任何行动。

【案例】深圳市自助图书馆服务机维修维护服务评估及惩罚办法

1. 评分标准与惩罚

采用服务积分扣减制,满分120分,根据评估细则对服务期内服务进行评估,对不符合合同要求的服务行为进行扣分,120—100分扣分不罚款,100—40.1分每分对应不同的罚款,40分以下则认定为服务不合格。

积分被扣至40分以下时甲方有权终止合同并要求乙方退回相应的合同款(尚未服务天数×合同款总额/365天),乙方须支付服务保证金总额(银行履约保函 * * 万圆整)作为罚金至甲方账户,办理退还履约保函原件。服务期限到期并积分在40.1分以上,乙方须支付合同约定服务所涉及相应罚金至甲方账户方可办理退还履约保函原件。

甲方按月提交对乙方服务质量的评估报表,经双方签字确认后计入扣分。

2. 评估细则

序号	评分项		评分办法及分值
1	服务支持	7×24小时全天候服务、电话是否保持通畅	无故不接听每次扣0.1分
2	故障支持及响应	普通故障修复能否在0.5小时内响应,在2小时内解决和修复故障	一次未响应并修复扣0.2分
		较大故障修复在24小时内解决,并将维护信息及时反馈至甲方	一次未响应并修复扣0.5分
		遇24小时内不能修复的重大故障,能否在甲方通知发出后48小时内修复设备,恢复服务	一次未响应并修复扣1分
		备件库零配件备件	因备件不足导致故障无法及时解决的,每次扣1分
		甲方要求的24小时值班响应	无响应每次扣0.5分
		甲方要求的重要时刻专人现场值守	无响应每次扣1分

续表

序号	评分项		评分办法及分值
3	定期主动服务	每月一次设备全面巡检并递交巡检报告	当月无巡检,扣1分
		每月一次设备故障分析总结并提交总结报告	当月无分析总结,扣1分
		每两月一次服务质量反馈及交流	未及时主动参加,扣1分
		总结后双方确认须及时解决的问题	未按协商结果及时解决的,每次扣1分
4	维修维护规范	运维工程师是否按要求佩戴工牌、对读者态度是否良好、是否积极引导读者向甲方相关部门咨询或投诉	不符要求,每次扣0.1分
		故障设备维修期间是否设置维修指示牌	不符要求,每次扣0.2分
		故障维修完成是否对设备复位、清理现场并及时反馈至甲方	不符要求,每次扣0.2分
		维修流程和维修手段是否标准、是否重复测试以避免相同故障重复发生	不符要求,每次扣0.5分
5	其他	是否主动与甲方进行人员配备及安排、故障信息、运行维护跟踪、系统改进及完善等的沟通	服务届满根据实际情况扣1—5分
		是否建立紧急事件处理预案和专案小组,保证发生紧急故障时,依据规定的流程和处理预案,及时排除故障	服务届满根据实际情况扣1—5分
		是否根据每次故障维修报告和预防性维护报告建立技术文案资料库,详细记录设备的型号、序列号、故障时间、故障类型、维护方法、维护质量、预防措施及维护时间和维护人员等信息	服务届满根据实际情况扣1—5分

第四章　自助图书馆网监控与管理

自助图书馆网需要依靠统一的网络监控平台，发布、共享自助图书馆的运转情况、资源配置和使用情况，实现有效监督、及时响应、主动服务。自助图书馆网的监控不仅需要实时的在线状态，同时还需要设定预警参数对故障、资源等提前实施告警管理。自助图书馆网的管理不仅涉及服务机及服务点配套设施的日常资产管理，同时还涉及相关的各项社会化事务管理。图书馆需要高度重视自助图书馆的宣传工作，通过多种措施来引导读者认识自助图书馆、了解自助图书馆并利用自助图书馆，培养自助图书馆的忠实用户群体。

为保证自助图书馆网络的正常运转，及时响应设备故障，合理配置图书资源，与社会化服务提供商更好地协同工作，必须建立统一的自助图书馆网络监控中心。监控中心是自助图书馆网络中心的重要职能，搭建监控平台，并对平台信息进行全方位管理是图书馆的职责，也是自助图书馆管理方实施有效管理的重要途径。而物流、设备维护商则可借助监控中心信息发布系统和报警系统实现联动。

监控只是第一步，实施监控的目的是对自助图书馆网进行有效管理。在监控的基础上，应对监控信息进行分类，甄别、归并信息，自动触发短信通知，响应监控报警，分发、跟踪、管理各项具体事务。

第一节　服务机运行监控

自助图书馆的监控需要实时的，不仅需要监控服务机的运行状态、故障状态，还需要监控资源状态、服务状态。自助图书馆的运行故障需要及时、有效地予以处理，以确保服务机运行的持续稳定性。通过网络化的管理手段，基本的升级维护和简易故障可以通过远程方式进行操作、诊断和修复。

自助图书馆服务机的运行监控需要由图书馆的监控中心团队来组织和实施，配备必要的值班工作人员和监控设施，对自助图书馆网的各项运行状态及性能指标进行管控。

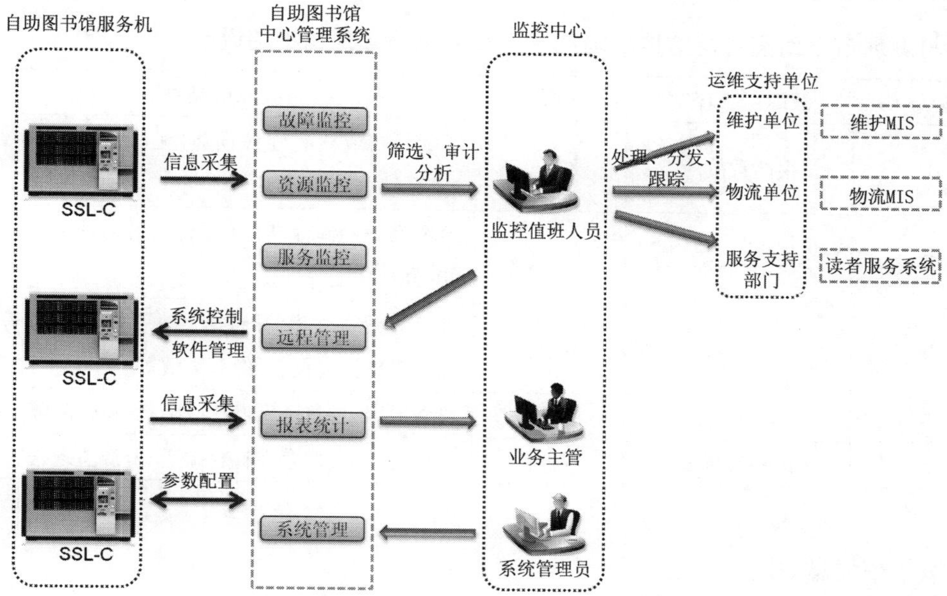

一、监控与报警管理

1. 监控报警类别

自助图书馆服务机的状态可分为正常、告警、故障3个类型，监控的重点应为告警与故障信息。

"告警"主要是由于服务机的各类资源超过预警参数设定值，或者发生局部小型故障，如读者证不足、打印机缺纸等，不影响主体功能实现。

【案例】深圳市自助图书馆监控告警类别和参数

告警类别	预警参数（参考值）
读者证	存量读者证≤20张
打印纸	打印纸缺
还书箱	可用空书箱≤3个或可还书容量≤20本
在架图书	在架图书数量≤满架图书数量的50%
收钞机	收钞金额≥3000元
本地电子资源	距离最近一次更新时间≥30天
本地硬盘使用	可用硬盘空间≤整体磁盘空间的20%

"故障"主要是由驻留在服务机的监听程序获得设备发生故障的信息后，立即传送到网络中心并进行通告，也包括从服务机到网络中心整个系统运行的监控。故障可依据类

型及严重程度依颜色进行区分，便于值班人员进行管理和监控。

【案例】深圳市自助图书馆监控故障严重程度采用的颜色和相关说明

等级	故障严重程度	颜色	故障情况说明
1	很严重故障	红色	系统停机或核心硬件损坏，无法服务，如网络故障、系统程序锁死等
2	严重故障	浅红色	系统部分关键性功能停用，如借书功能、还书功能、办证功能等
3	中等故障	黄橙色	外设或系统故障，导致某些非关键性功能停用，如键盘按钮失灵、摄像头失效等
4	轻微故障	淡黄色	异常原因，导致个别操作故障、偶发性故障
5	很轻微故障	青棕色	系统可运行，但存在耗材缺乏、资源匮乏报警

2. 监控信息甄别

监控系统报告的信息较多，对一些告警信息需要人工进行一定的审核和分析。自助服务系统本身应具备一定的适应能力，一些小型故障能够自动恢复，不一定见警就报。其次，监控信息揭露的仅仅是某个点的当前状态，而产生这些状态的真实原因并不非常明确。同时，多个信息之间可能存在关联，需要监控人员综合起来分析，才能够确认真实的故障点，使处理更为准确、及时。如：监控显示当前有数量较多的服务机处于离线状态，就要判断是不是所连接的应用服务器出现问题，只要解决了应用服务器的问题，各个服务机连接状态也就自然恢复正常。

二、事件分发与处理

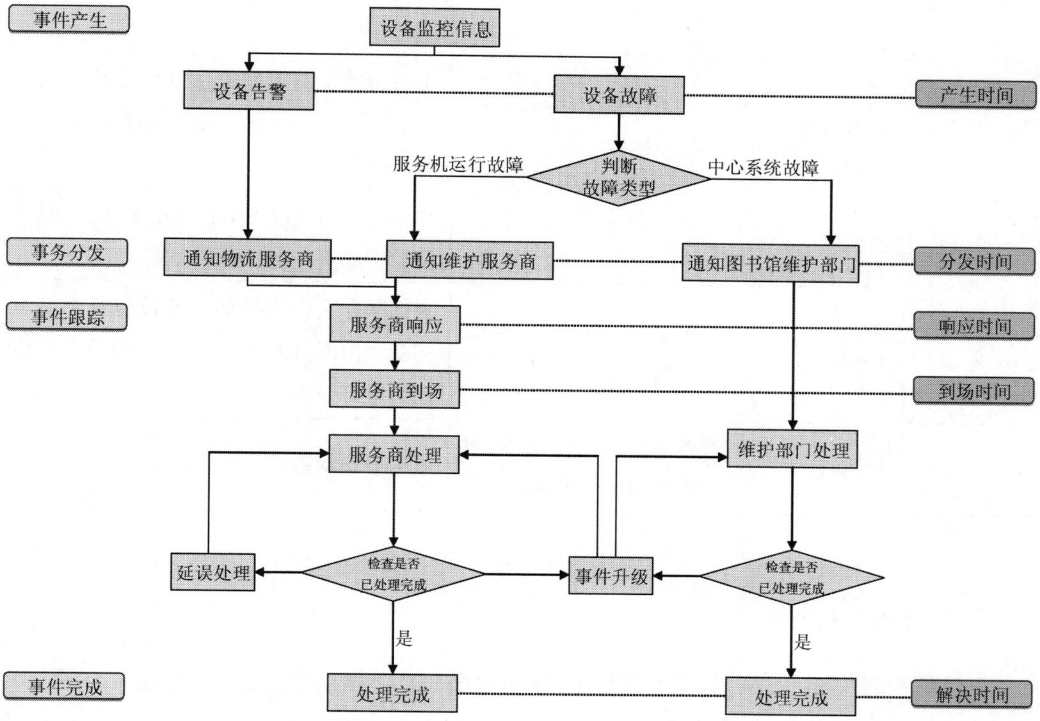

1. 事务分发

按照事务类别和自助图书馆网职责分工，及时将监控结果分发到各单位，尤其是服务机运行故障和服务机资源告警。

(1)服务机运行故障

判断故障缘由，如为服务机端设备故障，则生成服务机故障维修任务单，通知设备维护商予以响应；如为中心系统的故障，则生成中心系统故障记录单，通知图书馆相关部门进行处理和解决。

(2)服务机资源告警

生成物流作业任务单，要求物流单位予以响应。

2. 事件跟踪

在分发各项具体事务后，对各处理单位的受理情况、处理过程及事务结果等进行跟踪和管理。发现有延误处理的，则及时进行督促；需要进行事务处理升级的，要求对方及时进行升级和响应；处理完成的，则及时进行事件结束状态更新。

顺序	阶段点	管理要求	登记依据
1	产生时间	实时监控服务机运行状况、资源状况等的变化	依据设备状态变化由系统自动生成和登记
2	分发时间	对相关的责任人进行处理事件的分发	由系统触发的报警信息以系统的发送时间登记;由人工进行分发的事件以人工下单的时间进行登记
3	响应时间	各服务商在规定时间内的应答	根据服务商的应答信息由值班人员、服务商的响应人员进行登记
4	到场时间	各服务商在规定时间内到达现场	根据服务商的应答信息或设备状态信息的变化由值班人员、服务商的响应人员或系统进行登记
5	解决时间	各服务商在规定时间内处理完成事件	根据设备状态变化由系统自动登记

三、服务机远程管理

为保证自助图书馆24小时不间断运行和服务,除依靠从服务机到网络中心的监控报警,由物流、设备维护人员响应外,还需要借助服务机远程管理机制,对所有自助图书馆设备进行远程升级维护和维护管理,以提升维护和管理的效率,降低维护和管理成本。

1. 远程控制管理

实现网络中心对自助图书馆服务机的远程操控和接管。远程控制管理需要网络支持,普通ADSL方式难以做到,且在服务机上应安装相应的客户端软件。

(1)远程操作接管

主要用于引导读者特别是老年读者或者对自助图书馆服务机操作十分生疏的读者进行现场操作,配合现场视频系统,提升服务指引水平。

(2)远程诊断维护

当服务机发生故障时,可通过远程控制预先进行诊断和排查,如分析本地系统日志,截取本地硬件状态信息等。在确认故障点后,首先考虑通过远程控制进行维护,迅速排除故障。如系统故障为硬件外设的初始化错误,则可检查配置参数,重启应用系统。

(3)远程批处理

通过远程管理系统,推送批处理指令。各服务机接收到监控中心的指令,进行相应的操作,并将操作的结果反馈中心。如重新启动服务机的部分应用软件,针对台风天气的室外机型实施批关机等。

2. 远程分发管理

远程分发管理主要实现对服务机端的应用系统、广告及电子资源等的远程推送、更新及维护。分发管理系统需要建立相关的终端分组、管理机构组、用户组,制定权限策略及时间策略,便于工作人员进行分组、分级快速分发;同时,需要具备完善的流程控制,相关的分发资源需通过管理中心的版本控制与审核控制授权后才可以进行分发。①

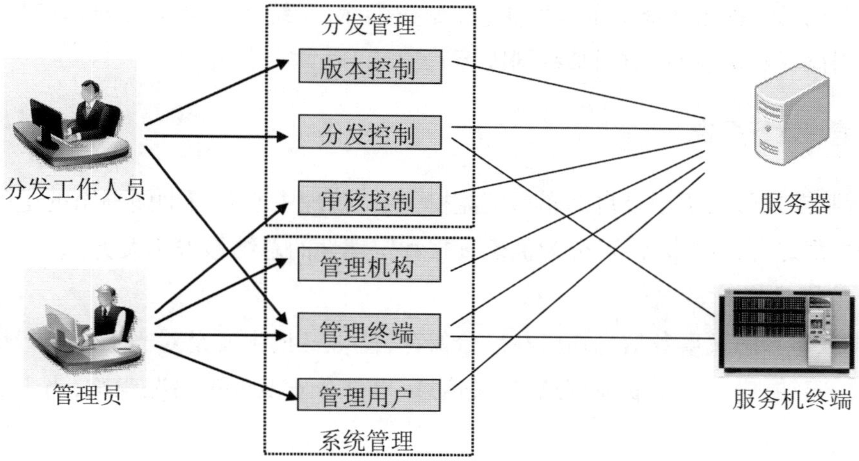

分发类型	管理任务	实施主体	管理要求
分发管理	版本控制	分发工作人员	对分发的数据进行版本管理,包括添加、修改、清理等
	分发控制	分发工作人员	对分发的过程进行管理,包括过程控制、数据推送、数据下载、断点续传等
	审核控制	管理员	对分发版本进行审核、发布,对终端、机构、用户等进行审核
系统管理	管理机构	管理员	可供多级管理机构使用
	管理终端	分发工作人员、管理员	各地的自助图书馆服务机终端可以按类型或者地域分组管理
	管理用户	管理员	可供多级分行用户使用

远程分发管理的目的是为了能使分发人员、管理人员在远程方便地发布文件、资源到各服务机终端设备上,其分发的相关内容主要有:①系统更新文件。当自助图书馆服务机端的软件需要增加新业务或修改某项功能时,前置系统应具备将软件远程派发的功

① 范仰帅. 基于银行网点自助设备的远程分发管理系统的设计和实现. 武汉:华中科技大学,2007

能,统一下发内容及模式。②系统配置文件。由于系统功能的改进或变更,导致系统配置参数的变更与维护,如服务机的功能配置参数、远程命令参数等。③广告画面更新。对于广告画面的远程派发应使用参数控制,可以派发日常的自助图书馆使用指南、功能介绍、安全提示、各图书馆的展会讲座通知等信息。④多媒体资源更新。具备电子多媒体资源展播功能的服务机,由于此类资源的存储容量大,因此需要在业务空闲的时间内进行相关资源的后台推送与更新,包括电子报纸、音视频资源等,便于读者阅读到最新的多媒体信息。⑤ 系统自身安全软件更新,如病毒库、系统安全策略及规则(禁用任务管理器、禁用鼠标右键、禁止访问某些网段等)。

四、编制运行报告

运行监控报告用于记录自助图书馆监控中心、管理中心对自助图书馆的运行监控及事务分发、跟踪等具体事务,可分为值班日报和定期性的总结报告两大类。

(1)值班日报

各类工作日志及事务信息均已在后台保存,值班日报主要是对当天的运行情况进行简略汇总、归纳,内容包括故障信息、告警信息,事件分发及处理情况跟踪,当天远程管理记录等。

(2)定期总结报告

在值班日报及日志、事务信息的归类汇总的基础上,编制涵盖运行、配送、维护诸多业务的月报、季报、年报等。内容包括当期重要工作内容、运行数据、现场维护维修及物流配送数据汇总、改进计划及下期措施。

第二节　自助图书馆网管理

自助图书馆是图书馆重要的馆外服务点设施,因而需要制定专门的固定资产管理措施来确保设备财产的安全。自助图书馆的配套环境为自助图书馆的服务提供了一个安全、可靠的遮阳避雨服务环境,需要定期进行修缮和维护。

自助图书馆网的日常管理是自助图书馆运营管理的重要组成部分,涉及自助图书馆网的各个组成要素,其管理的内容不仅包括自助图书馆服务点的服务机设备及配套设施,还包括服务点相关的协助管理单位、外包服务单位等,以及围绕这些设备、人员所形成的各项管理制度和管理规范。

一、服务点设施管理

1. 服务机资产管理

服务机是自助图书馆的核心设备,也是图书馆重要的固定资产。图书馆作为事业单位，所有固定资产必须遵循国家有关的固定资产管理制度。图书馆应就自助图书馆这一特殊的馆外服务设施制定配套的资产管理制度，明确资产主管部门，协助管理的单位，以及在日常性的资产管理中相互协作。

为提高自助图书馆服务机的资产管理效率，图书馆作为资产的所有者及资产管理的责任主体，可委托第三方服务商，如物流服务单位、设备维护单位，承担部分资产巡查及监管事务；也可委托服务机所在服务点的管理单位协助进行资产的定期巡防和管理，分担图书馆的资产管理压力。当然，作为管理主体，图书馆对服务机的资产管理工作也需纳入常规业务范畴，需配备专人进行资产统筹管理，并督促相关的协管单位将巡查、巡检等定期任务落到实处。

自助图书馆服务机的资产管理应注意以下几个方面：①建立规范的资产登记与管理档案，包括资产购置资料、验收入库凭据、维修迁移记录等；②建立定期的资产清查管理制度，包括账卡管理、清点登记和日常巡查等；③建立科学的资产效益评估制度，对处于低效运转的自助图书馆服务机进行调整和迁移。

【案例】深圳图书馆制定了《自助图书馆服务机(资产)管理制度》，明确了职责与分工，并对服务机的采购与登记、日常管理与清点、迁移与核销作出了规定。

2. 服务点安全管理

自助图书馆在服务点的安全管理是自助图书馆运行管理的重要内容，由于无人值守、24 小时服务，监控和巡防成为服务点安全管理的主要方式。安全不仅仅是防破坏、防盗，也包括使用安全以及对周边市民的影响。在确保自助图书馆安全使用的同时，减少图书馆与读者之间的纠纷，保护读者及图书馆的利益，有效防范各种针对自助图书馆的破坏行为。

服务机必须安装监控、报警蜂鸣器设施，有条件的服务点也应在外围配备摄像系统，或者服务点就选择在有摄像系统的位置。

- 录像系统

配备多路的摄像头和专用的硬盘录像机。摄像头的覆盖范围适宜针对读者正面、出书口、操作台等区域。录像模式可采用视频移动侦测或者外加红外(主动、被动)人体探测联动录像的方法来实现动态录像，存储容量大。应采用 24 小时录像模式，录像数据需在本地保留 15—30 天。

- 报警蜂鸣器

对恶意破坏、违法行为可利用蜂鸣声音威慑。鉴于服务机的摆放位置、开放时间等因素，蜂鸣器的音量不宜过大，时间不宜过长。

- 振动传感器

当有恶意破坏、砸碰服务机的行为时，可以通过振动传感器现场报警，并通过联动报警系统向监控中心发送报警信号。

● 门锁感应器

当遇到违法开门行为时，可以通过门锁感应器现场报警，并通过联动报警系统向监控中心发送报警信号。

3. 配套设施管理

自助图书馆服务机的配套设施，包括电力接入、网络接入、遮阳防雨棚户等，在运行一段时间后，需进行定期检查和修缮，确保服务机运行环境的安全。

(1)电力接入线路查检

核查电闸、电表是否正常，电力线路是否有裸露、破损等安全隐患。

(2)网络接入线路查检

网络接入线路的机外部分由网络运营商委托专业化队伍核查，机内部分一般由设备维护商完成或协助完成。

(3)遮阳防雨设施修葺

遮阳防雨设施需要定期检修，防止雨水渗入机器，引发安全问题，同时也防止阳光对服务机显示屏的曝晒等。

(4)宣传导引设施更新

定期更新现场各种宣传导引牌、遮阳防雨设施上的指示标识。

二、网络中心管理

自助图书馆网络中心是自助图书馆网的基础和重要组成部分，网络中心的监控与管理必须纳入图书馆日常业务管理范畴。

1. 网络与设备管理

自助图书馆网建设包括配套的网络中心基础设施建设，网络中心会引进专线，增加部分网络设备和服务器。自助图书馆网络中心管理应纳入图书馆计算机系统统一管理，进行资产登记、部署、巡查和监控。在运行管理中应注重以下方面：

(1)服务器

掌握服务器系统基本信息、CPU 利用率、系统日志、系统负载、系统进程和生产业务进程、内存使用率、文件系统存在性和文件系统的使用率、磁盘 I/O、网卡的吞吐率以及网络通信状况等。

(2)网络设备

掌握网络设备的 CPU 使用情况、网络设备内存使用情况、网络设备端口的状态、网络设备的线路流量，包括广域网线路流量和以太网端口流量等。

(3)网络状况

掌握自助图书馆服务机与网络中心接入汇聚端口的通讯流量及稳定性，以及自助图书馆服务机与网络中心各服务器之间数据通讯的可靠性、稳定性等。

2. 软件系统管理

自助图书馆网建设包括搭建网络中心软件系统和服务机软件系统。自助图书馆软件系统应纳入图书馆计算机应用系统的统一管理,在运行中重点监控,及时维护,不断评估和改进。在运行管理中应注重以下方面:

(1)服务机软件监控

主要针对服务机端软件系统关键组件的关键进程和关键参数进行检测,实时监控进程和参数是否有效、合理,实施服务机端软件远程管理与更新管理。

(2)网络中心软件监控

针对网络中心服务器端软件系统的关键进程、参数等的检测和判断,判断管理系统服务功能,包括监听、接收、分发、采集、统计等的稳定运行状态,确保中心管理系统的正常运作。

3. 中心数据管理

主要针对中心数据库和系统数据的基本信息、数据库 I/O、数据库关键参数、数据库进程、数据文件大小等进行检测和判断,掌握数据库报警日志等信息。

三、社会化管理

对于自助图书馆网来说,社会化管理是不可避免的,也是最有效的管理方式。自助图书馆的管理团队要走出图书馆场馆管理的范畴,与参与自助图书馆运营管理和服务的相关社会单位、职能部门进行多方合作,确保自助图书馆网的正常运行。

1. 服务机托管管理

图书馆需要与各自助图书馆服务点所在地托管单位签订协议,明确双方的权利和义务。图书馆可通过协议的方式委托其协助进行宣传、保洁,保护机器安全。由于自助图书馆的电力费用一般为托管单位托收,因而图书馆还需配备相关电力专管人员与托管单位定期进行电费结算。

图书馆可定期召开会议,收集托管单位意见和建议,与他们保持良好的合作关系。服务点一旦发现紧急事件或纠纷,可及时与托管单位沟通,请其协助解决。

2. 服务外包管理

自助图书馆网运营与服务中,物流配送、服务机维护等服务一般采取外包方式,图书馆必须对外包服务单位进行管理,逐年签订合同,管理日常事务,实施监督考核。

(1)合同管理

按照政府采购要求,确定外包服务商后,应签订服务合同,明确指出各服务单位的服务项目,以及所需要达到的服务质量,如物流配送的服务点数量、配送项目、配送服务指标要求等。

合同中也应包含对服务商未能提供约定服务级别的惩罚条款,以及解决争端的程序,明确规定在服务水平多次不达标、不能对关键服务提供响应与支持等情况下,图书馆有权提前终止合同,以及终止合同时服务商所应承担的责任与相关费用等。

(2)沟通协调

自助图书馆网运营与服务需要多方配合,在日常事务管理中,实时的、常态的、多层级的沟通与交流是确保业务顺畅的有效措施,避免对对方的能力、技术和服务的错误感知。

图书馆和外包服务商之间各有所长,应在运营与服务中取长补短,协力工作。图书馆业务具有一定的专业性,图书馆需要对外包服务商在图书馆基本理论与知识、图书馆业务流程与工作规范等方面进行指导和技术支持;而外包服务商具有相关的专业技能,图书馆可通过相互学习和交流,了解相关的组织与管理知识,提高自助图书馆网的综合协调与管理能力。

(3)监督考核

图书馆需要定期或不定期地对外包服务商的服务水平、服务质量等进行考核,并按照合同的条款要求针对服务不达标的情况进行相应处罚。各服务商应定期提交作业数据和各类纸质材料,以便图书馆对外包服务商的业务进行全面跟踪、统计与汇总。

四、应急管理

应急管理是图书馆安全生产的重要内容,同样也是自助图书馆运行管理的重要组成部分。图书馆一方面需要重视安全,组织隐患排查和设施保障,尽量避免意外事故的发生;另一方面,也需要针对可能出现的各种紧急事件,制订相关的应急处理预案,通过规范化的运作和管理体制,确保自助图书馆的运行和服务安全。

1. 环境事件应急处理

遭遇恶劣天气,如台风、暴雨、沙尘天气、高温天气等,为确保服务机的运行安全,避免各类事故的发生,相关服务点宜暂停服务,并在环境改善后先行检查,再恢复服务。如遭遇台风后,判断某室外服务机可能发生进水现象,在被暂停服务的设备重新启用前,比较稳妥的做法是:维护人员到现场→检查电力线路→检查主要设备→再行启动。

2. 安全事故应急处理

尽管采取了一系列的安全措施,但基于外部环境的变化、读者行为的无法操控,依然会发生或大或小的安全问题,包括读者误操作出现安全事故、服务机被破坏、防雨设施遭损坏等。图书馆必须制订应急预案,与托管单位、服务机维护商实施联动,及时妥善处理,降低负面影响,缩短停机时间。

【案例】自助图书馆服务应急预案与响应管理办法(节选)

三、图书馆职责

1. 值班人员负责与相关服务点物业管理或图书馆值班人员进行沟通、协调,要求视具体情况进行断电或采取保护措施。

2. 负责通知服务机维护值班人员协助物业及时关闭机器,做好相关防水处理。

3. 负责跟踪设备的受损状况,提出服务建议。

4. 负责及时将情况上报各级领导。

四、设备维护商职责

1. 根据设备在恶劣天气下运行产生的隐患,提出合理建议。

2. 在恶劣天气来临前做好保护措施。

3. 在恶劣天气过后第一时间到达现场核查设备状况,出具检查报告,提出相应解决方案,尽早提供服务。

五、托管方职责

1. 协助自助图书馆工作部在恶劣天气到来前关闭电源。

2. 物业巡视人员密切监控雨棚状况,特殊情形下使用防雨布盖上机器。

3. 有其他意外情况及时通知自助图书馆工作部。

六、应急措施与响应

自助图书馆工作部:

1. 及时获得暴雨、台风相关信息,包括暴雨、台风预警等级、预计登陆时间和地点。暴雨预警信号从高到低依次为红、橙、黄、蓝4种,台风预警信号从高到依次为红、橙、黄、蓝、白5种。

2. 当暴雨、台风预警信号为橙色时,启动停机服务预案,并通知相关人员。

3. 台风登陆前5个小时通知物业(附表)关闭机器电源,若台风凌晨登陆,前一天晚上下班前做好关闭准备。

4. 将深圳图书馆《暂停服务公告》传给物业,贴在设备上。若物业无法联系上,通知设备维护商关闭电源并张贴《暂停服务公告》。

5. 台风来临前通过监控确认是否已关机。

6. 台风时持续监控机器状态,留意台风预警变化。

7. 预警信号转为蓝色,通知设备维护商进行开机前检查。

8. 将设备维护商的检查结果汇报给相关领导,确定重新服务时间。

设备维护商:

1. 台风前检查机器顶部防雨胶布是否有效,协助自助图书馆工作部关机和张贴公告。

2. 台风持续期间保证电话畅通。

3. 台风后检查机器状况,将情况汇总后通过邮件告之图书馆。设备检查内容如下:

① 机器内部及边侧有无进水,达到什么程度(附照片),是否有触电危险;

② 若情况不严重,能否开机服务,能否对读者造成安全隐患;

③ 若情况严重,则应提出除水除潮方案,查出损坏部件,列出费用清单,注明所需维修时间;

④ 若当时无法通电测试,则告知预计测试时间。

4. 检查时人员和财产安全第一,需注意电路、机械、外部触摸设备可能产生的安全隐患。

5. 设备维护商应成立专门小组处理应急情况,尽量避免日常故障维护人员兼职造成日常机器故障响应时间不及时。

6. 每次台风后及时总结出现的问题,及时进行改进和完善。

7. 强日晒天气下出现的机器故障,也需及时总结提出建议。

第三节　自助图书馆宣传工作

自助图书馆是一种新型的服务模式,品牌形象与自助图书馆的服务效益息息相关。读者对它的接受和适应需要一段时间,积极的推广宣传才能使读者认识它、了解它、使用它、喜欢它。因此图书馆需要高度重视自助图书馆的宣传工作,通过多种措施来引导读者认识、了解自助图书馆并利用自助图书馆,培养自助图书馆的忠实用户群体。

同时,自助图书馆网的服务效果与自助图书馆的宣传及品牌推广深度直接关联。宣传及推广工作越细致、越到位,自助图书馆辐射人群和使用人群会越多,自助图书馆的服务效益越好。自助图书馆的宣传、推广是长期的,需要运维部门纳入日常工作进行定期、定点宣传。

【案例】2011 年 2 月深圳图书馆委托第三方单位提交的《城市街区 24 小时自助图书馆运行及服务效果调研分析报告》(节选)

深圳自助图书馆的宣传力度有待进一步加强。

首先,从使用者的角度来看,宣传力度不够主要体现在以下 4 个方面:

(1)通过宣传途径了解到自助图书馆的居民较少。在了解途径上,"自己路过看到的"是居民了解自助图书馆的主要途径(76.80%),而通过社区宣传(13.87%)、图书馆宣传资料(6.13%)和广播/电视等媒体(5.60%)宣传途径了解到自助图书馆的居民较少,这在一定程度上说明自助图书馆的宣传力度还不够强。

(2)居民对自助图书馆的知晓程度还不够深入。在了解程度上,有 85.64% 的居民知道自助图书馆的具体位置,42.82% 的居民知道自助图书馆的大概服务功能,7.59% 的居民知道自助图书馆服务点名称。由此可见，多数居民仅仅知道自助图书馆的存在，而对于服务内容和具体名称的知晓程度较低，这说明要进一步加强自助图书馆的宣传以便居民能够更深入地了解自助图书馆。

(3)大多数居民仅了解自助图书馆的借/还书功能。调查结果显示，在了解内容上，“借/还书”功能被居民认知的比例最高(83.84%)，预借服务是自助图书馆的特色功能且具有较高的利用价值，但是仅有12.60%的居民了解这种功能，这说明要进一步加强自助图书馆功能的宣传以便自助图书馆更好地发挥作用，服务于社会公众。

(4)深度访谈结果显示，很多居民不知道有这样一个自助图书馆或者不了解它的作用及操作方法(如不知道图书馆是可以转动的，不知道旁边有个屏幕可以查询)，甚至有的居民担心是收费的而不敢使用。

其次，从托管单位的角度来看，存在部分托管单位不了解自助图书馆的功能、维护注意事项等情况。深度访谈结果显示，一部分托管单位对自助图书馆的优点、作用、功能及操作方法不太了解，甚至一些清洁人员由于不了解情况直接拿水冲洗自助图书服务机进而对自助图书馆造成了损坏，这也从侧面说明了宣传的不到位。

一、宣传规划与组织

自助图书馆的宣传一方面要充分利用服务点的相关设施，发挥托管单位的作用，另一方面要立足图书馆，在图书馆传统的宣传阵地上，重点宣传自助图书馆的分布、服务及管理。

自助图书馆存在不同的服务点类型和不同的服务群体，其使用对象相对固定，图书馆也可在常规宣传的基础上，结合自助图书馆馆外服务的特点，组织和实施多样性的其他专题宣传。

	类 别	说 明	采取的宣传形式
1	针对不同服务点类型的宣传	社区、部队、工厂、商场等服务点区域	调查问卷、现场培训辅导、发放宣传介绍材料
2	针对特殊阅读群体的宣传	老人、青少年、工厂员工等服务群体	组织参观讲解、专题文献推介、现场培训辅导
3	配合特殊节假日的主题宣传	世界读书日、读书月、图书馆馆庆日、国庆节等特殊日期	主题展览、读者座谈交流会、征文比赛等

自助图书馆的宣传工作是长期的，需要图书馆持续投入经费和人力。图书馆需结合自身的能力与条件，有选择性地开展最为迫切的宣传工作，以最有效的宣传方式进行有针对性的宣传，以在有限的资源下产出最大的宣传效益。同时，自助图书馆网作为公益文化服务设施，可以借助社会力量，特别是媒体的力量，共同参与自助图书馆的宣传，提升其社会知晓度，降低自助图书馆的宣传成本。

【案例】深圳市自助图书馆2008—2009年宣传工作总结（节选）

通过媒体、网络的宣传：通过媒体和网站，介绍自助图书馆及其布点等。

通过托管单位的宣传：托管单位的性质不尽相同，有的是物业，有的是社区工作站。可通过物业集团总部进行宣传组织，由总部下属各物业在各小区里粘贴宣传海报或派发宣传单。社区工作站了解整个社区的居民素质，与所辖范围的小区物业关系良好，委托社区工作站，利用小区宣传栏粘贴宣传海报，可收到良好的宣传效果。

通过活动的方式宣传：参加2008年的文博会和高交会，在2009年4·23世界读书日启动仪式上进行专题展览。选取部分社区类型服务点进行巡回展览，以进一步扩大自助图书馆的影响。

二、服务点宣传

服务点是自助图书馆宣传的主阵地，就像一个图书馆需要宣传导视系统，需要将宣传工作纳入图书馆业务工作一样。既然选择了一个服务点，就说明其具备一定数量的潜在读者群体。服务点宣传工作的目标就是将片区的市民吸引到自助图书馆来，成为图书馆的读者。

1. 统一宣传标识

统一自助图书馆的宣传标识至关重要，如北京市朝阳区的自助图书馆命名为“书香朝阳”，外形设计完全统一，标识直观明了。除名称和外观外，统一自助图书馆的服务功能、服务规则也至关重要，同时在设备上或服务点周边介绍自助图书馆，包括介绍其使用方法、服务规则。

2. 服务机导引

服务机一旦就位，应在本片区中心位置、交通要道和服务机周边设置必要的导引装置，包括宣传牌、导引指示等，使本片区市民和周边市民能够知晓并方便地抵达服务机。

【案例】深圳市自助图书馆服务机导引系统设计方案

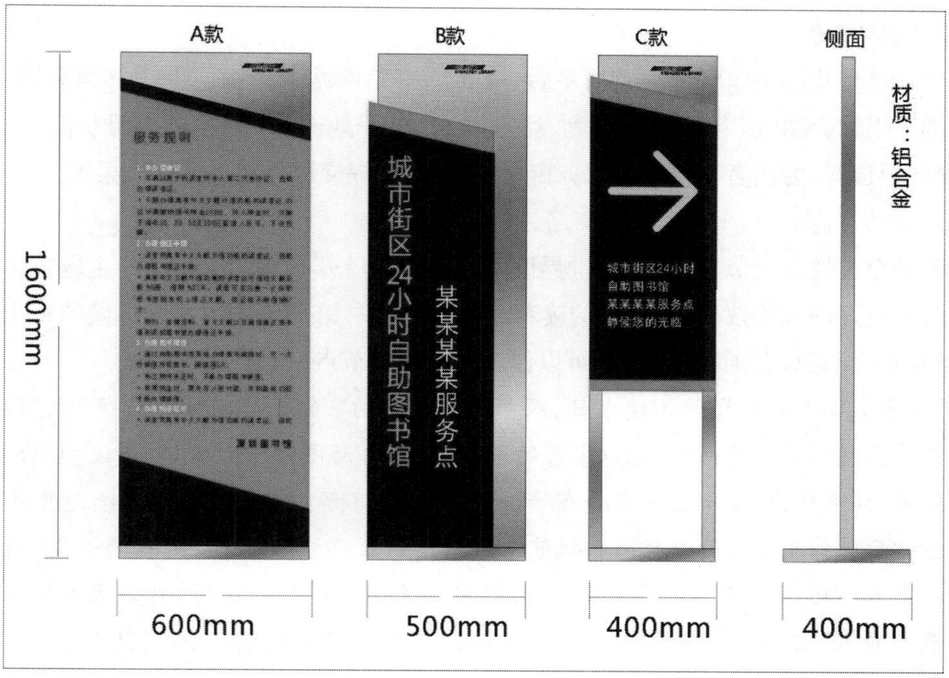

3. 托管单位宣传

与托管单位进行合作，可以获得长期和有效的宣传支持。如在辖区主要海报栏粘贴自助图书馆宣传海报，在地址箱投递宣传折页等。同时，有必要向托管单位宣传自助图书馆，告知自助图书馆的有关进展，使其充分认识到自助图书馆对营造辖区内居民文化阅读氛围的作用，进而通过托管单位的员工宣传自助图书馆，协助自助图书馆的简易巡防和维护。

4. 现场值守和辅导

在开放服务的初期，应酌情安排值守人员进行现场宣传、辅导、接受读者咨询。开放服务一段时间后，也可不定期地开展现场宣传。现场值守可以采取图书馆、物流、设备生产或集成商、托管单位多方合作的方式。

三、图书馆宣传

自助图书馆是图书馆服务的延伸，而自助图书馆不可能抵达每一个社区或片区，通过图书馆来了解自助图书馆的网点和服务依然是广大市民最基本的途径。

1. 常规宣传

图书馆的常规宣传主要借助各种宣传材料，如制作自助图书馆宣传海报、宣传折页、宣传小册子、宣传地图等，也可制作视频短片。

【案例】深圳市于2012年制作了《自助图书馆地图》，明确标识出全市自助图书馆网各服务点的位置信息、附近交通信息、开放服务时间信息等，便于读者进行精确找寻。

2. 网站宣传

网站是现代图书馆宣传的重要平台，应在图书馆网站上设置自助图书馆分网站，提供自助图书馆介绍、服务项目与规则、服务动态、电子地图、各服务机资源状况、开放时间、媒体报道等，为读者提供预借服务窗口，为各单位提交服务点申请提供渠道。

3. 活动宣传

配合全市性重大节日活动（如世界读书日、读书月）开展自助图书馆的主题宣传活动能够起到更好的宣传效果，让更多的读者了解自助图书馆。自助图书馆建设的每个阶段（如建设启动、建成开通服务等）都可以作为一个重要节点，加强宣传工作。

【案例】2012年4月世界读书日，深圳图书馆举办"自助图书馆面面观"主题展览。该展览采用通俗易懂的语言，配以丰富的图片，介绍自助图书馆的缘起、建设、后台支撑、服务效果、读者反馈、全市服务点分布等，让读者全面了解自助图书馆以及自助图书馆便利服务背后工作人员的辛勤努力和规范化的工作流程。主题展览分为我的诞生（自助图书馆的由来和功能介绍）、我的成长（自助图书馆的建设）、我的背后（自助图书馆后台支持）、我的骄傲（自助图书馆的成绩）、我的伙伴（自助图书馆服务点介绍）几部分。

四、媒体宣传

在各类自助图书馆宣传工作中，媒体的作用不可忽视，尤其是平面媒体拥有广大的受众。媒体宣传在整个自助图书馆的宣传工作中非常重要，需要特别重视，必须由专人负责，并加强与媒体的沟通。自助图书馆毕竟是在发展初期，正确的引导非常重要，负面的影响也会存在，借助媒体对自助图书馆进行广泛的宣传，使自助图书馆向着健康的方向发展是宣传工作的核心。媒体宣传途径包括广播、电视、网络、报纸，也可以公益广告的形式，协调公交运营公司、地铁运营公司在公交车站、地铁站粘贴海报。

第五章　自助图书馆网服务保障

基于呼叫中心的咨询服务响应是服务的基本组织形式和服务保障的关键性支撑，服务流程的标准化、规范化直接影响着自助图书馆服务质量和读者服务评价。

随着自助图书馆网的不断拓展和延伸，自助图书馆服务保障的压力将越来越大，对图书馆的人力资源、技术资源提出了新的挑战，相应的服务组织与日常服务工作将日益繁重。一方面，图书馆需依靠政府加大投入，增配必要技术平台和人力资源；另一方面，也要求图书馆自身进行内部业务资源重组和优化，调整技术配备、整合人力资源、优化业务流程，提升图书馆的整体服务效率，保障自助图书馆的服务。

自助图书馆的服务组织与服务响应是多方面的，包括图书预借服务、数字资源服务、咨询服务等。本章仅阐述针对自助图书馆特有的基于呼叫中心的咨询服务组织与响应。

第一节　服务组织与管理

呼叫服务是读者了解、使用自助图书馆的最直接的窗口，图书馆应该建立专门的自助图书馆呼叫服务中心来实时解决读者咨询。同时，呼叫服务受理和响应需要遵循规范化的流程指引，确保读者在寻求解决途径过程中的畅快和高效。

自助图书馆网的特点就是图书馆的工作人员不能对读者进行面对面的服务，直接解决其疑难，协助其达成目标。尽管大多图书馆都在互联网上提供了各种方式的咨询平台，但自助图书馆服务机旁的读者遇到问题时会更为直接地拨打咨询电话。

建立基于语音和人工服务的呼叫服务中心是采取全自助方式实现服务保障的常规做法。图书馆的主要业务不是呼叫和咨询，但建立呼叫和咨询中心无疑是实现自助图书馆各类服务的关键性支撑，也是自助图书馆正常运转的组织保障。

一、呼叫服务中心

图书馆应借助于成熟的语音服务系统和呼叫服务系统，组建呼叫服务中心，配备专职人员接听读者呼叫，解答读者咨询，对读者诉求及时进行分类、汇总、跟踪、处理和解决。

呼叫服务中心可在已有的读者综合服务、参考咨询的基础上进行业务整合和拓展，将自助图书馆的电话服务纳入图书馆电话服务范围。专门建立自助图书馆呼叫服务中心会使图书馆与自助图书馆业务分立，不利于统筹实施。事实上，自助图书馆会逐渐融入图书馆的所有服务，而自助图书馆的服务方式和服务理念也会影响原有图书馆，使图书馆的呼叫服务水平得到提升。

1. 服务目标

呼叫服务中心主要通过语音导航进行自助图书馆服务指引，提供自动语音服务和录音服务，人工受理咨询与读者诉求，主要服务目标为：①建立统一的现代化服务平台。用统一的特服号接入，多路支持。②提高服务质量和改善服务感受。实现呼入电话排队功能和各种排队策略，减少等待；还可提供主动服务，将事件的办理情况及时以短信方式通知给读者。③提供全天候的服务。自动语音、人工接听、留言系统相结合，实现全天24小时不间断服务。④提高整体服务效率。对常见的问题如服务点分布、操作流程、服务时间等可采用自动语音应答方式，让读者收听事先录制好的语音介绍，提高系统整体接听能力。实现自动服务和人工服务间的任意转换。记录每个自动语音信息被收听的次数，以掌握近期的热点问题。⑤实现信息共享与协同工作：以平台为依托，建立一个各部门共享、协作和标准化的处理流程。坐席人员根据具体情况可直接进行解答，或将咨询电话转接到相关部门，快速有效地处理咨询电话，对每次服务进行详细的记录，同时通过平台可实现内部的交流和信息的传递。

2. 人员构成

呼叫服务中心需配备以下相关类型的工作人员，以保障服务的正常响应和及时处理。

- 人工坐席人员：属于前台接听人员，负责接听服务电话，受理读者咨询请求和业务处理要求。
- 综合咨询人员：属于后台支撑人员。对坐席人员分发的任务进行综合处理，需要结合已有的相关数据资源、系统资源进行系统性的跟踪和处理，如果相关任务需要其他部门或单位进行配合和处理的，则按照要求进行再次分发和跟踪。
- 值班调度：对通话过程、咨询过程进行质检，发现服务业务有显著增减时及时进行排班调整和线路调整，对前台受理的疑难业务、复杂业务进行处理和分发。

3. 咨询知识库

针对各种复杂的咨询，工作人员除需具备较为丰富的知识和经验外，还应在平台上共建共享相关资料。相关工作人员要有意识地将各种常见问题录入到知识库中，以便快速、准确地答复读者。知识库可根据需要，多维度、多层次建设，并能够方便地编辑、管理。

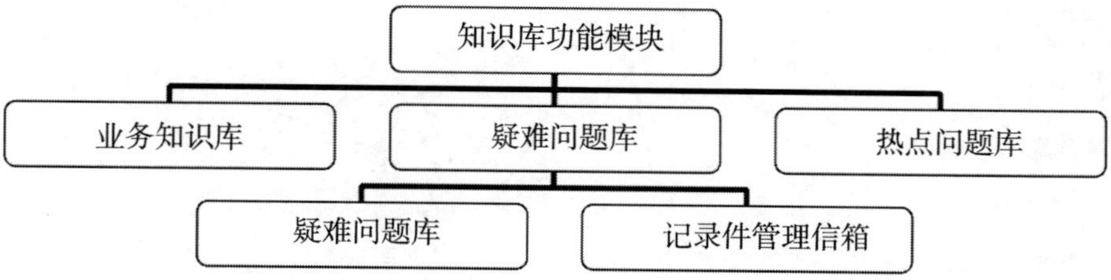

4.咨询统筹与管理

呼叫中心需要快速、准确、高质量地处理每一次读者的服务联络,最大限度地达到读者满意。其运营与管理需要以准确预测工作量为基础,在正确的时间,调动并使用正确数量的人员和其他支持性资源,最终获得优质的服务水平。

(1)选择服务水平和应答时间目标

服务水平是指“在Y秒内,X%的服务联系信息获得应答”。如:90%的来话呼叫,在20秒内被应答,服务水平就是90/20。服务水平影响着服务线路的规划、人员配备的制订。而应答时间则指“100%的联络在多长时间内被处理”。如读者一般问题的投诉将在72小时内予以答复或解决。这两个目标是呼叫中心管理中需要设置的主要承诺和重要绩效目标。

(2)收集数据

预测业务工作量。为了准确预测预期的话务量,需要参考以往的历史呼叫数据、增长变化趋势等,还需要结合其他图书馆相关业务活动、节假日等因素所导致的读者电话量变化。同时,需要依据历史数据来分析服务人员在岗工作时所需要承担的工作负荷,包括平均通话时间、平均通话后处理时间及工作量。预测时必须包括所有相关的联络类型,如语音类电话呼叫、网络邮件咨询、在线聊天咨询、在线参考咨询等。

(3)配备人员,合理组织排班

依据工作量的预测,合理配备足额的工作人员;在进行人员配备时需考虑人员的缩减因素,如休假、培训、会议、线下业务跟踪等情况所导致的非全勤值班情况。进行排班时,需要结合服务人员的工作压力和承受能力,使正确的人员在正确的时间处于正确的位置提供服务。发生紧急事件或峰值服务时,需要有应急的排班响应措施来保障读者的服务电话能够被顺利接通。

【案例】深圳图书馆语音呼叫接入的时间段曲线(见下图),由图可以看出:上午9点到11点、下午3点到6点的业务工作较为繁忙,宜重点保证在此时间段的业务支撑。

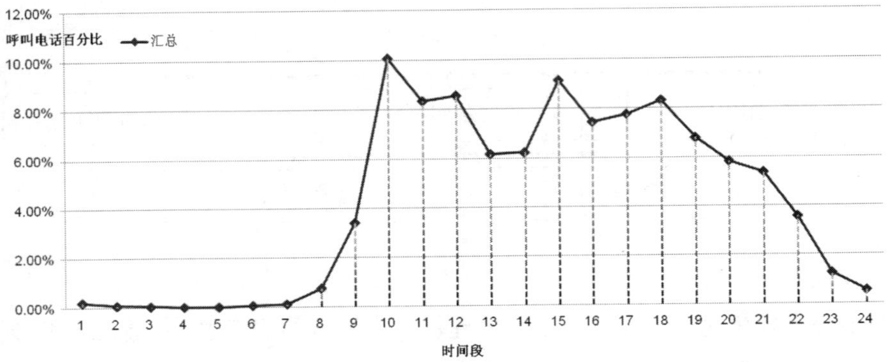

二、服务流程规划

1. 语音导航设计

根据语音导航系统的设置原则，尽量简单、快捷地为读者提供引导服务，因此首次播放欢迎词后直接进入人工咨询、自动服务和查询服务的选择。

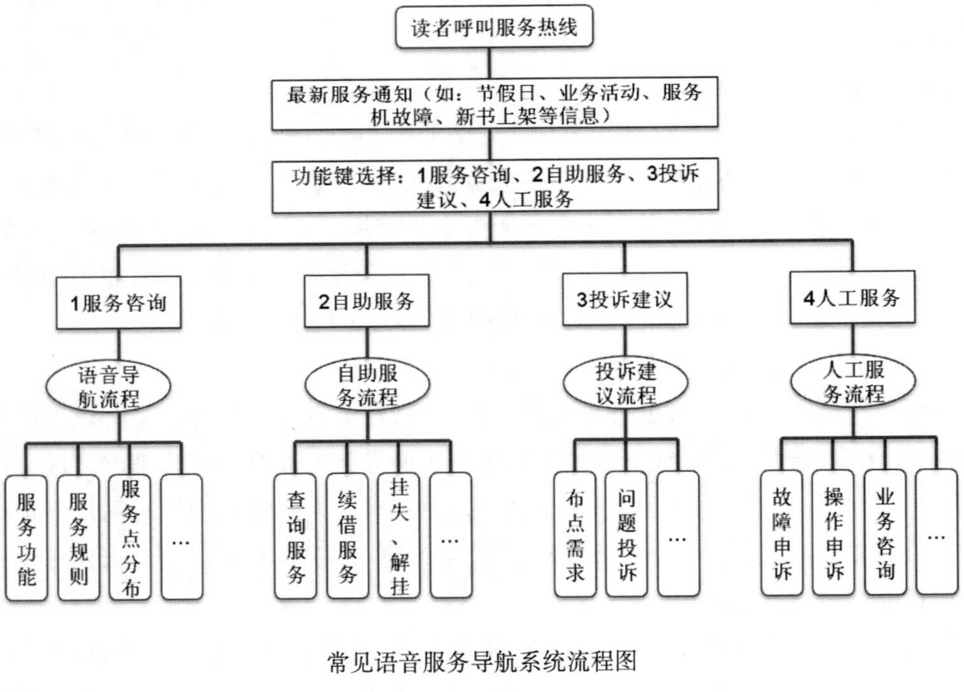

常见语音服务导航系统流程图

2. 呼叫接听类别

(1) 自动语音服务

读者选择自动语音服务后，由读者选择需要咨询的大项，然后按键选择收听其中的具体服务内容，主要包括自助图书馆地址和开放时间查询、服务规则介绍、操作指南和自动故障申告等。播放的语音可以采用电话、电脑等多种录制方式，管理方便。

（2）人工服务

选择人工服务后，首先接入总服务中心，对于一般问题直接进行解答，也可直接进行内部转接。人工服务主要包括人工帮助和投诉的受理，生成任务单，并进行下一步的处理和跟踪。

（3）留言录音

【案例】深圳图书馆呼叫中心服务系统流程设计

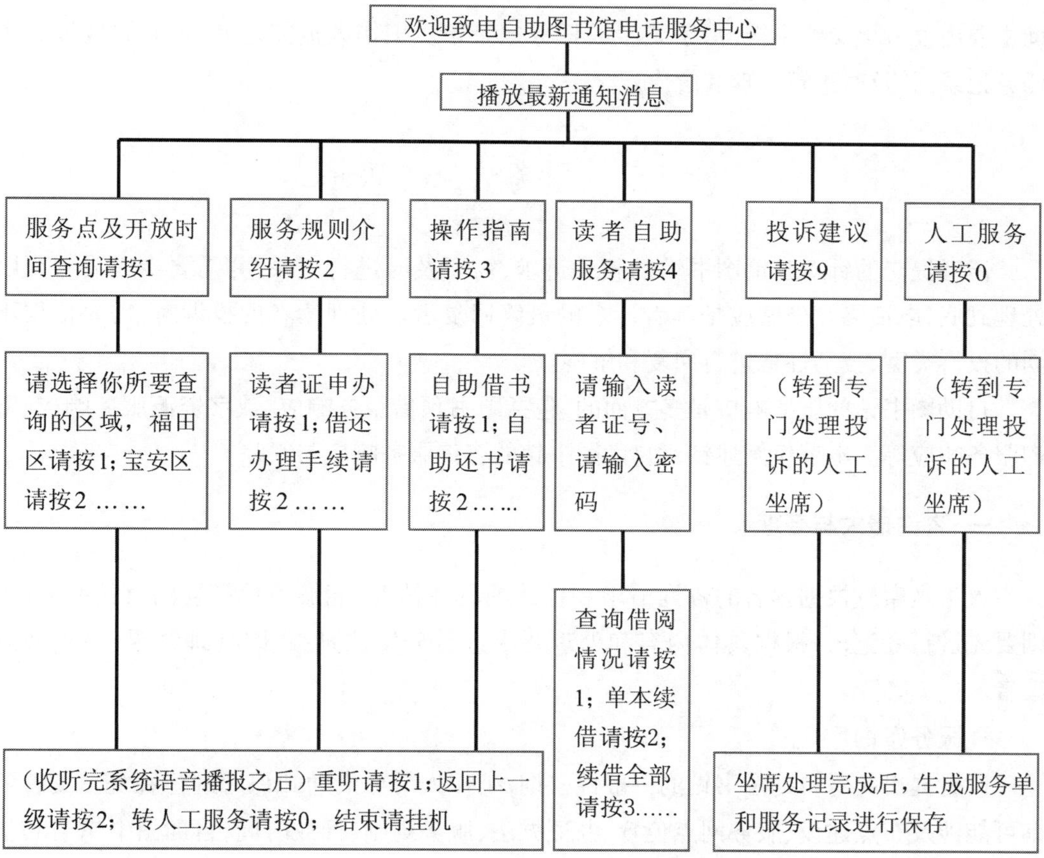

系统自动播报"重要通知"类语音，该"重要通知"模块为工作人员根据业务工作需要不定时进行更新，要求在设定有效期之前，非常规性、紧急性、语句短、简单明了，如节假日开放时间、暴雨天气导致某服务点临时暂停服务之类；同时，播报一些定期的约定通知，如"逢周一图书馆闭馆"、"新上架图书通知"等。系统在非工作值班时间内无人应答时转入语音留言服务。

3. 呼叫受理方式

（1）实时业务咨询处理

实时业务咨询，包括读者语音电话热线呼入业务咨询、网络实时参考咨询等。这类业务咨询主要由读者直接提交给前台工作人员，工作人员在受理咨询和服务请求后，需要及时进行判断和处理。若可以当场进行解决的，则按照处理流程及时解决；若无法当场解决或读者服务请求较为复杂的，则需要转交给值班组长进行判断和分析；若需要分发至后台业务处理部门的，则需要做好任务单登记，并根据任务的性质和类别分发至综合处理人员进行下一步的分发和处理。

(2)非实时业务咨询处理

非实时业务咨询，包括非工作时间段内的读者语音留言、网络留言等。这类业务咨询主要由读者提交给系统，由系统生成任务记录单。工作人员需定期、定时去收取此类任务记录，并及时进行处理和解决。

第二节　服务响应与跟踪

读者提交的针对自助图书馆的相关诉求，需要及时进行记录，并需要专人妥善跟踪处理到底，电话终端坐席应是读者诉求的最终回复者。处理读者的投诉时，需要依据不同的投诉类型，技巧性地进行回复和解答。

自助图书馆的服务响应是多方面的，包括图书预借服务响应、数字资源服务响应、咨询服务响应等。本节仅阐述针对自助图书馆的咨询服务响应与跟踪。

一、咨询请求与受理

人工坐席应根据读者的咨询请求和描述的具体情况，能够简单答复的直接回应；否则要先进行登记，并根据具体内容和处理要求进行分发，随后跟踪处理结果，最终回复读者。

1. 服务咨询

读者提出针对自助图书馆的一般性咨询，工作人员可借助知识库进行答复。读者咨询可能涉及布点建设、服务网点位置、办证方法、服务规则、开放时间，自助图书馆与其他图书馆的关系等。

2. 电话报障

指读者在现场发现自助图书馆的故障，包括配套设施存在的问题，如服务机屏幕触摸不灵、设备损坏等。

接到报障，首先要进行电话记录，记载故障地点、故障描述、读者信息、处理状态等。能够远程处理的，可及时处理并告知读者，不能处理的应告知读者等待或建议他去临近的服务机。对需要后续修复的故障制作维修任务单，交由监控中心跟踪处理，修复后通知读者。

3. 故障申诉

(1)借书/还书不成功

由于系统故障、图书标签故障或读者操作失误导致的借书失败、还书失败,系统未正确处理图书的状态信息,但图书已经通过服务机的借还入口进入服务机内部,无法自行取出。

- 记录信息,包括操作日期、读者证号、联系电话、书名、索书号、条码、图书类别、操作地点、失败过程描述、操作失败原因分析、跟踪处理状态等。
- 读者服务诉求。请求进行信息核查,并对该记录进行正确处理。
- 任务分配及处理:①综合处理人员调取系统日志和现场录像,对读者操作行为进行分析和判断,更新“操作失败原因分析”、“跟踪处理状态”信息;②物流服务部门在还回服务点机器内部或调配仓库中进行查找,找到后送到图书馆进行处理,更新“跟踪处理状态”信息;③综合处理人员依据最终结果对失败记录进行处理,并及时通知读者处理状况。

(2)办证不成功

由于系统故障或读者证介质故障造成的发卡办证失败,系统未发放该读者的读者证,或发放的读者证由于未正确处理,为无效证。

- 记录信息,包括操作日期、操作地点、读者姓名、联系电话、身份证号、故障类型、失败过程描述、操作失败原因分析、跟踪处理状态等。
- 读者服务诉求。请求进行信息核查,重新办理发放读者证或退证。
- 任务分配及处理:①综合处理人员调取系统日志和现场录像,对读者操作行为进行分析和判断,更新“操作失败原因分析”、“跟踪处理状态”信息;②维护服务部门现场排查原因,并进行检修;③综合处理人员通知读者再次办理读者证;④物流服务部门与读者约定时间到达现场进行核对,与读者进行协商沟通,按照读者要求进行重新办证或退证处理。

(3)图书代收

指读者多次尝试还书不成功(可能是由于图书标签失效),可答复读者由物流代收,送回图书馆再进行还回处理。

- 记录信息,包括操作地点、提出日期、读者证号、联系电话、书名、条码号、跟踪处理状态等。
- 读者服务诉求。请求代收图书。
- 任务分配及处理:制作代收图书任务单,交由监控中心跟踪处理;物流人员按任务单与读者约定时间,现场收取图书,并签收;物流人员将图书送回图书馆,工作人员处理后,通知读者;工作人员在还回处理后要判断还书不成功的原因,通知相关部门进行后续处理,如重新激活图书标签、重新加工标签等。

二、读者建议与回复

1. 阅读诉求

指读者或单位提出的服务点配送图书要求，如希望增加少儿类图书等。图书馆在收到阅读诉求后，在资源充足和相对平衡的前提下，应尽量予以调配和保证，并回复读者。读者提出的建议一般具有一定的普遍性，而且自助图书馆按服务点类别制定的文献配送计划需要不断调整和优化，读者阅读诉求的积累为此提供了依据。

读者阅读诉求、读者调查、读者借阅数据构成了针对性文献配送服务的主要信息源。

2. 布点建议

指读者个体或布点需求单位自发提交的布点建议。图书馆可在后续的自助图书馆布点规划中优先予以考虑，归入布点需求信息。

读者布点建议、读者调查、同类服务点借阅量分析构成了布点的主要依据。

3. 服务改进

指读者或托管单位提交的针对服务系统的改进建议，如界面要求、开放时间要求等，也包括功能性建议、噪音的影响等。图书馆应及时进行响应和跟进，在保障大多数人的需求及服务要求的基础上，综合考虑这些建议的可行性，予以改进和完善。

三、投诉与纠纷处理

自助图书馆的服务受到技术、环境的影响，也与使用管理方法直接相关。出现差错时，由于不能面对面及时沟通，问题不能及时得到解决，读者对处理结果不满意，会产生服务纠纷。因为服务质量、服务态度等因素，读者满意度较差，也会产生服务投诉。当出现纠纷或投诉时，应首先化解读者的不满情绪，然后分析类别，按照一定的工作流程妥善处理。

（1）分析类别

- 技术类：因自助图书馆服务机故障（产品质量）所产生的纠纷，判定依据是读者报障时间与系统故障记录时间吻合。
- 操作类：因人为操作失误（包括管理过错）产生的纠纷，包括作业人员操作失误和读者自身操作失误等。
- 环境类：客观原因产生的纠纷，如电力故障、网络故障等。
- 服务类：对图书馆及物流、维护人员的投诉。

（2）处理流程

在面对自助图书馆服务纠纷时，应着重从以下层面进行后续的处理：①明确自助图书馆的服务规则和操作流程，并通过温馨提示、公告的方式告知读者。②从读者操作的角度，判断和分析纠纷产生的根源。如确属读者自身操作失误、不当，则需尽到协助找寻、通知义务；如非读者原因造成的纠纷，图书馆应首先解决现实的问题，然后再从内部业务流程或故障处理入手进行责任排查和处理。③如果针对的是外包服务人员现场作业的服务投诉，则需在核实相关情况后，追究外包服务单位的责任。④如果针对的是图书馆在线电话、咨询人员的服务投诉，则需要对业务工作人员的服务态度、服务水平进行改进和提升培训。

服务纠纷的产生，一般来说是自助图书馆在读者服务层面存在不足，有必要不断进行业务流程优化，改进操作方法；同时，也要敦促服务机生产、维护商，不断改善设备的稳定性、可靠性。当一个问题上升为服务纠纷时，也是一个契机，因为它会引起各方面的高度重视，从而对图书馆推动业务与技术改进创造了条件。

第三节　服务统计与分析

自助图书馆的服务效益中，大多数的服务量来自少数的核心读者和主要读者。图书馆可以在服务效果的统计与分析的基础上，提供面向核心读者、主要读者的细致化、定向化服务营销。

自助图书馆服务的特点在于相对固定地服务于特定的社区或某类人群，在服务中会产生大量可用以分析读者行为的原始资料。对这些数据资料进行统计和分析，可以细分自助图书馆的服务读者群体。如：针对读者年龄段按照服务点类型进行划分，对不同年龄段文献的借阅需求及借阅情况进行统计，依据统计情况有针对性地按照不同服务点类型、不同年龄段读者配备相应比例的服务资源。

自助图书馆服务中，大多数的服务量会来自少数的核心读者和主要读者；服务、推广和资源应倾向于“金字塔”尖上的读者，此时更为细致化、定向化的服务营销不仅可以稳固和提高图书馆服务业务的效益，更能通过分析专为其设计并交叉销售的其他服务，从而联动地提高图书馆的整体效益。

自助图书馆的办证量虽然呈累计增长趋势，却存在“睡眠卡”现象，即部分读者办理读者证后再次利用的机率非常低。通过对“睡眠卡”进行归类、汇总，并抽取部分读者进行定点访谈和调查，可以明显发现自助图书馆在哪些区域存在不足，从而改进服务效益。

【案例】2011 年 2 月深圳图书馆委托第三方单位提交的《城市街区 24 小时自助图书馆运行及服务效果调研分析报告》节选

1. 读者服务行为统计分析

(1)服务功能偏好：自助图书馆的主要功能得到了读者的充分利用

从调研结果来看，目前自助图书馆的主要功能已得到了充分利用，在接受访问的读者中，99.05% 的读者表示使用过自助图书馆的借/还书功能；74.01% 的读者表示使用过图书查询及浏览功能；64.34% 的读者表示通过自助图书馆办理了读者证。可以看出，以上功能的使用比率均较高。但同时我们也发现,预借服务功能(32.49%)和预存预付款/扣缴逾期滞还款功能(17.27%)的使用比率不是很高,尤其体现在预存预付款/扣缴逾期滞还款功能的使用上。具体情况见图。

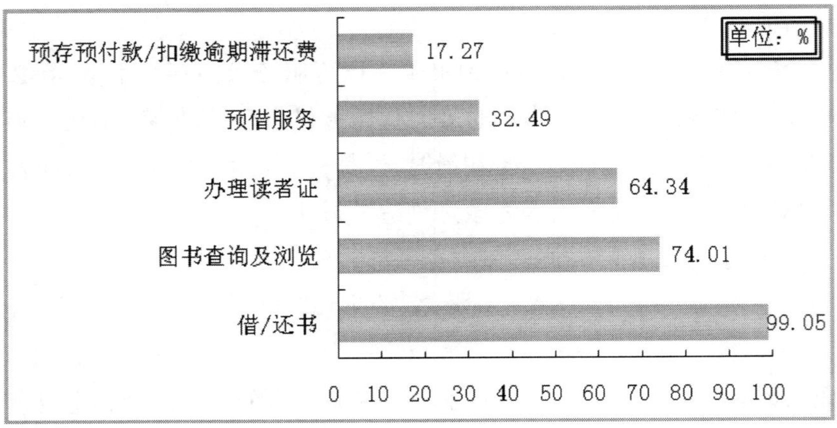

读者对自助图书馆功能的使用情况

(2)使用频次统计:读者使用自助图书馆的频次集中在“每月1—5次”

调研结果显示,使用自助图书馆的频次为每月1—5次的读者比例较高,为68.20%;其次是每月1次及以下(16.69%)和每月6—10次(10.17%);频次为每月11次以上的读者比例较低,为4.94%。具体情况见图。

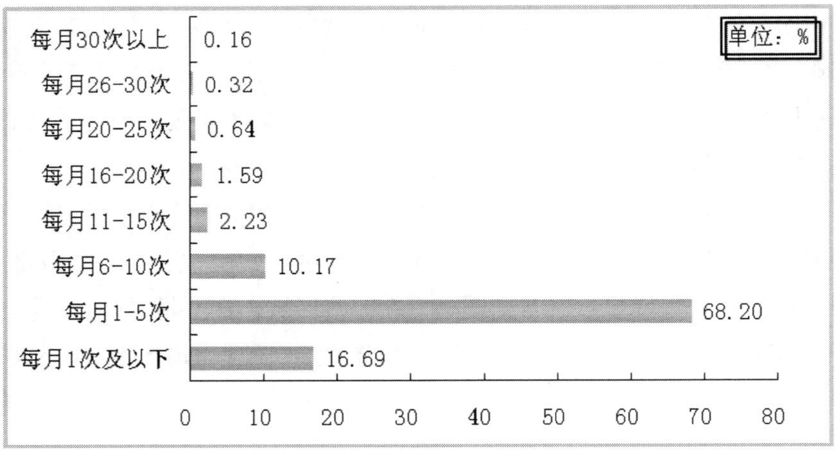

读者使用自助图书馆的频次

(3)不同服务时间段读者利用率:非工作日的10:00—11:59和16:00—19:59及工作日的12:00—13:59和18:00—21:59是读者使用自助图书馆的高峰期。

调研结果显示，在接受访问的读者中，65.33%的读者表示一般在非工作日借书，主要集中在10：00—11：59之间和16：00—19：59之间，分别占比25.85%、32.96%；34.67%的读者表示一般在工作日借书，主要集中在18：00—19：59之间、20：00—21：59之间和12：00—13：59之间，分别占比31.91%、18.09%和16.49%。具体情况见图。

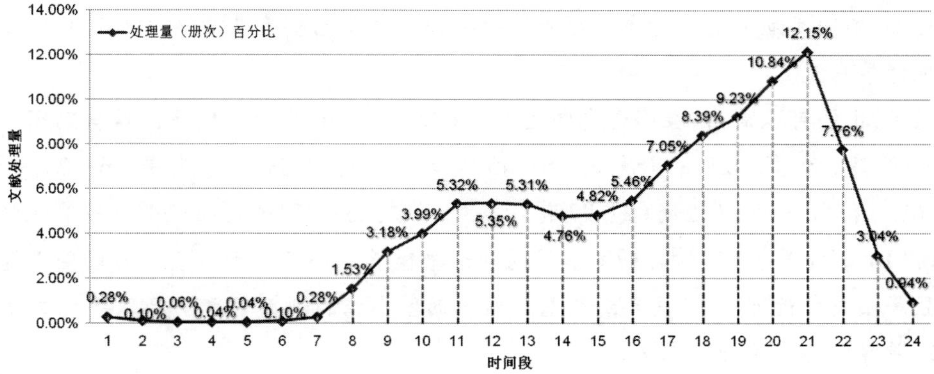

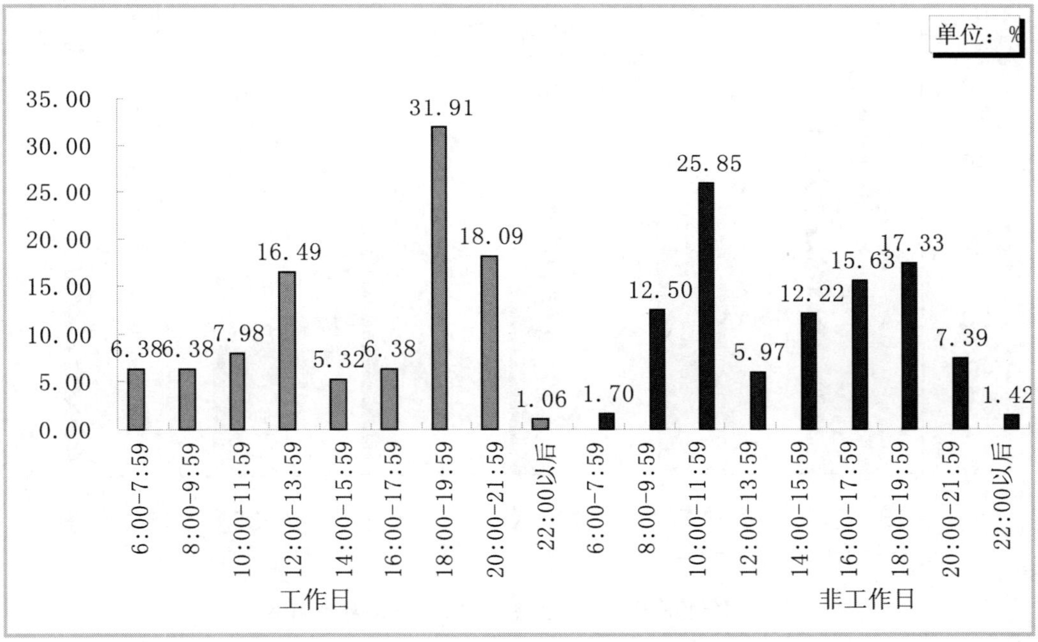

读者使用自助图书馆的时间分布情况

依据自助图书馆的服务量数据统计结果，自助图书馆的服务读者更愿意在晚上进行借还操作，服务操作的集中时间为上午8点到晚上11点，在其他时间段内利用率相对较低。

2. 不同社会学背景居民对自助图书馆的知晓利用情况

(1)不同年龄段居民对自助图书馆的知晓利用情况

从不同年龄段居民来看,16 岁以下的居民对自助图书馆的知晓率最高,为 47.06%;其次是 26—35 岁之间(45.16%)和 56—65 岁之间(42.86%);再次是 36—45 岁之间(33.90%)和 16—25 岁之间(33.33%);相对而言,46—55 岁之间的居民对自助图书馆的知晓率较低,为 17.39%(详情见图)。将不同年龄段与自助图书馆知晓率作显著相关分析可知,不同年龄段居民对自助图书馆的知晓率之间无显著性差异(P >0.05),差异不具有统计学意义。

同时,由图可以看出,在知道自助图书馆的居民中,16 岁以下的居民对自助图书馆的利用率最高,为 42.42%;其次是 36—45 岁之间(33.33%);再次是 16—25 岁之间(29.36%)和 56—65 岁之间(27.27%);相对而言,26—35 岁之间(24.66%)和 46—55 岁之间(16.67%)的居民对自助图书馆的利用率较低。将不同年龄段与自助图书馆利用率作显著相关分析可知,不同年龄段居民对自助图书馆的利用率之间无显著性差异(P >0.05),差异不具有统计学意义。

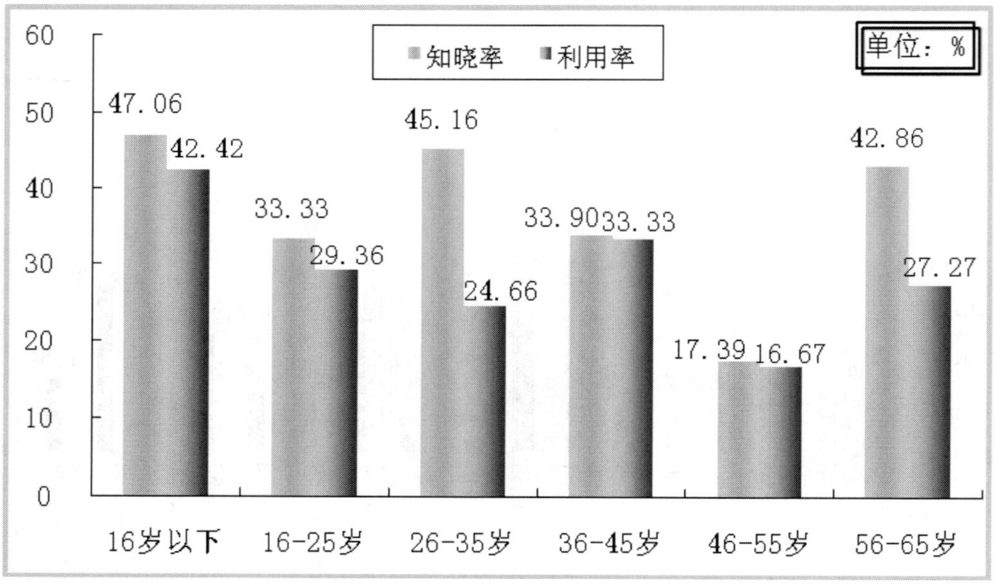

不同年龄段居民对自助图书馆的知晓率和利用率

(2)不同文化程度居民对自助图书馆的知晓利用情况

从不同文化程度居民来看,大专学历和硕士以上学历居民对自助图书馆的知晓率较高,分别为 51.11%和 50.00%;其次依次是大学本科(41.38%)、中专/高中(40.65%)和初中(34.29%);相对而言,小学及以下学历(9.68%)居民对自助图书馆的知晓率较低。同时,知道自助图书馆的居民对自助图书馆的利用率随着文化程度的上升而上升。将不同文化程度分别与自助图书馆知晓率和利用率做显著相关分析可知，不同性别居民对自助图书馆知晓率和利用率之间的差别均显著($P<0.05$)，差异具有统计学意义。

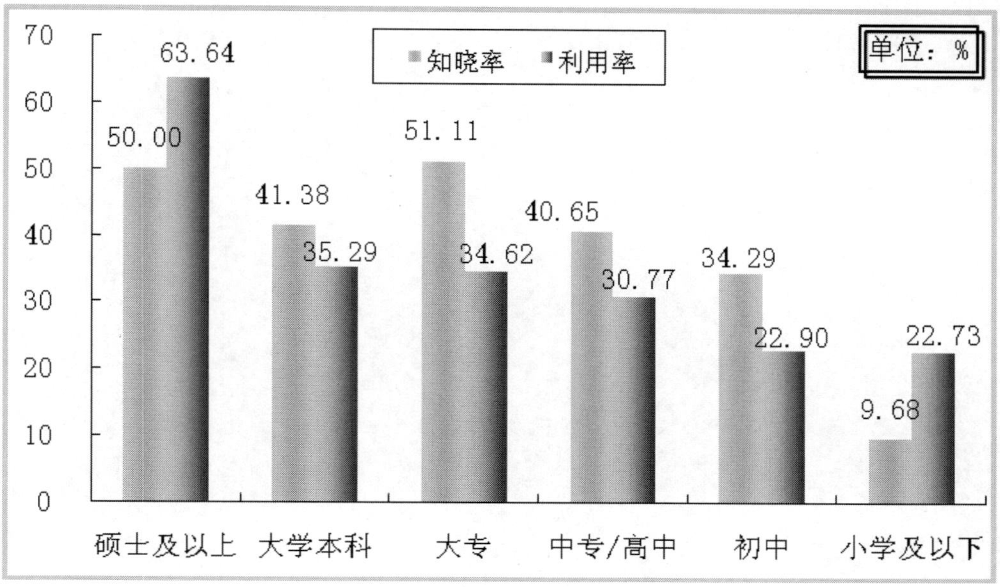

不同文化程度居民对自助图书馆的知晓率和利用率

效益篇

第一章　自助图书馆网成本构成及分析

政府投资也叫公共投资，一般是指政府为了实现其职能，满足社会公共需要，实现经济和社会发展战略，投入资金用以转化为实物资产的行为和过程。深圳“城市街区24小时自助图书馆系统”正是完全由政府投资的文化惠民工程，属于公共文化服务项目，是城市公共文化服务体系的重要组成部分，向全体市民免费提供，具有社会公益性和福利性，追求的是社会效益的最大化，衡量它的根本准则是社会效益，但是这并不意味着我们可以忽略自助图书馆项目的经济效益问题。相反，结合地方经济发展水平、社会环境和人文条件，我们更应重视对自助图书馆项目进行科学有效的成本效益分析，确保政府投入真正有效地落实，保障社会民众的文化权益。

基于此，本章将从自助图书馆网的建设和日常运营出发，根据深圳图书馆几年来的实践经验，首先对自助图书馆网的成本构成进行一个较全面的说明分析，希望从经济角度客观解读自助图书馆事业的建设布局、资源配置和管理，并为业界同行在自助图书馆建设进行成本计划和核算时提供借鉴和参考。

第一节　自助图书馆网成本构成

自助图书馆网作为一个全新的领域，其建设和日常运营大大区别于传统实体图书馆，它不仅仅是购买几十甚至上百台服务机安装完成就大功告成。直接面对读者的自助图书馆服务机是硬件基础，但维护数十乃至上百台分散的自助图书馆服务机正常运转的网络更是不可或缺的纽带和关键，这个网络不仅指计算机网络，也包括由无数人力物力等搭建的物流服务网络。购买机器、搭建各种网络的投入一般是一次性、比较确切的，但维护自助图书馆整体服务网络日常运营的投入则是长期的、连续不断发生并随着实际情况改变而逐渐变化着的。

明确自助图书馆网的成本构成，要从建设和日常运营两方面出发，结合当地实际情况，从硬件配置、设备维护、人员管理到气候环境等，都加以详尽的考虑分析，并适时作出调整。此外，自助图书馆网的文献资源配置情况比较复杂，其实际支出费用一般可以包括在传统实体图书馆文献资源建设内，前述保障篇对此有比较详细的说明。

一、自助图书馆网建设成本构成

具体来说，建设一个覆盖一定区域范围的自助图书馆服务网络所花费的成本主要包括自助图书馆服务机购置、服务机配套环境改造和网络体系搭建等。

1. 自助图书馆服务机购置

自助图书馆服务机作为城市街区 24 小时自助图书馆系统的核心设备，是为就近市民读者提供全天候的图书馆基本文献服务的服务终端，具备必要的组件与装置、计算机硬软件系统及自动控制系统等，是一个能够提供图书馆基本服务的“微型图书馆”，应设计紧凑、占地面积约 5—7 平方米，可在各类场所和地点灵活设置。

从节约人力、物力等各方面成本及长远发展的角度出发，公共图书馆难以独立进行自助图书馆服务机的研发和制造，与相关企业合作、通过公开招标的方式进行采购是比较切实可行的。同时，自助图书馆服务机一直在改造优化，针对不同地区、用户群体和实际情况的不同机型，结合材料价格变化因素，预计不同时期服务机购置费可能会在原计划采购价格的基础上调整 10% 左右，目前单机均价一般不超过 40 万元。

根据当地综合发展水平和人文需求，城市自助图书馆服务网络应配置数十到上百台服务机不等，总体成本相应变化。

【案例】目前，深圳图书馆采用的是由深圳图书馆联合深圳市海恒智能技术有限公司自主研发的自助图书馆服务机，截止到 2012 年 7 月共投入运行 160 台（不包括深圳图书馆馆外 1 台样机），平均售价在 37.7 万元左右（含设备安装和首年维护费用）。该机器具有一定的使用年限，也一直在进行相关的设计更新和改进，因此每一台机器服务若干年后都将被置换或淘汰。根据测算，每台自助图书馆服务机的固定资产折旧费约为每年 5 万元。

2. 自助图书馆服务机配套环境改造

包括搭建遮阳、防雨雪设施，地面加固，配电、配网接入施工及相关材料费用，消防、宣传导引设施配套等。

建筑环境改造。自助图书馆服务机的安放位置决定了是否需要建筑装修工程配套，如布置于地铁站、各区行政办公场所的自助机基本不需要建筑装修费用，但是露天布置的网点，如公交车站、公园、户外沿线，甚至部分小区的布置网点等均需要建筑配套工程，搭建遮阳、防雨雪设施、地面加固等，以满足防水、防潮、防寒、防晒、承重和自助机机体安全需要。

配电配网接入施工及材料。自助图书馆服务机在进行电路、网络等的接入时，需要进行相关的布线施工，以及必需的线材、线管、开关等。

消防与安全。包括自助图书馆服务机工作的动力电源、手提式灭火器、视频监控等。视频监控摄像头按照每个服务网点（2 台自助机）2 个摄像头规划，监控录像就地临时存储，可通过专线网络上传到数据监控中心，监控中心也可以主动调取某一特定网点的监控录像资料。

宣传引导设施。包括自助图书馆服务机在该服务区域的宣传引导，如印刷宣传材料、海报、指引牌等。

每台自助机的配套设施改造费用会根据所在城市的气候条件、安放位置的具体环境等不同而有所变化。

同时，因为自助图书馆网建设属于文化类公益性项目，自助机布点的土地一般为政府行政划拨，因此配套工程造价不含土地出让金。如果土地出让方式改变，则土地取得费用另计。

【案例】目前深圳图书馆的环境改造费用一般在2万元每台，主要是加盖遮雨棚等。

3. 自助图书馆网络体系搭建

计算机网络是连接中心图书馆、自助图书馆服务机、物流中心、服务机维护商的纽带，也是“城市街区24小时自助图书馆系统”的重要特色之一。通过网络，所有自助图书馆服务点与中心图书馆之间实时通讯，保障了365天24小时的远程管理，形成有机的服务整体。

该体系的建设包括中心网络接入、自助图书馆服务机终端网络接入、中心服务器及应用设施、网络系统设备、存储系统设备、数据库系统、软件系统平台等。考虑到自助图书馆网络的业务相对独立，应避免受到来自各方面的干扰，并保证各服务点与网络中心之间通讯的实时性、安全性及可靠性，所有自助图书馆服务点与网络中心构成了一个相对封闭和独立的网络体系，网络设备的购置成本也相应增加。同时，随着自助图书馆服务规模的扩大，需要建设专门的自助图书馆门户网站或子网站，向读者、市民、媒体、业界等宣传、展示自助图书馆，包括自助图书馆服务点、服务项目、文献资源等。

一般情况下，在网络体系建设中，实际投入成本主要是硬软件设备的购置与相应平台建设，包括PC服务器、工控服务机、硬件防火墙、网络交换机、存储系统设备、数据库系统软件、软件开发平台和测试平台工具、中心系统平台、语音服务系统平台、自助图书馆门户网站建设等。同时，设备购置类型和数量应根据自助图书馆网络服务的规模大小有所不同。

【案例】深圳自助图书馆网的网络中心设置在深圳图书馆，为自助图书馆服务的正常进行和自助图书馆网络的正常运作提供技术支撑。所需要的中心服务器主要在深圳图书馆现有的设备中予以调节，充分挖掘了深圳图书馆已有的设备和技术优势，节约相应成本。同时，部分软件系统平台（如中心系统平台、语音服务系统平台）也由深圳图书馆利用人才优势自行开发。而在购置相关网络设备上，根据深圳自助图书馆网络服务的长远规划，进行了较大的一次性投入，花费在数百万元。

4. 工程建设其他费用

建设单位管理费。一般依据《财政部关于印发〈基本建设财务管理规定〉的通知》（财建[2002]394号）计入。

工程保险费。按建筑安装工程费的0.1%计入。

项目前期工作咨询费。按照《国家计委关于印发建设项目前期工作咨询收费暂行规定的通知》(计价格[1999]1283号)计入。

工程质量监督费。不同国家、省市或地区需按照当地具体规定计算。

招投标交易费。按建筑安装工程费的0.14%计取。

预备费。项目实施过程中可能发生难以预料的支出,需要事先预留费用,按项目直接支出和其他费用之和的5%计算。

自助图书馆服务机的研制是世界首创,深圳自助图书馆网的建设更是一个覆盖全市范围、紧贴市民文化生活的巨大工程,为此深圳图书馆进行了大量的调研考察、反反复复的方案设计和论证等,耗费了一定的人力、物力和财力。业界同行在实施自助图书馆网项目时可借鉴深圳图书馆的成果节省相关项目前期工作咨询、研发费用,但对于自身具体环境设置自助服务机的可行性和区域范围,也应进行一定的实地调研和考察,因此需结合当地物价水平花费一定的调研费用。

【案例】工程质量监督费方面,深圳图书馆依据粤价函[2004]477号,按照建筑安装工程费的0.1%计入。

二、自助图书馆网日常运营成本构成

城市街区24小时自助图书馆的运营是依托图书馆的文献资源、技术资源和人力资源,由中心图书馆统筹规划和采购,搭建中心系统和中心监控系统,由指定的职能部门行使中心的日常协调与管理职能,支撑日常服务,并选择与自助图书馆网规模相适应的社会化物流服务商、设备维护商共同承担自助图书馆网的运营管理工作。日常运营成本主要由物流配送、服务机维护、网络租赁与维护、环境修缮、用电等几个方面构成,各项费用在项目的逐步建设过程中还会随着投入运行的自助图书馆服务机数量的增加而整体增加。

特别需要说明的是,日常的运营和管理是自助图书馆服务正常开展的保障,使各个系统协同工作,共同实现自助图书馆网的服务目标。不同于建设阶段的一次性投入,自助图书馆网络服务的日常运营更需要政府长期大量、持续的经费支持,以保证其正常有序地运作维护,否则一台台自助图书馆服务机最终将成为装饰街角风景的一个个文化空壳,失去其原有的服务意义。目前,国内许多地区的图书馆事业发展停滞不前的原因之一,就是后续经费的严重不足,难以保障文献采购、人员工资等,虽然自助图书馆网络的日常运营方式与费用支出不同于实体图书馆,但最终还是落实到人、财、物的投入保障和落实上。

1. 物流配送

根据当地建设规模,自助图书馆网日常运营中的物流配送可采取社会招标方式,由社会化的专业机构承担全市图书馆服务体系的资源配送,以及调配书库的管理工作等。

物流配送成本指在自助图书馆物流配送过程中的仓储、分拣、送货、装配及现场辅助服务等所发生的各项费用的综合成本，具体包括人员基本工资、车辆配送、仓储管理、固定资产折旧和综合管理费用等。

根据当地的自助图书馆网服务规模大小，明确物流服务的频率及覆盖区域，参照人力、物力资源市场具体价格，物流配送具体花费有所不同，但一般都会占到自助图书馆服务网络日常运营费用支出的较大份额。因此在自助图书馆网络服务运行一定时间后，要对比分析物流配送的成本并进行核算，把握物流的实际支出，明确成本发生的责任归属，全面评估物流配送的数量和质量，借此评判物流配送的实际运作水平，提高物流管理综合效率，促进物流管理合理化、规范化，为正确的物流管理提供考核依据，这也是提升自助图书馆网整体服务能力的有效途径。

【案例】按照目前160台自助图书馆服务机的运行规模，深圳自助图书馆服务网络的物流配送成本大约占据了整体运营成本的55%，这是由深圳自助图书馆网络的较大规模和自身个性化的特色服务所决定和要求的。物流配送中各项支出占总成本的具体份额见下表：

基本项目	配备数量	所占比率	相关内容及构成
人员基本工资	约70余人	37%	含配送员、书库管理人员、现金结算员、保洁员、管理人员等基本工资
车辆配送	约13辆车	21%	含车辆(10条配送线路、1条机动线路、1条取钱箱线路、1条办公线路)运输日常油耗、设施、保险、税费、保养等
仓储管理	约3000 ㎡	8%	含仓库租赁费、水电及管理费等
固定资产折旧		8%	为本项目而单独购置的车辆、运输设施、书架及相关办公用品的资产年度折旧(按5年年限)
综合管理		18%	含保险、福利、耗材、办公费、项目管理费等
综合税率		8%	

2. 自助图书馆服务机维护

自助图书馆服务机属于专有产品，投入运行后不能间断服务，设备生产商必须委托或组建专业化的团队对服务机进行全年365天24小时维护，通过监控、巡检、现场维护，保障每台自助图书馆服务机的正常运转和自助图书馆网的顺利运行。具体维护成本包括人员基本工资、车辆配备、部件更换、整机改造更新、固定资产折旧及综合管理费用等。

从上述成本构成可以看出，自助图书馆服务机维护的成本与物流有相似的地方，即维护也会到服务点现场，也要组织维护团队，因而也受到服务网点规模与分布、外部人力市场因素等方面的影响。但服务机维护的成本不同于物流,影响成本的关键因素还是自助图书馆产品的成熟性及在实际运行过程中的故障率。同时,由于自助图书馆集成了各种类型的设施、部件,各集成技术的成本变化和可靠性,各部分之间的兼容性变化,均会对服务机的整体维护成本产生影响。自助图书馆服务机发生故障的频率大多是随机的、不可预测的,为提高其稳定性,就需加强对设备日常维护的管理。对图书馆而言,在接受维护服务以前是很难评估服务的。由于维护服务是无形的,并且维护活动开展的过程就是维护服务的消费过程,因此,服务结束后,一般需要进行服务质量的检查,评估其维护数量和质量,有利于从读者使用的实际经验和发生问题总结,促进自助图书馆服务机的改造更新,更好地满足读者需求,进一步提升自助图书馆网络整体服务。

一般情况下,每台服务机由设备生产厂家免费维护一年,第二年起需另行采购维修维护服务。自助图书馆属高科技类计算机及软件集成化产品,参考计算机及软件行业维护服务约定,每台服务机维护费用约为单台服务机价格的 8%—10%,包括所有装置、材料和维护人工费等。

【案例】按照目前 160 台自助图书馆服务机的运行规模,深圳自助图书馆服务网络的服务机维护费用约占整体运营成本的 21%,各项支出占维护总成本的具体份额见下表:

基本项目	配备数量	所占比率	相关内容及构成
人员基本工资	约 30 余人	35%	含维护工程师、调度人员、管理人员等基本工资等
车辆配备	约 6 辆车	10%	含车辆(4 条基本线路、2 条机动线路)行车日常油耗、设施、保险、税费、保养等
部件更换		20%	含设备及零部件故障更换费等
整机改造更新		4%	含结构部件、应用系统的升级、改造和实施
固定资产折旧		2%	为本项目而单独购置的车辆及相关办公用品的资产年度折旧
综合管理		12%	含逐点场所租赁费、保险、福利、耗材、办公费、项目管理费等
综合税率		17%	

3. 网络租赁与维护

网络租赁与维护包括网络接入租赁、服务机终端网络安全管理与维护、网络中心维护三部分费用。

自助图书馆网络接入可根据建设单位的实际情况采用光纤、无线网络或者 ADSL 路由器,租赁费用相应不同。

由于自助图书馆分布区域较广,且为全天候运行,服务机终端网络的安全管理及维护工作量非常繁重，一般由专门化的安全管理单位实施管理，由图书馆提出具体要求，如配备专门的现场维护人员，定期进行自助图书馆网络的安全检查、网络通讯质量巡查，并在发生网络故障时第一时间赶到现场确认故障等。

网络中心维护则包括中心硬件设备的管理与维护、中心软件系统的更新维护等。相关硬件设备的维护服务，在购置时一般含3年的免费保修服务，在保修服务期满后，需采购相关的保修服务，提供设备的维修、巡检和故障修复，从购置后的第4年开始投入，预计产生的每年维护保修服务费约为采购价格的6%—8%。软件系统平台在购置时一般含1年的免费维护服务，在保修服务期满后，需采购相关的软件系统维护服务，提供软件的补丁更新、系统维护、技术支持等。从采购后的第2年开始投入，预计产生的每年维护保修服务费约为采购价格的10%。

【案例】深圳根据自助图书馆网一段时间的使用效果来看，网络中心宜配备2根100M的光纤接入（保证数据通讯链路的相互冗余），费用较为高昂。目前网络成本主要为租赁费用，按照160台自助图书馆服务机的运行规模，约占全部运营成本的16%，包括服务机终端VPN网络租赁费、中心网络2条100M VPN网络租赁费。

4. 环境修缮

自助图书馆服务机建成投入使用和服务后，结合当地的气候条件及实际情况变化等因素，其配套设施需定期检查进行维修保养，因此需预算一定量的环境修缮费用。

【案例】根据深圳自助图书馆的实际运行情况看，配套环境改造如电力接入、遮阳防风防雨设施搭建等从投入使用的次年起依然需要维护和修补，对部分利用率较低的服务点还要进行搬迁，因此需要增加每年每台服务机的环境修缮预算，自服务机投入运行服务后第二年才需要进行投资和实施，按照160台自助图书馆服务机的运行规模，约占全部运营费用的1%，每年每机千元左右。

5. 用电

各个网点的电能消耗主要是自助图书馆服务机本身的功率消耗，每台自助图书馆服务机的功率为2KW，其功率消耗是随着设备的运转呈正弦波，以脉冲式表现出来。为降低自助图书馆服务机待机电能消耗，在读者较少使用的时间段，如晚上11点至第二天早上7点，可以关闭自助图书馆服务机的书架展示装置。自助图书馆启动时电流较大，一般为正常电流的3—5倍，这种情况对设备的线路损坏较大，因此可以为每台自助图书馆服务机配备就地补偿电容，以降低启动电流，延长设备的使用寿命，同时也减少能源消耗。

【案例】根据深圳一期40台自助图书馆电费的实际使用情况，用电约1.2万元/台/年。为提高服务机的电能运行效率，对现有终端进行了节能减排改造，采用节能运行模式后，服务机运行电费下降了25%，约为0.075万元/台/月，即0.9万元/台/年。按照160台自助图书馆服务机的运行规模，自助图书馆服务网络的电力费用约占全部运营费用的 7%。

深圳图书馆按照 160 台自助图书馆服务机的运行规模，根据实际支出测算，单台自助服务机的日常运营费用约为 12.52 万元。

需要说明的是，每年用于自助图书馆服务网络日常运营的实际投入经费受到各方面复杂因素影响，例如自助图书馆服务机投放数量逐渐增加等，上述部分数据来源于对已发生支出的均摊折算，主要用来进行总成本的预算及控制，与实际总投入经费存在一定误差。

三、自助图书馆宣传成本

深圳自助图书馆系统项目自投入使用以来，进行了广泛的宣传报道，自助服务机提供的实时、便捷、高效的公共图书馆文化服务受到了市民的普遍欢迎，取得了良好的服务效果，对提高广大市民阅读的积极性，推动城市公共文化服务体系的建设起到了积极的作用。但是根据深圳图书馆进行的相关调研，市民对自助图书馆的知晓程度、功能及操作等了解的程度还不够深入（保障篇对此有详细叙述）。随着自助图书馆系统项目的不断建设和实施，布点规模的逐渐增长，必须针对自助图书馆的服务点分布、服务功能、服务效果等开展多渠道、多途径、多角度的指引宣传、推广宣传、活动宣传，努力建立自助图书馆公益文化服务的品牌形象，让更多的市民读者能"多用自助图书馆"、"用好自助图书馆"，让图书馆的资源被充分流动和重新挖掘，图书馆的服务被重新组织和有效利用，使图书馆的效益最大化。同时这也是为了营造更好的全民阅读氛围，提升深圳市的整体公共文化服务水平，体现政府建设公共文化服务体系的公益性、均等性、亲和性、自主性和便利性，提高政府投资项目的效益。

目前，深圳自助图书馆公益服务宣传项目包括品牌形象宣传策划及服务宣传实施两个方面，项目前期将由具体的品牌策划公司对自助图书馆的服务效果、宣传着力点进行设计，提出具体的自助图书馆品牌宣传实施方案，然后具体实施。以自助图书馆的服务点分布位置、功能介绍等为主要对象的指引宣传，主要安装在各服务点的主要进出口，便于市民读者发现和利用自助图书馆；以自助图书馆的服务效果、服务功能为主要对象的推广宣传，以纸质宣传材料、多媒体宣传视频等方式，通过定点现场发放、巡回展览、平面媒体推送等模式进行投放；以自助图书馆的公益性、服务性为主要对象的活动宣传，与市民读者就自助图书馆的使用与建设、完善与改进等进行互动宣传。

该项目的成本花费主要在策划设计、材料制作及宣传开展上，包括宣传手册、海报和资料设计制作费用，宣传片制作及投放，平面媒体宣传版面费，各服务点宣传指引设施制作与安装等。费用预算应从不同地区自助图书馆网发展的不同阶段及当地人文、经济环境的实际情况出发，控制在可行范围内。

第二节　自助图书馆网成本分析

根据深圳4年多的实践经验，自助图书馆网的总体实施成本是比较高昂的，追求效益的最大化并不等同于少花钱、不花钱，而是不浪费、办实事、多办事。本节结合深圳自助图书馆网的实际投入经费情况，对比传统图书馆进行成本分析，客观、合理地看待在自助图书馆网建设运行中的各项必要性支出，从中发现影响成本的因素，寻求降低成本的有效方法和途径。

一、节约型图书馆建设方式

从单个社区图书馆与单台自助图书馆服务机出发，我们进行建设成本的粗略对比。

鉴于我国最新颁布的《公共图书馆建设标准》第三条“本标准适用于县级以上行政区域内新建、改建和扩建的公共图书馆。街道、乡镇、新建居民区公共图书馆的建设参照本标准执行”，基层公共图书馆（主要包括街道图书馆、社区图书馆等）的建设也将参照该标准第十二条“公共图书馆的建设内容包括房屋建筑、场地、建筑设备和图书馆技术设备”，从以下几方面分别比较传统基层图书馆（此处主要指社区图书馆）与自助图书馆的建设要求与所需费用，其中自助图书馆数据来源于深圳自助图书馆建设的一般情况，基层社区图书馆部分数据来源于深圳市福田区基层图书馆：①

<table>
<tr><th></th><th colspan="2">基层社区图书馆</th><th colspan="2">自助图书馆</th></tr>
<tr><td>建筑项目</td><td>要求</td><td>费用</td><td>要求</td><td>费用</td></tr>
<tr><td>占地面积</td><td>100 平方米</td><td rowspan="3">不定Ⅰ</td><td>5—7 平方米</td><td>无</td></tr>
<tr><td>房屋建筑</td><td>独立或专门馆舍</td><td>无</td><td>无</td></tr>
<tr><td>建筑设备</td><td>给水排水、通风空调、强弱电及网络布线</td><td>用电及网络接入、防雨棚等</td><td>2 万</td></tr>
<tr><td>技术设备</td><td>电子计算机、网络设备和相关外围设备，文献数字化加工与复制设备，家具设备等</td><td>3 万—5 万元不等</td><td>自助图书馆服务机购置</td><td>38 万左右</td></tr>
<tr><td>建设时间</td><td colspan="2">不定Ⅱ</td><td colspan="2">一般 2 个月左右</td></tr>
</table>

① 肖焕忠，陈永娴. 福田区基层图书馆工作调查. 公共图书馆，2012(2)

说明:①Ⅰ经济学上存在一个重要概念,即机会成本,是指当把一定的经济资源用于生产某种产品时放弃的另一些产品生产上最大的收益。在制定国家经济计划中,在新投资项目的可行性研究中,在新产品开发中,乃至工作选择中,都存在机会成本问题。在进行选择时,力求机会成本小一些,是经济活动行为方式的最重要的准则之一。生产一单位的某种商品的机会成本即是指生产者所放弃的使用相同的生产要素在其他生产用途中所能得到的最高收入。以深圳为例,一个100平米的社区图书馆,如果将其房屋投入到房地产交易中,以目前深圳新房、二手房的成交均价一直在2万元/平米上下浮动计算,建设一个社区图书馆所耗费的机会成本约为200万元。基于图书馆属于社会公益事业,由政府支持发展,一般社区图书馆(室)用房由政府组织安排,利用旧有屋舍,部分需支付少量租金,年租费用约为1万—2万元,但如果将其投入到房屋租赁市场,根据深圳物价水平,较好地段租金约为每月4000—5000元不等,年出租也将获得约5万元收入。

Ⅱ传统图书馆建设时间一般依据馆舍建设的实际情况变化,受到多种复杂因素影响,如新建馆舍费时较长,租用馆舍则费时较短。

②网络体系构建费用较高,但均摊到上百台自助图书馆服务机上,并按一定使用年限折算,单机建设费用相对仍较少,因推算过程较为复杂,篇幅所限此处不展开,故上表数据虽与实际情况有一定出入,依然可以作为参考。

从表中可以看出,自助图书馆建设的一次性投入虽然数额较大,但较为稳定,从使用年限和长远发展来看并不算高。而传统实体图书馆,建馆舍一项就需要耗费大量时间和较高的人力、物力、财力,在寸土寸金的现代城市,上百平米空间价值数百万,远超过了一台自助图书馆机器购置费用。相反,自助图书馆在场地规模、综合配套、建设时间等方面都具有明显的优势,大大节约了传统图书馆建设的土地、馆舍、硬件配套成本和时间,布点灵活简便,降低能源消耗,利于环境保护,以相对较低的成本和极高的效率逐渐发展成为一种新的节约型图书馆建设方式,功能和服务上又与基层图书馆有效地错位互补、相互促进,正成为图书馆事业可持续发展的一条新途径。

具体来说,在占地方面,一台自助图书馆台地约7平方米,可灵活部署在城市街区,覆盖大型社区、工业区及主要交通枢纽,安装方便。如在大型社区可以利用空闲场所进行改造,在地铁交通沿线站点可以利用地铁地下通道的拐角处或地上盖物业,这在土地资源紧缺的城市尤为重要,而且除防雨、消防等安全设施外不需要更多额外的配套。在建设时间上,一台自助服务机从布点查勘到机器进驻提供服务一般在2个月左右,而且根据工程进度安排一般是同时间段实施数十甚至上百台自助图书馆服务机的安装和服务网点建设,相比较任何一个需要进行馆舍建设的普通图书馆工程,节省了大量无法估量的时间成本。同时,自助图书馆的建设不仅不会对周边环境产生不可逆转的影响,相反还会成为周边环境的景观亮点。

二、集约化图书馆运营管理模式

深圳自助图书馆网实施的是由市政府主导、投资,深圳图书馆进行统筹规划,集中人力、物力、财力等，统一采购调配文献资源，统一招标、采购和管理物流、维护等服务，有利于控制成本，节约、高效的集约化运营管理模式。不仅能与政府已有公共文化服务有效对接，让市图书馆的资源、技术和服务延伸到街道、社区，顺利而有效地推进自助图书馆建设，由市公共图书馆组织进行集中协调管理，专门的工作人员监管服务，增强统一的技术平台支持，更能充分保证自助图书馆网在全市各区长期稳定、可持续性地发展。

我们仍从单个社区图书馆与单台自助图书馆服务机出发，进行日常运营成本的粗略对比(数据来源同前表)。

<table>
<tr><td></td><td colspan="2">基层社区图书馆</td><td colspan="2">自助图书馆</td></tr>
<tr><td></td><td>要求</td><td>费用</td><td>要求</td><td>费用</td></tr>
<tr><td rowspan="3">年运营经费</td><td>至少2名工作人员</td><td>6.7万元/年(3.35万元/人)</td><td>专职工作人员</td><td>无</td></tr>
<tr><td>图书采购</td><td>3万元/年</td><td rowspan="2">物流配送、服务机维护、网络租赁、用电等</td><td rowspan="2">12.52万元(不包含服务机的固定资产折旧费)</td></tr>
<tr><td>报刊订购、读者活动、日常办公等</td><td>4万元/年</td></tr>
</table>

上表可以看出，日常运营中除去相同类别的电、网等基本支出，社区图书馆的管理人员、文献资源更新、日常办公等开支均被自助图书馆社会化的物流和设备维护等取代，两者年度运营成本相差不大，但考虑到服务时间的较大差别(社区图书馆周服务时间在50—60小时之间，自助图书馆服务时间为7天×24小时)，自助图书馆的单位时间服务成本(详见本篇第二章第一节)远低于社区图书馆，获得了较高的服务效益，更符合集约化经济和低碳经济发展的要求。

具体来说，自助图书馆提供了全年每天24小时服务，与普通图书馆相比，服务时间的无限制满足了广大读者任意时间的阅读需求，在中心图书馆合理安排现有工作人员值班、进行远程监控的情况下不需要增加人力成本；人员投入方面，除物流、设备维护等方面社会化运作外，自助图书馆管理无需额外增加人员编制，深挖现有专业工作人员的潜能，以本馆的技术资源、文献资源作为保障，读者完全实现自助服务，大大降低了人力资源成本；服务方式和管理上，采取读者自助主动服务与远程维护、监控管理相结合的方式，方便实用，不需要固定的人力监管和较大场地的投入，运用技术手段降低了管理成本。

【案例】自助图书馆的出现对传统图书馆是一个劳动力的解放，在“城市街区24小时自助图书馆运行及服务效果调研”项目调研中，某图书馆专业人士表示：“自助图书馆需要的地方不大，节省了很多人力，以前传统图书馆增加图书就要增加人力，这个也不用增加人，尤其是现在编制比较紧张的情况下，一个编制在深圳一个人一年也要十几万，还有很多福利等，一个人三年就要换台自助图书机，因此，自助图书馆最大的作用是解放劳动力，并且自助图书机比较先进，我觉得值。”

深度访谈结果也显示，接受访问的自助图书馆托管单位负责人一致认为，就托管单位对空间、人员、时间花费而言，自助图书馆产生了预期的效益，自助图书馆的占地面积较小，托管单位对自助图书馆的人员投入、时间花费都不大，却产生了较大的社会效益，例如某自助图书馆托管单位负责人表示：“对于空间投入简直是太划算了，那地方空着也是空着，对于人员投入、时间花费来说也太划算了，我们本来就有保安，他就过去看看就行了，根本不需要额外增加人力”。

当然，在自助图书馆发展到一定规模，总量较多且地域分散时，会出现资源总量不足、服务点监管力度不够、市级图书馆日常运行负担过重等一些问题。深圳自助图书馆网开展了市区共同管理模式的尝试，充分调动区级公共文化管理部门和区级图书馆的积极性，提高各级图书馆的参与度，使自助图书馆网络与市、区、街道、社区图书馆网络更好地融合。但是，自助图书馆网毕竟不同于传统意义上的图书馆，其整体性更强，各类服务主要依赖于后台的技术支撑、资源配置和服务组织。不能简单地按照自助图书馆布点区域将日常运行职责转给区图书馆，这不仅不能保证各区自助图书馆的有效建设，还会在市区图书馆之间、各区图书馆之间出现服务和物流协调等困难，相对地会提高总体运行管理成本。因此，深圳自助图书馆网络系统采取的市区共同管理模式是在坚持统一规划布点、统一技术、统一运营模式、统一服务规则的基础上进行的。

区级参与建设与管理主要是能够发挥各区就近的优势，将自助图书馆纳入区的公共文化服务设施体系，同时也能补充市级图书馆在资源、技术、运行管理等方面的不足。事实上，市统筹建设也不可能离开区政府及区文化服务机构的支持。但是，坚持一系列的统一才能全面有效地统筹全市资源，实现规模化效应，降低全市总体运营管理成本。作为覆盖全市的一个图书馆服务整体，自助图书馆可由市、区共同协调推进其运营管理：由市图书馆统一构筑好技术和网络中心，甚至包括物流中心，协调全市图书馆的技术标准、业务规范、配送组织等，各区承担必要的运营费用，对辖区服务机的运行情况进行跟踪管理等。

几年来，深圳图书馆一直在积极探求降低自助图书馆网实施总成本的各种方法，对其日常运营的主要环节——物流和维护等，均分析了其成本影响因素。

(1)物流配送成本影响因素

自助图书馆的物流配送，根据不同的工作指标和要求，细化到不同的工作种类及数量，作业过程的复杂程度不一，对应着不同的配送时间计划及人员安排，直接影响着配送计划的实施及成本控制。例如深圳图书馆的基本服务指标要求每天每机现场作业次数≥1 次，配送频率决定了物流管理服务投入成本相对较高。同时自助图书馆的文献配送、文献调配等作业需要具备图书馆专业基础知识，且作业过程、操作流程必须规范，因此相关人员的管理、培训成本相对较高。

同时,随着自助图书馆网络服务规模的增长及服务点分布区域的扩大,服务点之间平均距离的变化,配送成本相应变化。例如某区域服务点规模较大,则集中配送形成规模效益,平均配送距离变短,单条配送线路可以配送的目的地数量增加,单台自助图书馆的配送费用也将相应有所下降。

【案例】目前随着自助图书馆建设规模的增长,2011 年深圳自助图书馆网单机物流费用比 2008 年已下浮了 8%。

(2)服务机维护成本影响因素

目前,自助图书馆服务机维护成本所占份额较大,这与自助图书馆系统的成熟度及在实际运行过程中的故障发生相关,这也对自助图书馆服务机的改造更新提出了更高的要求。通过自助图书馆项目的逐步实施推进,经过一定阶段的经验总结和技术升级,其服务水平将会得到逐步提高和改进,相应的维护成本也会逐渐降低。

此外,自助图书馆服务网络的规模化增长,服务点的覆盖密度较为均匀后,现有阶段的平均维护作业距离变短,人员配置也将会得到优化和节约,单台自助图书馆的维护费用也将相应有所下降。

【案例】目前随着自助图书馆建设规模的增长,2011 年深圳自助图书馆网单机维护费用比 2008 年已下浮了 20%。

(3)其他成本影响因素

通过对自助图书馆服务机进行节能减排改造,采用节能运行模式后,单机运行电费比 2008 年已下浮了 25% 左右。

安装在户外的自助图书馆服务机,一般都需加装防雨棚设施。深圳自助图书馆网实际运营一段时间后,随着户外天气情况的变化和人为操作的合理考虑,对原先机棚的设计进行了一些改造,如顶棚加宽加长、侧面加装面板、顶棚材料更换等,原材料使用上也发生变化,相应价格调整,结合规模效应,对整体运营成本也会产生一定影响。

综合上述成本影响因素可以看出,自助图书馆网运行达到一定规模后,集中统筹式的运营管理,实践经验累积基础上的技术升级、设备更新,必定会产生规模化的成本节约。因此,在保持乃至扩大现有运营规模的基础上,探索进一步优化业务组织、人力资源配备,进行技术创新,一定能更有效地降低自助图书馆网络的整体运营成本。

第二章　自助图书馆网实施效益分析

国家颁布实施的《公共图书馆建设标准》明确指出，单一的大规模的公共图书馆的服务效能远不及小而分散的公共图书馆群。政府规划、建设的公共图书馆的最终目标，是形成覆盖全社会的比较完备的公共图书馆服务网络。

就深圳自身而言，公共图书馆事业整体发展在全国处于较先进水平，截至 2011 年，基本达到每 15 万人拥有一座县级以上公共图书馆、每 1.5 万人拥有一座社区图书馆（室）、人均藏书量 2 册的目标，但是部分大型社区、居民生活区因人口密度大、分布区域广等因素需配备更多数量的图书馆服务设施，部分社区图书馆（室）受人员、选址、经费、固定资产管理等种种因素影响，无法有效地为社区居民提供优质的图书馆服务，而自助图书馆服务网络辐射广泛、布局合理，能够通过智能化的终端设备和广域化的服务网络将图书馆“建”到读者身边，与现有基层社区图书馆错位互补、协调发展，有效地实现图书馆社区化，正是构建覆盖全社会、比较完备的公共图书馆服务网络的有效形式和手段。

然而，仅仅注重自助图书馆服务的形式和效果是不够的，面对政府的巨额投资，迫切需要建立一个全面、客观的综合效益评估体系，利用科学的数量分析方法来计算自助图书馆网络服务的效益和实际成本的比值，评判它带来的经济价值，同时综合考虑它作为公益文化事业创造的巨大社会价值，为自助图书馆网长期的实施发展赢得社会和政府的全力支持。

第一节　自助图书馆网综合效益指标体系

区别于传统的图书馆评估指标体系，本章将针对自助图书馆网项目本身的特点和优势，构造一个全新的综合效益指标体系，并以深圳为例，力求与传统图书馆进行可操作性的数据对比，主要涉及文献资源效益、服务效益和人力资源效益三方面。

需要说明的是，深圳图书馆的实际操作并未因为自助图书馆项目的实施增加馆内专业人员编制，故涉及成本问题时，均未包括图书馆专业人员工资。

一、文献资源效益

1. 文献利用率

测评方法：文献利用率 = 累计外借册次/累计馆藏总量 ×100%

深圳数据：

深圳自助图书馆自2008年4月开放服务至2012年5月，累计馆藏总量约20万册，累计外借文献达3 080 364册次，文献利用率达到1540.182%。

参考对比：

以2011年数据为基础，深圳图书馆全年外借文献量达到3 926 976册次，其中自助图书馆为1 122 811册次，约占外借总量的28.6%，但自助图书馆馆藏总量远未到全馆馆藏的10%（仅指全馆各类图书和报刊合订本的纸质馆藏），由此可见，自助图书馆的文献利用率要远远大于传统实体图书馆。

深圳图书馆2010年全年采购中文图书256 562册，花费8 907 191.12元；2011年全年采购中文图书226 223册，花费7 968 649.48元。以2010、2011年数据计算，平均每册中文图书购置经费约为34.96元，根据累计文献利用率可以粗略地认为，每册文献平均流通频次约为15.40次，考虑到文献的可循环利用价值，读者可以通过多种途径或方式获得图书，仅按照平均文献购置经费的50%[①]即17.48元计算读者购置成本，则平均每本图书为读者节省购置费用约269.19元，即平均每册文献创造了269.19元的经济效益。

因此，在文献流通服务方面，较高的文献利用率使得自助图书馆直接创造了巨大的经济效益。

2. 文献滞架率

测评方法：文献滞架率＝一定时期内未被借阅文献量/馆藏文献总量×100%

深圳数据：自助图书馆的基本文献是在读者调研的基础上，根据读者的重点阅读需求，有针对性地选择和配置的。截至2010年12月，深圳自助图书馆基本文献配置为130 477册，只有7837册图书没有流通记录，滞架率仅6%。

自助图书馆的文献滞架率较低也从侧面反映了文献利用率较高。

3. 每册次文献服务成本

测评方法：每册次文献服务成本＝每机平均耗费成本/每机平均处理文献量

每机平均成本＝固定资产折旧费＋运营与维护费用＋文献购置经费

深圳数据：根据深圳自助图书馆提供的数据，固定资产按折旧计算每年每台费用约为5万元，日常运营与维护费用约为每年每台12.52万元（依据160台自助图书馆的服务规模）。以2011年数据为准，8月份深圳市自助图书馆服务机增至161台（包括1台样机），全年平均运行服务机为149.33台，计算得出（为确保数据的准确性，除固定资产成本折旧每年每台机约5万元外，一般处理平均数据时均包括1台样机）：2011年全年服务365天，平均每月服务30.42天；该时间段新书增量共30 881册，平均每册中文图书购置经费约为35.22元（2011年全年采购中文图书226 223册，花费7 968 649.48元），平均每月自助图书馆文献总增量为2573.42册次，平均每月每机文献购置经费约为606.95元

---

① 叶斌. 基于成本效益分析的公共图书馆经济价值评估研究[D]. 浙江大学，2010：28

(35.22×2573.42(元)/149.33),根据上述公式计算出平均每月每台自助图书馆服务机运行成本约为15 206.95元,平均每天每机运行成本约为499.90元。再根据各月统计数据计算出平均每月每台自助图书馆服务机文献处理量达1324册次,平均每天每台机处理文献量达43.52册次(1324册/30.42天),因此平均每天每册次文献服务成本约为11.49元。

月份	借书(册次)	还书(册次)	总处理量(册次)	每台平均处理量(册次)	天数	新书交接量(册数)
2011.1	87 868	107 461	195 329	1385	31	1329
2011.2	78 049	80 990	159 039	1128	28	1098
2011.3	94 574	98 895	193 469	1372	31	0
2011.4	93 654	102 723	196 377	1393	30	2682
2011.5	96 494	108 466	204 960	1454	31	3831
2011.6	86 391	96 849	183 240	1300	30	2365
2011.7	95 676	105 562	201 238	1427	31	5837
2011.8	101 377	113 780	215 157	1336	31	10 763
2011.9	92 728	102 714	195 442	1214	30	0
2011.10	105 795	112 737	218 532	1357	31	0
2011.11	100 753	110 063	210 816	1309	30	1452
2011.12	89 452	106 062	195 514	1214	31	1524
均/合计	1 122 811			1324	30.42	30 881

4.单机/馆月均外借文献量

深圳数据:2011年深圳市自助图书馆外借文献总量1 122 811册次,平均运行服务机数量为149.33台,平均每台自助图书馆服务机月均外借文献量为626.58册次。

参考对比:2011年深圳福田区基层分馆共计借出图书45.7万册次,平均每馆年外借0.46万册次,单馆月均借出381册次。自助图书馆单机月均外借文献量约为1个基层图书馆的1.64倍。

在深圳"城市街区24小时自助图书馆运行及服务效果调研"项目进行的深度访谈中,有某图书馆专业人士提到:"目前我们区自助图书馆的文献处理量已经占到了我们区图书馆文献处理量的三分之一,远远超过了社区图书馆的文献处理量。"更有甚者,一台自助图书馆一天的借书量超过了某个社区图书馆一年的借阅量。这些都表明了深圳市自助图书馆的文献处理量较大,相应产生了较高的效益。

5.每人次外借平均成本

测评方法:每人次外借平均成本=每天每机平均运行成本/每天每机平均外借人次

深圳数据:2011 年自助图书馆外借总人次为475 996,每机每天平均外借人次为 8.73(475 996/365 ×149.33),根据每台自助图书馆服务机每天平均运行成本约为 499.90 元计算,自助图书馆每人次外借平均成本为 57.26 元。

参考对比:杭州图书馆每人次外借平均成本为 105.52 元(按总经费计算)(2009 年数据)。

6. 人均外借文献册次

测评方法:人均外借文献册次 = 外借文献总册次/外借总人次

深圳数据: 2011 年深圳自助图书馆外借总人次为475 996,外借文献为1 122 811册次,人均外借文献册次为 2.36。

参考对比:深圳图书馆本馆阵地 2011 年外借人次为958 483,外借文献为2 770 375册次,人均外借文献册次为 2.89。两者对比数据相差不大,但自助图书馆的馆藏总量远远低于深圳图书馆本馆阵地的馆藏总量,相对比自助图书馆产生了较高的效益。

二、服务效益

1、开放时间

深圳数据:深圳自助图书馆每天 24 小时连续运作,每周开放 144(7 ×24)小时。

参考对比:深圳图书馆每周一闭馆,每周开放 72 小时;深圳市文化局对社区图书馆的开放时间要求是每周 36 小时,深圳市福田区由于配备了固定管理员,街道分馆每周开放时间为 60 小时,社区分馆为 54 小时,每周闭馆 1 天。

自助图书馆全天候的开放时间能够为读者提供更多的图书馆服务,可以更有效地利用图书馆丰富的文献和技术资源。

2. 办证数量

深圳数据:2011 年自助图书馆办证数量为25 777张,自 2008 年开放至 2012 年 5 月,累计办证数量达75 710张。

参考对比:2011 年深圳图书馆本馆阵地办证数量为61 074张,自助图书馆办证量达到了本馆办证量的约 42%。深圳图书馆本馆阵地累计至 2012 年 5 月办证总量为664 781张,自助图书馆网建设短短 4 年多的时间里,办证数量已达到本馆办证总量的 10% 以上。

3. 单机/馆月均服务人次

深圳数据:2011 年自助图书馆全年服务总人次为1 255 471(处理文献总人次、办证量、预借请求数量以及查询机使用人次之和),平均运行服务机数量为 149.33 台,平均每台自助图书馆服务机月均服务约为 701 人次。

参考对比:深圳福田区 2011 年度基层分馆共接待读者 410.8 万人次,平均每馆年接待读者 4.1 万人次,单馆月均接待读者 3424 人次。虽然自助图书馆服务的数据远远低于基层图书馆,但综合考虑各方面因素,基层图书馆馆藏种类及数量更多,能提供阅览场所,还举办相关读者活动等,接待读者人次自然相对较多,并不足以说明自助图书馆服务存在劣势。

4. 知晓率

测评方法:自助图书馆知晓率是指在调研范围内(距离自助图书馆1500米范围内的社区)抽取调查的居民样本中,知道自助图书馆的样本占总调查样本的比例,其计算公式为:

自助图书馆知晓率=调研范围内知道自助图书馆的人数/调研范围内总调查人数×100%,其中:

知道自助图书馆的人数=回答知道自助图书馆的样本

总调查人数=调研范围内样本总和

深圳数据:“城市街区24小时自助图书馆运行及服务效果调研”项目调研结果显示,在接受访问的居民中,有38.69%的居民知晓自助图书馆,即自助图书馆的总体知晓率为38.69%。

在本次调查中,根据自助图书馆所处位置,将自助图书馆布点类型主要划分为四类,分别为工业区、商业区、居民区和公共场所。从自助图书馆不同布点类型来看,工业区自助图书馆的知晓率较高,为42.59%;其次是商业区(39.24%)和公共场所(38.89%);居民区自助图书馆的知晓率较低,为37.24%。

上述自助图书馆知晓率仅从知晓广度出发,比较泛,而自助图书馆的知晓深度侧重调查居民对自助图书馆的位置和服务功能两方面的了解程度,更加深入,调研结果表明:

(1)居民对自助图书馆的了解程度还不够深入

调研结果显示,有85.64%的居民知道自助图书馆的具体位置,42.82%的居民知道自助图书馆的大概服务功能,7.59%的居民知道自助图书馆服务点名称。由此可见,多数居民仅仅知道自助图书馆的存在,而对于服务内容和具体名称的知晓程度较低。

(2)“借/还书”功能被居民认知的比例最高

在了解自助图书馆大概服务功能的居民中,知道自助图书馆具有借/还书功能的居民最多,占比83.84%;其次是图书查询及预览功能(32.60%)和办理读者证功能(29.59%);再次是预借服务功能(12.60%);最后是预存预付款/扣缴逾期滞还费功能(10.68%)。预借服务是自助图书馆的特色功能且具有较高的利用价值,但是本次调查中仅有12.60%的居民了解这种功能,这说明要进一步加强自助图书馆的功能宣传,以便自助图书馆更好地发挥作用,服务于社会公众。

5. 覆盖范围

测评方法:采用最小二乘法进行数据拟合的方法实现对自助图书馆的覆盖范围调研(具体测算过程见下文)。

深圳数据:深圳市自助图书馆覆盖范围已达到距离自助图书馆2.0681千米处,覆盖范围较广,服务人群多。

参考对比：根据《公共图书馆建设用地指标》，一个小型公共图书馆的服务半径指标为≤2.5km，以骑车20分钟或乘公交20分钟（含等候与换乘时间）可以到达为宜（小型馆指服务人口5万—20万（含）、建筑面积1200—4500平方米的公共图书馆，其主要功能为文献信息资料借阅、大众文化传播等日常公益性服务），自助图书馆的服务覆盖范围已经达到了此标准。

【案例】通过“城市街区24小时自助图书馆运行及服务效果调研”项目调研，获得距离图书馆500米、1000米和1500米的图书馆知晓率 y_1, y_2, y_3，则可以得到三个点 $A(500, y_1)$，$B(1000, y_2)$，$C(1500, y_3)$。利用最小二乘拟合可以得到一条曲线 $y = ax^2 + bx + c$，然后求出它的反函数 $x = x(y)$，这时，给出y值就可以求出x值，由于自助图书馆的核心覆盖范围定义为容纳55%—70%的用户来源，次要覆盖范围定义为容纳15%—20%的用户来源，边缘覆盖范围定义为容纳小于15%的用户来源，可以得到核心覆盖范围为x(55%)—x(70%)，次要覆盖范围为x(15%)—x(20%)，边缘覆盖范围为小于x(15%)。如下图，x轴表示调研点与自助图书馆的距离，y轴表示在离自助图书馆一定距离的地方调研计算得出的自助图书馆的利用率，知晓率计算公式为：知晓率 = 听说过自助图书馆的人数/样本量。最小二乘拟合是一种数学上的近似和优化，利用已知的数据得出一条直线或者曲线，使之在坐标系上与已知数据之间的距离的平方和最小。根据最小二乘法拟合出的曲线由于全面而不是孤立地考虑各结点的影响，用最简单的方法求得一些绝对不可知的真值，而误差平方和为最小，因而比较符合情况。

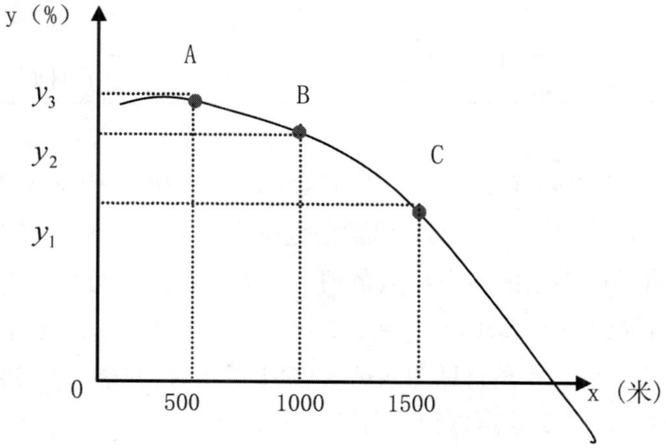

根据自助图书馆知晓率计算公式可得知，距离单个自助图书馆500米、1000米和1500米的平均知晓率分别为50.00%、39.71%和25.62%，于是得到3个点A(0.5千米，50.00%)、B(1千米，39.71%)、C(1.5千米，25.62%)，采用最小二乘法拟合，通过Matlab软件，拟合出了一条二次曲线 $y = -0.076x^2 - 0.0918x + 0.5649$。由于拟合出来的曲线恰好通过了每个点，故拟合误差为0，拟合结果是合理的。总体自助图书馆知晓率分布图如下。

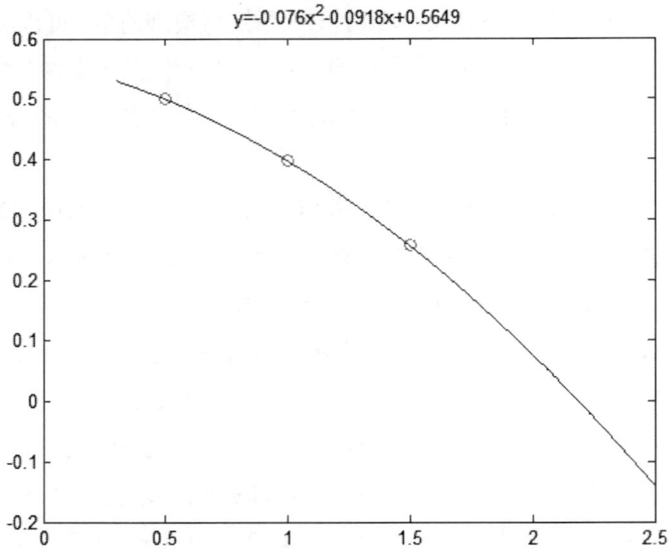

总体自助图书馆知晓率分布图

通过 Matlab 软件，我们得到了单个自助图书馆知晓率分别为 55%、45%、40%、35%、30%、25%、20%、15%、10%、5%时离自助图书馆的距离，如下表所示：

知晓率(%)	55	45	40	35	30
距离(千米)	0.1449	0.7659	0.9881	1.1828	1.3583
知晓率(%)	25	20	15	10	5
距离(千米)	1.5193	1.6690	1.8093	1.9420	2.0681

由于自助图书馆的核心覆盖范围定义为容纳 55%—70% 的用户来源，次要覆盖范围定义为容纳 15%—20% 的用户来源，边缘覆盖范围定义为容纳小于 15% 的用户来源，故由上表可以得出自助图书馆的核心覆盖范围为距离自助图书馆 0.1449 千米以内，次要覆盖范围为距离自助图书馆 1.8093 千米至 1.6690 千米之间，边缘覆盖范围为距离自助图书馆 1.8093 千米之外。距离自助图书馆 2.0681 千米时，知晓率为 5%，则可以说明自助图书馆的覆盖范围已达到距离自助图书馆 2.0681 千米处。

此外，从自助图书馆不同布点类型来看，商业区自助图书馆覆盖范围已达到距离自助图书馆 1.5820 千米处，居民区自助图书馆覆盖范围已达到距离自助图书馆 2.3661 千米处，公共场所自助图书馆覆盖范围已达到距离自助图书馆 1.8663 千米处，工业区自助图书馆覆盖范围至少达到了距离自助图书馆 1.5 千米处。

6. 自助图书馆利用率

测评方法：自助图书馆利用率是指在知道自助图书馆的社区居民中，曾经使用过自

助图书馆的人数占知道自助图书馆的人数的比例,其计算公式为:

自助图书馆利用率 = 曾经使用过自助图书馆的人数/知道自助图书馆的人数

其中,曾经使用过自助图书馆的人数 = 知道自助图书馆的居民中曾使用过自助图书馆相关服务功能(自助借/还书功能、预借服务、办理读者证服务、图书查询与浏览服务、预存预付款服务)的人数。

知道自助图书馆的人数 = 回答知道自助图书馆的样本

例如,调研了10个社区居民,其中有5个人知晓自助图书馆,在知晓自助图书馆的5个人中,有3个人使用过自助图书馆,那么自助图书馆的利用率为3/5×100% =60%。

深圳数据:"城市街区24小时自助图书馆运行及服务效果调研"项目结果显示,在知道有自助图书馆的社区居民中,有28.69%的居民表示使用过自助图书馆,即自助图书馆的总体利用率为28.69%。

【案例】"城市街区24小时自助图书馆运行及服务效果调研"项目调研结果显示,从自助图书馆不同布点类型来看,在知道社区有自助图书馆的居民中,商业区自助图书馆的利用率较高,为35.90%;其次是工业区(31.58%)和居民区(27.88%);相对而言公共场所自助图书馆的利用率较低,为23.53%。具体情况见图。

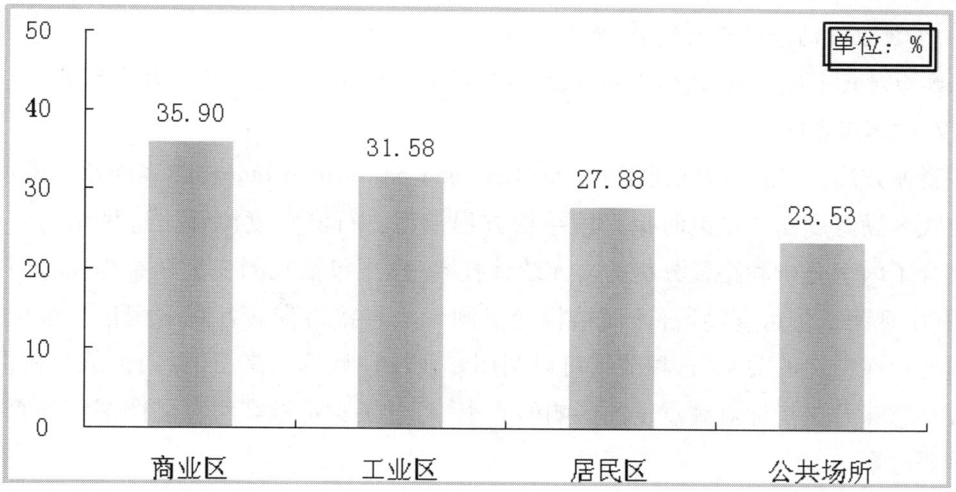

不同布点类型自助图书馆利用率

目前自助图书馆的主要功能已得到了充分的利用,在接受访问的读者中,99.05%的读者表示使用过自助图书馆的借/还书功能,74.01%的读者表示使用过图书查询及浏览功能,64.34%的读者表示通过自助图书馆办理了读者证。可以看出,以上功能的使用比率均较高。但预借服务功能(32.49%)和预存预付款/扣缴逾期滞还款功能(17.27%)的使用比率不是很高,尤其体现在预存预付款/扣缴逾期滞还款功能的使用上。具体情况见图。

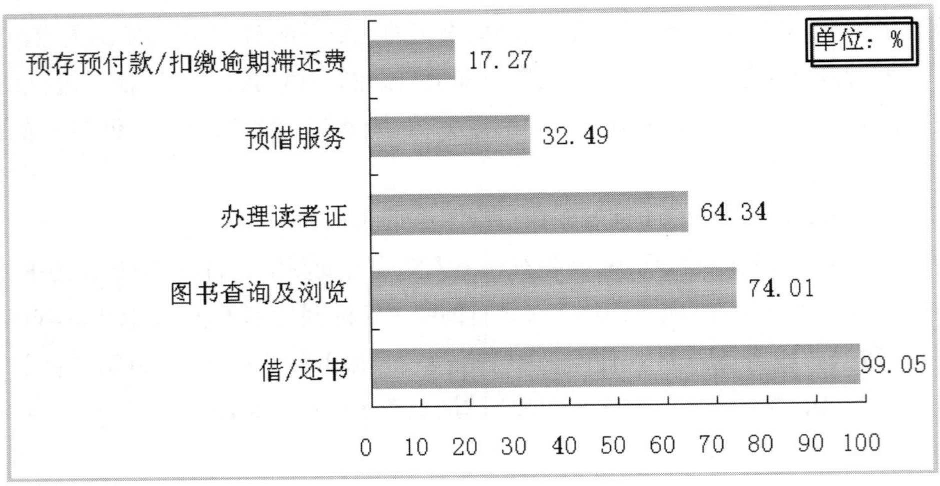

读者对自助图书馆功能的使用情况

读者每月使用自助图书馆的频次也从一定程度上反映了自助图书馆服务是否被读者充分、有效地利用。调研结果显示,使用自助图书馆的频次为每月1—5次的读者比例较高,为68.20%;其次是每月1次及以下(16.69%)和每月6—10次(10.17%);频次为每月11次以上的读者比例较低,为4.94%。

综合对比上述数据,我们不难看出,自助图书馆得到了广大市民的普遍利用。

7. 顾客满意度

测评方法:采用了国际通用的CSI(Customer Satisfaction Index)顾客满意度模型,在建立顾客满意度测评模型时拟采用结构方程模型进行满意度测评。这种结构方程模型融合了因素分析和路径分析的多元统计技术,模型包括观测变量和结构变量两类变量,其中观测变量可直接评价,而结构变量则无法直接得到。各观测变量与结构变量之间均存在一定的关系,这种关系可以利用专业软件计算出来,计算的值就是权重,权重大小意味着该指标对满意度的影响的大小,是直接决定顾客对自助图书馆是否满意的重要因素。

深圳数据:"城市街区24小时自助图书馆运行及服务效果调研"项目调研结果显示,读者对自助图书馆服务的总体满意度评价为74.45分,满意度水平处于基本满意和比较满意之间。

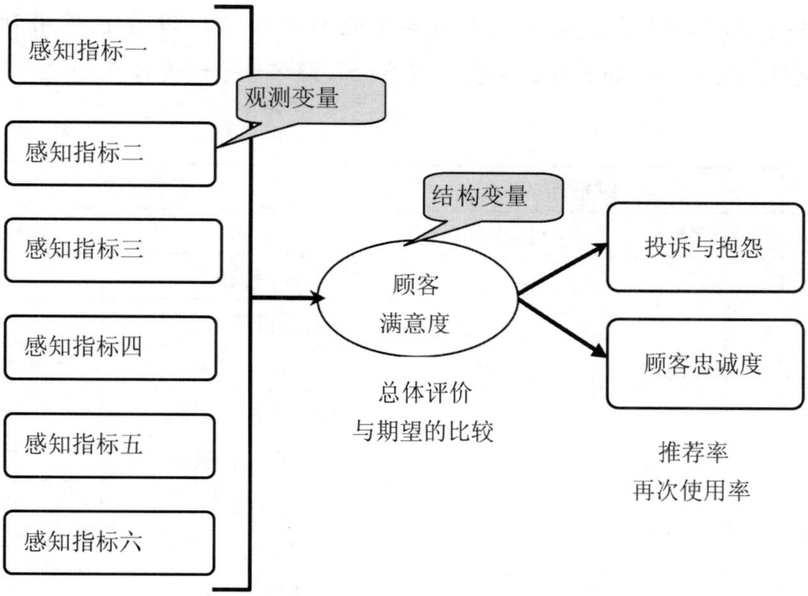

CSI 顾客满意度评价模型

【案例】“城市街区 24 小时自助图书馆运行及服务效果调研”项目调研结果显示，在各二级指标评价中，服务功能和服务效率满意度得分较高，分别为 76.40 分和 75.89 分；其次是效果感知(74.19 分)；相对而言，图书管理满意度得分较低，为 70.97 分。具体情况见图。

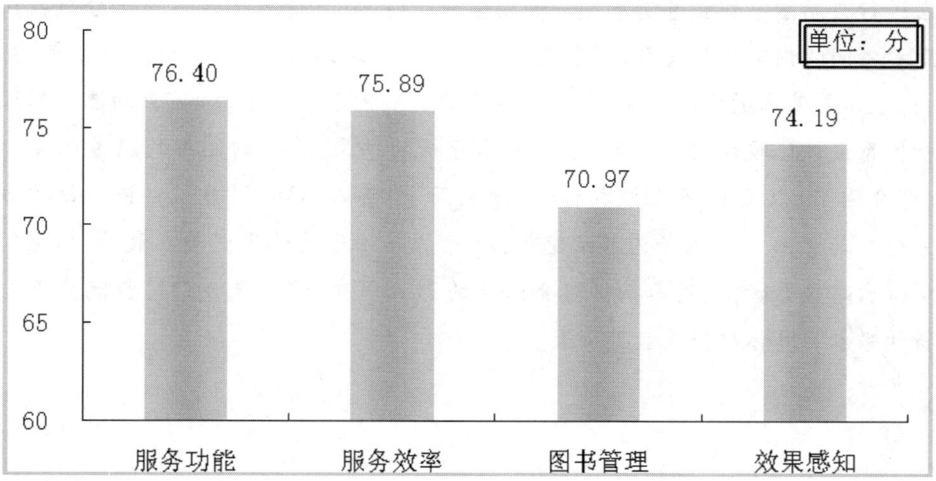

二级指标满意度得分

在各三级指标评价中，读者对办理读者证服务(78.31 分)、自助借还书服务(77.16

分)、服务价值(76.63 分)和便捷操作(76.10 分)等指标的满意度评价较高;相对而言,读者对图书质量(74.09 分)、影响读书行为变化的效果(71.89 分)、图书种类(70.30 分)、更新速度(68.88 分)和有偿服务的认可度(51.51 分)等评价较低。

一级指标	二级指标		三级指标	
	名称	得分(分)	名称	得分(分)
总体满意度 74.45 分	服务功能	76.40	预借服务	75.63
			自助借还服务	77.16
			办理读者证	78.31
			图书查询与浏览	75.88
			预存预付款	75.61
	服务效率	75.89	便捷操作	76.10
			响应时间	75.10
	图书管理	70.97	图书质量	74.09
			图书种类	70.30
			更新速度	68.88
	效果感知	74.19	影响读书行为变化的效果	71.89
			服务价值	76.63
			有偿服务的认可度	51.51

在进行自助图书馆服务满意度影响因素分析时,首先通过探索性因子分析找出众多原始变量之间的内部依赖关系,探求观测数据中的基本结构,并用少数几个抽象变量(公因子)来表示其基本的数据结构,即找到主要的影响因子。结果表明,自助图书馆服务测评指标体系设计比较合理。其次,根据因子分析的结果,将自助图书馆服务的 4 个二级指标(即公因子)以及 13 个三级指标(即原始因子)导入 AMOS7.0 软件进行结构方程建模和分析。其中,4 个公因子为潜在变量,13 个原始因子为外显变量。最后,根据结构方程模型得出路径系数,说明各指标对公因子的影响程度,这也是我们进行满意度影响因素分析的根本。具体路径系数见下表。

观测变量对潜变量解释系数

潜在变量	观测变量	解释量(%)
服务功能	预借服务	15.40
	自助借还服务	52.00
	办理读者证	42.80
	图书查询与浏览	13.90
	预存预付款	4.30
服务效率	便捷操作	72.70
	响应时间	19.20
图书管理	图书质量	42.30
	图书种类	55.50
	更新速度	40.20
效果感知	影响读书行为变化的效果	18.70
	服务价值	53.30
	有偿服务的认可度	4.10

根据路径系数及其计算出潜变量之间的影响系数,得出影响读书行为变化的效果对总体满意度的影响程度最高,达到了0.42;服务效率对总体满意度的影响其次,为0.24;服务功能和图书管理对总体满意度的影响程度较低,分别为0.18和0.16。具体情况见下图。

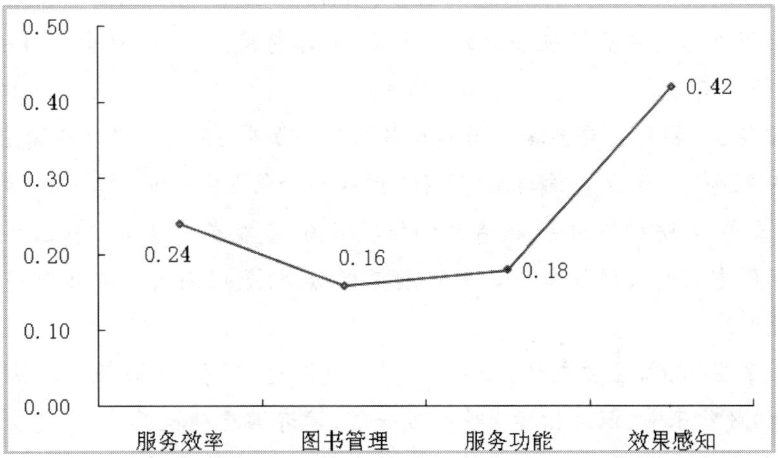

潜变量对总体满意度的影响力系数

根据调研指标的满意度与重要程度,以观测指标满意度得分为横坐标,以指标重要程度为纵坐标，得到深圳自助图书馆战略性资源优先配置图（如下），其纵坐标标示的是各因素对读者评价的影响程度，表示指标的重要性，横坐标标示的是读者对各因素的满意度评价。

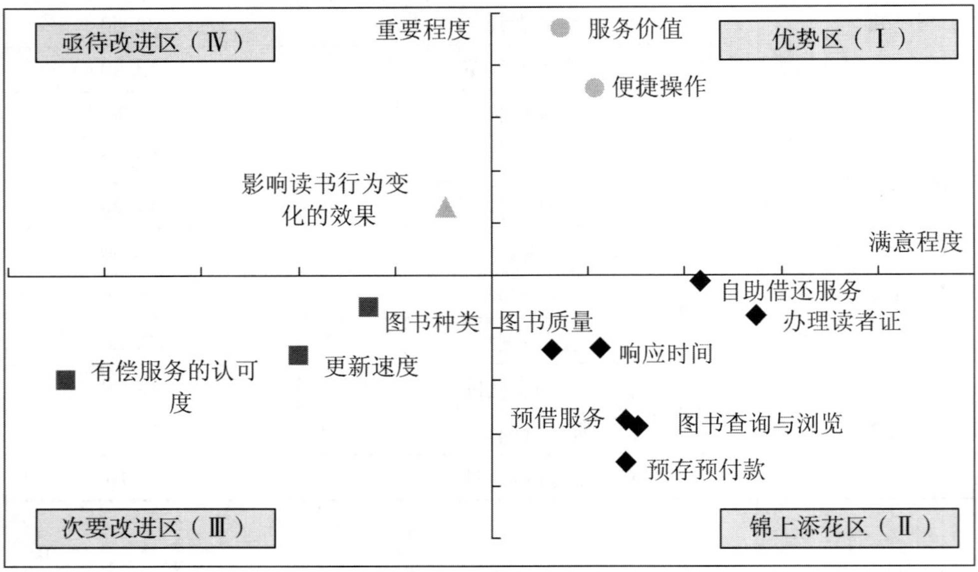

深圳市自助图书馆战略性资源优先配置分析图

从上图可以看出：

“优势区”指标主要为“服务价值”和“便捷操作”两项指标，属于重要程度较高且满意度较高的指标，满足了读者的需求。这两项指标是吸引读者使用自助图书馆的重要因素，也是自助图书馆应具备且应该做好的方面，不容忽视，因为一旦出现微小差错，则会引起读者的强烈不满。

“锦上添花区”指标主要包括“图书质量”、“自助借还服务”、“办理读者证”、“响应时间”、“预借服务”、“图书查询与浏览”和“预存预付款”等七项。以上指标的重要性较低但满意度较高，表明相对而言，读者关注程度不高，可能在于这些指标已经达到了读者的期望，自助图书馆的表现基本与读者的期望相吻合，是短期内为自助图书馆整体形象锦上添花的指标。

“次要改进区”指标主要包括“图书种类”、“更新速度”和“有偿服务的认可度”三项。从本次读者的评价来看，以上指标重要程度一般，读者满意度较低，一旦重要程度发生变化而实际服务水平未做提升，则会直接引起读者的整体满意度感知下降，因此，要给予密切关注、改善，在资源分配到竞争劣势方面并加以改善后，也需要对其加以相应的改善。

“亟待改进区”指标主要是“影响读书行为变化的效果”。这项指标读者满意度低而重要性高，是竞争劣势指标。因此，自助图书馆在实际运营过程中尤其要关注这项指标的发展，优先给予改进。

结合前文，读者对自助图书馆的便捷操作和服务价值评价较高，均高于总体满意度得分(74.45 分)，而便捷操作和服务价值在战略资源优先配置分析图中也处于优势区，可见自助图书馆不受时间限制、服务时间长的特点得到了读者的认可，其服务价值得到了体现。

● 忠诚度分析

忠诚度是指读者对继续使用自助图书馆服务的意愿，一定程度上表明了读者对自助图书馆服务的认可和接受程度。调研结果显示，读者对自助图书馆的忠诚度得分为79.95 分，分值较高，同时，在接受访问的读者中，97.87% 的读者表示会持续使用自助图书馆，表明读者的忠诚度较高。

同时，从各区图书馆专业人士的深度访谈情况看，各区都有增设自助图书馆的计划。这说明图书馆专业人士对自助图书馆的忠诚度也较高。

● 不同社会学背景读者满意度

调研结果显示，不同年龄、性别、文化程度及月收入读者对自助图书馆服务的满意程度都有所不同。

本次调研的读者以中青年为主，16—44 岁的读者占 82.94%，其中 16—24 岁之间的读者占比 25.75%、25—34 岁之间的读者占比 37.44%、35—44 岁之间的读者占比 19.75%。

不同年龄段读者对自助图书馆服务的满意度呈“两头高、中间低”的特点。具体来看，65—74 岁之间的读者对自助图书馆服务的满意度评价较高，为 78.50 分；其次是 16—24 岁之间(77.02 分)和 16 岁以下读者(76.55 分)；相对而言，25—34 岁之间(73.94 分)、45—54 岁之间(72.84 分)、35—44 岁之间(72.37 分)和 55—64 岁之间(69.77 分)的读者对自助图书馆的满意度评价较低(详情见图)。将不同年龄段与自助图书馆服务总体满意度作相关分析可知，不同年龄段读者对自助图书馆服务总体满意度之间差别显著($P<0.01$)，差异具有统计学意义。

本次调研的读者男性占 49.04%，女性占 50.96%，性别分布较均衡。从不同性别读者来看，女性读者对自助图书馆服务的满意度评价(74.96 分)略大于男性读者(74.01 分)。将不同性别与自助图书馆服务总体满意度作显著相关分析可知，不同性别读者对自助图书馆服务总体满意度之间无显著性差异($P>0.05$)，差异不具有统计学意义。

在文化程度分布方面，主要为“大专”学历，占比 29.79%；其次为“中专/高中”和“大学本科”学历，分别占比 27.38% 和 26.41%；再次为“初中”学历，占比 12.08%；而“小学以下”和“硕士及以上”的读者较少，分别占比 2.74% 和 1.61%。

不同文化程度读者对自助图书馆服务的满意度呈“两头高、中间低”的特点。具体来说，小学及以下学历的读者对自助图书馆的满意度评价最高，为 83.00 分；其次是硕士及

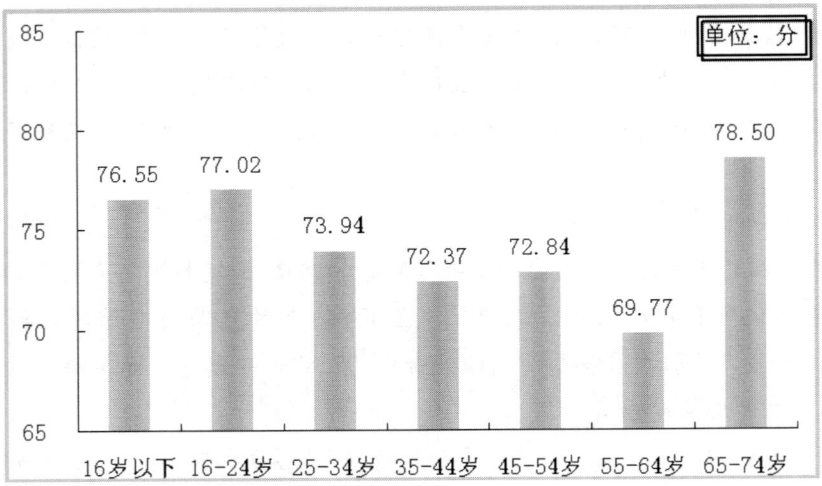

不同年龄段读者对自助图书馆服务的满意度

以上(80.45 分);再次是初中(78.41 分);相对而言,大专(73.86 分)、中专/高中(73.74 分)和大学本科(73.36 分)学历读者对自助图书馆服务的满意度评价较低。将不同文化程度与自助图书馆服务总体满意度作显著相关分析可知,不同文化程度读者对自助图书馆服务总体满意度之间差别显著(P<0.01),差异具有统计学意义。

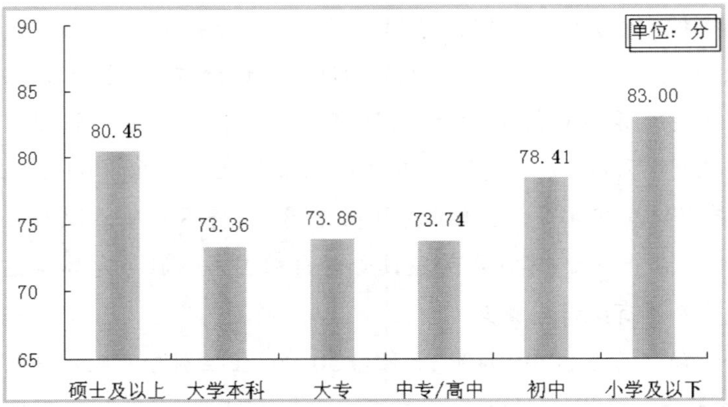

不同文化程度读者对自助图书馆服务的满意度

从收入情况来看,读者月均收入主要集中在10 000元以下,合计占比94.43%,其中月收入在2001—4000元之间的读者最多,占比31.67%。具体读者家庭月收入分布情况见下图。

从不同月收入水平的读者来看,月收入在2001—4000元之间的读者对自助图书馆服务的满意度评价最高,为76.09分;其次是2000元及以下(75.59分);再次是10 001元

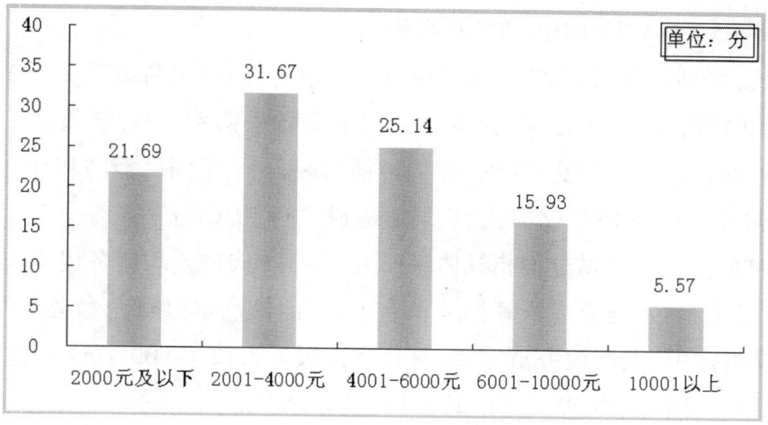

读者月收入分布情况

以上(74.55分);相对而言,6001—10 000元之间(73.71分)和4001—6000元之间(73.18分)的读者对自助图书馆服务的满意度评价较低。将不同月收入水平与自助图书馆服务总体满意度作显著相关分析可知,不同月收入读者对自助图书馆服务总体满意度之间无显著性差异($P>0.05$),差异不具有统计学意义。

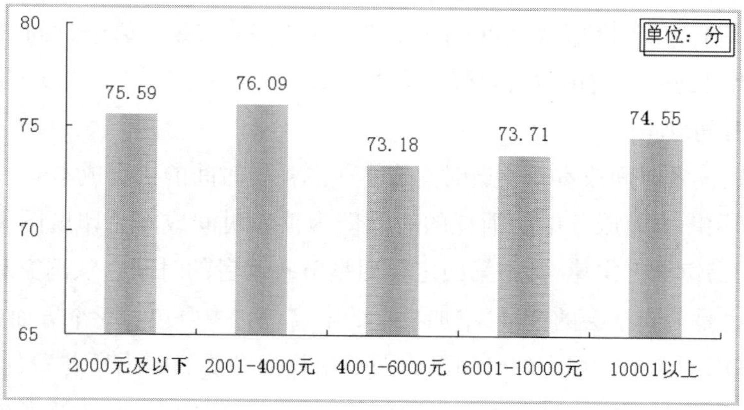

不同月收入读者对自助图书馆服务的满意

8. 人均服务成本

测评方法:人均服务成本 = 年运行总经费/常住人口数

深圳数据:2011年深圳自助图书馆日常运营维护经费项目获市财政实际拨款1669万元,固定资产折旧计算每台自助图书馆服务机年均花费约5万元(除掉1台样机,2011年深圳市平均运行服务机数量为148.33台),新书购置30 881册,文献购置经费约为108.78万(2011年平均中文图书购置经费约为每册35.22元)。据《深圳市2011年国民经济和社会发展统计公报》,常住深圳人口数量达到 1046.74 万人,人均服务成本约为 2.41 元(1669 +5 ×148.33 +108.78/1046.74)。

参考对比:深圳市福田区 2011 年基层分馆年事业经费(又称基层图书馆后续运营经费)1326 万元(每馆每年 13 万元,含 3 万元图书设备采购费、2 名管理员工资及报刊订购、读者活动、日常办公等开支)。据《深圳市福田区 2011 年国民经济和社会发展统计公报》,福田区常住人口为 132.52 万人,人均服务成本为 10.01 元。

另外,根据《图书馆之城建设指标体系研究》一书(该书人均服务成本 = 图书馆年预算总经费/常住人口数,与上述计算标准稍有不同,但依然可以对比参考),深圳市“图书馆之城”建设指标中,人均服务成本≤15.11 元(服务人口按 900 万计),建设现状 2006 年、2007 年、2008 年依次为 20.02 元、25.04 元、29.36 元。

9. 单位时间服务成本

测评方法:单位时间服务成本 = 单台自助图书馆服务机每天运行总经费/每天服务时间

深圳数据:参考“每册次文献服务成本”有关数据,单台自助图书馆服务机平均每天运行成本约为 499.90 元,每天服务 24 小时,单位服务时间成本约为 20.83 元。

参考对比:深圳市福田区 2011 年基层分馆年事业经费每馆 13 万元,含 3 万元图书设备采购费、2 名管理员工资及报刊订购、读者活动、日常办公等开支,社区分馆按规定每周开馆时间为 54 小时,年度服务时间约为 2808 小时(54 ×52),单位时间服务成本约为 46.30 元,约为自助图书馆单位时间服务成本的 2.2 倍。

10. 读者时间成本

测评方法:读者时间成本 = 交通时间成本 + 总耗费时间的机会成本

读者在利用图书馆服务中所消耗的时间即为读者时间成本。印度图书馆学家阮冈纳赞提出的图书馆学五定律,其中第四定律即是节省读者的时间。从国家和社会经济的角度考虑,这也是节省社会的金钱,增加社会的财富。它主要包含 5 个方面的内容:① 读者为借阅图书而不得不在规定的时间赶到图书馆找到需要的图书所花费的时间;②读者办理相关手续直到全部完成借阅图书所需要的时间, 即借阅时间;③读者成功办理图书归还手续所需要的时间,即还书时间;④读者利用电子网络等技术登录图书馆相关数据库顺利完成浏览、阅读或下载所需要的时间,即网络阅览时间;⑤读者来馆自主学习或阅览的时间。这 5 个方面共同构成了读者的时间成本。①

同时,我们在前面也提到,经济学中有一个重要的概念叫机会成本,又称为“替代性成本”。因为公共图书馆提供的是免费服务,不存在购买产品,我们无需考虑图书商品价格,也就是说,读者在获取图书馆服务时所花费的主要是该段时间需支付的交通费用和

---

① 黄华. 读者时间成本与图书馆效益. 河南图书馆学刊,2009(2)

相对应时间段内放弃的其他可能收益，即耗费时间的机会成本。同时，读者时间成本中借阅时间、网络浏览时间等较为主观随意，难以衡量。目前深圳公共图书馆大都实现读者自助服务，借还手续耗费时间可以忽略不计，因此计算时一般主要考虑读者往返图书馆的交通时间成本及在馆寻找所需图书时间成本。

深圳数据：读者利用就近自助图书馆服务机获取服务，根据覆盖范围，一般步行在15分钟左右即可，无需交通费用，且可利用上下班前后闲暇时间，不影响正常工作和休息娱乐，凭借自助图书馆服务机的特点更无需耗时查找图书，因此耗费的成本几乎可以忽略不计。

参考对比：以深圳图书馆为中心，选取距离该馆较远且服务人群较多的“深圳宝安区沙井中心公园”自助图书馆服务点为参考举例说明。根据图吧网站测算，该服务点距离深圳图书馆直线距离在29千米左右，我们以一般读者出行使用公共交通工具搜索，最快到达约需2小时11分钟，需由M341公交换乘地铁龙华线4号线1次，途经24站，行程达36公里，考虑到交通拥堵及步行时间，耗费2.5小时较为合理，交通费用则为：该公交线路上车2元，分段收费，需乘坐16站，花费5元左右，换乘地铁后需乘坐8站，花费5元，合计10元。而读者进入图书馆后，寻找需要的特定书籍，综合考虑到步行、参考咨询、图书排架等人为因素，耗费0.5小时较为合理。根据深圳市人力资源和社会保障局公布数据，2012年全日制就业劳动者最低工资上调至1500元/月，非全日制就业劳动者最低工资标准13.3元/小时。仅以该最低工资标准计算，居住在深圳宝安区沙井中心公园附近的读者利用1次深圳图书馆服务的单程成本为：$10+(2.5+0.5)\times 13.3=49.9$ 元，该服务点在2012年4、5、6月份文献处理人次（借书和还书人次之和）分别为324、397、464共1185人次，合计节约读者时间成本达59 131.5元，单此一个服务点，自助图书馆服务的实施即获得了不可估量的实实在在的经济效益。

目前，深圳自助图书馆各服务机驻点离深圳图书馆的平均距离为15 307米，以公共交通工具测算，加上在图书馆咨询查找时间，读者耗费1.5小时较为合理，以深圳一般最低公交消费2元估算，则读者利用1次自助图书馆服务，节省的平均时间成本（单程）为 $2+1.5\times 13.3=21.95$ 元。

按深圳市常住人口1046.74万人测算，自助图书馆能够为深圳常住市民节约22 975.94万元的时间成本。从自助图书馆开放服务至今，文献处理总人次达到2 687 543人，则实际上为读者节省了约5899.16万元的时间成本。

此外，读者就近利用图书馆服务还有利于环境保护，减少交通拥堵和公共交通工具带来的大气污染；充分利用读者的闲暇时间，节省读者成本的同时还提供了更多的时间和机会来增加社会财富，创造了潜在的经济价值。

11. 特色服务——预借服务

深圳数据：预借服务是自助图书馆的特色服务，读者通过网络提交预借请求，图书馆会在48小时内将预借图书送到读者指定的自助图书馆，并以网上公告或手机短信通知读者前往取书。图书馆馆藏的所有图书，市民均可通过预借服务来获取。2天之内读者所需文献将被送到市民“身边”，满足了读者的个性化需求，提供了多元化的服务方式，扩大文献流通渠道，加速文献流通效率，真正实现了“为人找书”、“送书上门”。但是深圳实际调研结果显示，能够为读者阅读提供最大的便利、节省最多时间和人力成本的预借功能目前尚未被充分利用，不过随着自助图书馆愈来愈普遍地使用，预借文献量一直在稳定地增长，预借服务正为越来越多的读者所熟知和利用。

根据下表的预借服务数据统计可以看出，在2008年7月开通预借服务至2012年5月这段时期内，累计预借请求数量达285 405册，约占自助图书馆开放后累计外借文献总量的9.27%（深圳自助图书馆自2008年4月开放服务至2012年5月累计外借文献达3 080 364册次，），平均每台自助图书馆服务机每月预借请求数量约为89.8次，平均成功率约为86.94%。

结合前文自助图书馆利用率的分析，我们看到，预借服务功能目前在自助图书馆服务机上的使用状况还不够理想，这与读者对自助图书馆服务机的了解程度不够和可预借文献种类和数量不足等因素有关，但是读者的预借服务请求数量大致仍是逐月递增的（根据自助图书馆预借服务月统计图），随着自助图书馆服务的普及宣传等，预借服务凭借其优点和特性一定会得到越来越广泛的应用。

自助图书馆服务机预借服务统计 （2008.7.21至今）

月份	预借请求数量（册）	成功下架数量（册）	成功率（%）	平均每台预借请求数量（册）	平均每台成功下架数量（册）
2008.7	346	229	66	35	23
2008.8	977	703	72	98	70
2008.9	968	833	86	97	83
2008.10	1248	1015	81	113	92
2008.11	1399	1199	86	127	109
2008.12	1386	1210	87	126	110
2009.1	1022	897	88	79	69
2009.2	1817	1633	90	140	126
2009.3	2644	2411	91	66	60
2009.4	2976	2739	92	74	68
2009.5	3739	3383	90	93	85
2009.6	3859	3506	91	96	88
2009.7	4487	4004	89	112	100

续表

月份	预借请求数量（册）	成功下架数量（册）	成功率（%）	平均每台预借请求数量(册)	平均每台成功下架数量(册)
2009.8	4751	4053	85	119	101
2009.9	4396	3697	84	110	92
2009.10	4395	3564	81	110	89
2009.11	4507	3535	78	113	88
2009.12	4816	3910	81	120	98
2010.1	4389	3641	83	110	91
2010.2	2679	2177	81	67	54
2010.3	4336	3507	81	108	88
2010.4	5080	4181	82	127	105
2010.5	5292	4423	84	126	105
2010.6	5139	4069	79	122	97
2010.7	7032	5780	82	167	138
2010.8	7106	5780	81	169	138
2010.9	6627	5331	80	158	127
2010.10	7104	5928	83	51	42
2010.11	8774	7843	89	63	56
2010.12	8422	7555	90	60	54
2011.1	6763	6059	90	48	43
2011.2	6548	5920	90	46	42
2011.3	8951	8011	89	63	57
2011.4	7725	6775	88	55	48
2011.5	7690	6665	87	55	47
2011.6	9043	8448	93	64	60
2011.7	10 466	9806	94	74	70
2011.8	10 182	9595	94	63	60
2011.9	9063	8570	95	56	53
2011.10	9718	9145	94	60	57
2011.11	10 675	10 103	95	66	63
2011.12	9639	9098	94	60	57
2012.1	7548	7127	94	47	44
2012.2	12 430	11 729	94	77	73
2012.3	12 889	12 187	95	80	76
2012.4	11 823	11 167	94	73	69
2012.5	12 539	11 641	93	78	72

三、人力资源效益

1. 员工数量

深圳数据：深圳自助图书馆服务采取的是无人看守、远程监控与物流服务相结合的方式，不需要配备单独且专门的图书馆工作人员。目前，自助图书馆的运营管理主体单位为深圳图书馆，160 台自助图书馆服务机配备约 15 名员工，由馆内原有员工重新组织从事自助图书馆的集中规划、建设、运营与服务支持，包括自助图书馆网建设与日常管理岗位 5 人、自助图书馆网读者咨询与受理支持 10 人，其他如物流配送外包员工约 70 余人。平均每台自助图书馆服务机参与的工作人员不到 1 人。

参考对比：深圳福田区基层分馆从业人员共计 227 人，街道分馆多的有 5—6 人，少的仅 2 人，平均每馆 3. 1 人。社区分馆除渔农、水围等极个别地方达到 5—6 人以外，其余均为 2 人，平均每馆 2. 1 人。相对比，很明显自助图书馆的人力资源利用率较高。

2. 每机/馆人力资源成本

深圳数据：依据 160 台自助图书馆的服务规模，单台自助机每年日常运营与维护费用约为 12. 52 万元，包括物流费用、维护费用、网络费用、电力费用和零星环境修缮费等，涉及较多人力成本的主要有物流费和维护费。物流管理费用约占全部运营费用的 55%，其中物流工作人员约 70 余人，含配送员、书库管理人员、现金结算员、保洁员、管理人员等，约占物流管理总成本的 37%；用于提供日常的维护维修、定期巡检与设备改进完善等服务的维护费用约占全部运营费用的 21%，其中维护工作人员约 30 余人，包括维护工程师、调度人员、管理人员等，占维护服务成本的 35%。据此推算，每台自助机年度花费人力成本约为 3. 47（$12.52 \times 0.55 \times 0.37 + 12.52 \times 0.21 \times 0.35 = 2.54782 + 0.92022$）万元。

参考对比：根据深圳市福田区财政局文件，从 2012 年起，各街道、社区图书馆管理员的工资费用按协管员经费标准（3. 35 万元/人年）列入各街道办事处年度预算经费。据此推算，每社区图书馆年度工作人员工资为 7. 035 万元（3.35×2.1）。

单台自助图书馆服务机年度耗费的人力成本约为社区图书馆的一半，大大节约了人力成本，这也在某种程度上释放或者提供了更多的专业图书馆员，去从事更需要相关专业知识、具有更大经济和社会价值的专题咨询等图书馆服务工作，更充分有效地利用了图书馆的人才资源，也间接创造了更多潜在的经济价值。

四、直接经济贡献

自助图书馆项目在实施过程中发生的一切实体运行开支、人员开支及隐性的来访开支都可以视为对当地经济的直接贡献。

自助图书馆服务机的研发作为世界首创，促进当地科技企业的发展，提升本土的科技创新能力；社会化、专业化的物流服务促进当地就业，拉动消费；自助图书馆在国内外获得的诸多赞誉更使得它成为了深圳本地的文化标杆，参观学习者络绎不绝，间接促进了本地的旅游业发展，进一步拉动消费；作为政府投资项目，自助图书馆一方面使用公众纳税人的金钱，但同时还创造了大量税收，产生税务贡献。

第二节 自助图书馆网的成本效益分析

长期以来，我们在进行公共图书馆评估时，都是从行业特色和社会效益出发，以馆藏、馆舍等硬件指标或办证数量、外借册次等服务效果为重点，严重忽视了公共图书馆在运营中的经济效益问题。随着我国公共事业的飞速发展，政府对于公共财政的投资、公共资源的配置等，愈来愈多地考虑到了投入与产出、成本与效益的关系。为了争取政府强有力的支持，为公共图书馆事业的发展创造更有利的条件，我们十分需要对公共图书馆产生的经济价值进行客观而严谨的科学评估。本节将根据公共图书馆成本效益分析领域中已有的理论方法，结合自助图书馆本身的优势，以深圳自助图书馆网的实际数据为依据，用较为科学客观的数学公式进行计算，得出自助图书馆网实施的效益成本比值。

一、图书馆成本效益分析方法

1. 国外公共图书馆成本效益分析方法

公共图书馆成本效益分析的方法设计始于美国图书馆协会（ALA）关于经济价值评估的研究项目。2007 年 ALA 出版了一本用于指导各馆进行成本效益分析的手册——《测量图书馆价值——如何进行公共图书馆成本效益分析》（Measuring Your Library's Value—How to Do a Cost-Benefit Analysis for Your Public Library）。在成本效益分析法中，成本方面的评估相对简单，一般图书馆的财务部门就可以提供相关财务数据。研究的热点与难点在效益的评估上。从国外的研究成果来看，效益评估的方法主要有 3 种：消费者剩余、条件价值评估法与时间成本法。

在经济学中，消费者剩余（Consumer surplus）是指为获得一种商品或服务，消费者实际为之付出的价钱与消费者心目中对该商品或服务赋予的市场价格之间的差值。对于公共图书馆服务来说，每个用户都会得到消费者剩余，因为公共图书馆的服务原则上都是免费的，但这些服务如果由营利机构来提供的话，肯定要求消费者为之支付一定的费用。利用消费者剩余方法评估公共图书馆的效益，关键在于如何确定市场替代品及其价值，市场替代品的价格就是图书馆相应服务的价值。

条件价值评估法（Contingent Valuation Method，简称 CVM）是国外成本效益分析研究的热点。CVM 的经济学原理是：假设人们对市场中的各种商品（包括环境商品或服务）均具有消费偏好性，不同的商品组合带给消费者不同的效用函数，通过调查试图引导得出回答者个人的支付意愿和补偿意愿。具体的操作就是通过问消费者愿意支付多少钱来获得某种商品来获得消费者的支付意愿（Willingness to Pay，简称 WTP），通过问消费者希望获得多少补偿才愿意放弃对该商品的消费来获得消费者的补偿意愿（Willingness to Accept，简称 WTA）。它基于问卷调查法，被调查者被告知要评估的对象、将要发生的变化，并假设存在一种支付方式，直接向被调查者询问愿意支付价（WTP）或愿意接受补偿价（WTA）。从国外公共图书馆的评估报告中可以发现，条件价值评估法通常与消费者剩余法结合使用，对于不存在市场替代品的图书馆服务无法采用消费者剩余法时，通常采用条件价值评估法作为补充方法，直接向用户询问对该项服务愿意支付的价格或愿意接受的补偿价格，用 WTP 或 WTA 来计算该项服务的效益。

时间成本法则是调查用户为利用图书馆而花费的时间，以用户的收入水平为参照系，计算出这些时间成本的价值，然后利用反向思维，就可以推出图书馆服务的价值至少不会低于用户为之付出的时间成本。该法的原理是人们在利用公共图书馆时，会有一个心理底线，即利用图书馆而得到的好处至少要等于或略高于为了获得这些服务而付出的时间成本。利用该方法，必须采集用户为利用图书馆服务所花费的时间量，并赋予时间一定的市场价值。首先，准确地采集时间量不太现实；其次，不同人群的时间成本也存在很大的差别。因此，该方法虽然为评估图书馆的效益提供了一种新颖的思路，但在实际操作中困难太大，国外研究一般不推荐使用该方法，认为时间成本法可以作为消费者剩余与条件价值评估法的补充方法而使用。①

2. 自助图书馆网成本效益分析方法

根据自助图书馆服务机的优势和特性，拟用消费者剩余法与时间成本法进行成本效益分析。

利用消费者剩余方法评估公共图书馆的效益，关键在于确定市场替代品及其价值，市场替代品的价格就是图书馆相应服务的价值。自助图书馆提供的主要是文献借还的流通服务，因此我们主要利用消费者剩余方法计算自助图书馆的文献流通服务效益，计算公式如下；

自助图书馆文献流通服务效益 = 文献流通数量 × 市场替代品的价格

如何确定市场替代品的价格？一般我们习惯性以图书的购买价格作为衡定标准，但这是不科学的，一定程度上夸大了文献流通效益，这是因为文献信息具有可共享性，能够产生再利用价值，根据国际同行的评估经验，选择以图书价格的 50% 作为市场替代品的价格是较为合理的。

利用时间成本法评估自助图书馆效益，实际上是计算利用自助图书馆服务能够为读者节省多少时间成本所带来的间接效益。本章第一节综合效益指标体系中已经提到，以中心图书馆为参照点，确定各个服务点至中心图书馆的平均距离，推算出读者每利用一

① 叶斌. 基于成本效益分析的公共图书馆经济价值评估研究[D]. 浙江大学，2010

次自助图书馆服务的平均交通成本与平均耗费时间后，计算公式如下：

自助图书馆时间成本效益 =（平均交通成本 + 平均耗费时间的机会成本）× 服务人次

因此，自助图书馆网服务效益 = 自助图书馆文献流通服务效益 + 自助图书馆时间成本效益

二、深圳自助图书馆网实施的效益成本比

首先，需确定文献流通服务市场替代品的价格。为尽量保证数据的准确性，以 2010、2011 年两年图书平均采购价格的 50% 作为计算依据，从前文第一节已得知为 17.48 元。

2011 年深圳自助图书馆外借文献总量为1 122 811册次，文献服务总人次达1 007 289 人（指借还书），据此计算：

文献流通服务效益为：17.48 ×1 122 811 = 19 626 736.28元

节省读者时间成本效益为：21.95 ×1 007 289 = 22 109 993.55元

则自助图书馆整体服务效益为：19 626 736.28 + 22 109 993.55 = 41 736 729.83元

自助图书馆年度运行成本为：自助图书馆日常运营经费 + 固定资产折旧成本 + 文献购置经费

2011 年，深圳实际获得自助图书馆日常运营经费为 1669 万元；固定资产折旧费用按每台每年 5 万元计算，全年平均运行自助机数量为 148.33 台（不包括 1 台样机），固定资产总折旧成本为 741.65 万元；文献购置经费约为1 087 628.82元（新书购置30 881册，平均中文图书购置经费约为 35.22 元，则购置总经费为 35.22 ×30 881 = 1 087 628.82元）。

因此，深圳自助图书馆 2011 年实际运行成本 = 16 690 000 + 7 416 500 + 1 087 628.82 = 25 194 128.82元

2011 年深圳自助图书馆网实施的效益成本比约为 1.66∶1（41 736 729.83 / 25 194 128.82）。

可以得出结论：虽然自助图书馆服务建设投入了较高的成本，但相应也创造了较高的经济效益，从长远角度考虑，加大投入，进一步改进技术和服务，将可能收获更大的经济和社会效益。

【案例】“城市街区 24 小时自助图书馆运行及服务效果调研分析报告”对自助图书馆运行机制进行了一系列评估，具体如下：

（1）深圳市自助图书馆的运行机制是合理的

首先，从读者、托管单位负责人和图书馆专业人士对合理性的评价情况来看，深圳市自助图书馆的运行机制得到了一致好评。调研结果显示，运行机制合理性的总体得分较高，为 78.69 分。具体到运行机制的各服务环节上，配套支持的合理性得分最高，为 82.58 分；其次是管理体系合理性（80.68 分）和服务模式合理性（80.45 分），图书配置合

理性总体得分偏低。

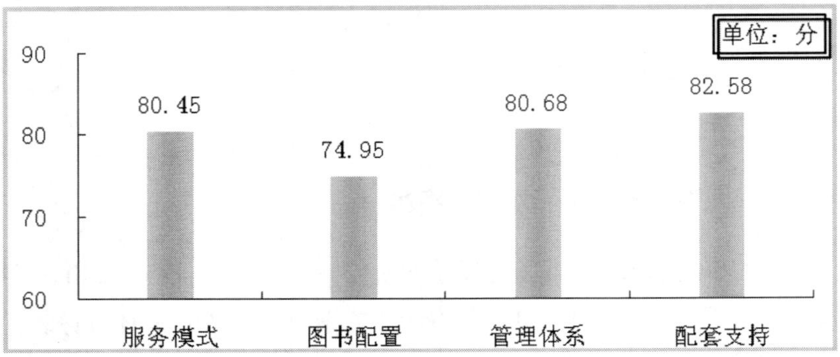

其中，关于配套支持各细项指标的合理性评价，财政保障的合理性总体得分较高，为83.59分；其次是物流配送工作的合理性，总体得分（82.41分）；相对而言运行维护和设备安全保障的合理性总体得分较低，均为82.17分。托管单位负责人对物流配送工作（84.83分）和运行维护工作（84.33分）的合理性评价较高，对财政支持（83.85分）和设备安全保障（81.00分）的合理性评价较低。图书馆专业人士对设备安全保障（83.33分）和财政保障（83.33分）的合理性评价较高，对物流配送工作（80.00分）和运行维护工作（80.00分）的合理性评价较低。

其次，从读者对自助图书馆的服务形式评价来看，自助图书馆的服务形式得到了较高的认可。调研结果显示，有97.93%的读者表示自助图书馆的服务形式能够基本满足其读书需求。

（2）深圳市自助图书馆的运行机制效益性较高

首先，自助图书馆的运行投入效益性评价较高，为79.07分。其中，运行人员投入的效益性得分最高，为80.26分；其次是运行时间投入的效益性（79.75分）；最后是运行设备投入效益性（77.20分）。

其次，从自助图书馆与社区图书馆的效益性成本比对比情况来看，自助图书馆的效益成本比高于社区图书馆。调研结果显示，通过熵值评价法计算得出，深圳市自助图书馆的效益成本比（0.7079）是社区图书馆的效益成本比（0.5031）的1.41倍。此外，随着自助图书馆数目的增多，平均每台自助图书馆的成本逐渐下降，因此，自助图书馆的效益成本比随着自助图书馆数目的增多而增大。然而，由于社区图书馆之间是相互独立的，故平均每个社区图书馆的成本不会随着社区图书馆数目的增多而降低，即社区图书馆的效益成本不会随着社区图书馆数目的增多而增大。由以上两点可以说明，自助图书馆的效益性要高于社区图书馆。

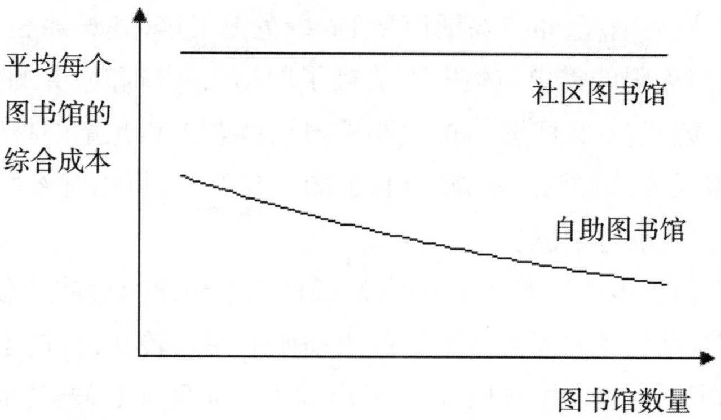

平均每个图书馆的综合成本随图书馆数量的变化趋势

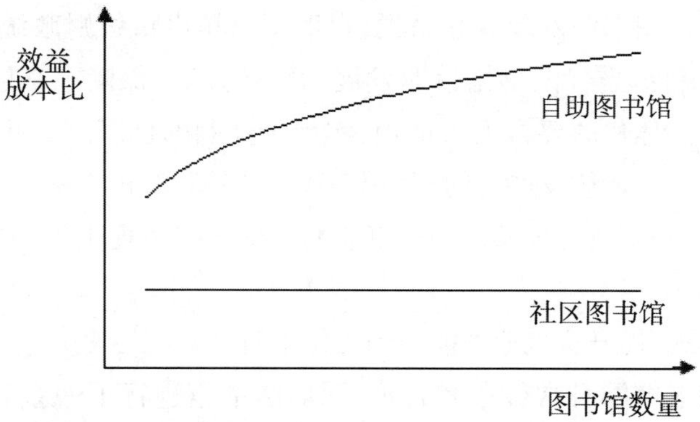

图书馆的效益成本比随图书馆数量的变化趋势

第三节　自助图书馆网实施的社会效益

公共图书馆事业的发展,追求的目标始终是社会效益的最大化,因此本节将从图书馆行业自身和社会层面出发,阐述自助图书馆网项目实施带来的社会效益。

一、自助图书馆网实施对图书馆行业发展产生的影响

“城市街区 24 小时自助图书馆系统”在建设方式、服务体系、管理模式、技术应用上均有重大创新和突破,为城市图书馆网络的建设提供了全新的理念和模式,为完善公共文化服务体系建设进行了有益的探索,对图书馆行业自身发展产生了巨大影响,因此被誉为“第三代图书馆”。

1. 创新图书馆建设方式和服务体系,打造可持续发展模式

自助图书馆成功探索了复合型图书馆建设与服务的模式，发展出了一条节约人力、物力、时间、土地等资源消耗，布点灵活简便的“绿色图书馆”建设途径，缓解了公共图书馆“有限的资源面对无限的需求”的压力，突破了图书馆建设和服务的模式，与社区图书馆实现了有机的功能互补：社区图书馆主要承担社区老人和儿童的报刊阅览、课外文化辅导和电子阅览室服务，而图书借阅则以自助图书馆为主，可以弥补社区图书馆日常新书补充不足、更新不及时等缺憾。

自助图书馆创新了传统的图书馆服务模式，推动了传统馆舍阵地服务转向城市街区角落服务，由到馆被动服务向无时空限制的主动服务模式转变，打造了一个最贴近读者的服务体系，实现了图书馆在服务地域、服务时间上的拓展和延伸；构成一个分布式的读者服务平台，由读者独立操作服务机，但后台却有多个后勤保障系统在不停运转，监控管理人员、物流人员、图书馆员都在围绕着“自助图书馆”辛勤地工作，顺应了图书馆走向自助服务的发展趋势。

就当代中国城市图书馆发展现状来说，自助图书馆由市级财政统筹加以推进，在一定程度上还打破了制约当代图书馆事业发展的财政障碍，保障了基层图书馆服务的稳定、持续性发展，使一体化的要素大大增加，实现了体制的创新。因此，自助图书馆网的建设实施构造了一个可持续发展的创新型图书馆发展模式，正是图书馆行业履行服务职能上与时俱进的有效实践，为公共图书馆事业的创新与变革提供了一条崭新的发展思路和可供借鉴的范例。

2. 创新管理模式，提升员工业务能力和工作素质

为支撑自助图书馆网日常服务和管理，深圳图书馆进行了一系列的业务重组和整合，创新管理模式，实行中心管理和社会化管理有机结合，依托图书馆的文献资源、技术资源和人力资源，统筹规划，由指定的职能部门行使中心的日常协调与管理职能，选择与自助图书馆网规模相适应的社会化物流、服务机维护商共同承担自助图书馆的运营管理工作。合理利用社会资源，节约图书馆专业人才优势，充分发掘其潜力，并进行相关业务拓展，不仅节约了日常运营成本，更充分调动了员工积极性，提升了现有员工的业务能力和工作素质，为图书馆事业稳定发展培养人才的同时，也为图书馆自主创新发展探索出一条新的道路。

3. 完善城市公共文化服务网络，推动“图书馆之城”的建设

深圳“图书馆之城”建设是以全市已有、在建和将建的图书馆网点和数字网络为基础，联合各图书情报系统，建立覆盖全城、服务全民的文献信息资源共享网络，实现图书馆网点星罗棋布、互通互联、资源共享，为市民提供功能完善、方便快捷的图书馆服务，达到提供丰富资讯、支持终身学习、丰富文化生活的目的。

自助图书馆的出现使图书馆的服务不再受时间、地点的限制，打破了图书馆各自为政的格局，使城市中心图书馆的服务和功能“一竿子插到底”，促进全市图书馆资源的流

动、整合和共享,与基层图书馆融为一体,推动了全市公共图书馆的业务调整与变革,加速了全市公共图书馆统一服务体系的建立,提升了城市图书馆的整体服务质量与服务效果,形成新型、复合型城市图书馆服务网络。这是借助新技术完善公共文化服务网络建设的一项创新,使自助图书馆与已建成的市、区、街道、社区图书馆一起构建成虚实结合、网络互联的"图书馆之城"。

二、自助图书馆网实施的社会影响

公共文化服务作为国家文化事业的重要组成部分,其发展水平在一定程度上可以看做是一个国家文明和社会进步的标志。《国家"十一五"时期文化发展规划纲要》明确指出,"十一五"期间文化发展的重点之一就是要大力抓好基层文化建设,力争到"十一五"期末,城市的文化设施、服务网络和文化产品基本满足居民就近便捷享受文化服务的需求,同时要抓好文化创新能力建设,促进先进科技与文化的融合。

图书馆免费能够促进全民阅读,但仅仅免费是不够的,《公共图书馆宣言》中指出:每个人都有平等享受公共图书馆服务的权利,公共图书馆还应该对不能到馆的用户提供馆外服务。同时,图书馆也不能满足于被动的服务方式,读者进入图书馆才能享受到图书馆的服务往往会造成部分图书馆资源没有被充分利用,政府公共文化设施的功能不能得到完全发挥。

因此,深圳图书馆一直在探索创新图书馆的服务模式和手段, 一方面弥补实体图书馆服务网点的不足,另外一方面将服务延伸至城市的基层社区,扩大服务的范围,切实保障市民文化权利的实现。自助图书馆服务机的研制成功,自助图书馆网在深圳市的全面实施无疑正是实现这两方面目标的一个崭新创举和突破。自助图书馆最根本的出发点就是送服务上门,将图书馆延伸到城市各个角落,切实保证公民文化权益,提升公民的科学文化素质。目前,自助图书馆网已经成为深圳公共文化服务体系的重要组成部分,它在城市的各个角落安家落户,正是公民平等、免费、便捷享受文化服务权利和阅读权益的体现。

1. 营造"以人为本"的公共文化服务氛围,保障人民文化权益

政府实施"文化立市"战略,社会普遍推进全民阅读,首先要完善图书馆的服务体系,让市民有条件阅读,方便地阅读;其次是要让所有市民有兴趣阅读,帮助他们掌握阅读的方法和技能,使阅读成为习惯。自助图书馆的出现,正是图书馆"以人为本"、为读者贴心服务的体现。按需主动配送、预借服务就是满足"人"的需要,提供针对性、个性化的服务;自助图书馆易感知、可感受的自助服务模式,符合了"人"的习惯;自助图书馆遍布街区的 24 小时服务更为"人"利用图书馆资源和服务提供了极大的便利。

自助图书馆服务机走进"千家万户",将图书馆建到读者家门口,解决读者亲自到图书馆借书还书的问题,让广大市民实实在在地感受到图书馆就在自己身边,不进图书馆

却能享受图书馆丰富的馆藏资源及各类个性化、专业化服务，直接节约了读者往来图书馆的时间和金钱费用，减少读者购书开支，节省读者阅读成本，缓解了政府公共资源建设和投入滞后与保障市民文化权益和全民阅读之间的矛盾，同时也在一定程度上缓解了日益增长的城市交通压力。

一台家门口附近的图书馆，开放供人浏览、随时可以借阅的数百本图书，作为一种城市的精神食粮，更是让人们在不知不觉中驻足停留，“如此方便，不如借本书回家看看”，“书送到家门，不看书都不行了”，潜移默化中改变了人们的阅读行为，提高了人们的阅读欲望，激发了人们的阅读兴趣，拓宽了人们的阅读领域，让阅读变成了一种习惯，一种简单方便的生活方式。

2. 提高居民文化素质，形成良好社区文化氛围，提升社区形象

由点及面，自助图书馆服务机进驻居民社区，不仅对个人的阅读行为和习惯有良好的促进作用，提升了当地居民的文化素质，更是影响到整个社区的文化氛围，推进了所在区域整体的文化建设，提高了社区整体的品牌形象。

【案例】“城市街区24小时自助图书馆运行及服务效果调研”项目通过对托管单位负责人的深度访谈发现，接受访问的自助图书馆负责人一致认为，自助图书馆的出现得到了市民的拥护，尤其得到了老年人和小朋友的喜爱，对居民的工作和生活产生了积极的影响，具体体现在以下3个方面：①实实在在地方便了读者，大家不用专门跑到图书馆去借还书了，在家门口就可以借还书，节省了公交费、时间花费及买书花费。②丰富了人们的业余生活，激发了人们的读书热情，提高了人的文化素质，营造了社区的文化氛围。某自助图书馆托管单位负责人表示：“对于那些喜欢读书的员工，他们借阅图书很方便，可以充实自己，他们的业余生活更加丰富、更加稳定，而不是像以前一样下了班漫无目的地到处乱窜，去一些卡拉OK啊，酒吧什么的。”③提高了社区、学校等单位的品牌形象。某自助图书馆托管单位负责人表示：“虽然这个自助图书馆设立的时间比较短，推广面还不是很宽，但是来借书的人还是相当多。这较大地提高了社区的品牌形象，作为我们物业推广，包括以后的宣传来说，我们都加上了这一条。”

具体调研数据表明：①自助图书馆有利于社区居民文化素质的提高。84.84%的托管单位负责人认为自助图书馆的出现对社区居民文化素质的提高有影响。②自助图书馆有利于社区良好文化氛围的形成。79.42%的托管单位负责人认为自助图书馆出现以后，社区文化氛围发生了变化。③自助图书馆有利于社区品牌形象的提高。所有的托管单位负责人都认为自助图书馆的出现对社区品牌形象的提高具有一定的作用。

3. 树立公共文化品牌形象，打造城市文化风景线

自助图书馆的标志性、宣传性、服务性是图书馆形象和城市公共文化服务形象的延伸，它的便利性、近距离贴近市民生活圈更是宣传图书馆服务、让读者了解认识图书馆、促进全民阅读十分行之有效的渠道，极好地树立了公共图书馆乃至公共文化服务的品牌

形象。

自助图书馆的建设不仅是公共图书馆服务社会的创新模式,还有利于营造学习型社会和构建和谐社会,成为城市公共文化服务体系建设的重要指标,充分体现出政府公共文化服务产品的公益性、均等性、亲和性、自主性和便利性,为提高城市文化品位,塑造城市人文精神,提高城市文明指数增添亮色。有人认为"在城市街区拥有一个自助图书馆是文化和文明的标志,对于社会发展有积极而深刻的意义",还有专家指出"自助图书馆的最终目标应该是融入城市建设系统,作为城市标准配套设施"。

试想,一个城市除了星罗棋布的公交、地铁车站,也有星罗棋布的"自助图书馆",从中心图书馆延伸到城市的每个角落,依傍在读者身边,流动服务车穿梭于城市街区,源源不断地传送着资源和服务,形成专业化的服务网络,人们在享受交通便利的同时能随时停留在一台设计独特而美观的小小图书馆前,浏览色彩缤纷的"书架",获得想要的书籍,汲取知识和文化的养分,那该是多么惬意舒心的事啊!这又将是一道多么崭新、靓丽、引人注目的城市文化风景线。

博弈促进创新,创新成就超越

王　林(深圳图书馆副馆长)

世界的变革正以出其不意的速度演进,而应对变革的常用手段就是创新。创新已成为社会各领域无法绕开且必须面对的话题。进入21世纪,信息技术推动下知识社会的形成及其对技术创新的影响进一步被认识,信息技术的发展开创了以用户为中心、以社会实践为舞台的创新局面,也推动了创新的扩散和普适。

创新,是利用已存在的自然资源或社会要素创造新的矛盾共同体的人类行为,是对旧有的一切所进行的替代、覆盖,也就是说,创新就是在原有资源(工序、流程、体系单元等)的基础上,通过资源的再配置、再整合(改进),进而提高(增加)现有价值的一种手段。从理论意义上讲,创新必须带来价值的增长,比如客户价值、产品价值。创新的目的是积极意义的变革,使事情变得更好。创新可以使思想、事物、过程或服务产生量变进而产生质变。

英特尔®高级院士Gene Meieran认为,创新有3种类型:一是突破性创新,其特征是打破陈规,改变传统和大步跃进;二是渐进式创新,特征是采取下一逻辑步骤,让事物越来越美好;三是再运用式创新,特征是采用横向思维,以全新的方式应用原有事物。

创新的是思维和方法,超越的是历史与现实,自助图书馆网的建设与实践就是这样一路前行,成就了一个又一个硕果……

自助图书馆网的建设是博弈中的创新

- 压力与需求:铸就了胆识和勇气

清晨图书馆门口等待入馆的读者长龙,平均每天过万的读者入馆量和过万的外借服务量,外借服务区配置的图书70%被借过,每年2000万的网站点击量,不断延长的开馆时间……作为图书馆人,作为政府文化主管部门,一定会倍感压力,同时也深深感受到读者利用图书馆的渴望。

创建一个新的图书馆服务模式,源自图书馆人的使命感,更来自技术和服务长期积累铸就的胆识和勇气!

- 蜕变与突围:承载着生存及发展

在新技术高速发展的时代，传统的图书馆建设、服务与管理模式受到空前的挑战，图书馆生存与发展的关键就是主动求“变”，“变”思维，“变”方法，由“变”中提升生存空间，以承载新的发展模式。

自助图书馆就是求“变”的突出代表：图书馆从单一的馆舍“变”成从图书馆延伸出去、覆盖全城的服务“网络”；图书馆外借业务从传统的到馆服务“变”成主动配送、预借响应、全城通还相结合的贴身服务；业务全面整合的自助图书馆服务机成为图书馆服务新的载体和窗口；借助计算机管理、自动控制、网络传输等技术，自助图书馆网实现了运行的全自动、服务的全天候和管理的智能化。

• 延伸与拓展：催生出平等且便利

当代图书馆创新的主要途径就是延伸空间和时间，拓展服务领域，整合服务方式。图书馆从“全开架图书馆”、“全开放图书馆”、“流动图书馆”、“数字图书馆”、“移动图书馆”……一路走来，不断实现着图书馆人的愿景，延展着图书馆的服务面和影响力，在走近读者并为其提供便利的服务的同时，也在不断践行着图书馆服务普惠、均等的理念。

自助图书馆就是图书馆服务延伸和拓展的时代典型，使图书馆在一个区域的全覆盖可预见、可操作，使图书馆服务的一体化可感知、可触及。

• 责任与理念：构建起科技加文化

压力与需求凸显出图书馆的责任，科技运用于“文化”则是图书馆履行责任、践行理念的最佳方式，也是图书馆顺应现代社会科技发展的必然选择。

自助图书馆的诞生从本质上就是一次“文化”与“科技”的“融合”，科技不仅促进了文化走向基层，走近读者，营造起具有亲和力的阅读氛围，而且促进了图书馆原有业务模式和管理模式的“科技”提升和“流程”再造。

• 自助图书馆网的建设实现了创新

理念的创新

2008 年颁布的《图书馆服务宣言》确立了“对社会普遍开放、平等服务、以人为本”的基本原则，图书馆一直在不懈地努力。开放已在公共图书馆普遍实现，但平等服务、以人为本则不是传统、单一的馆舍服务能够孤立完成的。

自助图书馆从理念上就是要通过建立采用同一服务标准、覆盖城市街区的网络化服务体系，直接面向广大市民，面向难以利用图书馆的群体，促进服务的平等和实现读者权益。

技术的创新

从自助图书馆的核心设备——自助图书馆服务机到智能化的自助图书馆网监控中心，从计算机设备、软件系统的整合到针对设备维护、物流运营、服务组织构建强大的统计分析系统，技术创新成为自助图书馆建设和运行管理的坚强基石。图书馆的技术应用催生了自助图书馆的技术发展，进而又反过来促进了图书馆原有技术体系的全面变革。分拣技术、呼叫中心技术、设备与资源监控技术、设备安全技术、自动报警技术等均是图书馆目前需采用的成熟技术。

建设的创新

自助图书馆的诞生使图书馆建设从传统的选地盖房，配备人员、家具和设施，转变为相对简单得多的购置设备、选点、安装，不仅实施起来非常便利，而且带给图书馆人、市民以全新的感觉。深圳提出的“点、面、线”的建设原则体现出自助图书馆建设的全局性与灵活性，成为城市图书馆网建设新的补充形式。2 个月建成 100 个自助图书馆服务点的实践则表现出自助图书馆特有的建设模式和极短的建设周期。

服务的创新

在新技术高速发展的时代，我们应该提供怎样的服务？以什么方式提供服务？充分利用新技术无疑是最好的选择！

自助图书馆的服务创新集中体现在让读者自主利用图书馆，重新构筑公共图书馆在城市中的服务架构，为市民提供最为便利的图书馆服务。对自助图书馆而言，任何一项功能都不是在一台设备上设计的一组部件，而是整个自助图书馆网一系列相关模块、相关业务的集成化效果。如“预借服务” = OPAC 查询机及预借登记模块 + 预借书库下架管理模块 + 上架管理与到书通知模块 + 预借到期检查与违章处罚模块。

业务的创新

自助图书馆以其科技含量高、网络化运行的模式进入图书馆领域，促进了图书馆传统业务的变革。即便是在自助图书馆实现传统的借还服务，其文献组织与配备、读者服务与操作、物流配送与分拣、网络监控与报警等业务也发生了根本的变化，并对图书馆其他业务产生了极大的影响。当自助图书馆网进入一个城市，那么这个城市图书馆的业务发展与科技应用必然进入一个崭新的阶段。

价值的创新

图书馆服务追求价值，图书馆真正的价值在于引导阅读，在于为有需要的人提供文献和信息服务，在于为市民提供终身教育的平台。图书馆的“开架”提升了图书馆资源的价值，图书馆的“开放”提升了图书馆馆舍的价值，图书馆走向“城市街区”则体现了政府对于公共文化的投资价值。自助图书馆按需“建设”，按需配送，贴身服务，使公共文化设施非常便利地进入城市街区，使公共文化服务在城市之中流动。

- 自助图书馆网的创新实践成就了超越

物联 + 互联：超越了馆舍与单体，成就了开放、均等和便利

物联网和互联网技术的发展为图书馆提供了机遇，将图书馆融入互联网造就了数字图书馆，或者说虚拟图书馆，将物联网技术引入图书馆则成就了智能化图书馆的发展，图书馆的诸多组成元素，如读者、文献资源、设备、馆舍位置等能够被感知，从而产生出一个

又一个新的服务模式。

自助图书馆是智能化图书馆的范例。借助图书馆本体智能化的基础，自助图书馆完全在城市街区部署，充分发挥了物联网的特点。从文献资源角度看，其配置与出库、运送与上架、借出与还回、送还与转运、分拣及入库，整个过程均可呈现；从读者角度看，其查询、预借登记、借书、还书等行为也被记载；每一个自助图书馆都有城市坐标，每一辆物流车都有清晰的配送路线。

自助+预借：超越了被动与主动，成就了自主、亲和及个性

自助服务代表图书馆服务的发展方向，自助图书馆则是图书馆自助服务的集中体现，凸显了亲和、自主的服务理念，对读者更具吸引力，使读者在人机交互过程中切身感受到图书馆的人性化服务。

自助图书馆网点遍布城市街区使个性化的预借送书服务成为可能，被动地等待读者转化成依照读者需求主动送书上门。预借送书成为自助图书馆逐步孕育出的一种新的服务方式，盘活了图书馆大量的过期文献。更为可喜的是，读者、物流配送人员和图书馆管理者均从中感受到了变化，一种超越传统服务模式的变化。

布点+后台：超越了空间与时间，成就了集约建设和远程操控

以网点规划和设备安装为核心的自助图书馆建设，超越了传统图书馆建设在空间与时间上的束缚，成就了高效化和集约化的图书馆建设模式，多种以技术为支撑的图书馆建设方式使城市公共图书馆的基层网点建设产生了飞跃。

借助计算机技术、网络技术与服务机的自动控制技术，监控管理中心超越了传统图书馆管理在空间与时间上的局限，使管理者能够直观、快捷地掌控整个自助图书馆网的运行状态，远程操控各个服务机，甚至通过影像和语音远程辅导读者在服务机上的操作。监控与远程管理技术的应用使无人值守的自助图书馆网实时管理成为可能，且具有较低的成本。监控与远程管理技术运用于城市公共图书馆网的运行管理，不仅在技术上，更在业务模式上促进了城市公共图书馆网管理水平的全面提升。

社会化+大流通：超越了传统与局限，成就了科学运营和文献效益化

随着时间的推移，一个又一个的厂家加入自助图书馆设备的研制、生产、服务行列，一个又一个的城市开始了自助图书馆的建设与探索，自助图书馆也拥有了更多的模式，更多的服务。自助图书馆规划建设和运营管理愈加科学，文献组织和调配愈加合理，技术保障和服务组织愈加顺畅。

需要强调的是，不能将自助图书馆简单看成是一类产品、一种模式、一组功能，而应视为图书馆理念的集中体现，科技运用于文化的全面创新，对图书馆业务的多角度超越。唯有理念先行，才能促进创新；唯有借助科技引领作用，才能促进传统业务的跨越式发展。

可以预测，自助图书馆将带动城市公共图书馆网络建设，带动城市公共图书馆技术

发展,带动城市公共图书馆业务整合,带动城市公共图书馆服务体系的全面变革。有博弈必须创新,借创新实现超越,图书馆正在从"以计算机技术为核心的信息化管理"转向"以物联网技术为核心的智能化管理",也许,这才是自助图书馆系统实现的真正意义!

2012 年 10 月于深圳